徐国利 主编

中西史学思想与亚洲历史文化研究论集

ZHONGXI SHIXUE SIXIANG YU YAZHOU LISHI WENHUA YANJIU LUNJI

上海财经大学人文学院历史系 编

全国百佳图书出版单位
时代出版传媒股份有限公司
黄山书社

图书在版编目(CIP)数据

中西史学思想与亚洲历史文化研究论集 / 上海财经大学人文学院历史系编. —合肥:黄山书社, 2016.6

ISBN 978-7-5461-5592-0

Ⅰ.①中… Ⅱ.①上… Ⅲ.①史学思想-思想史-世界-文集 ②文化史-亚洲-文件 Ⅳ.①K091-53 ②K300.3-53

中国版本图书馆 CIP 数据核字(2016)第 139532 号

出 品 人 任耕耘
项目策划 汤吟菲
责任编辑 向焱 金红
装帧设计 钱志刚
出版发行 时代出版传媒股份有限公司(http://www.press-mart.com)
黄山书社(http://www.hspress.cn)
地址邮编 安徽省合肥市蜀山区翡翠路 1118 号出版传媒广场 7 层 230071
印 刷 安徽联众印刷有限公司
版 次 2016 年 6 月第 1 版
印 次 2016 年 6 月第 1 次印刷
开 本 700mm × 1000mm 1/16
字 数 400 千
印 张 29.5
书 号 ISBN 978-7-5461-5592-0
定 价 58.00 元

服务热线 0551-63533706
销售热线 0551-63533761
官方直营书店(http://hsssbook.taobao.com)

序

史学是一门既悠久古老、又富有生命活力的学科。在东西方文明中，史学都是伴随着其文明史的出现而出现，同时又伴随着这两大文明的发展而发展的。因此，要认识人类文明，就必须要学习和运用史学。在中华文明的发展历程中，史学更是具有崇高的地位和重大的作用。在中国传统文化中，史学的地位仅次于经学，中国传统文化有“六经皆史”和经史一家的传统。史学被赋予了重大的功用，“欲知大道，必先为史”，“史为大道之源”；史学是训育、扬道、垂鉴和治平的工具，可以“经世致用”，可以“经国济世”。作为人类古老四大文明之一的中华文明，之所以有别于其他三大古文明，能够生存五千年之久，至今依然有着旺盛的生命力，根本原因之一就是中华文明一直把史学视为传承文明和齐家治国的基本工具。因此，中国历代政治家、思想家和史学家都极其重视史学。中共中央总书记习近平在2015年8月23日《致第二十二届国际历史科学大会的贺信》中说：“人事有代谢，往来成古今。历史研究是一切社会科学的基础，承担着‘究天人之际，通古今之变’的使命。世界的今天是从世界的昨天发展而来的。今天世界遇到的很多事情可以在历史上找到影子，历史上发生的很多事情也可以作为今天的镜鉴。重视历史、研究历史、借鉴历史，可以给人类带来很多了解昨天、把握今天、开创明天的智慧。所以说，历史是人类最好的老师。”

上海财经大学办学历史悠久，它起始于1917年南京高等师范学校创办的商科，后商科迁址至上海，于1921年成立上海商科大学，是中国历史上最早的商科大学,由著名教育学家郭秉文任校长,著名经济学家马寅初任教务主任。学校于 1996 年进入国家 “211 工程”重点建设高校行列,2005 年进入国家“985 工程”优势学科创新建设平台行列,2012 年成为教育部、财政部和上海市政府“两部一市”共建大学。学校秉承“厚德博学,经济匡时”的校训精神和“面向社会,求真务实,立德树人,经世济国”的办学理念。学校在围绕创建具有鲜明财经特色的高水平研究型大学的同时,注重包括历史学在内的人文学科的发展,特别是现任校领导更是把人文学科的发展作为学校的发展战略之一。十多年来,学校的人文学科不断壮大,成就斐然。

上海财经大学人文学院历史系建立于2004 年。经过十多年的发展,历史系的学术研究和学科建设成绩显著。历史系在发展过程中,注重学科和学术发展特色,立足学校和学院发展要求,结合自身发展实际,遵循学科发展规律,走“小而精、精而特”的学科建设和学术发展之路,在亚洲历史文化、东亚文明与现代化、中国近现代社会经济史、中西史学思想等领域的研究方面取得了丰硕成果。历史系教师在《历史研究》、《世界历史》、《史学理论研究》、《学术月刊》、《史学月刊》、《复旦学报》、《财经研究》、《二十一世纪》[香港]、《鹅湖》[台湾]和《中国史研究》[韩国]等海内外重要学术期刊发表了一系列有影响的论文。

为了从整体上集中展示上海财经大学历史系十多年来的学术成就,反映历史系教师在科研上辛勤耕耘的风采,我们决定从各位教师的 200 多篇论文中,选取 25 篇编成此文集。这些论文基本上是曾经在历史系工作过、目前仍在历史系工作或刚进入历史系工作的教师十几年来学术研究的结晶。论文集选编的原则是,既要展现历史系学科建设和学术研究的特色,又要反映历史系教师的研究水平和研究领域。为此,论文集分四个部分来编撰:第一编,亚洲历史文化;第二编,明清以来中国社会经济史;第三编,中国史学思想;第四编,西方史学思想。我们希望通过此书的出版,一方面展现历史系已取得的学术研究成果，另一方面又以此求教于史学界同仁，更好地谋求历史系的未来发展。

历史系将在今后的学科建设和学术发展中，继承以往重视科研内涵、注重凝炼方向、突出研究特色、追求学术卓越的发展模式，为上海财经大学人文学科建设和人文学院学术研究做出更大的贡献，在“究天人之际，通古今之变”的史学事业上更上一层楼！

徐国利

2016 年 2 月于上海财经大学同新楼

目　　录

第一编

亚洲历史文化

19世纪与20世纪之交的日本亚洲主义

盛邦和

19世纪与20世纪之交，日本出现过亚洲主义思潮。对于这个思潮，学术界或冠于“大亚细亚主义”。本文使用“日本亚洲主义”这个概念，以便对近现代日本亚洲理论做较广义的阐述与分析。日本亚洲主义其初原意义指在亚洲（主要是东亚儒教区）共同文化背景下，以日本为主导，施行中日、亚洲连携，共同抗击欧美世界列强侵略。与近现代世界上出现的其他许多思潮相似，日本的亚洲主义有其内在逻辑发展过程：早期表现为抵御列强的“亚洲同盟论”与“中日连携”思想，以后演绎出文化亚洲观点，而最后则异变为与“大陆政策”相连的侵略主义理论。

值得注意的是，日本亚洲主义在中国曾产生影响，梁启超有“亚粹”思想、章太炎有“亚洲和亲”主义、孙中山有“大亚洲主义”等，某种程度上是对日本亚洲主义的回应。以后李大钊又有“新亚细亚主义”。这些理论的提出，一方面肯定日本亚洲主义积极面的思想意义，主张弘扬亚洲传统，推动地区联合，同时也对此思潮中的负面意义表示警惕。

无论日本的亚洲主义还是中国的“大亚洲主义”，其实质都是现代中日亚洲理论的一种表现。如何看亚洲，如何看亚洲文化，如何看世界现代化进程中的中国与日本以至亚洲关系，这些都是日本与中国亚洲主义曾经接触过的问题。进入21世纪之际，这些问题依然存在，且因时代的变迁，被赋予新的历史内容。因此研究近现代中国与日本亚洲主义思潮的来龙去脉及其演化中不同时期的思想特点，对于如何建立新世纪健康、稳定、和平的中日新关系；对于如何继承与发扬中日共有的传统文化资源，以适应现代化;对于如何中日共同努力,加强亚洲区域联系,以史为鉴,促进这个地区的和平发展,都具有重要意义。

一、日本亚洲主义的初始含义

日本是后进的工业国家,近代拉开帷幕之时,即与西方列强发生激烈的冲突,被迫“开国”,备受压迫。1853 年,美国凭其坚船利炮,以“黑船舰队”侵入长崎,迫使日本签订屈辱的《日美和亲条约》。此后,英、俄、法等国接踵而来,签订类似条约。历史事实如此的严酷,促使日本将反侵略作为时代主题,并试图与亚洲周边国家联合,实现这一“主题”。与此同时,亚洲其他国家,如中国、朝鲜等国也与日本遭际相同甚或更苛烈的情况。日本亚洲主义在亚洲各国获得应有的回应与支持。

明治初年日本曾出现过几种社会思潮,分析其兴衰消长,对认识亚洲主义产生及其性质的最初界定也是有意义的。如“尊王攘夷”思潮,主张以中国儒学“大义名分”论为指导,号召国人反对幕府,在对外思想上则主张以武力抗击西方侵略,推翻幕府,建立明治政府。尊王思想显然取得了胜利,但在反对西方侵略方面,因军事力量悬殊及其他诸因素,使“攘夷”的一系列行动遭到失败,“开国论”在日本转为主导思想。不过尽管如此,攘夷即反抗西方侵略的思想在日本已经深入人心。可以说,早期亚洲主义与攘夷论有着重要的内在思想渊源。亚洲主义的最初提出,其锋芒所向,主要指向西方。

几乎在抗击西方侵略的同时,亚洲侵略的思想也已经在日本滋生。西乡隆盛、板垣退助等人主张此论。他们意在效法西敌故技,动干戈于朝鲜、中国等东亚地区,将失落于西方的利益,补得于周边邻国。后来情况有所变化,岩仓大使从欧美视察归来,主张“内治的急务”,西乡等人下野(1873年),“征韩论”等侵略理论暂时收敛,遂使“亚洲主义”在日本国内获得较大的舆论空间。①

也有学者认为，日本19世纪70年代以后的自由民权运动曾为亚洲主义创造了较好的生存条件。1863年启蒙主义团体“明六社”发起，积极宣传西方民权思想，开展“开明”与“渐进”的启蒙运动。板垣退助等人建立爱国公党，提出开设国会要求。自由民权运动的发生，使日本思想界的注意力转向国内改革，原来对外侵略的嚣张色彩暂时淡化，无形中助长了亚洲主义的发展。

显然，西方列强的侵略、尊王攘夷思想的发生、征韩论以及亚洲侵略论的一时“退潮”，自由民权运动的开展以及“合纵连横”的策略考虑，诸种因素合于一道，遂使日本的“亚洲主义”初潮涌现。早期亚洲主义的代表人物主要有平野国臣、佐藤信渊、胜海舟、杉田鹑山、森本（樽井）藤吉等人。日本早期亚洲主义主要宣传的是“亚洲同盟论”。与此主体理论相关的，则有抵制西敌（俄、英、美、法等）论、日中提携论、亚洲连衡论、日本责任论等。

日本近代著名思想家胜海舟较早倡导“亚洲同盟论”，主张唤醒亚洲，起而抗击西方侵略。1863年，日本政治家木户孝允等访胜海舟。海舟在日记中写道：“当今亚细亚几无人有意抵抗欧罗巴。此乃胸臆狭小，而无远大之策之故。以我所见，当以我国出动船舰，前往亚细亚各国，向这些国家的统治者广为游说。”说明亚洲联合，建立亚洲同盟的紧迫意义。②胜海舟以为在西敌东侵的紧要关头，“亚洲生存”实为重要。他在《解难录》一书中以为：宜由日本、“支那”与朝鲜结成三国同盟，“合纵连横以共抗西洋”。③

如果说，胜海舟以及其他一些思想家提出过亚洲主义的思想，那么19世纪70年代以后，日本一些报纸则对亚洲主义作了较有声势的宣传。④ 在

① 1873年，参议西乡隆盛、板垣退助等为了转移国内矛盾，决定派兵征韩。但此时岩仓具视、木户孝允等从美国访问归来，主张以内政为主，征韩论暂时收敛。但以大久保为中心的中央集权体制建立以后，征韩论又有抬头，并付之实现。1875年，日本挑起江华岛事件，签订不平等的“江华条约”。1910年日本吞并朝鲜。

② 松浦玲：《明治的海舟与亚细亚》，岩波书店1987年，第102页。

③ 松浦玲：《明治的海舟与亚细亚》，第103页。

④ 如对于胜海舟是否有“征韩论”思想，学术界还有不同的看法。

一些报刊文章中,撰文者重点论述日本与亚洲唇亡齿寒的关系,他们解说亚洲迫于侵略、沦于水火的实况,试图警醒日本,亚洲已气运衰微,一旦成为西方属国,日本也将同样遭殃,宜与亚洲结为联盟,相互支持,这才是日本最善国策。

如明治17年(1884年)4月13日《朝野新闻》有文《东洋之气运》。分析亚洲的危急形势,引发以下的议论:"试论今日亚洲形势如何,印度与土耳其正受着英国的制压,东南亚缅甸等国徒有其版图,仅保一丝气息而已。其邦独立危殆,如风灯残烛。越南作为中国的藩篱,现已经落入法国手中。中国困难重重,已无可名状。观今日之亚洲,无疑已陷极端悲惨之境。视将来亚洲气运,不吉之兆,也已迫在眼前。"①他在文章中强调:亚洲的危机,即为日本的危机。亚洲既成兵马交战之地,日本夹在中间,岂可独然一国入于世界列强之行列。英俄诸国外交家早已将日本与东洋诸国家等同视之。一有机会,则对日本有所企图,日本唯一的选择是与亚洲团结起来,共抗西方侵略。②

在此同时,日本一批"忧国志士"还主张借鉴欧洲,用于亚洲。日本《邮便报知新闻》明治12年(1879年)11月19日刊有草间时福的《东洋连衡论》。文章指陈西洋事情,解说亚洲道理:读西洋书,见其中所论多是欧洲共同利益,共同荣誉,极为强调欧洲的整体性。欧洲平时秦楚互斗,吴越相争,一旦危险,即团结一致,齐向外敌。"故欧洲列国相争,犹兄弟睨于墙",而亲如兄弟是欧洲文化的主题。欧洲从来都是一个整体,不了解这一点就不可能真正了解欧洲。他说,反观亚洲人,知有本国而不知有亚洲,"知利害之一部,而不知利害之全部,知直接之利害而不知间接之利害"③,与本国利害相关则竭力相争,而于亚洲全体利害荣侮则茫然无心。他觉得如此下去将使亚洲各国或互不相关,或互视若敌国。长此以往,亚洲邻国将因

① 《东洋之气运》,《朝野新闻》,明治17年4月13日。

② 《东洋之气运》,《朝野新闻》,明治17年4月13日。

③ 草间时福:《东洋连横论》,《邮电报知新闻》,明治12年11月19日。

内部的崩溃，进一步招致欧洲的鄙视与侵略。自然，亚洲落于英美之手，唇亡齿寒，日本也将遭遇不幸。他又联系到日本国内的情况说明亚洲联合的意义：就日本一国而言，虽已跻入世界强国之列，但以当前情况而论，依然无法胜过欧洲。欧洲有团结之力，亚洲为分散之力，以分散之力击团结之力，其实情如“挟泰山而过北海”。他继续追问：“难道日本将永远没有超越欧洲之时了吗？”他回答：办法是有的，这就是学习欧洲，结亚洲之“连横”，“以亚洲之力而超越、驾驭欧洲”。①

日本早期亚洲主义的亚洲同盟论，并不是空泛之论。所谓同盟者，所指对象是谁？最主要的对象是谁？这是研究亚洲同盟论时所必须弄清的问题。实际上这也是日本亚洲主义者当年关心最大、讨论最多的问题。中国是亚洲的大国，历史上是亚洲尤其是东亚的文化中心，在政治与经济上发挥过极重要的作用。时至近代，中国国势日衰，然而日本当政者与思想界知道得很清楚，在谋求抗御西方之际，与中国关系的处置，依然直接关系日本的根本利益与国运走势。由此，日本早期亚洲主义“同盟论”思想主旨离不开对中国的态度。本质上云，亚洲同盟论即指日本与中国、朝鲜的战略联盟论，而最关键的是“中日提携论”。

19 世纪 70 年代以后，日本西学盛行，使日本学术界出现一股轻视“汉学”、蔑视“支那”、视中国无足轻重的风气。与中国结盟何以值得？这直接影响到亚洲主义思想的形成及在社会上的影响。为此，一部分持亚洲主义观点的人士有“支那不可轻”论，论与中国结盟具有重要的战略实际意义。

明治 8 年(1875 年)11 月 28 日《东京日日新闻》登载《支那不可轻》一文，批评日本舆论界轻视中国。文章记载一件事，即发表文章的当月，有中国兵舰“扬武”号驶入日本港口，舰上配备一应效仿西方，“有大炮 9 门，最巨者 7 吨以上”，“有乘员 250 人，机关 250 马力。速度平均凡 9 里”。文章据此议论：日本民众观点跟着上层人士导向走，上层轻视中国，民众也同样轻视中国。对于“轻视中国之倾向应匡正，轻视中国之弊害当扫除”，中国

---

① 草间时福：《东洋连横论》，邮电报知新闻明治 12 年 11 月 19 日。

之将来尚不测,继续对中国采取轻视态度,将会因此获祸。既然如此,就目前情况论,应转"轻视中国"为"日清协和"。①

明治11年(1878年)《邮电报知新闻》也有持论相同的文章:《不可轻视支那论》,署名为杉山繁稿。他从经济的角度说明这个问题:"以本国为自负,本出于爱国之情,也足可贵。但是不做远谋之计,单纯轻视中华帝国,将成日本失败之因。"现在谁都在轻视中国,是因为中国贫弱,体格心性"优柔惰弱",于"欧人面前"尽其屈辱。但中国经济似为弱小,而幅员辽阔,即使遇到灾荒,一地有歉,异地有丰。有远见的日本人应当知道,日本目前虽具开化之美,而国库实有空虚之虞。他猜测,中国引进西洋器物方面虽不及日本,但是难保国内储存实力,藏而不显。他感叹对中国的综合实力还摸不到底,日本万不可轻举妄动。② 这篇文章没有明显提出中日连携理论,但为"连携"论造了舆论。当时日本朝野的心理,是要摸到中国的真实经济与军事底牌,强则避之,弱则击之,强弱不明则暂时"连携"。如果说这也是一种亚洲主义的类型,则是一种实用型战略论的"亚洲主义"。

以上所述的两篇时论,似乎有意在向人们昭示一个道理:在上世纪,国与国之间的外交,是"结谊""提携"还是断绝,或干脆换之于赤裸裸的侵略,明确的价值观是看与之"提携"的国家有无经济实力。有经济实力则有携手可能,无经济实力则无携手可能。事实正是:外交是现实的,现实是严酷的。一切有效的,与我有利的外交皆是实力的外交,是现实的外交。易之今语,发展是硬道理,同样发展也是国家邦交的硬道理。穷则挨打,离弃一个国家发展的主题,要求获得别国的尊重与建立平等的外交纯属是一厢情愿,历史上无此先例。当然也要说明,前述时论对中国当时国力评价毕竟过高。时间推移,甲午战争后,中国底牌尽识,日本的态度大变,大陆政策完全走到了前台。这在后文还要论及,此不赘言。

当然,日本早期亚洲主义的中日提携论的提出,还不能说仅在于对中

① 《支那不可轻》,《东京日日新闻》,明治8年11月28日。

② 杉山繁稿:《不可轻视支那论》,《邮电报知新闻》,明治11年。

国实力的推断。与西敌抗争,争取盟友究竟是不可忽视的因素。如《东亚之气运》一文的作者所论:在亚洲中只有日本超然出众,达于富境。但眼看亚洲各国“愚昧不开”,受欧洲列强之无端侮慢凌辱,“此于畅达日本之国权,抑制西洋之跋扈,到底不利”①。为此,他主张“亲善中国”,不当对中国取轻蔑态度,而应结亲密之交际,联为同盟,共图亚洲振兴的大计划。文章还说,现在西洋侵略中国,中国“屈辱态度为日本所耻”。但值此景况,日本总要为亚洲的前途着想,想到亚洲联盟计划的重要,并切实地去加以实行。如果中国因蒙羞辱而有所振作,与中国合力合战,共破欧洲的压制,共同振兴亚洲也属可能。②

如何结成亚洲同盟?应该拿出什么办法来?19世纪后半叶的日本思想者们,纷陈己见。

胜海舟首先提出“亚洲觉醒论”。他目睹亚洲当时的思想情况,以为实行亚洲联合有待认识的提高。目下亚洲各国执政者,还不明白联亚抗敌的重要性,宜由日本派船队,设使节,前往各国进行游说,以促亚洲的觉醒。他的目的是让所有的亚洲国家,尤其是中国与朝鲜,懂得“盛大”海军,即扩大海军力量的重要意义,在此基础上再一同“切磋学术”“合纵连横”,最终使亚洲得以逃脱西方的“蹂躏”。③

《东洋之气运》的作者则说,要结亚洲同盟,日本所当采的计划是:第一,养成实力。第二,实行连横计划。④ 在这方面提出具体且又详细方案的要数著名思想家杉田鹑山。他取出一帖自以为可疗救亚洲沉疾的药方,即所谓“兴亚策”。杉田鹑山为福井县人,追随板垣退助,属自由党主流派。可以说是一个自由民权主义者。他1880年于《经世新论》一章名为《东洋恢复论》中,提出自己的亚细亚论。他不无忧虑地感叹:“东洋之羞辱日甚一日。黄色

① 《东洋之气运》,《朝野新闻》,明治17年4月13日。

② 《东洋之气运》,《朝野新闻》,明治17年4月13日。

③ 松浦玲:《明治的海舟与亚细亚》,岩波书店1987年版,第102页。

④ 《东洋之气运》,《朝野新闻》,明治17年4月13日。

人种将被白色人种吞灭。”①此后他又在1883年写有《兴亚策》，指出亚洲奋发振作由弱转强是亚洲的生路，也是日本的生路。鼓动日本与亚洲结成联盟，努力“兴亚”，转变亚洲的“大势”。他觉得日本与亚洲都需要一个大改革、大改良，“若要进行一个大改良，势必要转变亚细亚的大势”，“亚细亚的大势转变，日本之改良成也”。他将自己的这个观点称为“亚细亚第一主义”。所谓“第一”，看来就是“前提”的意思，亚洲的振兴与“大势转变”是日本成功的先决条件。日本的独立与发展离不开亚洲，亚洲联盟势在必行。

杉田鹑山《兴亚策》（1883年）又具体提出实现亚洲联合主义理想的诸点方案：在亚洲实现自由政体；实行亚洲教育改革；施行兵制改革；促进产业开发，鼓励亚洲互相通商；结束亚洲的“割据”状态；实行亚洲“联合”。杉田鹑山还以为东洋之所以受西方的压迫是因为亚洲没有基本民权：“回顾我亚细亚专制之制度，人皆习以为常，人民卑屈，数百年沉沦于迷梦。”由此缘故“版图日益缩小，国权年年丧失。且全亚洲诸国因输出入不均，内地之膏血，尽入碧眼紫髯人手”②。因此，“吾辈同志……当也基于天地之公道，将自由之檄文飞扬于亚洲”③。

由上可见，杉田鹑山为建立亚洲联盟提出别具见解的课题：要将亚洲联合由空想变为现实，需要建立一个经济、政治与文化上“同质”的亚洲。经济的强弱悬殊、“文明开化”的进步与迟滞、政治制度优劣的不相同一，是阻碍亚洲联合的内部原因。他主张亚洲弱国当在经济、政治与文化诸方面追求进步，于世界之东方出现一个文明亚洲，如此亚洲真正联合也为期不远。他又主张：日本在近代化过程中走在了前面，当与亚洲携手并进，为亚洲新文明的到来尽己力量。可惜杉田鹑山的理想愿望，在此后的岁月里并没有被日本的统治者所采纳实践。杉田鹑山的“兴亚论”甚而被用为对东亚施行侵略政策的理论借口，终被异变为“侵亚论”。

---

① 杉田鹑山：《经世新论》，《东洋恢复论》。

② 《杉田鹑山翁》，翁杉会，1928年。

③ 杉田鹑山：《兴亚策》。

除上述以外，还有樽井藤吉提出的亚洲合邦论。他在明治24年(1891年)写有《大东合邦论》，曾建立过一个带有社会主义倾向的政党“东洋社会党”，受到政府的压制。他的“合邦”理论与以后军国主义所鼓吹的“合邦论”有所不同，主张“和平的”与“无私公平”的合邦，以恢复“东洋的势力”，主要论说日本与朝鲜的联合。此与当时准备侵略中朝的日本政府立于不同的立场之上，实质是提倡亚洲和平的联合，是早期亚洲主义“东亚联盟论”的又一种表达方式。①

前文已将日本早期亚洲主义思潮作了概述，并对其中的部分观点作了肯定性记叙，那么这个思潮的历史局限性是什么？如何对其作公允评价？笔者认为，早期亚洲主义中的“亚洲责任论”等思想使亚洲主义不可避免地染有大国主义、“东亚盟主”的思想。

草间时福在《东洋连横论》中说，亚洲可主持连横之大业的，“除了日本难道还有其他的国家吗?”他主张实现连横计划，要有自信，有方法：譬如印度为英国势力范围，日本“可先派书生赴印度，审其政体风俗，学其语言文章，或利用杂志、报纸或演说等诸方式，宣传印度人当求独立之精神。唤醒其公共之义务心，促其求独立之幸福”。印度一旦独立，英于印度失其支配之力。其结果，日本将可“维持欧亚大陆之权衡，欧洲将无法再对亚洲做蚕食之态，日本将由此而稳操东亚盟主之牛耳”②。想做“东亚盟主”的思想在此已暴露无遗。

《兴亚策》的作者杉田在其论著中流露出明显的日本优越思想，倡言日本在亚洲有输出先进文明以启后进的责任，提出所谓文明输出论。此思想发展的结果客观引发日本侵略中国的文化理论。他游历中国后“痛感”中国人“毫无忧国忧民之心，也无国利民益之心”，说当有“对清国人进行教育的必要”。为了施行文明输出计划，他曾与植木枝盛、中江兆民在上海开办

① 《日本历史·近代4》，岩波书店1962年版，第128页。

② 草间时福：《东洋连衡论》，《邮便报知新闻》，明治12年11月19日。

东洋学馆。①

显然，对于日本早期亚洲主义，我们较多的应该肯定其团结亚洲以抗西洋的“亚洲同盟思想”。其“中日提携”论出于当时侵亚论形成之际，独树一帜，诚属难能可贵，应在亚洲近代思想史上给其留有适当历史地位。然对其亚洲责任论与亚洲盟主论等思想，则应予必要的批判②。

二、日本“文化亚洲主义”及其特点

从19世纪80年代以后，日本进入一个新时期，自由民权运动由强转弱，接近尾声。政府方面忙于进行宪法制定与对外“条约改正”。与此政治形势相对应，国内欧化主义思潮泛滥。西洋生活方式被大量引进，西洋舞、西洋音乐、西洋绘画成为一时风尚。闻名于世的“鹿鸣馆”也在这时出现，有人将这个时代称为鹿鸣馆时代。值此时代变局，一部分有识之士心怀忧虑，批判世风，希望振兴亚洲文化，恢复“民族自觉”与“日本文化的独自性”。明治21年(1888年)《日本人》杂志创刊，以后又由《日本人》杂志同人组织“政教社”，提倡国粹主义与“日本主义”，进而演绎出文化亚洲主义思潮。③

史实说明，日本国粹主义或“日本主义”派虽其主旨是宣传“国粹”与“日

---

① 《近代日本政治思想史》，第260~264页。

② 这种思想在以后于日本产生负面的影响甚大，如甲午战争之后，伊藤博文曾经说过：“这次的战争(笔者注：指中日甲午战争)使日本收得海外领土，为守备此领土应继续扩军，且要乘此连续胜利之好时机，争为东亚盟主，以发展已得战果。……从来的军备皆以维持日本主权线为其根本。今当扩大战果，以争为东亚盟主，开拓日本利益线，最终霸取东洋为计。”(参见《日本历史·近代4》，岩波书店，1963年，第124页。)其“东亚盟主”“霸取东洋”的思想，当与早期亚洲论者的“东亚盟主”思想有很大联系。

③ “政教社”(1888年)实际上是包括两个团体。其一为“哲学馆”团体，其成员有井上圆了、三宅雪岭、棚桥一郎等人。其二是“东京英语学校”团体，其成员有志贺重昂等人。此后两团体结合，组织“政教社”，出版《日本人》杂志(1888年)。《日本人》杂志发刊日为“神武天皇祭”，以示此刊物宗旨为“保持国粹”。此后，“日本主义”报纸《日本》与《日本人》杂志合组为《日本与日本人》。《日本》报纸同人也加入政教社。与“日本主义”有关，1897年，井上哲次郎创“大日本协会”，《日本主义》创刊。

本主义”，而重要思想组成与亚洲主义紧相联系。试析前章所述，19 世纪中叶以前日本早期亚洲主义的主要特点乃为：主张抗击西方军事侵略，强调亚洲团结与中日提携，思想诉求侧重于政治与军事面。与前期亚洲主义不同，19 世纪 80 年代以后日本国粹主义以及日本主义所代表的亚洲主义具有明显的文化性质则是：阐发日本文化底蕴，寻觅日本人文根源，反对日本欧化主义思潮；注目日本文化与亚洲文化尤其是中国文化的内在深远联系，对之做正面肯定与宣传，主张更新与“复兴”亚洲文化（其主要内容为以中国儒家思想为主体的东亚传统），以此为根基重建日本新文化。因而明显体现出“文化”意义上的亚洲主义倾向。故可将此期亚洲主义界定为“文化亚洲主义”，而前一时期的亚洲主义则为“战略亚洲主义”。当然，主张“文化亚洲主义”的不仅仅是国粹派等。一些并非属于国粹主义以及“日本主义”派别的思想家也同样关心着日本新时期的文化建设，同样反对日本的全盘欧化思潮，而主张更新的东亚文化传统重回日本，以建立适应工业东亚的新文化。

主张“文化亚洲主义”的代表有三宅雪岭、冈仓天心、井上哲次郎、井上圆了等人。① 以下我们试对日本文化亚洲主义思想观点作介绍与评析。

---

① 三宅雪岭，1860 年生，父亲是医生，少时学习医学，习《皇朝史略》，又转学英语。17 岁时入开成学校，即后来的东京大学。毕业后留在东京大学任教，从事佛教史研究。1891 年发表一生中最重要的文章：《真善美的日本人》，成为一个国粹主义者。他一生积极宣传国粹主义、日本主义与亚洲主义。其国粹主义思想体系的一个重要特点是主张更新与复兴亚洲文化。同年创办著名的《亚细亚》杂志。他的文化亚细亚思想也大体在这个时期形成。他的文化亚洲思想还表现在他所写的以下一些著作之中，如《王阳明》有《东洋不易知》《日本的孔子观》《东洋政育与西洋政教》《东西美术的关系》《学术上的东洋与西洋》等。宣传亚洲文化主义的还有井上圆了。井上生于 1858 年，新潟人。从小习汉学，同时也习“洋学”。他 23 岁进东京大学学习西洋哲学，就此立志将东方哲学与西方哲学相结合。1887 年创建“哲学馆”，现为日本东洋大学。1904 年在东京中野开辟“哲学堂公园”。1919 年在中国大连讲演中突然中风倒地不起，时年 61 岁。冈仓天心，原名觉三，生于横滨，著名的美术评论家与思想家。他 1880 年东京大学毕业之后入文部省。1886 年被派往欧洲考察西方美术。1890 年创办东京美术学校。他主张“国粹”，致力于日本绘画的民族化与近代化。所著《东方的理想》等书洋溢着强烈的复兴亚洲文化的激情。井上哲次郎生于福冈，与许多热爱亚洲文化的知识分子一样，他自小也同样受到“汉学”的浸染熏陶。他曾入东京大学哲学系，在学期间学习儒学，又学佛学。毕业后入文部省编集局，曾留学德国，后回到母校任教，官至贵族院议员，曾是日本哲学会会长。他在《东洋哲学史》等论著中表达了自己文化意义上的亚洲主义思想。除以上所述外，主张文化亚洲主义的思想家还有植村正久、西村茂树等人。

文化亚洲主义者在西学冲击的形势下，对亚洲文化投以格外的关注，主张亚洲文化的复兴与更新式回归。如前所述，西村茂树曾成立"东洋学会"，其主旨是反对偏重"洋学"，力主接续与发扬中国、印度与日本的固有传统文化。因"东洋学会"建会较早（1886 年），乃为日本"文化亚洲主义"思想的发生透出其初期信息。他在名为《东洋学会的前途》的演讲中说：世界上的学问可分为三大类，其一是通东西而能发挥其中的真理者。其二是依西洋之学理而能发挥东洋之事理者。其三是东洋自身的学问。他对第三种学问即东洋的学问投注热忱的关怀。他强调不当以西方学问绝对地覆盖与统合其他民族的学术文化。主张在开展东西文化比较中，重现东洋学的风采与精华，既求东洋文化的进步，也求世界总体学问的进步。① 他将西方学问与东方学问等同视之，西方学问自有其优秀之处，但对西方文化的正确态度是学习而利用之，由"通东西"而发挥真理。人们当努力掌握西方学说，而学习目的乃是为了东洋文明的改建与更新，建立适应目下情势的新亚洲文化。

冈仓天心在其名著《日本的觉醒》中，提出以"亚洲觉醒论"为基调的亚洲文化复兴观。他承认西方确实曾给予亚洲许多有益的东西，对此亚洲人从来都是抱着感激的心情。然而他笔锋一转说，不可忘记的是"给我们真正灵感之源的还是亚洲的精神"，亚洲的精神将古代的文化传播给我们，"植吾以更生的种子"。他不无自豪地说：在亚洲的"所有的孩子中"，日本可以毫不惭愧地说，日本确实是继承了"亚洲的传统"，日本有理由为此而高兴。他强调亚洲在觉醒中，亚洲在"复活"。他说，亚洲在过去的一段时期似乎在沉沦中。即使日本也有过一个"昏睡"的过程，"作为东洋一国的日本，她的国民正在努力应付着随近代社会接踵而来的种种急务，她还会遇到更大的困难。现在日本刚刚从昏睡醒来"。他说在东方曾有过一个"亚细亚的长夜"。他分析造成这个"长夜"的原因是多方面的，其中一个原因是"蒙古人对亚洲人的征服"，"这是一个极大的惨祸"。这种征服的结果

① 《日本近代思想大系》，《学问与知识人》卷，岩波书店 1989 年版，第 95 页。

足以使中国与印度为主体的亚洲文化传统被迫中断,无法进展。对这种中断他表示极大的惋惜:“每当我们想起由蒙古袭来所带来的亚洲文明的长夜,更觉得支那与印度的文化是如何的熠熠闪光。”他指出,随着近代的到来与时势的变迁,也由于西力东侵的刺激,亚洲已经觉醒。日本取得的成功可以说明这种“觉醒”是客观的事实, 不容怀疑。不过他不无遗憾地说,对于“亚洲复活的内面含义,以及我们的终极理想”,西方依然还是“抱着很大的猜忌”。(同上书)他深觉有必要将亚洲觉醒的要求以及亚洲(特别是日本)现在正在觉醒的情况告诉西方,以取消西方人对东方人至今依然存在的“懵懂无知的状态”。他责备西方人:“(西方)持有人种的偏见,自十字军遗留下来的对东洋人的种种漠然与嫌弃,依然支配着他们的心。”①他呼吁东方与西方文化要有一个相互理解与学习的过程。相互隔绝,或视西方文化为世界文化中心的思想是错误的。

如果笔者在前面的文字中,还没有说明西村茂树的东洋学术振兴说与冈仓天心的亚洲文化复活论,其“学术”与“文化”的内涵究竟是什么,那么继续深入分析则可知道,他们所谓的东亚学术与文化除神道、佛教外,主要指中国儒学文化。在他们的内心世界存着一份“汉学”关怀与“儒学情结”。甚至可以这样说,日本的“文化亚洲主义”从某个意义上说是“儒学回归主义”。“文化亚洲主义”的一个重要思想指向,是要在日本业已成为“工业日本”的前提下,重建日本的文化体系。而此体系的一个重要思想资源即为儒学,儒学重倡与“儒学回归”是“文化亚洲主义”的又一个思想特点。

例如元田永孚在看到明治维新之后日本国民教育政策失败,主张重新起用儒学,在新形势下对国民精神做重新统合。他早在1879年以“天皇旨意”的名义所写的《教学大旨》中就称:“教学之要,明仁义忠孝,究知识才艺,以尽人道。”提出了源于儒学的“基于祖宗训典,专明仁义忠孝”的教育原则。② 1890年日本颁布《教育敕语》,是儒学回归近代日本的明显标志。

---

① 冈仓天心:《日本的觉醒》,岩波书店1993年版,第10页。

② 《史料的日本史》(近代篇),吉川弘文馆1989年版,第170页。

《教育敕语》规定日本正式以儒学为教育之本。其中云:“树德而深厚,我臣民克忠克孝,亿兆一新,世世厥美,此乃我国体之精华。教育之渊源亦实存于此。”《敕语》还要求人们“孝父母、友兄弟、夫妇相和、朋友相信”,以使日本国民皆成“忠良之臣民”。①

前面提到的冈仓天心在宣扬亚洲主义的文化观时,同样注目“儒教”。他说:“儒教是支那农业文明的缩影,其本来的性质是自制的非侵略的。”这样的说法符合历史实际,儒教的基本表达是“仁义礼智信”,其中“仁”是儒教的核心宗旨,其注重人与人之间的和睦关系,并在此基础上倡导理想的和谐社会。冈仓天心认为,儒教是亚洲之心。孔子与他的弟子,教人以淳朴的道德,并主张人世间的谦让与调和。以后佛教传入,又使这样的观念得以强化。孔子主张“种族宿命”思想,对于这种宿命要努力去遵行,不可以有所超越。显然冈仓天心将孔子诠释为一个和平主义者,并希望日本能永远遵从孔子的和平主义。冈仓还这样说明儒教与日本的关系:“日本原本是一个岛国,因儒教与佛教的影响,与邻国一道,自制自律,在岛国狭小的领域里,遵从着自己的宿命。”②

在复活儒教思想的声浪中,一些思想家注意对中国儒家学说的具体研究,以发掘其中适应新时代的学理资源。明治二十六年(1893年),三宅雪岭著《王阳明》。该书用评传方法写就。著述目的旨在宣传“东洋文化”,尤其阐明东洋哲学于当今日本的意义。他声称在王阳明处找到了自己的“分身”,这种“分身”才是本质的“自我”,也是日本的真正精神本原。他对阳明的“良知说”特别给予关注。他说:“阳明在壮年的时候曾有过厌世思想,及至得到安心立命的方法,万难中尽乐天的趣味。云,此乃乐心之本体。由此也与快乐相伴,未曾与一刻相离。”在三宅看来,阳明思想的精华所在是“良知说”,“然有良知处,则万般的事物皆恍然而融和。如何的艰难,任何的穷迫,而未能系缚我者。”他对良知说作如下解释:“如阳明所说,吾心

① 《史料的日本史》(近代篇),第171页。

② 冈仓天心:《日本的觉醒》,岩波书店1993年版,第14页。

之良知即是所谓天理也，致吾心良知之天理于事事物物，则事事物物皆得其理。”①他得出结论，良知说与西方哲学相比较，实与康德之所谓“理性”同。② 对阳明的推崇，可以说是明治时代“文化亚洲主义”思潮中的一种共识。如果我们将新渡户稻造也看做“文化亚洲主义”主张者中的重要一员，则在他的著作中也明显可见对王阳明的赞美：“最高洁的武士中，有许多都受过阳明思想的强烈的影响……西洋的读者也能从中找到与新约圣书相类似的观点。”③另外，井上哲次郎有《日本阳明学派之哲学》（1900 年），在书中记日本阳明学哲学史，对心学思想在日本思想史上的地位作用作了详尽论述。

日本“文化亚洲主义”十分重视中国儒家文化的地位有其历史原因。回首看日本，在确立其国家主导思想时，就曾将儒家文化作为首选对象。这在江户时代表现最为突出，整个的江户时代可以说是一个“儒教时代”。“儒教”（主要是中国理学）与神道教相结合，成为日本国教，也成为日本进入近代之前的“国粹”与文化传承主线。就此，日本一旦经过西方文化洗礼，当想到要弘扬亚洲以至本国的民族文化传统时，随即重新认识儒家的精神价值与社会功能，再次将其确立为支持日本式现代化的重要伦理基础。而进一步分析，日本文化亚洲主义者一反江户时代的传统，由对理学的敬奉，改为对心学的张扬，这是历史的事实。究其原因，则是由于阳明学较之理学而言，主张“良知”，主张对自我“本心”主体意识的扩张，这正与处在进取发展过程中的“工业日本”民族精神相合。

当然，组合日本传统文化基因的不仅是儒家思想，还有佛教等。要宣

---

①　三宅雪岭：《王阳明》，载柳田泉编：《三宅雪岭集》，明治 26 年。

②　明治时代思想家受阳明思想影响甚大。内村鉴三评西乡隆盛思想时曾说：“他（西乡隆盛）很早就从王阳明的著作中受到启发。王阳明关于中国哲学家良知与仁慈而严峻的天理之间的关系的学说，成为亚洲尊严精神的共同起源。这种尊严精神，与基督教精神（新教精神）已经十分相似。”（内村鉴三：《代表的日本人》，岩波书店 1990 年版，第 22 页）

③　新渡户稻造：《武士道》，岩波文库，1958 年，第 36 页。

扬“文化亚洲主义”自然对佛教思想也同样给予积极的评价。明治维新之初,日本佛教曾受到过贬抑与排斥,出现过“废佛毁释”的运动。1887年西村茂树《日本道德论》的发表使佛教在理论上得到政府的承认。西村认为对西学的片面追求,已使日本道德陷于沦落边缘,在强调国民教育当倡导儒家的前提下,说明佛教作为“世外教”,于广大基层群众中渗透度甚大。值西风鼓动,百姓精神无所适从之际,政府权当因势利导,以佛教约束众多国民,以整合日本世风日下的道德秩序。① 另一名思想家井上圆了也在自己的著作中提倡佛教对再造亚洲与日本文化的重要意义,他说佛教“论三世,谈六道”,其真旨是“物质不灭”与“能量常存”,努力求得佛教的现代性意义,用心良苦。② 他以为学习西方,固然十分重要,但一味倾慕西学,置东方学术于不顾,其后果是只看到西方物质丰盛的一面,而对精神面的探求寡少,将对日本产生极其不良的影响。他强调佛教是一种对东方人精神建设极为有益的哲学体系,对其应重新体认,吸收为日本人的精神营养。为着重宣传亚洲哲学,他在1894年创刊了《东洋哲学》。佛教思想家村上精一则直指佛学为哲学,而之所以说佛学为哲学,是因为佛学对世界宇宙“原理”作了“百尺竿头的彻底说明”,起着与哲学相同的作用。他把佛学神圣化,甚至说成是人间最高层面的哲学,“其论无尽,其说无至”。③ 如果说,日本亚洲主义中“文化亚洲”思想旨在纠正世人偏重西学、鄙视亚洲文化精义的偏向,以求再兴亚洲文化,那么以上有关佛教价值问题的各种论点,在宣传“文化亚洲主义”过程中所起的舆论影响是不可低估的。

“文化亚洲主义”的再一个思想特点是宣扬“日本主义”。我们只要查看一下日本思想年表就可以发现,自19世纪80年代末,以“日本”为名的

---

① 即如并不赞同“文化亚洲主义”的福泽谕吉也曾经说过:“幸而我们日本自古以来在下层民众中就有许多人相信佛教,民间的道德完全是从佛教中来的。所以只要保持这种习惯,不加以丝毫阻碍,听任其教导,民间就不会缺乏道德教育。”(《近代日本思想史》,第122页)

② 参见《井上圆了的教育理念》,东洋大学1988年版,第22页。

③ 引《史料的日本史》(近代篇),第175页。

论著与杂志是何其之多。在杂志与报纸方面，1888 年三宅雪岭与井上圆了等创刊《日本人》杂志，组政教社。次年则又有主张"日本主义"的报纸《日本》问世。1890 年有《日本评论》创刊。1897 年，井上哲次郎设立"大日本协会"，创刊"日本主义"杂志《日本主义》①。在论著方面则有德富苏峰《将来之日本》（1886 年）、《新日本之青年》（1887 年）、《大日本膨胀论》（1894 年）；杉浦重刚《日本通鉴》（1887 年）；西村茂树《日本道德论》（1887 年）、《日本弘道会大意》（1889 年）；三宅雪岭《真善美日本人》与《伪恶丑日本人》（皆为 1891 年）；志贺重昂《日本风景论》（1894 年）；冈仓天心《日本的觉醒》（英文，1904 年）；高山樗牛《赞日本主义》（1897 年）；井上哲次郎《日本阳明学派之哲学》（1900 年）、《日本古学派之哲学》（1902 年）、《日本朱子学派之哲学》（1905 年）。当然，以上的记录还不完全，而且不是说凡冠以"日本"的杂志、报纸、论著乃至协会组织就都归属于"日本主义"，但说其中宣传"日本主义"者占大部分是不会错的。

日本主义主张保持"国粹"，如《日本人》杂志，指陈"彰显国粹"与"国粹保存"。《真善美日本人》是三宅宣扬这方面观点的一部代表作。他又有《吾辈倡国粹主义岂为偶然》一文，指出保存国粹的目的在于"坚持国家无形的元气"，强调所谓"国粹"者乃是日本"一国所特有者"，"独创而非模仿他国者"。他承认，他所谓的国粹主义实是"日本主义"。陆羯南于 1889 年创办报纸《日本》，论及与国粹主义的关系时说："吾辈与国粹主义向有同感。"

日本主义者反对盲目崇外，主张应细致考察日本的国情，确定适合日本的文化、经济与政治大策。如志贺认为，应该选择最适合日本之"宗教、教育、德育、美术、政治生产制度"，"以此裁断日本将来之向背"。他对眼下全盘欧化的情景表示强烈的担忧，故提出日本与西方的"文化主客说"："当以日本开化为主，以西方开化为客"，也即以日本文化"同化"西方文化，最

① 在这一年发生围绕"日本主义"的论争，主角是大西祝与高山樗牛等。

后创出日本新文化。① 陆羯南说我们不是将西方文化直接地输入日本，而要看其是否对“日本之幸福与国益有用”。有用则用，无用则不用。日本主义还有一个特点是进行日本学术史的深入研究。如前所述，井上哲次郎开展对日本古学、阳明与朱子学的研究就是明显的例子。②

不能简单地说国粹派与日本主义者就是文化排外主义者。志贺主张：对西学的态度当“以日本国粹之胃，咀嚼西方文化，以消化之，与日本文化相同化”。③ 三宅也不同意别人说他们是文化保守主义者，“所谓保存，易与守旧混同，此是误解了我们的意思”，“日本主义”与“国粹”足以将日本文化精华与西方文化的优秀成分结合，“与固守旧物之保守主义相异”④。

由上可见，19 世纪与 20 世纪之交，日本亚洲主义性质出现变化，一方面不排除战略亚洲主义依然存在，而其向文化意义的转化确是一个明显的特点。直面西学盛行，传统日衰，日本一部分有识知识分子要求回归“亚洲”，再尊儒学，产生“国粹派”，倡导“日本主义”，在日本乃至亚洲现代文化建设史上具有值得肯定的历史意义。然而，19 世纪末日本文化亚洲主义主调中也有不和谐音的混响，有人“提醒”日本勿忘日本在复兴亚洲文化事业中所应起的“先行者”的作用；主张日本文化“优越论”与振兴亚洲文化“天职论”。这一切终使“文化亚洲主义”发生变形，其中的一些人最终向国家主义方向转化，竟使这个本来具有积极意义的思潮与前述“战略亚洲主

---

① 《日本前途之国是必选定“国粹保存主义”》。

② 日本文化亚洲主义对中国文化宣传也引起一部分人的“忧思”。竹越三叉就提出反对意见，他认为提出“亚细亚主义”是完全错误的，“一种权诈之士，以支那为中心，崇拜该国文明，赏其国风，惜其灭亡，而以亚细亚一般之名目而掩护之，回护之。此实借亚细亚之名而图支那之复活”（《世界之日本乎？亚洲之日本乎?》）。在他眼里，亚细亚主义即是“支那主义”，必会在日本产生不利效果，最后只会使“支那复活”。他鼓吹：在亚洲应万以日本为其中心，相反若推崇亚细亚文明，以为日本当代文化之本，进而行“亚细亚之总联合”，“中心必非日本而为中国”。他为此痛心疾首：“故亚细亚说，其实质是支那中心之说”，“吾人既已力排世界中一种亚细亚学说，更何容藏于其中之一种支那中心说耶?”

③ 《关于〈日本人〉杂志宗旨的告白》，《明治思想集 2》。

④ 《吾辈倡国粹主义岂为偶然》。

义”遭到同样的命运，迈上侵略主义的歧途。这是我们在肯定“文化亚洲主义”的合理意义时所必须注意的问题。

三、对日本亚洲主义历史局限性及其最终右转异变的严肃思考

以上，笔者从“战略亚洲主义”与“文化亚洲主义”的角度对出现在上世纪之交中国与日本的亚洲主义做了简略述论。

对于“战略亚洲主义”，日本有中国也有。综观一部中国近代史，是一部日本对亚洲与中国觊觎侵略的历史，同时从另一方面来看，出于历史的机缘与时代的际会，日本又常常成为中国先进的中国人开展变法与革命的国际“后方”。在这个后方，中国的改革志士得以逃避清皇朝追捕，组织政党，宣传理论。不否认日本给予中国这种“方便”主要为其民族利益所驱，但是也不否认如宫崎滔天等人对于中国革命的实际支持。由他们提出的亚洲主义，应在肯定之列。再有，自从1840年中国发生鸦片战争，1853年之后，日本出现“黑船事件”，中国与日本同时遭到英美列强的侵略，在一段时期内中国与日本反对西方侵略的民族意识一时趋同，这时候日本提出“日中提携”“亚洲联合”“共抗英美”（也包括俄国）的战略亚洲主义有其合理的历史背景与现实的可供肯定的意义。从中国来看，中国当时所要解决的有两个现实课题：在内部要推翻清朝腐朽统治，建立民主共和国家；对外反对帝国主义侵略。就第二个“课题”而言，总体上说，日本手里拿着的是一把双刃剑：既反对西方压迫，又将侵略刀剑挥向中国与亚洲。孙中山等人不是看不到日本之剑恶的一面，他们所采取的策略是揭露日本恶的一面，利用其对中国有利的一面，取“合纵连横”之势，以阻西方，提出中国观点的“亚洲主义”，与日本“亚洲联合论”相合，是一种战略的需要，因此也当作历史的首肯。只是我们在讨论日本历史上的战略亚洲主义的时候，也要注意到包含在其思想中的“日本责任论”。依这种理论，日本对“保卫亚洲”有天然的“责任”。反对西敌的主导权在日本。如果在亚洲还存在有一个

反对欧美侵略的"联合体",日本就是这个"联合体"的天然的领导者。依这种理论,日本就能够以反对西方侵略的责任论为借口,横行于亚洲,侵占周边国家,自任亚洲的霸者与盟主。"日本责任论"就是这样与亚洲侵略主义最终接上了头。

关于日本与中国的亚洲主义,都具有文化亚洲主义的特点,这是本文所提到的,对此也当作客观的评价。不过在对这个问题进行深入讨论的时候,又有以下的体会,即传统改造的必要性与时间顺序性。如笔者所见,中国乃至整个东亚的文化现代化要经过"正题、反题、合题"三个阶段,或者说具有"三级跳"的特征。中国与东亚的文化建设必经过三级跳的顺序,才能臻于完善,以促使农业东亚向工业东亚的转型。

这"三级跳"的第一步:西学冲击,传统对西学的抵制与被动受容。由于诸多历史与社会特质使得中国与日本相比,其第一步有较大的相似性。甚至可以说,第一步中国跳跃在先。这可以从魏源《海国图志》出版与在日本广泛流传获得证明。问题的关键是第二步,即对旧文化的解构与清理,此为文化建设"三级跳"极其紧要的一步。由于中国是东亚儒教圈子的核心区,旧儒教的影响与内部结合力与传承力要远超过作为"文化外缘区"的日本,因此中国需要有更多的时间与投放更多的社会与思想力量对不适合现代工业时代的旧文化进行解构与清理。① 在具体做法上,这项工作有时是矫枉过正的,是彻头彻尾的解构与清理,也即是对旧文化进行超越其他民族的最严厉的审视与反省。即把旧儒教的一切观念都置于怀疑与"打倒"之列,将旧儒学的所有信仰结构体系全然解散,求其从理念到组织陷于瘫痪,难以对世界先进学理发生阻抗之力,而助西学大潮"长驱直入"。

旧文化的"解构与清理"时期是中国人精神上的"离乡"时期。中国人以民初剪辫"断发"的坚毅态度与腐朽的封建形态诀别。中国人在这一时期应表现出勇敢的文化叛逆行为与承当精神,与中国历数千年筑就的古老乡堡,作一次告别。要体现拆除老屋、重建新居的激奋,要有掀去黑暗的屋

---

① 参见盛邦和:《内核与外缘——中日文化论》,上海:学林出版社,1988年。

顶、撤除闭锁的窗棂、驱逐专制的家蛇、排除愚昧螨虫的决心，用新设计，盖新房屋。显然文化建设的第二步，是革命而不是温存；是断裂而不是接续；是疏离而不是情恋。这一步实为东亚的“宗教改革”，无论在人力与精神上都将付出牺牲。走不出这一步，或这一步走得不充分、不完全，都会将东亚文化建设的伟大工程彻底断送。我们感谢“五四”，感谢鲁迅、陈独秀、胡适、傅斯年他们在中国现代文化启蒙中所起的作用，不应去责备他们曾经说过的一些偏激的话。这一步是十分难跳的，情感上的原因占了很大的比例。此时的中国人将体会日暮乡关的离乡愁绪，失去家园的失落情感。离开老屋，告别乡堡的涌动人群，这时候又不可避免地出现道德失序的状态，这使中国人的乡愁情结，越益浓化。因此，只有努力克服这种善良而又无益的情绪，文化建设的过程才不至于中断，中国新文化的曙光才会真正跃出东方地面。

假如东亚与中国的文化建设顺利地“跳”好第二步，紧接着可以进行第三步的跳跃。笔者将这第三步的跳跃称为文化的再构重造前提下的回归，是传统的归乡与回家，或说是在拆除老屋的基地上，再建新屋。新屋看来有旧的痕迹，因为地基是原本的，材料也并不排斥旧的，但设计将是全新的。新屋有其新的灵性，专制的家蛇与愚昧的毒螨已被清除，请进的是“开了光”的祖神。到这一步，东亚与中国的文化现代化可以说接近完成。在说明以上文化建设三级跳跃的情况以后，还要补充说明的是三级跳跃有其顺序性与时间性。第一：顺序性。在跳第二步之前，第一步不可忽略。更重要的是，第二步是极其重要的一步，也无法省略。如前所言，文化建设如造屋。造新屋必须要拆除旧屋，清理地基。省略这一步，新屋何来。第二是时间性。如前所说中国社会与文化国情，决定中国文化建设的第二步是最艰巨的。所以所花的时间，即在跳跃“空间”的停留时间也当更长。

文化建设所怕的是“第二步”未跳，或者未跳好，就及早起跳第三步。不破而立，或者是破得不彻底而转向于立，可能会使文化建设的过程步伐紊乱,难以达到应有的效果。其结果无法对中国旧文化做最彻底的清理,文化建设陷于烧饭"夹生"的尴尬。从这个意义上说,日本"文化亚洲主义",其原旨是对日本全盘欧化思潮的反拨,要求重新发现日本文化的源头即亚洲文化,主张在保持亚洲文化精粹前提下,吸收西洋文化,以找寻日本文化现代化的本体道路。中国的亚洲理论在这方面与日本的文化亚洲主义有相同的地方。孙中山的大亚洲主义理论中的文化亚洲论与章太炎的"昌明古代哲学"的思想,表现得都十分明显。因此"总体"上中国与日本上世纪之交提出文化亚洲理论,具有进步意义。东亚现代化不仅仅是经济与政治的现代化,而且是文化的现代化,而一个民族与国家文化现代化的代表标志,即看其对本国本民族文化是否作了适应现代化的改造,在弘扬民族文化的基础上重建民族新文化。

然而,章太炎在20世纪开头,"五四"对旧文化的大规模批判还未开启之时,就在某种意义上接受日本文化亚洲主义的影响,恢复古学,又与刘师培等人开创国粹。我们一方面从"总体"上肯定中国"文化亚洲主义"与"国粹主义",肯定其在排满革命中具有重要的宣传作用,肯定其为20世纪以阐发中国文化为特征的中国文化复兴运动的前奏,但也不能否认因其在中国文化建设过程中的"超前性",使其现代文化史学的实际价值受到限制。①

这里还要讨论一个问题,即中国文化建设所反映的实态是:第二步与第三步齐头并进。这是一个复杂的现象。也可以说是中国文化建设出现了"二步同跳"的情况。笔者时常在想,中国的文化现代化进程如同是合力

---

① 1902年,梁启超有意创办《国学报》,以保存国粹,黄遵宪不以为然。他说"公谓养成国民,当以保国粹为主义,取旧学磨洗而光大之。至哉斯言,恃此足以立国矣。虽然,持中国与日本较,规模稍有不同。日本无日本学,中古之慕隋、唐,举国驱而东;近世之拜欧、美,举国又趋向西。当其东奔西逐,神影并驰,如醉如梦,及立足稍稳,乃自觉己身在何有之乡,于是乎国粹之说起。若中国旧习,病在尊大,病在固蔽,非病在保守也。今且大开门户容纳新学。"(丁文江、赵丰田:《梁启超年谱长编》,上海:上海人民出版社,1983年,第293页)

拉纤，“文化批评主义”与“文化建设主义”抱着改进中国文化的相同态度在异途同归的过程中将中国的文化之船拉向现代化境地。孙中山的大亚洲主义发表时间是1924年，就《大亚洲主义》演说主旨而言，孙中山主张传统文化接续论。他直言中国儒家传统是亚洲文化的根基与命脉。亚洲文化（主要指中国儒家文化）是王道文化，而西方文化是霸道文化。并指出王道文化将一定胜过霸道文化。这里，孙中山确是站在文化建设主义的立场之上，与胡适的文化批评主义比较，表面上看似乎是互不相容，但就其效果而言都“共同”为中国现代文化建设发挥了作用。由此，当我们将孙中山的“文化亚洲主义”与章太炎等人的“国粹思想”作比较时，我们对孙中山的“文化亚洲主义”的肯定成分要更高一些。

日本在进行其文化建设时，大体依照三步顺序起跳的方式进行。不过第一步进行得并不充分。福泽谕吉等“明六社”同人曾对日本旧传统作过批判，但这种批判是不够彻底的，紧接着“文化亚洲主义”盛行，传统迅速“回归”，使日本的“现代”思想夹杂有大量旧思想的残余，使日本成为世界上刻有封建社会印迹最深的现代工业国家。与此同时，如本文已经提及，对日本“文化亚洲主义”主调中的不和谐音应有必要的历史警觉。诸如强调日本在亚洲文化复兴过程中“先行者”的作用；主张日本文化“优越论”与振兴亚洲文化“天职论”。这一切，连同日本战略亚洲主义中的“日本责任论”与“亚洲解放论”，加上福泽谕吉“脱亚论”的负面思想影响，终将使日本“文化亚洲主义”发生向右的异变，使“文化亚洲主义”发生可悲的变数，演化为亚洲侵略与“大陆政策”的文化理论源头。

由此，我们在分析日本的亚洲主义时，不可忘记一个重要的历史事实，即日本的亚洲主义不管其为“战略亚洲主义”还是“文化亚洲主义”，其最后“异变”为亚洲侵略主义。以笔者所见，这种“异变”与日本加紧实施大陆政策与亚洲侵略政策相一致。如德富苏峰在1894年发表《日本国民的膨胀性》《对外自主派的本领》等文鼓吹侵略中国。植村正久则与德富苏峰发出同调，提出“精神冲突战”理论，说“日清战争（甲午战争）之外有其大意义在”。鼓吹日本发动战争的真正原因在于新旧两物的精神冲突：“日本流血前进，乃为新文明之精神张吐气焰，而将其国是告知于天地神灵。”（参见《明治思想集》）大川周明在将大亚洲主义向右转化的过程中起了很大作用。大川周明本来是大亚洲主义一个积极宣传者，时势推移，最终主张复兴亚洲的唯一方法不是“亚洲提携”，而是亚洲“解体”与对亚洲邻国的侵略。对于大川周明态度变化的研究是一个有意义的课题。①

---

① 大川周明（1886—1957年），日本山形县人。东京帝国大学哲学系毕业。曾经入满铁的东亚经济调查局为调查科长。1932年创立“神武会”，倡导所谓“国家改造论”，鼓吹侵略思想。战败后，列为A级战犯。公判中因精神病释放。他先是研究印度哲学思想，对在英国统治下的印度情况表示“关心”。主张将亚细亚从西方的统治下“解放”出来，以最后达到亚细亚的“复兴”。其著作有《复兴亚细亚的诸问题》（1922年）、《亚细亚建设者》、《日本文明史》（1921年）、《日本精神研究》（1927年）等。

他重视儒教在亚洲所起的作用，以为亚洲本来具有“以精神自由为特征的”贵重的文化价值。近代以来，亚细亚无奈成了西方的殖民地，究其原因就是因为忘记或因怠惰，失掉了这份精神财富。由于此原因，亚洲的社会变得无秩序，而非组织化。他亢奋地宣传要让日本起到作为亚洲先进国应有作用，重新确立亚洲的道德主体，以复兴亚洲。

他主张亚洲应该有宗教。他在《东洋的道与南洲翁遗训》中说：“日本人具有回归自然的精神，关于这一点我首先注意到的一点是我们使用的语言中没有宗教这个词语”，即使在印度与中国的词汇中也同样没有这个词汇，“无适当的词汇可以对应”。他为此而感到十分的遗憾。他分析日本之所以没有“宗教”这一词汇的原因时说，“人的实践生活包括宗教、道德、政治三个方面。在西欧这三个方面乃是次第的分化，各成自己的领域，各有自己的发展而有自己的规模。而东洋未见这样的分化”。东亚是将“人生一体把握。包容三体，而求精神生活全体的规模”。他主张将中国的“道”发挥起来，他认真研究中国的“道”所包含的意义。他说中国的“道”总起来“可以说，其道为天、地、人之道，即人与天地正确对应的总原则。用一句话说，即为道”。又说“人对天的关系为宗教，对他人的关系为狭义的道德，与志同道合者的关系为政治”。他明言：“中国儒教阐明道德的宗旨。其为一个教系，将宗教、道德、政治尽然包含其中。”“儒教至少不是西欧概念中的宗教，也不是伦理学与政治学。儒教不是它们中的一个，而是它们的总和。”（《安乐门》第8章《东洋的道与南洲翁遗训》）他写有《宗教之门》一书。他说这是他对宗教生活的回顾。如上所记录，他将中国儒教视为可统合亚洲思想的东亚“宗教”。

大川在他的《日本文明史》中曾说自己受到冈仓天心与北一辉的思想影响。其实，正如竹内好在《大川周明的亚洲研究》一文中所说，给予大川周明最大影响的应该是北一辉，大川自己也承认这一点。他说，北一辉思想深处有大亚细亚主义做他的指导。开始是儒教，其后又有佛教。他在《回忆北一辉》一文中说：“北君将刊行《纯正社会主义》的出版社定名为孔孟社。如若了解北君，对此一重要事实，应该予以重视。北君的社会主义绝对不是马克思主义的社会主义。北君20岁前后主张将孟子的王道表现于近代。当他皈依于法华经……又主张将‘无上道’的思想表现于近代。正因为如此，北君拒绝了一切热心的诱致。他将马克思主义呼为‘直译的社会主义’，决不与其共行动。”他论说：“北君的革命之道，属法华经的无上道。他认为真正的革命者应该是法华经的行者。是故北君终日诵读法华经，尤独居之时常在读经三昧中度过。”从北一辉那里，他接受到的是对亚洲文化的态度。

不过需要说明的是，大川周明以后最终从一个文化亚洲主义者变为一个亚洲侵略主义者，主张复兴亚洲的唯一方法不是“亚洲提携”，而是亚洲“解体”与对亚洲邻国的侵略。

20世纪日本将侵略中国的大陆政策全然付诸实践。“大亚洲主义”逐渐演化为日本侵略政策的思想基础。1938年11月，日本首相近卫主张建立“东亚新秩序”，发起所谓“东亚联盟运动”，使大亚洲主义再次浮出水面。太平洋战争之后，大亚洲主义又被“大东亚共荣圈”理论所利用，鼓吹侵略战争是一场“黄色人种革命”，日本俨然成为“解放亚洲”的“救世主”。

以上，笔者从正负两方面对日本上世纪之交出现的大亚洲主义以及中国孙中山等人对日本大亚洲主义的回应与再诠释做了简单的述论。笔者看到，日本的大亚洲主义的提出，其中含有一定的客观历史进步因素。日本一些有识之士，主张中日联合抗击欧美，对日本亚洲侵略势力的抬头与嚣张，起到过某种抑制作用。宫崎滔天等人的亚洲振兴观至今看来依然与中日、亚洲全体利益相合。他们对中国改良与革命运动，尤其是以孙中山为首的辛亥革命良有助益。日本的“文化亚洲主义”主张在吸收西学的同时弘扬亚洲优秀文化，这种思想此后传入中国，总体上对中日、亚洲现代文化建设具有一定的历史价值。而中国的亚洲主义则注意剔除日本亚洲主义中的负面因素，表现上世纪之交中国先进中国人希求中日友好的真诚之意。同时从战略上考虑，孙中山等革命派对日本亚洲主义有条件及具创建的回应，也使中国革命在某一时段得以以日本为据点，获得回旋的空间。这于中国资产阶级革命的开展当是有利的。

然而我们也要明确：日本亚洲主义倡导者即使在提出这个“主义”之初，在主张“联合”与“提携”同时，也并未将尊重主权、互利互尊这些起码国际原则写入理论，更谈不上运用于他们的实践；这个“主义”虽然打出反对欧美侵略的旗号，然而这里存在两个完全不同的矛盾性质，日本与西方的矛盾是列强之间矛盾，而中国与西方的矛盾是殖民地与半殖民地与西方的矛盾。况且日本主政者在强调“抗击英美（俄）”的同时，一刻也没有将侵略中国与亚洲之心放下。有此端绪，日本亚洲主义发展趋向则只能是或悖其初衷，或付诸东流，或向右异变。从中国方面来看，无论章太炎的“亚洲和亲”论或孙中山的“大亚洲主义”，虽具亚洲联合的美意，虽属合纵连横良策，虽含文化兴亚洲的宏愿，但不可否认，他们思想中仍有对帝国日本幻想的成分，此乃被中国资产阶级的先天软弱性所决定。中国大亚洲主义的这种理论缺陷，终使其发生中国式的异变。日后汪精卫自称是孙中山大亚洲主义的正统继承者，时值日本铁蹄惨踏华夏，竟说中日应“在共同目的之下亲密合作”，共兴臭名昭著的“和平”运动。大亚洲主义已堕落为彻头彻尾的投降主义与汉奸理论。

总之，上世纪之交的日本与中国的亚洲主义是一个迁延演变的思想过程。“以史为鉴可以知兴替，以镜为鉴可以正衣冠。”时值新世纪之交，检讨亚洲主义形成、发展的线索，尤其是检视日本亚洲主义如何从亚洲联合论走向亚洲侵略论的历史，将有利于中日两国人民树立正确的亚洲论与中日观，增进了解、理解与合作，使中日关系日臻成熟。由此将一个健康、稳定的中日关系带入21世纪。同时，回顾中日文化亚洲主义的历史，也可启示人们如何在相近的文化背景前提下，总结经验，吸取教训，加强文化交流，使一个和平、发展的真正的“文化亚洲”出现在21世纪。

（原载《历史研究》，2000年第3期）

日本亚洲主义与“右翼”思潮源流

——兼对戚其章先生的回应

盛邦和

萌生于19世纪中叶的日本亚洲主义具有其早期形态，原是一个多翼并存的思潮，然而其步步演化异变，其中最反动的一翼加速膨胀，终成为彻底的侵略思潮。日本侵略亚洲主义是日本亚洲主义在其思想历程中，一路右倾下滑，到达的罪恶终点；是日本亚洲主义内部消长，最终右翼制霸，获致的黑暗结局。对日本早期亚洲主义作历史分析，不等于对日本亚洲主义的“肯定”，而是探讨一个“日本亚洲主义演化说”与“日本右翼思潮源流说”。

对复杂的思想史学问题，当采用通常的竖切面的重视“过程”的阶段分析法与横切面的解析“多元”的流派分析法，作总体“解剖”。事实是，通过对日本亚洲主义如何走向“罪恶终点”与“黑暗结局”的过程作历史考察，对其中流派作具体分析，可对日本侵略主义作更深刻与科学的揭示，有助于与世界及日本人民一道，总结历史的教训，探悉日本右翼思潮的源生与发展，杜绝“罪恶”重演与“黑暗”再来。

一、关于日本亚洲主义定义的讨论

这里所谓的“定义”，说的是对这个思潮性质判定，对这个思潮各发展阶段的划分，及对其内部流派的探讨。对日本亚洲主义可不可以作“过程”“流派”与“异变”的分析？有没有一个“早期日本亚洲主义”？应该不应该通过对“早期日本亚洲主义”“异变”的考察，对日本右翼思潮作源流根底的探讨？这些都是在讨论日本亚洲主义定义时必然遇到的问题。

日本学者竹内好对日本亚洲主义作如下定义："亚洲主义既不和膨胀主义与侵略主义完全重合，也不和民族主义（民族主义、国家主义、国民主义及国粹主义）完全重合，不用说，当然不和左翼的国际主义重合。"竹内好的"非重合"论说明日本亚洲主义，在其开初没有与"膨胀主义与侵略主义"发生"完全重合"，故具有多元多义性。竹内好也看到日本亚洲主义有一个转化过程，最终与"膨胀主义与侵略主义"发生最大的"重合"。①

日本京都大学狭间直树教授《初期亚细亚主义史的考察》一文认为：日本曾有"初期亚洲主义"，也叫"处于出发点上的亚细亚主义"，其主要内容为"主张亚洲团结提携的兴亚论"。狭间直树说："为对抗欧洲，主张亚洲团结提携的兴亚论及所谓亚细亚主义登场，其所倡导的团结提携论，从理论与实践的意义上说，乃以亚细亚内部对等关系为前提。处于出发点上的亚细亚主义，就是这样的一种理论。"然而随着"（日本）快速达成维新，成为'脱亚'的先驱"，"亚细亚主义将诸国对等团结的思想抛弃，成为以日本优越论为基本轴心的支持侵略的理论"。②

日本《亚细亚历史事典》（1959—1962 年刊）这样定义日本亚洲主义："为抵抗欧美列强对亚洲的侵略，亚洲诸民族以日本为盟主团结起来。明治初年以来，关系到日本的独立问题，提出了'亚细亚连带论'。这样的思想存在于自由民权论者之中，在其展开过程中表现出复杂的差异性"，"随着自由民权运动的衰落、天皇制国家制度的确立，对清军备的扩张，大亚细亚主义抬头"，"玄洋社抛弃了民权论，转向为国权论者，这是 1887 年的事"，以此为标志，"大亚细亚主义虽然继续主张日本同样是被压迫民族，与亚洲同文同种；强调东洋文明是精神文明，西方文明是物质文明；亚细亚民

---

① 竹内好：《现代日本思想大系 · 亚细亚主义》，东京：筑摩书房，1970 年，第 12 页。

② 狭间直树：《初期亚细亚主义历史考察》，《东亚》，2001 年 9 月号。

族连带提携，而在实际意义上已在发挥隐蔽明治政府侵略政策的作用”。①

国内学者在给日本亚洲主义定义时，也大都体现了阶段分析（早期阶段与后期阶段）的过程论、多元分析的流派论与总体分析的异变论。

北京大学严绍璗教授说：“兴亚”论“在当时日本朝野乃至中国反清人士中，有广泛的接受层面，而表现为广泛的多义性”，总起来说，一部分民权论者，持“兴亚”论主张，“企望以东亚各国的联合来抵御外侮。直到20世纪20年代，中国革命先行者孙中山在日本提出了‘大亚细亚主义’，皆属这一体系”。然而，“兴亚”论也有其另外重要的一面，“兴亚”论者中的国权论者，“并不是以争取民族平等为东亚联合的出发点，而都是以为申张日本国家利益作为‘兴亚’的最根本的要求”。既有“联合来抵御外侮”的一面，也有侵略的一面。这是严先生对“兴亚”论的“两分法”。②

孙歌评论幸德秋水与内田良平的亚洲观说：“幸德秋水与内田良平，从一开始就未能建立如同中江兆民与头山满那样的理解和友谊，幸德秋水在抽象层面思考帝国主义的问题，而内田良平在实践层面致使亚细亚主义走上了‘向右转’的道路。”孙歌在“向右转”上打了引号，强调了“转化”（异变）论。

孙歌教授在《亚洲意味着什么》一文中说：“竹内好编辑的这本独具一格的《亚细亚主义》，在战后日本思想史上是绝无仅有的杰作。在日本近代化与侵略扩张的关系、日本民族主义与国际主义的关系、左翼与右翼在民族问题上的误区等等重大问题的交错点上，竹内好推出了亚洲问题的全部复杂内涵。在明治以来讨论亚细亚主义的思想史脉络里，到了竹内好才为亚洲问题的定位找到一个复杂的交错点。”也就是说，在竹内好那里，日本亚洲主义是一个多义的“交叉点”，多个流派的思想在这里发生碰撞。③

---

① 竹内好：《现代日本思想大系·亚细亚主义》，第10页。

② 严绍璗：《日本中国学史》，南昌：江西人民出版社，1993年，第537页。

③ 孙歌：《亚洲意味着什么？》，《主体弥散的空间——亚洲论述的两难》，南昌：江西教育出版社，2002年，第118页。

赵军教授早在上世纪80年代就开始研究日本亚洲主义。他说:“明治维新之后,日本国力逐渐增强,但列强通过不平等条约强加给日本的殖民枷锁依然存在,如何在激烈的国际竞争中争取日本民族的完全独立、巩固维新的成果,成为更多的日本人冥思苦索以求解决的时代课题。不少人认为出路只能是与亚洲邻国实行联合。自由民权运动中,一些自由民权主义者把内争民主、自由的斗争和外争国家、民族独立的斗争联系起来,由日本一国延及各国,提出了亚洲、非洲被侵略各国合组万国共议政府,以确保各民族享有平等、独立地位的主张。这是日本资产阶级在其上升时期,为争取本国及世界各国民主与进步所提出的一种最有意义的思想,同时也是大亚洲主义思想的一种萌芽。”①赵军认为,日本亚洲主义在其产生之初,面对西方侵略,主张“与亚洲邻国实行联合”,体现出一种“有意义的思想”。他把亚洲主义开初之时,定在“明治维新之后”,即1868年之后。

日本亚洲主义“既非褒义词,也非贬义词,它是个中性词。在不同的历史时期具有不同的含义”,“一种是民间理想主义的亚细亚主义思潮,它以驱逐西方白人殖民主义者、振兴亚洲为己任;一种是政府现实主义的大陆政策构想,它以扩张日本在亚洲的利益为目标,时而与西方殖民主义者相互勾结,共同瓜分在亚洲的利益,时而与西方列强兵刃相见,企图独占亚洲利益。两者之间的交错与重叠,形成近代日本的亚洲观”。王屏在《近代日本的亚细亚主义》一书中说了以上的话。此书2004年3月由商务印书馆出版,代表了中国学术界亚洲主义研究的最新的专著式成果。②

① 赵军:《孙中山与大亚洲主义》,《社会科学战线》,1988年第4期。

② 王屏:《近代日本的亚细亚主义》,北京:商务印书馆,2004年,第214页。书中给“亚细亚主义”所下的定义是:近代日本的“亚细亚主义”是指在西方列强加剧侵略东方的危机时刻,围绕着对“东洋”与“西洋”的认识问题而形成的有关日本人亚洲观的一种有代表性的政治思想及其相关行动。由于近代日本亚细亚主义复杂而特殊的发展历程,它又表现为强调亚洲平等合作的古典亚细亚主义、强调扩张领土的大亚细亚主义以及对亚洲实施侵略的“大东亚共荣圈”三种形式。近代日本的亚细亚主义在其形成、发展、消亡的过程中,完成了它从“兴亚”到“侵亚”的质变历程。

其实,日本亚洲主义在其发生之初,与近代以来出现的许多民族主义的地域思潮,诸如泛斯拉夫主义、伊斯兰主义有着重要的内在精神的联系性与相似性。

如何分析评析地域主义思潮,马克思曾做出很好的榜样。《泛斯拉夫主义。石勒苏益格—荷尔斯泰因的战争》一文,对“泛斯拉夫主义”作了科学的分析。

波希米亚和克罗地亚(斯拉夫族的另一个离散的成员,它受匈牙利人的影响,就像波希米亚人受德意志人的影响一样),是欧洲大陆上所谓“泛斯拉夫主义”的发源地。后来波希米亚人和克罗地亚人在布拉格召开了一个斯拉夫人代表大会,筹备成立一个斯拉夫人大同盟。马克思说:“波希米亚和克罗地亚都没有强大到自身足以作为一个民族而存在。它们各自的民族性都已逐渐被种种历史原因的作用所破坏,这些原因必然使它们为更强大的种族所并吞,它们只能寄希望于通过和其他斯拉夫民族联合起来而恢复一定的独立性。”

“波兰人有 2200 万,俄罗斯人有 4500 万,塞尔维亚人和保加利亚人有 800 万,为什么不把所有这 8000 万斯拉夫人组成一个强有力的联邦,把侵入神圣的斯拉夫族领土的土耳其人、匈牙利人,尤其是那可恨而又不可缺少的 Niemetz 即德意志人驱逐出去或消灭掉呢?”马克思分析这是泛斯拉夫主义出世的初始意义。

然而,议论还在继续,当马克思接触到“俄罗斯帝国”借用泛斯拉夫主义“想把整个欧洲变成斯拉夫族”的“俄罗斯人的领土的野心”这个原则问题,对泛斯拉夫主义的评判转向严厉。他说,这个“理论之后,还站着俄罗斯帝国这一可怕的现实;这个帝国的一举一动都暴露出它想把整个欧洲变成斯拉夫族,尤其是这个族的唯一强有力的部分即俄罗斯人的领土的野心”,“俄罗斯的政策是用种种阴谋手段支持新式的泛斯拉夫主义体系,这个体系的发明最适合于它的目的”。①

---

① 《马克思恩格斯选集》第 1 卷,北京:人民出版社,1972 年,第 545~546 页。

马克思对泛斯拉夫主义作了深刻定义:一、从民族论的意义上说,在其成立之初表现出“斯拉夫民族联合起来而恢复一定的独立性”的意义。二、从泛斯拉夫主义性质变化的意义上说,揭露“俄罗斯帝国”借用泛斯拉夫主义“想把整个欧洲变成斯拉夫族”的“俄罗斯人的领土的野心”。

对日本亚洲主义,也当用辩证分析的方法看问题。一方面认识其早期形态体现的“联合起来而恢复一定的独立性”的地区民族主义特点,另一方面也揭发日本右翼如何“借用”这个“主义”,贩卖侵略主义,并分析这个原本属于地域民族主义的思想体系最终如何、为何演化成侵略主义的专用符号。

马克思对泛斯拉夫主义的定义分析启发我们从如下三个方面对日本亚洲主义作出定义:第一,与近现代世界上出现的其他许多地域思潮相似,日本亚洲主义是长期“过程”的展开。应该对其作“早期”与“后期”的分期考察。日本存在过一个“早期”亚洲主义是历史的事实。第二,日本亚洲主义是多元“流派”的组合。其中既有疯狂鼓吹“征韩论”“征台论”与“大陆进出(侵略)论”的极右派,也有以曾根俊虎等人为代表的吁求“亚洲同盟”“中日连携”“文化亚洲主义”的民间温和派。他们在一定意义上表现出日本民族主义者企望亚洲“民族联合起来而恢复一定的独立性”的精神要求。特别是以后以宫崎滔天为代表的“支那(中国)革命”派直接支持中国辛亥革命,所发生的重要影响,不应该予以忽略。第三,日本侵略主义是亚洲主义最终“异变”的结果。不可忘记在这个亚洲主义的“理论之后”,还站着日本帝国主义“这一可怕的现实”,“这个帝国的一举一动”都暴露出想把整个亚洲变成日本“领土的野心”,由此,后期日本亚洲主义异变为与“大陆政策”相连的侵略主义理论。我们觉得只有用上述“过程”论、“流派”论、“异变”论的方法探悉日本亚洲主义,才能对这个“主义”进行历史的分析,从而作出科学的定义。

戚其章先生的文章给日本亚洲主义定义有以下几层意思:第一,日本亚洲主义产生于甲午战争之后,盛文所谓的“早期亚洲主义”不存在;第二,发生于19世纪日本的,被盛文称为早期亚洲主义的“亚洲连带”论、“中日提携”论、“兴亚”论及“文化亚洲主义”(国粹与亚粹论)原本就是侵略理论;第三,从来都是“与西方列强争衡策略”的“侵略理论”,不存在盛文所谓的“右转”与“异变”。显然,戚文的第一点意见,不主张对日本亚洲主义作“过程”论的分析;第二点意见,不主张对日本亚洲主义作“流派”论的分析;第三点意见,不主张对日本亚洲主义作“异变”论的分析。戚文持这样的方法研究日本亚洲主义,无益于对日本侵略主义的来龙去脉作深刻观察,所得定义与结论离历史事实也是有距离的。

二、对日本亚洲主义发展“过程”的观察

以下,我们考察日本亚洲主义“早期”与“后期”的两个“过程”,及“早期”与“后期”之间的三个“连接”,说明日本亚洲主义是逐步发展演化的完整体系。

(一)日本早期亚洲主义:《新论》刊出、“兴亚”论、“提携”论、“文化亚洲”论

会泽安《新论》的刊出,标志日本早期亚洲主义萌芽期的到来。1825年会泽安著《新论》指出:世界局势犹如“战国”。“夫方今举宇内列为七雄,而与周末所谓七雄者,小大无异”①,主张开眼看世界,认清国际形势,意识日本与亚洲共同面临西方侵略的危险,建议日中结合纵之势,以抗西侵。

1878年,经由曾根俊虎等人的活动,振亚社成立,主张“亚洲连带”的“兴亚”论即“战略亚洲主义”的提出,是日本早期亚洲主义进入“成立期”的标志。1880年11月11日,兴亚会成立,创立者为长冈护美、渡边洪基。其中,曾根俊虎发挥重要作用。人员有荒尾精、岸田吟香、草间时福、副岛种臣、榎本武扬、宫岛诚一郎、广部精、大久保利通的儿子保利和、汉学家重

---

① 会泽安:《新论》,《日本思想大系·53》,《水户学》,东京:岩波书店,1973年,第397页。

野安绎等。

兴亚会宗旨云:亚洲已成“碧眼人掠夺之地”,“白人无道”,亚洲人“同文同种”“辅车相依”,理当同心同德共振亚洲。此宗旨曾经中国驻日本公使何如璋过目。何如璋、黎庶昌等中国官员皆为会员。

1883 年 1 月 20 日召开兴亚会第三周年大会,兴亚会改名为“亚细亚协会”。正副会长依然为长冈护美、渡边洪基。设议员重野安绎、宫岛诚一郎、谷干城、岸田吟香、末宏重恭、宏部精、成岛柳北等二十四名。① 会员据《姓名录》有曾根俊虎、金子弥兵卫、草间时福、桂太郎、东次郎、榎本武扬、牧野伸显、副岛种臣、三岛毅、品川弥二郎、原敬、竹添进一郎等,王韬的名字也见于名册。1883 年 10 月刊出的《亚细亚协会报告》全部使用汉语。

宗旨强调日中“协”好,倡导“日中提携”。与以前不同的是“将通商贸易、确立市场作为日中提携的经济基础”,强调“中日两国的当务之急就在于合纵以及收回利商权”。曾根俊虎在会中十分活跃,主张通过兴办事业来振兴亚洲主义。②

1888 年,《日本人》杂志创刊,又由《日本人》杂志同人组织“政教社”,提倡国粹主义与“日本主义”,进而演绎出文化亚洲主义思潮,由此早期日本亚洲主义进入“发展期”。“政教社”(1888 年)包括两个团体:其一为“哲学馆”,成员有井上圆了、三宅雪岭、棚桥一郎等人。其二是“东京英语学校”,成员有志贺重昂等人。此后,“日本主义”报纸《日本》同人陆羯南等人与《日本人》杂志合组《日本与日本人》。值得注意的是,冈仓天心也是国粹主义的重要人物。他在所著《亚洲的觉醒》中,提出以“亚洲觉醒论”为基调的亚洲文化复兴观。

由上可见,从 1825 年到 1891 年东邦协会成立(下文将说到),经由 66 年,这是日本亚洲主义经历的一个重要时期。通常所说的早期日本亚洲主

---

① 《吾会纪事》,《亚细亚协会报告》第一篇,第 113 页,《改刊亚细亚协会会员地址姓名录》。

② 王屏:《近代日本的亚细亚主义》,第 59 页。

义，指的是这个时期。此期很长，可将其分为三期：一、早期日本亚洲主义的“萌芽期”，会泽安是这时期的主要代表。二、早期日本亚洲主义的“成立期”，代表组织是振亚社、兴亚会、亚细亚协会。这三个组织实际上具有“同根”性，是振亚社的延续与发展，其重要的代表人物是曾根俊虎。我们还有把以上第一期与第二期起名为“战略亚洲主义”。三、早期日本亚洲主义的“发展期”。组织上的代表是“政教社”，代表性事件是《日本人》的出版与国粹主义思潮的产生。代表人物是冈仓天心、三宅雪岭等。由于这一个流派主张“亚粹”与“文化亚洲”思想，故可称“文化亚洲主义”。

对于上述早期日本亚洲主义，我们同意诸学者的意见，因其具有日本亚洲主义的初始性，因此可称其为“古典亚洲主义”。同时，这时期的日本亚洲主义具有较多的民间性，故也可称为“民间亚洲主义”，狭间直树则称其为“初期亚洲主义”。

不可忽视，早期亚洲主义在组织人员上并不单纯，一些侵略主义分子混合其间；早期亚洲主义者在思想上也不“精粹”，诸多侵略思想杂糅其中，为日后日本亚洲主义的异变提供了思想基因。然而，就矛盾的主次论而言，主张“亚洲连带”、中日提携、合纵御“西”的“战略亚洲主义”与主张抵御“欧化”、文化自立的“文化亚洲主义”乃是本期亚洲主义的主旋律。

（二）日本后期亚洲主义：“东亚同文”论、“日本膨胀”论、“大东亚共荣圈”论

日本亚洲主义至 1891 年发生重大变化。该年 7 月 7 日，东邦协会成立。发起人为小泽豁郎、白井新太郎、福本诚等。机关刊物为《东邦协会报告》（后改名《东邦协会会报》）。主要成员有副岛种臣（副会长）、陆羯南、高桥健三、大井宪太郎、志贺重昂、杉浦重刚、井上哲次郎、三宅雪岭等。其中，不少为《日本》《日本人》杂志的成员，故与日本国粹派发生联系。其中发起人小泽豁郎，为 1848 年福州举兵事件的中心人物。另有山县系官僚及以后的国民协会系；板垣退助、中江兆民的自由党系；犬养毅、尾崎行雄等的改进党系；伊东巳代治、小村寿太郎等的官僚系；谷干城等的贵族院系。

中野二郎、岸田吟香等“浪人”系也卷挟其中。①

这个时期，极端国家主义与狭隘民族主义张扬，“日本膨胀主义”跃然，后期亚洲主义阶段即“侵略亚洲主义”蠢蠢欲动。故当时《每日新闻》惊呼：与“亚细亚协会多为进步者”相较，“东邦协会保守分子居多”。

1898 年 4 月东亚会成立。此会与东邦协会有密切的组织、思想联系。中心人物之一为福本诚。在福本诚的“渡欧送别会”上，陆羯南、三宅雪岭、池边吉太郎及帝大、早大学生数十名集合，由井上雅二、香川悦次（怪庵）为干事，筹备此会。1898 年春，江藤新作一派加入其中，合同立会②，而将井上与江藤组合一体的中介是平冈浩太郎。这样，进步党系政治家与《日本》杂志社，再加上学生团体，组织起东亚会。

这个组织的中心活动家井上雅二著《兴亚一路》云：1898 年春，日本桥偕乐园，陆羯南、三宅雪岭、犬养毅、平冈浩太郎、江藤新作、香川悦次、井上雅二共商下列数点：一、发行机关杂志。二、研究时事，发表所见。三、吸收横滨、神户地区的中国人入会。四、许康有为、梁启超入会。

同在 1898 年，又出现同文会。此会得到贵族院议长近卫笃麿及长冈护美、谷干城的支持，岸田吟香、宗方小太郎、井手三郎做了很多组织工作。这是荒尾精门下的“大陆浪人”与近卫笃麿以及他经营的“精神社”合作的产物。③ 机关刊物为《东亚时报》。④

近卫笃麿命中西正树、井手三郎、白岩龙平、大内畅三（近卫的秘书）等人起草“规约书”云：时局变迁，日中问题日益突出，憾无必要之机关，由此创立同文会以作“实地研究”。立于政党之外，专为疏通彼我人士之情意且助成工商之发达。近卫笃麿说，“东洋是东洋人的东洋，处理东洋问题是东

---

① 酒田正敏：《近代日本对外硬运动研究》，东京：东京大学出版会，1978 年，第 66 页。黑龙会：《东亚先觉志士记传》上卷，原书房 1966 年复刻版，第 423 页。

② 东亚同文会编：《对支回顾录》下卷，东京：原书房 1968 年复刻版，第 875 页。

③ 酒田正敏：《近代日本对外硬运动研究》，东京：东京大学出版会，1978 年，第 114 页。

④ 值得注意的是，从第 6 期开始由中国唐才常任主编。

洋人自己的责任”，东洋之未来终将遭遇人种之较量，东洋之前途取决于“黄白”较量的结果。为此“人种较量”的胜利，日本与中国共以西洋为敌。

近卫的同文会与福本诚等人的东亚会不属于同一个系统。然而，这个组织吸收极具侵略性的荒尾精等“大陆浪人”为成员，其意义与东亚会吸收头山满与内田良平相等，说明日本亚洲主义开始与侵略主义走上合流道路。

1898 年 11 月东亚会与同文会合并为东亚同文会，会长为近卫笃麿公爵。此会认为：西欧列强东渐，中国被西方蚕食，境遇悲惨，国家危急如累卵，值此紧迫状况，当推动中国改革，以期中国“保全”与觉醒。

东亚同文会主张将重点置于教育、文化领域，开展中国调查，推进研究与出版事业。东亚同文会出版有《清国通商综览》3 卷，明治 25 年（1892 年）刊行。《支那经济全书》全 12 卷，明治 40 年（1907 年）刊行。《支那省别全志》全 18 卷，大正 6 年（1917 年）至大正 9 年（1920 年）刊行。并于 1941—1946 年，刊行基于东亚同文书院学生中国“大旅行”调查报告书编集的《新修支那省别全志》全 9 卷。

1891 年东邦协会成立，标志日本亚洲主义进入它的“异变期”。此期的亚洲主义即为“异变亚洲主义”。这时期的亚洲主义，理论上炮制“日本膨胀论”，提出觊觎中国领土的“保全支那”论；实践上继承日本浪人集团的侵略“传统”，开展对中国“实地”调查，为日后侵略中国积累情报资源；组织上，与玄洋社、黑龙会采取合作态度，吸收日本浪人集团入会。从 1891 年开始，日本亚洲主义跨过一个坎，向着侵略亚洲主义方向亦步亦趋。

日本亚洲主义在 1891—1898 年间发生急遽变化，一个原因是日本在 1889 年颁布“帝国宪法”，次年“帝国议会”开幕，因“天皇制国家制度的确立”，而致“大亚细亚主义（侵略亚洲主义）抬头”；另一个原因是甲午战争爆发（1894 年）给日本思想界以巨大冲击，使极端“国家主义”与极端“民族主义”获得空前的话语霸权。

我们把 1918 年定为日本“侵略亚洲主义”的成立之年。这年 10 月以大川周明为首,建立“老壮会”。1919年8月,大川周明一手组织,北一辉出任领导人,建立“犹存社”。1928年11月,“满洲青年联盟”建立。1933年,“东亚联盟论”正式出台。1939年产生“东亚联盟协会”。日本亚洲主义自从经由“异变亚洲主义”阶段之后,便如祸水决堤,一路狂泻,成为“侵略亚洲主义”。

1902年“日英同盟”建立,进入大正时期(1912—1925年)以后,日本在经济上出现高速增长,政治上出现政党政治,在外交上出现与欧美协调的“币原外交”。① 与此同时,日本社会矛盾突出。1901年足尾矿毒事件激化,1907年出现足尾、别子铜山大暴动,1918年爆发“米骚动”。同时,社会运动趋于组织化。1898年社会主义研究会成立,1901年社会民主党诞生,1906年出现日本社会党。为转移国内矛盾,政府与民间“浪人”的右翼集团配合起来,加紧侵略亚洲的步伐。侵略主义的中心力量——日本军阀,在与“政党政治”的较量中,逐步走向政治前台与进入权力核心。

日本亚洲主义一旦走上侵略的道路,即刻失去曾有的“民间”性、“古典”性与“初始”性,成为日本军国主义侵略亚洲的文化“盾牌”、理论“借口”与思想“指导”。

(三)“早期”与“后期”的三个“链接”

早期日本亚洲主义与后期亚洲主义存在着三个“链接”,即三个内在联系:其一是思想联系;其二是组织联系;其三是活动联系。三个联系犹如三个链条,维系着一个整体的日本亚洲主义体系。通过这三个联系,可以观察日本亚洲主义内在联系,得出日本亚洲主义早期与后期不可分割的结论,也说明日本亚洲主义演化的全过程中确实存在着“早期”过程。

第一个“链接”是思想联系。

不管“早期”与“后期”亚洲主义,都具备以下基本理论元素:1.“中日提携”论;2.“兴亚论”;3.“与西方列强争衡”(这里使用戚先生的话语)的战略论。就是这三个基本理论,将日本早期亚洲主义与后期亚洲主义连接起

---

① 王屏:《近代日本的亚细亚主义》,第166页。

来，形成一条有机的思想链。也就是看到这个思想链的存在，因此不可轻易将日本早期亚洲主义从日本亚洲主义的全体结构中剔除出去。

1880年成立的兴亚会宗旨明言："当今亚细亚全洲大势，国不相依，人不相辅，萎靡偷薄，苟且自安。当此之时，全洲志士岂不愤慨者？""夫欧美洲所以致隆盛者"，推究原因，乃言语相通，情事互接，"故有缓急即以相互维持"，"呜呼！我亚洲诸国，若能如此，则振兴颓废，而比隆欧美诸洲，岂有难哉？"①

1898年成立的东亚会，其纲领开头即称："第一条，本会定名东亚会。第二条，本会宗旨以讲求东亚振兴为主，并付之实行。"②

将兴亚会与东亚会的宗旨稍作对照，即可看到两者都提出"兴亚论"，尽管前后内容目的有差别，但思想联系十分明显，同属日本亚洲主义范畴不可否认。

第二个"链接"是组织联系。

1880年11月11日，兴亚会成立，这是日本早期亚洲主义最初的重镇，力倡"中日提携"论与"兴亚"论。创立者为曾根俊虎、长冈护美等人。人员有荒尾精、岸田吟香、草间时福、副岛种臣、榎本武扬、宫岛诚一郎、广部精等。

1898年出现的同文会是东亚同文会的前身。据史记载此会成立得到长冈护美的鼎力支持。岸田吟香也做了很多组织工作。岸田吟香1878年在上海开设"乐善堂"，与玄洋社来往密切。

1883年，玄洋社的平冈浩太郎筹办东洋学馆以及头山满来上海，也住乐善堂或招呼过岸田吟香。③ 长冈护美、头山满与近卫笃麿的同文会发生联系，岸田吟香应该说是起作用的。同时，此会又是荒尾精门下的"大陆浪

---

① 转引东京大学名誉教授狭间直树：《初期亚细亚主义历史考察》，《东亚》，2001年10月号。

② 狭间直树：《初期亚细亚主义历史考察》，《东亚》，2001年1月号。

③ 王屏：《近代日本的亚细亚主义》，第60页。

人”与近卫笃麿经营的“精神社”合作的产物。①

把1880年的兴亚会与1898年的同文会稍作比较，即可发现两会在组织上的密切连带关系。长冈护美、荒尾精、岸田吟香既是日本早期亚洲主义兴亚会的参与者，又是后期亚洲主义组织同文会的组织者。中间只是少了曾根俊虎，多了近卫笃麿。几乎可以说同文会就是18年前兴亚会的重组。

1883年兴亚会改名“亚细亚协会”。正副会长依然为长冈护美、渡边洪基。设议员重野安绎、宫岛诚一郎、谷干城、岸田吟香、末广重恭、广部精、成岛柳北等24名。1900年东亚同文会“吸收”合并亚细亚协会。狭间先生说这样的合并是必然的，因为此前，亚细亚协会的长冈护美、岸田吟香已经成为东亚同文会的创立者与参与者。据上可见，戚文说“中日提携”论、“兴亚”论与大亚细亚主义（日本亚洲主义）没有联系，是不符合历史事实的。

日本文化亚洲主义即国粹主义也与东邦协会在组织上存在“链接”关系。1891年东邦协会成立。主要成员竟都是《政教社》《日本》与《日本人》杂志社成员。协会宗旨即由陆羯南参与起草。既然早期亚洲主义的一个重要形态——文化亚洲主义与后期亚洲主义有这么密切的关系，那就没有理由说，以国粹主义为主体的文化亚洲主义不是“亚洲主义”。

第三个“链接”是活动联系。

创办学校是亚洲主义团体常做的工作。由此可见早期亚洲主义与后期亚洲主义在活动方式上的联系。例如，1884年7月上海成立“东洋学馆”，倡导者中有平冈浩太郎、中江兆民、樽井藤吉等人。岸田吟香（1883—1905年），是东洋学馆的后盾。②

东亚同文会也很注意开办学校，甚至成为它的主要业绩。1899—1922

---

① 酒田正敏：《近代日本对外硬运动研究》，东京：东京大学出版会，1978年，第114页。

② 王屏：《近代日本的亚细亚主义》，第60页。

年在东京开办东京同文书院；1900 年在南京开办南京同文书院；1901—1945 年在上海开办东亚同文书院，南京同文书院并入；1921 年与 1922—1945 年期间，东亚同文会在天津和汉口分别开办天津同文书院与汉口同文书院。

注意中国情报的搜集也是日本亚洲主义的重要活动方式。兴亚会的曾根俊虎就是一个情报人员，兴亚会曾囊括荒尾精等 40 余名情报人员为会员。

根津一是日本对华谍报人员，是“日清贸易研究所”（1890 年在上海开办）的骨干，一向从事情报工作。1900 年 5 月，南京同文书院成立，根津一任院长。4 个月后，学校迁往上海，名东亚同文书院，继承日清贸易研究所“传统”，重视情报搜集工作，培养了大批情报人员，正如埃德加·斯诺所说：“这次在哈尔滨建立的哈尔滨学院跟上海的东亚同文书院一样。同文书院教给学生几年的奸细之术，然后把学生分配到政府机关或各个公司，有些人扎根于中国老百姓的生活中，终身做奸细。”①

做了以上的考察，我们就可以看到日本在甲午战争之前（以 1891 年划界）曾有一个早期亚洲主义的时代。戚文否认盛文日本“早期亚洲主义”的提法，认为日本亚洲主义“产生于甲午战争之后”，“萌生”于东亚同文会成立、近卫笃麿提出“保全支那”论的 1898 年期间，是缺乏事实根据的。

任何一个思潮都有它的早期形式（乃至于中期形式），研究一个思潮而忽略其早期形式，将出现以下情况：第一，这个思潮突兀而生，缺乏思想背景，弄不清来龙去脉。第二，由于割舍了这思潮的缘起开首阶段，这个思潮的全部过程就变得相对短小。“大亚细亚主义”是日本侵略主义主要思想载体，不承认其早期表现，日本侵略主义也就成为无源之水、无本之木。

① 薄井由：《东亚同文书院·大旅行研究》，上海：上海书店出版社，2001 年，第 232 页。

三、对日本亚洲主义诸“流派”的分析与右翼思潮探源

(一)对诸流派的历史分析

有学者认为,根据“日本亚细亚主义内涵的不同”,亚细亚主义可以分成“古典亚细亚主义(指亚细亚连带论)、扩张的亚细亚主义(指大亚细亚主义)、侵略的亚细亚主义(指大东亚共荣圈)、保守的亚细亚主义(指石原慎太郎的新亚细亚主义)、新古典亚细亚主义(指三谷太一郎的横向共同体理论以及建立在亚洲各国平等合作基础上的‘区域一体化’主张)”。① 确实,在“日本亚洲主义”的概念下,包含着诸多流派。日本亚洲主义中存在三个思想元素:一、主张“兴亚”联亚、中日提携,反对西方侵略;二、主张“国粹”“亚粹”,“反对全盘欧化”;三、主张占领中国,“征服”亚洲,推行侵略主义。由此,亚洲主义分成三大流派:“战略亚洲主义”“文化亚洲主义”与“侵略亚洲主义”(“大亚细亚主义”)。

细致再分,又可分为以会泽安为代表的“提携攘夷”论;以曾根俊虎为代表的“连带‘兴亚’”论;以三宅雪岭、冈仓天心为代表的“亚粹国粹”论;以宫崎滔天为代表的“支援革命”论;以樽井藤吉、大井宪太郎为代表的“民权联亚”论;以近卫笃麿为代表的“保全支那”论;以平冈浩太郎、头山满、内田良平为代表的“征亚”论;以北一辉、大川周明为代表的“亚洲革新”论;以石原莞尔为代表的“东亚联盟”论;以松冈洋右、岩畔豪雄、堀场一雄为代表的“大东亚共荣圈”论。眼光放开,还有孙中山的“吾人之大亚细亚主义”、李大钊的“新亚细亚主义”以及印度泰戈尔的“亚洲主义”等。② 另外还有一些人的亚洲主义,如尾崎秀实的亚洲主义、橘朴的亚洲主义等等。③

---

① 王屏:《近代日本的亚细亚主义》,第25页。

② 参见赵军:《“吾人之大亚细亚主义”与孙中山的对日观》,《华中师范大学学报》,1990年第10期。

③ 参见野村浩一:《近代日本的中国认识》,北京:中央编译出版社,1999年,第171页。

对会泽安的“攘夷合纵”论，曾根俊虎的“连带兴亚”论，三宅雪岭、冈仓天心的“亚粹国粹”论（文化亚洲论），樽井藤吉等的“民权联亚”论，宫崎滔天的“支援革命”论，吾妻兵治、尾崎秀实的“经济协同”论等，应作具体的学术分析，其区别于“侵略亚洲主义”而为“初始亚洲主义”。

会泽安（正志斋，1782—1862 年）是后期水户学的中心人物，最先提出攘夷论。1824 年，英船船员于大津滨上陆，会泽安参与询问船员，成《谙夷问答》，1825 年成《新论》。1853 年培里叩关，德川齐昭复出，会泽安为议士，受到德川将军接见。他力陈海防意见，主张对外强硬的主战论。

会泽安在《新论》中提出以下的观点：目下世界局势犹如“战国”，“夫方今举宇内列为七雄，而与周末所谓七雄者，小大无异。其势亦有绝相似者焉。鄂罗度尔土广兵强，接壤争雄者，秦楚之势也”①。在此世界局势中，日本与俄罗斯关系最大，“接壤争雄”，而形“楚秦”之势。

他认为：“满清富强在东方者，齐也。莫卧儿及百儿亚在其中间者，韩魏也。热马则虽以名位为诸蕃所尊奉，其实则与佛郎察伊斯把谙厄利相仲伯。大者韩魏，小者宋卫中山耳。”②他又论日本云：“而神州（盛注：日本）在满清东，犹燕之蔽于齐赵，然今四边皆贼冲，则亦不能如燕之独不受兵，而有如周之在韩魏之郊者也。”

他说与中国相比较，日本如同战国时代的燕国，处在“四面皆贼冲”的危险境地，而“满清富强在东方者，齐也”。

可见 1825 年之际，日本还以“富强在东方者”的强国看中国，此刻日本侵略思想，有则有矣，但客观环境不可能使这样的思想升为主题，主题是“攘夷”。说这个时候日本就以“抗西洋之名，行侵略朝鲜、中国之实”，即包含着“夺取朝鲜和满洲土地的阴谋以及内心企图加以征服”的“战略图谋”，

① 《新论》，《日本思想大系·53》，《水户学》，东京：岩波书店，1973 年，第 397 页。

② 《新论》，《日本思想大系·53》，《水户学》，第 397 页。

即使是井上清所说,也可斟酌商榷。①

会泽安强调,日本的国际环境是“独保孤城,邻敌筑境,日将逼之势”,主要的敌人是俄罗斯,而不是中国。“故其殊不得不屏者,莫若鄂罗(俄罗斯)”。会泽安推出自己的战略决策:“与神州相为唇齿者也,清也”,除了与中国联合,别无出路。他主张立即与中国“势声”呼应,“相为犄角”,一同抗御西敌入侵。②

与会泽安差不多同时代的还有佐藤信渊(1769—1850年),在1823年著《宇内混同秘策》鼓吹“支那经略论”。③ 然而就是同一个佐藤信渊,于1839年莫里松号事件发生,并听说中国鸦片战争的结果之后,思想发生变化。他的“支那经略论”转化为“日中提携论”与“存华挫狄论”。他在1849年为自己的书所作的序中说:“古人有言,唇亡齿寒”,是故“希望清国复兴,永作日本(本邦)之西面屏障”,希望中国“起复仇之义兵,征讨英夷而打破之,失地悉收”。他说这些话后第二年去世。观其一生,虽多侵略言论,然而生命最后时刻的“存华挫狄论”,却是“盖棺”之语,宜予肯定。④

王芸生先生在名著《六十年来中国与日本》中特别提到会泽安,将会泽安所说“是以与神州相为唇齿者也,清也”作为警句引用。吕万和教授在《明治维新与中国》中也有如下论述:“会泽安,儒家学者,他认识到基督教势力东侵之际,东方独立国中唯中国与日本信奉儒学,两国结成同盟,乃为当然之事。不能说这样的思想有多么深刻,但依然可以说他是亚细亚的先

① 引戚其章:《日本大亚细亚主义探悉——兼与盛邦和先生商榷》,《历史研究》,2004年第6期,第135页。

② 《新论》,《日本思想大系·53》,《水户学》,第398页。

③ 佐藤信渊:《混同秘策·混同大论上》,《日本思想大系45·安藤昌益·佐藤信渊》,东京:岩波书店,1980年,第426~428页。引吕万和:《明治维新与中国》,第144页。

④ 藤春禅:《日清战争与日本的大陆政策》,(日本)《军事史学》第4卷4号。引吕万和:《明治维新与中国》,第145页。

觉，倡导‘日中同盟’论的先驱。”①

著名的日本学与中日关系问题研究家俞辛焞说：“日本的亚洲主义思想萌芽于19世纪五六十年代。当时，平野国臣、佐藤信渊、胜海舟等的‘日清提携论’及樽井藤吉的‘大东和邦论’主张，因欧美列强的侵入而面临民族危机的日本应与中国联合抵抗欧美”，“这些思想与孙中山的亚洲观有相似之处。两者的共同点在于都主张被压迫民族的联合和解放以及各民族的独立和平等”。俞辛焞先生肯定日本早期亚洲主义的存在，指出它“萌芽于19世纪五六十年代”，其意义在于追求亚洲的“联合和解放”“独立和平等”。② 当然我们的观点与俞辛焞稍有不同，而认为早期亚洲主义的时间可以上溯到19世纪20年代，以会泽安为主要代表。

戚文对早期亚洲主义中的“兴亚”论也作彻底的否定，主要理由是兴亚论的主要代表曾根俊虎等皆为侵略分子，“包藏祸心业已昭然若揭”。这也同样不符合历史的事实。

提起曾根俊虎的名字人们会自然想起孙中山与宫崎滔天的革命“因缘”。据孙中山回忆，1895年惠州起义失败，亡命日本的陈少白因曾根俊虎的介绍认识宫崎滔天的哥哥宫崎弥藏，此后宫崎滔天加入反清队伍，与孙中山结为至交。

不可否认，曾根俊虎曾在日本海军任职。他最初是一个服务于“国家利益”的“侦探家”，曾把自己在大陆进行情报活动的成果编写成《清国近世乱志》《诸炮台图》等“献纳”于政府。③ 然而中法战争之后，他的思想发生变化，“认为日本追求自己的国家利益固然无可厚非，但应建立在与亚洲国家平等的基础之上”。为此，他在1886年上书伊藤博文表示不再想当“侦

---

① 吕万和：《明治维新与中国》，东京：六兴出版社，1988年，第144页。

② 俞辛焞：《孙中山与日本关系研究》，北京：人民出版社，1996年，第284页。

③ 曾根俊虎著有《清国近世乱志》(1879年)、《中国诸炮台图》(1879年)、《清国各港便览》(1882年)、《清国漫游志》(1883年)、《法越交兵记》(1886年)、《日本外战史》(1895年)、《露清之将来》(1896年)、《北支那纪行》(1997年)、《俄国暴状志》(1904年)等。

探家”，而要做一个“兴亚家”。他积极促成振亚社的成立并创立兴亚会（1880年），说明在此之前已经把思想变为行动。①

1886年，发生长崎事件。中国北洋舰队来日访问，所谓行为“骄慢”，引起日人“愤慨”，日本为此舆论哗然。② 曾根俊虎立时发表意见，认为日本人“愤慨”得没有道理，初看是中国人“骄慢”，其实乃日本人长期轻蔑中国，激怒中国，自取其咎，自取其辱。日本人取笑中国人为“牛豚”在先，中国人为什么不能以“假鬼子”回敬？

他认为对待中国与朝鲜，日本应取平等态度，这样的关系是横向的，而不是纵向的、自上而下的，出兵朝鲜，祸及中国，“肆无忌惮”，“呜呼！积怨深怒何日而泄？”为今后的日中关系担忧。日本侵略台湾，向中国强索50万两白银，他在《清国漫游志》前言中批评本国政府：这样做将使中日两国“意想悬隔亦甚”，积怨愈深，终将爆发。他主张将此作为一个重要课题交由兴亚会研究。③

诚然，如前文所述日本亚洲主义组织，即使曾根俊虎的兴亚会，也鱼龙混杂，泥沙俱下，既有曾根俊虎这样的兴亚家，也有荒尾精、岸田吟香那样的政府间谍。不同的思想人物混同在一个组织，这是自然的，不可因有坏人的混入，而将曾根俊虎“连带”否定。

曾根俊虎在《清国漫游志》《法越交兵记》等书中，老是批评政府。他的“兴亚”思想总与政府气味不投，结果非但没有当上外交官，还被罢官。他在1891年退出军队，晚年从事商业，但一无所获。1910年5月31日在东京寓所去世。死前一变既往“兴亚家”之“豪放快乐”，而“形容枯槁，两鬓斑白”。④ 王屏说：“曾根俊虎所走过的路程，从一个侧面反映了近代日本

---

① 王屏：《近代日本的亚细亚主义》，第64页。

② 竹内好：《现代日本思想大系·亚细亚主义》，第24页。

③ 狭间直树：《初期亚细亚主义历史考察》（2）《第一章　曾根俊虎与振亚社》，《东亚》，2001年9月号。

④ 狭间直树：《初期亚细亚主义历史考察》（2）《第一章　曾根俊虎与振亚社》，《东亚》，2001年9月号。

古典亚细亚主义在与日本政府追求'国家利益'的亚洲战略发生矛盾时，其出路只有两条：要么改变性质，要么走向消亡。"①王屏的话接近历史的真实。曾根俊虎堪为日本"初始亚洲主义"的典型，他的思想与日本的侵略"利益"发生冲突，他最后的人生结局说明了这一点。

日本早期亚洲主义有"文化亚洲主义"（国粹派）一派，其代表人物有冈仓天心等。戚文论冈仓天心是一个"人种论者"，所以他的思想就是"经过包装的侵略主义"。

19世纪80年代以后，日本施行"欧化政策"，决定将西方制度、风俗、习惯、生活样式一揽子引入日本。东京日比谷设"鹿鸣馆"，每日由政府高官招待绅士淑女，举行西洋舞蹈会，舞乐高奏，"全盘欧化"思潮甚嚣尘上。对此，一部分文化民族主义者发出批评责难之声，"国粹派"应运而生。国粹主义初始目的乃反对"全盘欧化主义"，抵制西方文化扩张，复兴包括中国儒学、印度佛学在内的亚洲文化（国粹、亚粹主义）。

盛文论日本亚洲主义具有"一定的客观历史进步因素"，同时也指明其宣传"日本文化优越论""振兴亚洲文化的天职论"的局限性——"这一切终使文化亚洲主义发生变形，其中的一些人最终向侵略主义转化"。盛文对"文化亚洲主义"作如此评价并不为过。

然而就是以上"一分为二"的观点，最终还是遭到戚文的指责："这是一种十分片面的观点，从总的方面看，这种认识是错误的。"但"错"在哪里呢？只说"这个问题涉及面广"就没有了下文。

冈仓天心为抵抗全盘欧化风潮，为发现亚洲价值，在《东洋的理想》一书中发出了"亚洲为一"的名言。如他说："亚洲为一。喜马拉雅山山脉分割了两个强大的文明，即孔子的共同社会主义的中国文明与达摩的个人主义的印度文明。然而，仅仅是为了对这两个文明作各自的强调，才这样说，其实，追求普遍终极精神的博大爱思，即使白雪覆盖的障壁也无法阻隔。这种爱正是亚细亚民族的共通的思想传承。因为这样的爱，世界上所有的

---

① 王屏：《近代日本的亚细亚主义》，第65页。

大宗教得以产生”,也因为这样的爱,将亚洲与忽略精神只重物质与手段的西方区别开来。① 这样的思想无可厚非。

冈仓天心说过,世界在竞争,“此竞争之下,支那人、日本人皆已被白种人置于仇敌之地位矣”,不能说这就是“经过包装的侵略主义”。

孙中山也论“人种”。他说过:“世界上的十五万万人之中,顶强盛的是欧洲和美洲的叫四万万白种人。白种人以此为本位,去吞灭别色人种。”②这与冈仓天心所谓“皆已被白种人置于仇敌之地位矣”,意义上有多少差别? 据孙中山的意思,“人种”即“种族”,扩大之即民族,所谓人种竞争也就是民族的竞争。

宫崎滔天是日本亚洲主义的重要代表,他的思想是日本“初始亚洲主义”的延伸与发展。戚文评析日本亚洲主义,简说与不说宫崎滔天,是一个有意的“疏漏”。

宫崎滔天出生于熊本县,15 岁入德富苏峰的大江义塾,后又进东京专门学校(现早稻田大学)。他曾有留学的想法,后受兄弥藏影响,接受“革命的亚细亚主义”。弥藏去世,他认识孙中山,加入反清革命。1900 年孙中山发动惠州起义,宫崎滔天曾尽力给予经济支持。1905 年,中国同盟会成立,宫崎滔天更积极参与。革命后,孙中山反对袁世凯帝制复辟,宫崎滔天也一心投入,被孙中山引为没有私心的“义侠” 与日本同志。1922 年去世,时年 52 岁。

宫崎滔天 1891 年到上海学中文,发生经济问题。这时荒野精在上海开办“日清贸易研究所”(同文书院的前身),成员 200 多人,打着研究中日贸易的旗号,从事间谍活动。荒野精主动提出接济宫崎,但宫崎滔天“见到校长荒尾精等一派人,作为支那占领主义者,结为一团,乃为异己主义的集

---

① 冈仓天心:《东洋的理想》,竹内好:《现代日本思想大系 · 亚细亚主义》,东京:筑摩书房,1970 年,第 67 页。

② 曹锦清编:《国权与人权 · 孙中山文选》,上海:上海远东出版社,1995 年,第 38 页。

团，于是不食周粟”，断然拒绝。表示与“占领中国主义者”划清界限。①

1905年7月，宫崎对宋教仁说：“现今各国无不垂涎于中国，即日本也野心勃勃。”1906年宫崎在《革命评论》上发表《中国革命与列国》说：“所谓帝国主义，在某种意义上，是一种吞并主义。伴之而来的是扩军备战。”孙中山为宫崎滔天所著《三十三年的梦》作序，有对著者的基本评价：“宫崎寅藏君者，今之侠客也。识见高远，抱负不凡，具怀仁慕义之心，发拯危扶倾之志。日忧黄种陵夷，悯支那削弱。数游汉土，以访英贤，欲共建不世之奇勋，襄成兴亚之大业。闻吾人有再造支那之谋，创兴共和之举，不远千里，相来订交，期许甚深，勖励极挚。方之虬髯，诚有过之！惟愧吾人无太宗之资，乏卫公之略，驰驱数载，一事无成，实多负君之厚望也。君近以倦游归国，将其所历笔之于书，以为关心亚局兴衰，筹保黄种生存者有所取资焉。吾喜其用意之良，为心之苦，特序此以表扬之。壬寅八月支那孙文逸仙拜序。”②

“日忧黄种陵夷”“襄成兴亚之大业”“关心亚局兴衰，筹保黄种生存者有所取资焉”，说明宫崎滔天是一个“关心亚局”的亚洲主义者，是一个“襄成兴亚之大业”的“兴亚”论者。这样的亚洲主义不是侵略主义，这样的“兴亚”论也不是侵略论。宫崎滔天言行著作，影响较大，戚文论亚洲主义而绕开宫崎滔天，无法对日本亚洲主义作全面评析。

需要补充的是，日本亚洲主义包括着一个关心亚洲经济联合的群落，对他们的思想也很难以侵略主义作绝对否定。据狭间直树考证，《亚细亚主义协会报告》中，亚洲主义者吾妻兵治就强调东亚通商贸易发展与近代市场确立的必要性。他认为欧美各国，“人众相集而成国家”，彼此相通而与亚洲悬隔。故亚洲应自组独自的“通商”“贸易”区域。此为达成亚洲富强与文化向上所必须。他说：日本与中国既有《通商条规》，交易也盛，然

① 竹内好：《现代日本思想大系·亚细亚主义》，第22页。

② 宫崎滔天：《三十三年之梦》，广州：花城出版社，香港：香港三联书店，1981年，第1页。

"商权" 握西人之手。若不收复商权,既被人欺凌,也自我凌夷而毙。日中宜"合纵"以抗西商,建设铁路、电线、船舰、兵器及各种"公司",以振工业。"若当今日中商人,悟当今大计,合纵起业,幡然弃内外之见,务共同之计,或相结以起工事,或移资银以设公司,彼我往来,相视如一,进退动静一从其便,虽时有一丧一得,其利也不出两国之外。各商既得私利,而两国公利,也不胜其数"。对抗欧美,共同经营,不是说不要私利,而是说"私利"乃共谋"公利"之结果。"五洲如竞争场,相互角逐, 故日清当今之急务,合纵之以收商权"。①

如狭间直树所说,吾妻兵治论说日清提携、共振商业的必要性,强调于"提携"基础上加强贸易,值得重视。尽管这样的构想在当时无法实现,但提出了一个"非西洋世界"必须直面的问题,中国郑观应的"商战"说,恰与吾妻兵治的思想相对应。②

尾崎秀实是一个亚洲主义者,同时又是一个反对日本侵略亚洲主义的战士。他 1939 年于《中央公论》发表《"东亚协同体"的理念与它成立的客观基础》,揭露"东亚协同体"理论所包含的经济侵略野心。指出:东亚协同体的理念,旨在确立日本于亚洲霸业,为这霸业披上温和的外衣。在此外衣的遮掩下,大陆成为日本的原料供应地。③

他揭露在日本,"作为经营与开发,大陆建设被当作首要问题提出",然而,这不是"开发",而是资源掠夺。作为大亚细亚主义主干的"东亚协同体"在名与实的问题发生冲突,与所谓的"大义名分"相背离。"东亚协同体"思想终究成为无法实现的"梦",一个"现代神话"。④

尾崎秀实指出,想把中国变为日本的原料供应地,不仅存在道德上的问题,现实操作及资金上都有问题。随着在华(侵略)战争的深入,矛盾将

① 狭间直树:《初期亚细亚主义历史考察》,《东亚》,2001 年 12 月号。

② 狭间直树:《初期亚细亚主义历史考察》,《东亚》,2001 年 12 月号。

③ 竹内好:《现代日本思想大系 · 亚细亚主义》,第 324 页。

④ 中岛诚:《亚细亚的光芒》,东京:现代书馆,2001 年,第 217 页。

日益突出。[1] 日本推动所谓亚洲经济组织化，困难巨大。而阻挡日本经济侵略计划的重要因素，则为中国民族主义的高涨。[2] 1941 年，尾崎秀实被日本军部逮捕，最后被杀害。《检事询问调书》记载他的话：这场对中国的战争，将使“日本本来脆弱的经济被削弱”，将给日本带来致命的打击。他预言：日本侵略亚洲主义给日本带来的不是好运，而是破灭。[3]

（二）早期右派的膨胀与国粹派的“变节”是右翼思潮的重要源流

一般说来，梳理了日本早期亚洲主义的“战略亚洲主义”与“文化亚洲主义”之后，日本亚洲主义的早期流派大概弄清。然而，继续深究，发现还有一个早期流派不可疏漏，这就是玄洋社与黑龙会。

1876 年明治新政府发布“废刀令”，不满士族 10 月爆发“萩之乱”。翌年又有西南战争，福冈藩士族参加了这次战争。内乱镇定后，向阳社结成，提倡征韩论。1881 年在头山满的组织下，向阳社改名玄洋社，社长为平冈浩太郎，设福冈本部，提倡天皇主义、国权主义与“大陆进出（侵略）”论。1901 年又出现黑龙会，内田良平为创立者，头山满为顾问。天皇中心主义与“征亚”主义成为其中心纲领。我们可以把玄洋社、黑龙会称为“征亚主义”的代表。

玄洋社与黑龙会和后期亚洲主义即“侵略亚洲主义”有着很大的联系。例如，1898 年东亚会的成立与平冈浩太郎就有极大关系。历史记载“1898 年春，江藤新作一派加入其中，合同立会”，而“将井上与江藤组合一体的中介是平冈浩太郎”。[4]该会会员 32 名，头山满与内田良平的名字赫然见于其中。

这样，早期日本亚洲主义就具有三重流派：“战略亚洲主义”“文化亚洲主义”与“征亚亚洲主义”。日本后期亚洲主义即侵略亚洲主义就是这三个

---

① 中岛诚：《亚细亚的光芒》，第 216 页。

② 中岛诚：《亚细亚的光芒》，第 216 页。

③ 中岛诚：《亚细亚的光芒》，第 216 页。

④ 日本东京东亚同文会编：《对支回顾录》下卷，东京：原书房，1968 年复刻版，第 875 页。参见狭间直树：《初期亚细亚主义历史考察》。

早期“亚洲主义”异变，尤其是头山满、平冈浩太郎等人“大陆进出（侵略）”论、“征亚亚洲主义”恶性膨胀的结果。

前面说过1891年东邦协会成立，此事是日本亚洲主义急遽右转的信号。引人注目的是凡著名的国粹论者即“文化亚洲”主义者如陆羯南、志贺重昂、井上哲次郎、三宅雪岭等人都参加到东邦协会的行列。

陆羯南的国民主义、德富苏峰的平民主义、志贺重昂与三宅雪岭的国粹主义都不约而同地作右翼转折。川崎紫山起草东邦协会《设置趣旨》，陆羯南亲自为之润笔，有以下的话：综观世界现状，西洋开拓殖民地与贸易地，紧迫亚洲，当“导引未开之国，扶助不幸之国”，采“连带”之思想，“推动实力之外部扩张”；“东洋人种之未来”乃以“国家实践之王道”，实行日本的亚洲主义，“人人尽臣民之公义，视国家为至高之团体”，“究明国家之大道，以培育世界之文明与天地之化育”。① 德富苏峰“与原来的思想诀别”，转而鼓吹甲午战争是“膨胀的日本实行膨胀实践的最好时机”，由此而成“维新兴国之业”。② 他说：甲午战争后“我在精神上几成他人”，自己认不得自己！1897年他出任政府内阁官僚，思想转换的特色更趋明朗，被舆论界谴为“变节”者。这样的思想背景，同样促成日本亚洲主义的右翼化“变节”，即日本亚洲主义的后期异变。③ 可以看到，国粹派与文化亚洲主义者的“变节”成为日本右翼思潮形成的又一个重要源流。

结　语

综观以上，本文指出日本亚洲主义可分为早期亚洲主义与后期亚洲主义两个历史“过程”，因思想、组织与活动的三“链接”，形成日本亚洲主义的

① 《东亚先觉志士记传》上卷，第423页。《东邦协会设置趣旨》，《东邦协会报告》创刊号，第116页。

② 德富苏峰：《好机》，《国民新闻》，1894年7月23日。

③ 松本三之介编：《近代日本思想大系31·明治思想集Ⅱ》，东京：筑摩书房，1977年，第446页。

完整体系。本文又对日本亚洲主义作“流派”分析，指出日本亚洲主义可分为早期亚洲主义的“兴亚”论、“国粹”论、“征亚”论及后期亚洲主义的“东亚同文”论、“大东亚共荣圈”论、“支那革命”论等。主张对上述流派理论作具体辩证的分析。

日本早期亚洲主义中的“兴亚”论、“国粹”论，主要体现为日本民族主义者抵抗西方军事侵略，要求亚洲“民族联合起来而恢复一定的独立性”的思想要求，反对文化上的“全盘欧化”，建立日本与亚洲自尊自信的意识主体的精神愿望，且透露希求结成亚洲经济共同体以抵制西方经济压迫的初始意念。然而即使是这个时期的亚洲主义，也在组织上、思想上隐含着侵略主义的元素。随着日本帝国主义体制的形成，右翼势力的嚣张，民主力量的消解，军阀权力的登台，这些“元素”快速膨胀，遂使早期亚洲主义性质发生根本异变，蜕变为日本现代最具代表性的侵略主义理论。

作为一个思想史学的研究课题，对研究客体作“过程”论与“流派”论的分析，方法上是常规的与普通的，得出不同的结论是正常的与允可的。事实是，我们说明的是一个“日本亚洲主义演化说”与“日本右翼思潮源流说”，了解这个“演化”史与“源流”史，将对日本侵略亚洲主义的形成过程及其内在本质有更明晰的洞察，将使中国与日本人民对“右翼”思想的批判更加深刻有力。

“亚洲合作是时代的潮流，是各国发展的现实需求，也是亚洲振兴的必由之路。让我们携起手来，共同推进新世纪的亚洲合作！”①回顾历史，汲取教训，也使我们懂得在当下亚洲合作的道路上如何团结人民，扶善锄恶，“携起手来”，真正踏上新世纪“亚洲振兴”之路。

（原载《历史研究》，2005 年第 3 期）

---

①　温家宝：《共同推进新世纪的亚洲合作》，在亚洲合作对话第三次外长会议开幕式上发表的讲话。

“亚洲价值观”与儒家文化的现代评析

盛邦和

上世纪80年代，东亚出现“四小龙”起飞的热潮，韩国、新加坡、中国香港和台湾先后创造经济“奇迹”，步入发达国家与地区行列。继“四小龙”之后又有所谓“四小虎”，即泰国、马来西亚、印度尼西亚及菲律宾采用市场经济制度，出现经济腾跃。由此，新加坡李光耀提出“亚洲价值观”。其主要意义有三：第一，以勤勉、节俭、信用为核心的儒家思想是促进经济发展的伦理精神。第二，以家庭、社会为本位的亚洲文化是治理社会的政治理念。第三，以上伦理精神与政治理念合为区别于西方而适合于亚洲的“亚洲价值观”。与此同时，马来西亚的马哈蒂尔也提出类似思想，与李光耀同为“亚洲价值观”举旗人。“亚洲价值观”在中国引发讨论。论论的焦点为儒家思想是否是促进东亚发展的现代经济精神；建立在儒家思想基础上的现代威权主义与大家长理念对错如何；亚洲经济危机与“亚洲价值观”中的儒学元素有否关联。

一、“新儒家”与现代经济精神的肯定

“亚洲”，地理意义上指的是东亚、东南亚、南亚、中亚与西亚等，从文化意义上又可以分作儒家思想的亚洲、伊斯兰教的亚洲及佛教的亚洲等。“亚洲价值观”，有李光耀解说的儒家文化区亚洲价值观，也有马哈蒂尔解说的伊斯兰教的亚洲价值观。其实，“亚洲价值观”本指东亚及儒家文化区的价值精神。正如一些学者所论，“当前所谓的亚洲价值实际上并不代表

整个亚洲五大文化区域。所谓的亚洲价值明确地说是指东亚的价值观，这包括日本、台湾、香港、新加坡、韩国五个地区，也包括1978年以后的中国大陆。这些地区构成了‘儒家文化经济圈’的主要部分”①。

儒家思想长期担当中国传统社会“本位文化”的角色，对于东亚地区产生广泛而深远的影响。如果说，在东亚地区确实存在着一个可以促成现代化的价值系统，即“亚洲价值观”，那么这样的价值观必与儒家思想发生最紧密的内在联系。②人们弘扬儒家文化，不是为文化而文化，而是为国家的现代化，为实现现代化寻找与打造精神支撑力量。③

范为前在《支离破碎的亚洲价值观》一文中说：20世纪80年代以亚洲四小龙为首的多个经济体，如日本、韩国、台湾、新加坡，成功地与全球化市场接榫，拉开了亚洲经济成长的大幕，这一波经济成长潮，让亚洲国家逐渐淡忘掉二战后密布的冷战体验，压抑数十年的“亚洲主体意识”重新开始萌芽。“亚洲价值观”虽然在具体表述上与欧美价值观不同，但依然属于“现代”的。设论欧美价值观——体现为以韦伯所谓的以“新教伦理”为特征的“资本主义精神”，促进了那个地区的现代化，那么“亚洲价值观”则是以更新了的儒家思想为特征的现代经济精神。东亚的成功说明，这里的传统精神——儒家文化，完全可能发生内在意义的更新升华，而在经济精神的层面具备充分的“现代”意义。

这个“现代意义”可表现为：重视家庭，“修身齐家”的伦理观念；服从社会、融入集体的价值取向；自强不息、厚德载物的进取意识；以义取利、戒除腐败的价值思想；吃苦耐劳、勤俭节约的生活态度；“天职”至上、敬业诚信的职业道德；精益求精、慎密认真的工作态度等等。④ 2005年12月在北京举行了“儒学与亚洲人文价值”国际学术研讨会，会议对“儒学与亚洲人文

---

① 魏萼：《从亚洲价值观看东亚金融危机》，《经济学家》，1998年第6期。

② 罗本琦、方艮：《走向世界的儒家文化——“儒学与亚洲人文价值”国际学术研讨会综述》，《探索与争鸣》，2006年第2期。

③ 王锐生：《儒家思想与东亚的现代化》，《中国哲学史》，1996年第4期。

④ 盛国军：《对东亚价值观的思考》，《中外企业文化》，1999年第8期。

价值”的现代意义作了充分的肯定。郭齐勇认为,仁爱、敬诚、忠恕、孝悌、信义等,已经成为东亚儒学的中心价值系统或核心价值观念。郑成宏指出,以人为本的道德取向、对集体价值的认同与和合精神的倡导,成为东亚文化共同体的核心价值系统。郑良树则把勤俭、诚朴耐劳、中庸和平、重视血统视为儒家的文化本质。宋志明指出儒家思想具有三种价值取向:其一,强调内在性,主张人性善,具有凝聚群体的功能,引导着人本主义的取向;其二,强调超越性,主张超凡入圣,积极面对现实,提升人生境界,引导着淑世主义的取向;其三,强调包容性,拒斥排他性,主张“协和万邦”“万过咸宁”,引导着和平主义的取向。蔡方鹿认为:东方文化具有自身的特色,即崇尚圣贤的理想人格观、以伦理为本位的价值取向、重文化传统的观念等等。他将朱熹和朝鲜李退溪作思想对比研究,观察儒家思想于东亚世界产生的影响。俄罗斯设有孔子基金会,基金会主席列·谢·贝列罗莫夫认为,孔子的“和而不同”“有教无类”“己欲立而立人,己欲达而达人”,形成亚洲人道主义价值观的基础,成为亚洲与世界的共同精神财富,不仅成为人与人的交往原则,也成为处理国家和社会相互关系的外交准则。①

崔亨植(韩国成均馆大学东洋哲学系),也参加了中国学界关于亚洲价值观的讨论。他认为:儒教思想之所以绵延不绝,是因为具有重要的伦理基础。这样的伦理基础极具思想的生命力,不仅为哲学史的宝贵传统,且在当代社会中继续发生影响。从先秦儒学到宋代新儒学,中国儒学代代传承,没有离开过一个中心主题,即对体现为伦理精神的人的本性的探讨。孟子的“性善”说、“天人合一”论及强调“性”“命”统一的思想成为宋代心性学说的思想基础。再有,历代学者关心先秦儒家的“诚”概念,把它作为沟通“天”“人”的媒介加以深刻认识。从存在论上找到了中国伦理的精神依据。

许多学者都注意到“家庭元素”在“亚洲价值观”中的突出地位。龚群

---

① 刘玉敏:《弘扬儒学人文价值,构建亚洲和谐社会——“儒学与亚洲人文价值”国际学术研讨会综述》,《社会科学战线》,2006年第1期。

著《新加坡的道德价值取向》一文说：新加坡政府对于社会道德建设一贯给予高度重视，在强调继承与发扬儒家伦理的前提下，以国家白皮书形式提出自己的共同价值观，继而提出家庭价值观，概述了新加坡的总体道德价值倾向。① 这里，龚群认为“家庭价值观”体现出“亚洲价值观”的“总体道德价值倾向”。《东亚社会的现实选择：析李光耀的“亚洲价值观”》一文也说：李光耀将家庭元素论证为“亚洲价值观”的核心，具有很强的逻辑力量。从文明的渊源看，家庭作为一种恒久的生命载体，在中华数千年的变迁中维系着文化的基因，并以其顽强的再生能力向周边辐射；作为一种社会发展的动力，与欧美“个人第一”的精神迥异，是一种源自家庭本位的文化力量。②

张德指出：文化力是经济竞争的重要因素，儒家文化是东亚经济崛起的精神支柱。义利两全、致富经国、以和为贵、重视群体、勤劳敬业这些儒家优良传统，成为日本和“亚洲四小龙”经济起飞的精神动力，也在推动中国改革开放以来经济的高速增长。他还说，应该警惕极端个人主义、拜金主义、享乐主义的价值观的侵袭，自觉地维护、继承和发展儒家文化的优良。③

从上面学者的评论得到的印象是：“亚洲价值观”实与儒家思想中“修身、齐家、治国、平天下”的理念相合。重视人格道德世界的建设，即为“修身”；强调“家庭元素”，注重家庭建设与突出“孝亲”思想，此谓“齐家”。通过“修身”，提高民族的道德素质，进而将其与“现代”精神匹配；通过“齐家”，从社会“细胞”层面着手，营造社会稳定的基础，进而提倡“家国一体”，由“于亲而孝”，化为“于国而忠”。顺此以达“治国、平天下”的目标，即国家的清正、祥和与发展。

---

①　龚群：《新加坡的道德价值取向》，《上海师范大学学报》，2006 年 3 期。

②　董淮平：《东亚社会的现实选择：析李光耀的“亚洲价值观”》，《社会科学》，1998 年第 6 期。

③　张德：《儒家文化传统与东亚经济崛起》，《清华大学学报（哲学社会科学版）》，1995 年第 1 期。

二、东亚经济危机后儒家文化的“波折”

20世纪末，亚洲爆发严重金融危机，泰国、韩国、马来西亚、印度尼西亚、菲律宾等亚洲新兴工业国家深受其害。紧急的事态促使人们探讨危机的原因。有学者认为这是亚洲发展模式出了问题，根源在于模式的形成与日本有关系。拷贝日本模式，承续其中的消极成分，成为危机的主要原因。有学者责难国际金融投机商，认为他们的有害经济活动成为危机的导火线。有人抱怨中国，说中国强势的出口竞争，让亚洲经济危机雪上加霜。也有学者则认为当从东南亚地区的政府作用、普遍存在的官僚政治、经济结构和教育制度等多方面分析经济危机内在原因，而所谓“亚洲价值观”及其“中心思想”——儒家思想也难辞其咎。①

“亚洲价值观”与“亚洲经济危机”关系如何？这个问题激起的讨论经久不息。危机爆发之前，人们把“亚洲价值观”与儒家文化说成是亚洲经济起飞的精神原因。危机爆发之后，人们再次把目光聚焦于“亚洲价值观”。结果，“成也萧何，败也萧何”，立即倒过来论证儒家的困境与其“价值观”的局限。② 当然，有学者依然为儒家思想在亚洲崛起过程中的作用辩护，将此视为亚洲经济“起飞”的精神原因。折中的观点则认为当“一分为二”地看待儒家思想与亚洲价值观，主张既清除其糟粕和消极影响，又继承其精华和积极因素，以利亚洲经济的继续发展。

亚洲经济危机之后，“亚洲价值观”在世界范围内遭遇非难。国际货币基金组织总裁康德苏说：“东南亚的错误在于将其模式过于理论化，并把它同亚洲价值观混为一谈。当这种模式失败时，可以看出在储蓄、劳动和社

---

① 刘渝梅：《东南亚金融危机的政治思考》，《世界经济与政治》，1998年第1期。

② 张颐武：《全球化：亚洲危机中的反思》，《马克思主义与现实》，1998年第6期。

会同情观念上存在的问题。"[①]美国学者保罗·克鲁格曼认为亚洲价值观的劣根性——人事关系上的"裙带资本主义"是危机的因素之一。[②]对此美国经济周刊 Business Week 直言"亚洲价值观是灾难"。[③]美国亚利桑那州议员卡恩强调亚洲金融危机的爆发证明亚洲价值观的"脆弱"及"先天不足"。[④]

与此同时，亚洲学者纷纷表达自己的观点。新加坡学者陈荣照认为，新加坡的经济发展与儒家思想有关，但"四小龙"起飞的主因是市场制度的操作，而非儒家思想的作用。儒家思想不可能成为市场经济的驱动力。高敏认为，由儒家传统营造的东亚国家，经常出现的问题是法制不透明，其结果形成"亚洲裙带资本主义"。这说明儒家伦理与现代社会存在着许多不相适应的部分，儒家思想务必与现代制度结合才可适应市场经济和现代社会。[⑤]

王锐生认为儒家思想所提供的是一个"灭人欲"、无情感、无意向的抽象空洞的人。这样的人不具备市场经济所需要的现代经济人的特点。[⑥]其实所谓"亚洲价值观"以儒家文化为核心，漏洞颇多，是一种有缺陷的理论，并没有得到当代亚洲社会的认同，甚至被越来越多的人抛弃和批判。[⑦]

有学者强调亚洲并不是一个同一的亚洲，亚洲文化也不是一个同一的文化。亚洲文化各异，难以形成统一的"价值观"。目前宣扬的所谓"亚洲

---

① 引自黄心川：《亚洲价值观与亚太文明和宗教的发展》，《当代亚太》，1998 年第 11 期。

② ［美］保罗·克鲁格曼：《拯救亚洲：应当改弦易辙了》，林颖译、刘文校，《国际金融研究》，1998 年第 9 期。

③ 宋荣培：《略论在全球化时代里文化认同的危机与儒家伦理观的意义》，《孔子研究》，2001 年第 2 期。周益锋：《略论"全球化"时代"儒家伦理观"的意义》，《长安大学学报（社会科学版）》，2003 年第 3 期。

④ 羊涤生：《世纪之交的儒商》，《洛阳大学学报》，2001 年第 1 期。

⑤ 高敏：《"亚洲价值观"中的儒家伦理》，《网络财富》，2009 年第 12 期。

⑥ 王锐生：《儒家思想与东亚的现代化》，《中国哲学史》，1996 年第 4 期。

⑦ 羊涤生：《世纪之交的儒商》，《洛阳大学学报》，2001 年第 1 期。

价值观”弊端颇多,难以自圆其说。这个价值观以意识形态化的儒家思想为核心,暴露出它的落后性。亚洲价值观的倡导者在对西方文化的批判中,不仅无的放矢,击不中要害,甚至用陈腐的观念反对进步的思想。对此,迈向现代化的所有的发展中国家都应有清醒的认识。①

以下的事实是难以否定的:在信奉儒家的社会中,父权观念、权威主义、行贿受贿、“任人唯亲”为其特点,不透明的企业运营制度普遍存在。这一切皆与市场经济制度发生冲突,而“亚洲价值观”将亚洲社会种种落后因素做合法化的理论肯定,使冲突不是减缓而是加剧。②

既然“亚洲价值观”的提出是为解释当年亚洲经济发展的原因。以此逻辑,亚洲经济一旦出现问题也应同样追究这个“价值观”的责任。市场不透明、失序,法治基础薄弱,落后的政治文化流行,威权主义,这一切皆为亚洲不可忽视的落后因素。意想不到的是“威权主义体制内某些积极因素”竟创造出经济成长的“奇迹”。然而经济危机之后,同样上述亚洲自身的消极因素吞噬和破坏了这个“奇迹”。这是“亚洲裙带资本主义”在20世纪的大同小异的“成长故事”。③

与上述观点不同,黄心川在《亚洲价值观与亚太文明和宗教的发展》一文中说:最近一个时期来亚洲地区的经济遇到空前的金融危机。学术界、舆论界对亚洲或东亚的价值观提出了种种评论,有人认为亚洲的价值观已经过时,东亚价值观已经破产,但也有很多人持不同意见,认为亚洲经济的崛起,使人民摆脱了长期苦难的生活,亚太文明的建立和发展,都仰赖于亚洲价值所发挥的作用。④

---

① 郑易平、陈延斌:《亚洲价值观评析》,《甘肃社会科学》,2004年第2期。

② 宋荣培:《略论在全球化时代里文化认同的危机与儒家伦理观的意义》,《孔子研究》,2001年第2期。周益锋:《略论“全球化”时代“儒家伦理观”的意义》,《长安大学学报(社会科学版)》,2003年第3期。

③ 庄礼伟:《亚洲的病痛——剖析“裙带资本主义”》,《南风窗》,2001年第6期。

④ 黄心川:《亚洲价值观与亚太文明和宗教的发展》,《当代亚太》,1998年第11期。

黄心川在《东方价值观及其现代意义》一文中又说:亚洲价值观主要指东亚儒学的价值观。目前,它不仅作为一种东亚传统的哲学、宗教的思想而存在,而且也融汇于现代的经济和生活之中,并且对东亚经济奇迹的形成起到了十分重要的推动和凝聚作用。但是,儒学价值观也像其他价值观一样有着它的优点和弱点,我们不能因亚洲金融危机就怀疑甚至否定东亚价值观。①

张兴国认为,20世纪中期以来东亚国家的迅速崛起令世人瞩目,然而90年代亚洲金融危机又使亚洲特别是东亚国家经济遭到重创,因而“东亚模式”“东亚价值观”成为学术界关注和研究的对象,而且毁誉不一。在以和平发展为主题、以追求现代化为目标、以经济全球化为特征的时代背景下,应以“和合”思想为思维方式和方法论原则,探讨建构东亚价值观可能性。②

有一个问题已被人们注意。就是决定地区经济情况的原因是多样的,具体说有两个:一个是文化的原因,一个是制度的原因。譬如中国三十年来经济的起飞,重要原因在于采用市场制度。亚洲上世纪80年代经济的发展,原因也是两方面的,既有文化的原因,也有制度的原因。这样,在讨论经济衰落的原因时就要从制度与文化两个方面去考虑。有时,问题不在文化(“价值观”)而在其他方面。马涛通过对造成东南亚金融危机成因的具体考察,论证东南亚金融危机与“亚洲价值观”的不相关性,指出以儒家价值观念为核心的“亚洲价值观”,不仅在五六十年代以来东亚经济的快速发展中发挥了重要作用,同时也是东亚国家和地区克服金融危机,重新振兴东亚经济的一个不可忽视的积极因素。③

2009年,受网易亚运频道的邀请,中国著名经济学家茅于轼先生、中山大学哲学系教授袁伟时先生一起开讲,就“从华尔街危机看亚洲价值的新

① 黄心川:《东方价值观及其现代意义》,《开封大学学报》,1999年第4期。

② 王锐生:《儒家思想与东亚的现代化》,《中国哲学史》,1996年第4期。

③ 马涛:《亚洲价值观与东南亚金融风暴》,《开封大学学报》,1999年第1期。

崛起”这一话题作了深入的阐述。羊城晚报、南方都市报、新快报、信息时报等广州主流媒体的记者和中山大学、暨南大学、华南师范大学的学生参加了此次讲座。这次讲座提醒人们,既然可以因亚洲经济危机质疑亚洲价值观,那么为什么不可因“华尔街危机”质疑欧美的价值观呢?因地区经济的困境而否定这个地区的价值观,这个思考逻辑究竟有多少“逻辑”意义?同时也释放了一个信号:人们已经走出亚洲经济危机的心理阴影,以积极心态重新评价文化意义的亚洲价值观。

三、“亚洲价值观”与儒家政治理念的省察

“亚洲价值观”既是经济精神,又是政治文化。关于是否可以将其作为现代经济精神而予肯定,业已招来不少的争议,而一旦将其演绎成政治文化,更引发众多不同的声音。对此政治文化,褒扬肯定者有之,质疑否定者有之。褒扬者认为,这个价值观敢于向西方说“不”,是对文化霸权的明确挑战。再则,亚洲价值观是一种现实的“存在”,既适合于亚洲社会的现状,就应有其“存在”的价值。质疑者认为,从文明史观的视角观察,“亚洲价值观”中的家长制度与威权主义,保留着大量原型亚洲的封建遗存,位于文明进化途中的低端,是一种有待变革、改进的文化,不必给予过高的肯定,而当予以足够的分析与批评。

吕元礼在《探析李光耀的儒家价值观》一文中说:儒家文明产生于农业社会。农业社会的文化是前辈向后辈传递文化的“后喻”文化,儒家所珍视的孝顺往往演变为对于长辈的无条件顺从;当今社会处于信息社会,信息社会的文化是前辈往往要向后辈学习的“前喻”文化,因此必须对那种无条件顺从的旧式孝顺加以改进。这种改进并非否定孝顺的核心价值,而是创新孝顺的具体形式,予其“现代”的新表达,“就是为适应前喻文化对孝顺的名称与实践作改进与创新”。①

① 吕元礼:《探析李光耀的儒家价值观》,《社科与经济信息》,2002年第6期。

新加坡等东南亚现代民族国家在其建立过程中，同时进行意识形态的整合。注重本土精神，突出威权传统，然而却一致以坚持市场经济体制为前提。如此意识形态的整合，乃为引导人民确立国家认同，应对社会转型期社会矛盾的冲突，维护国家的稳定。无论是新加坡的儒家伦理运动，还是在东南亚得到共鸣的"亚洲价值观"，都具有这种性质。① 东亚威权政权重视通过意识形态的宣传教化为自己的统治合法性辩护，由此出现新加坡和马来西亚的"亚洲价值观"、印度尼西亚的"潘查希拉民主"、菲律宾的"民主革命论"等。其为东亚威权的政治意识形态，本质而言是为威权统治服务的。单一而又具有兼容性、发展至上、追求秩序与崇尚权威、集体主义与民族主义结合、"好政府"理念等是东亚威权政治意识形态的基本特征。②

美国《外交》杂志总编辑 F · 札克雷亚的《文化即命运（与李光耀一席谈）》发表后，引起世界学术界的热议。韩国著名政治活动家金大中发表《文化就是命运吗？——亚洲反民主价值观的神话（答李光耀）》，不同意李光耀所谓"文化即命运"的说辞，提出"民主即命运"的新命题。金大中从韩国社会发展的经历中看到以下的规律：东亚社会在发展自身经济的同时，势必促进市场制度的成熟与市民阶级的成长，从而为脱出封建政治窠臼创造条件。其结果，威权政治难以为继，民主政治接踵而来，这才是亚洲真正的"命运"。③

不少学者提出与上述观点大体相同的意见："亚洲价值观"曾给新加坡政治和经济生活带来深远影响。在政府的积极宣扬和努力推行下，这个价值观维持并巩固新加坡的秩序，推动该地 30 年的高速经济发展。然而预想得到的是，尽管新加坡威权政治把"民主"意识限制在秩序范围之内，然而社会经济的发展必然推动市民阶层的兴起，两方面张力的结果促成民主

---

① 刘宗贤：《新、马模式：意识形态化的儒学》，《文史哲》，2003 年第 4 期。

② 许开轶：《东亚威权主义意识形态的特征解析》，《暨南学报》，2009 年第 5 期。

③ 金大中：《文化就是命运吗？——亚洲反民主价值观的神话（答李光耀）》，《现代外国哲学社会科学文摘》，1995 年第 10 期。

共识在威权秩序下缓慢地培育和积聚，终使民主潮流不可阻挡。①

范为前在《支离破碎的亚洲价值观》一文中说：李光耀提出“亚洲价值观”，表面上捍卫东亚的传统价值，背后却蕴含一层深意，就是对抗西方民主政治对于东亚威权政治模式的冲击。用美国著名政治学家白鲁恂的分析来看，尽管东亚国家之间有某些差异，但基本上都奉行儒家式的权威观，强调父权式的政治模式，强调独断性的权威特征，强调威权政治在秩序治理方面的作用。李光耀大树儒家文化的旗帜，最大的目的还是为了肯定东亚式威权政治。他既接受市场经济，又反对民主政治。这样就强化了对权威政治的迷恋，对国家主义与家长制政治的“着魔”，开启了当代东亚威权政治之滥觞。卫忠平认为，世界上存在着五花八门、貌合神离的所谓“非西方价值观”。亚洲价值观即为其中一种。这是一种具有浓厚威权主义色彩、官方意识形态的强政府主导型的价值观。②

其实，“亚洲价值观”不必将自己定位为与“世界文明”对抗的“另类”。强调这样的文化“对抗性”，未必能为自身思想合法性增加多少理性的砝码。相反有可能主动挑起亨廷顿所谓的“文化冲突”，既不利于世界和谐理念的建立，也不利于东亚合作环境的营造。孙承在《从“价值观外交”到“积极的亚洲外交”——日本安倍、福田内阁亚洲外交的比较分析》一文中说：安倍主张构建“民主国家联盟”和“自由与繁荣之弧”，积极推行“价值观外交”，因不合时宜的冷战思维而受挫。福田内阁在吸取教训的基础上实行以合作为主的“积极的亚洲外交”，改善日本与亚洲各国关系。

由于时空的交错，一些学者于亚洲价值观未直接发表意见，然而他们的学术论述给予今天解读“亚洲价值观”以新的启迪。这就是作为“亚洲价值观”精神基础的儒家思想与人类普遍价值并非格格不入。问题是用先进

---

① 李保英、高奇琦：《“亚洲价值观”与新加坡民主政治》，《社会科学战线》，2004年第1期。

② 卫忠平：《东南亚金融危机——反体系运动的失败？》，《煤炭经济研究》，2001年第4期。

理念对其“诠释”与更新，去除封建糟粕，提炼“民本”元素，而不必将其落后的思想元素沉渣泛起，而于今日的社会流散负面的影响。

徐复观指出，在中国儒家语境中，自由与传统是能够结合起来的。《尚书·皋陶谟》说：“天聪明，自我民聪明。天明畏，自我民明畏。”《泰誓》说：“天视自我民视，天听自我民听。”《左传》宋司马子鱼和随季梁皆说：“民，神之主也。”《国语·周语》说：“民和，而后神降之福。”又谓：“民之所欲，天必从之。”徐复观据此议论：“民为贵”，本是中国儒家一贯的观点。“民”以“天”与“神”的代表的资格，站在统治者之上。人君上面的“神”，人君凭借的“国”，以及人君本身，都是为“民”而存在。“神、国、君都是政治中的虚位，而民才是实体”。历来中国的政治思想的主题是“消解人君在政治中的主体性，以凸显出天下的主体性”。[①]

台湾大学黄俊杰教授认为，帝制中国的政治体制以君主为主体，而儒家的政治理想是以人民为主体，儒家之价值理想与现实的政治世界必不可免地发生了冲突。许多儒家学者在有志难伸之余，遂以经典注疏之学术事业寄寓其经世济民之政治理想。这种诠释学是一种政治学，其中“治道”远多于“政道”，如康有为著《孟子微》于列强鲸吞蚕食中国之危机年代，寄托其救世宏图。

有学者提到2000年北京“21世纪论坛”上李光耀的表现。他一改从前的思想风格，强调个人创造性的发挥，没有提起几十年来一贯奉行的权威主义。在一些场合，他甚至说：“我们必须做的，就是加强这些强调五伦——君臣有义、父子有亲、夫妇有别、长幼有序、朋友有信——的东方价值观。但是，我们也必须给予这些价值观一种现代化的表达方式。”在瑞士达沃斯举行的“世界经济论坛”上，他对儒家思想的态度也发生了变化，认为到了信息时代，儒家价值正在逐步过时。“尊重老人在信息时代似乎管

---

① 徐复观：《中国的治道》，《民众评论》，第4卷9期。

不了什么用。父亲未必最有学问,孙子也许懂得更多。"①有学者据此说明,主张亚洲价值观的人士,也包括李光耀本人,其思想也在变化中。因为这些变化,"亚洲价值观"的内涵开始出现更新的可能。一方面,优秀的思想元素继续得到维护与发扬;另一方面,其中的缺陷与错失也在弥补与修正。

余论

儒家文化作为一个曾经的民族"本位"文化,在过去的数千年中,它的社会功用体现于以下几个方面:政治上为封建政治制度服务,呈现等级的、家长制的、官权至上而民权缺失的、专制威权的思想特点。经济上为农业经济制度服务,体现为锁国"攘夷"、拒绝国际市场、均平寡安("不患寡而患不均")、对井田村社的原始土地制度的绝对膜拜等。与此同时,儒家文化所包含的"忠孝节义""礼义廉耻""仁义礼智信""尽心知性知命"等思想元素,又构筑了中华民族的道德平台。

时至今日,任何民族文化都处在不断自我更新的过程中,将原型农业伦理转化为现代工商精神,由此显示其时代价值。马克斯·韦伯在其《新教伦理与资本主义精神》一书中阐述这样的观点:由于从原型基督教中提炼出一条"勤勉—节俭—天职—原罪赎免"的精神链接,故使这个地区的现代化运动获取崭新经济精神的支持。

对于东亚来说,儒家文化克服传统的"农本"意识,加入现代重商思想;舍弃故去的"均平"理念,增添可贵的"竞争"意识;挣脱自闭的"井蛙"观念,打开宽阔的世界视野。从原型儒家的"心性"说、"智信"观、"天命"论等思想中提炼出勤勉尽心、敬天守职、正直诚信、知耻而勇等可贵的文化品质。由旧儒家变成新儒家,由为农业自然经济服务的旧文化变成为现代工商市场经济服务,类似于韦伯所说的"资本主义精神"的新经济精神,从妨

① 任剑涛:《李光耀为何改弦更张——网络时代亚洲的价值重建》,《南风窗》,2001 年第 4 期。

碍现代发展的思想阻力变为推动经济飞跃的精神动力。这样的新经济精神成为"亚洲价值观"的本质要素。人们从这个意义上对"亚洲价值观"作充分的肯定。

"亚洲价值观"中存在着严重的威权思想确是历史的事实。不必讳言，东亚现代化与西欧的现代化不同。西欧的现代化是"准备好"的现代化。西欧社会乃为古代城邦社会的延续，资产阶级具有较充分的活动空间。由于绝对王权时代对商业的客观宽容，在资产阶级夺取政权之前，这里已经充分地实现了市民化与市场化，已经具备建设现代国家所必需的"市民"与"市场"的准备。除此之外还有一个准备就是"资本主义精神"的准备与普及，具体言之就是"新教改革"的胜利与"新教精神"的深入人心。由于已经是市场社会，社会就有秩序。由于有了丰厚的市民阶层，就有了拥护现代化的主体民众。由于有了新教精神，就有了与现代化匹配的现代理念。这一切都成为西欧民主制度坚实的社会基石。正因为是"准备好"的现代化，所以资产阶级革命成功后的政权即为"市民"政权。这个政权的目的就是废除绝对王权时代的王权专制，同时也废除与王权并列的教权专制。经济自由与政治民主成为这个社会的主流价值。

与西欧现代化不同，东亚现代化是一个没有"准备好"的现代化。当外界环境"逼迫"这个地区走上现代化之途的时候，它完全不充分具备市场、市民与资本主义精神这三方面的条件。它不是站立在既成的市场基础上的广大市民的自觉、自动的现代化，而是不具备条件，努力创造条件的现代化。从全体意义上看，这里的现代化乃是由进步知识精英发动的"由上而下"的精英型现代化、政府型现代化及被动型现代化。由此这里的现代化显示与西欧现代化明显的差别，就是权力的集中与意志的统一，亦即所谓"威权主义"。在一个曾经被马克思所批判的"亚细亚生产方式"全面覆盖的东亚社会，要实现现代化就必须与传统的封建制度，与形形色色的如艾凯所说的"反现代化"思潮与运动对峙，这一切又迫使东亚"强政府"的特征得以进一步的加强。

对于新加坡这样的以华人为基础、民族问题纷起、时时都可能遭遇反市场与资本思潮的刚性挑战的复杂社会，如果没有一个同样刚性的坚持市场与资本道路的“强政府”，没有对儒家思想优秀元素的强调，其结果也许就是让南洋大海中多了一个散漫的弱国。由此而论，亚洲价值观的提出乃是不得已之举。它肯定不是最好的，但也许是最无奈的、最合适的。

然而也要看到，人们在评论“亚洲价值观”的时候，也时常出现与福山“终结论”同样的思想偏颇。福山将资本主义论为历史上“最好”的制度，断言历史将在资本主义时代驻留不前。如果说这样的理论因否认文明的进化，而具明显的理论缺陷，那么过分强调亚洲特殊性，论其为终极真理与“世界上最好的”文化，同样否认了历史的进化，而踏入思想的误区。所谓“发展中”，不仅指的是经济，还说的是文化。一些国家与地区其经济已经“发达”，而其政治文明或许还在“发展中”。“亚洲价值观”是有“价值”的，其价值就是实现了经济精神的更新，确保了此地经济的发展，但整体而言因其体制思想的滞后，依然还是“发展中”的文化，是一个处于文明低端位置，有望继续更新与进步的文化。如果将此文化与世界文化作二元对立的“定格”思考，亚洲将再次停滞凝固下来，连带它的“价值”也会变得无价值。

（原载《中州学刊》，2013 年第 1 期）

文化的对话：基督教与东北亚和谐秩序的构建

李平民

一、“道”乃东北亚和谐秩序构建之载体

到目前为止，人类历史上文明社会任何形式的“和谐”都源于“科学”“道”或“神”。“道可道，非常道”，尽管不同历史阶段、不同民族所顺从或获得的“道”千差万别，但全人类的大智慧——“常道”却是相通的，其本质是“和谐”“普世”“永恒”；否则，人类社会就会失去进步的源泉和动力，并陷入无休止的冲突和战争之中。基督徒信仰“上帝永恒”“道与上帝同在”；中国传统哲学承认“天不变道亦不变”。马克思主义者相信“历史的发展不依人的意志为转移”，强调科学发展和遵循客观规律。总之，“道”是“终极”或“太极”，是宇宙运行、自然变化的法则，是事物发展的规律，是一切的本源。道或上帝存乎宇宙，体现于世间万物。道既是人类社会发展的成果的总和，也是文明发展的规律和方向。在基督教的智慧中，上帝是至善、至能，是“无名”的自有永有(I am who I am)，耶稣是上帝的中介，是“道路，真理，生命”；在道家智慧中，“无名”“无形”的“常道”虽然“玄而又玄”，但又体现于“无常”的万物之中，“天道地道，表里相谐，道通为一”，“有无相生”地规定着宇宙的发展变化，即老子的“道生一、一生二、二生三、三生万物”的哲理。在儒家的智慧中，“大道之行也，天下为公”；“先王之道”和“立人之道”则给社会带来和谐的礼乐秩序，体现于仁、义、礼、智、信中。

人类所认识和把握的“可道”之“道”属于已知世界，是需要人们遵循的

科学、规律、真理和正义；人类尚未认识和无法把握的无限的“不可道”之“常道”，属于未知世界，需要人类敬畏和不断进行探索。人类对“道”的把握和认识是一个不断扬弃错误的无限进程，即“时易，世易，人易，道亦易”的哲理，即道家“太极生两仪，两仪生四象，四象生八卦”的哲理；正如拉奥孔神像所揭示的：力量和无奈、善良和邪恶、智慧和狡诈、亲情和仇恨、理性和非理性等，难以分离；正如老子所说的“祸兮福所倚，福兮祸所伏”；正如基督教智慧所揭示的：人的进步就是灵与肉的不断搏斗，人类的历史就是人类对上帝由背离到复归、由世俗之城不断归向上帝之城的历史；正如洛克所揭示的：人类通过经验获得的真实都是相对的真实，而不可能获得绝对的真实，因此人类必须学会相互宽容和妥协；正如黑格尔所揭示的，人类历史的进程就是绝对精神的离异和复归的永无止境的过程；正如马克思主义所揭示的：人类接近绝对真理的进程是一个永无止境的实践、认识，再实践、再认识，循环往复以至无穷的进程，由必然王国趋向自由王国的无限进程。

宗教里的许多教导与东方传统文化的核心价值观是相同的。如耶稣所教导的“己所欲，施与人”就类似于孔子的教导“己所不欲，勿施于人”和佛祖的教导“诸善奉行，诸恶莫作”。《圣经》中倡导的“上帝的国”“上帝的旨意”“愿公平如大水滚滚，愿正义如江河滔滔”等，如同儒家倡导的“中正仁和”“天下为公”“仁义礼智信”等，都是人类追求的共同美德和社会美好目标。《圣经》中曾写道：“因为外表上作犹太人的，并不是犹太人；外表上肉体的割礼，也不是真割礼。惟有在内里作的，才是犹太人；割礼也是心里的，在乎灵，不在乎仪文。”（罗马书 2,28～29），而中国共产党对其成员的要求与此相同：“组织上入党还不是真正入党，惟有在思想上入党的才是真正入党”，要求其成员“言必信，行必果”，一切从实际出发，实事求是。

宗教或世俗文化的本质都是劝诫和真理，但由于世人的误读和滥用使其又往往被层层谬误所包裹，致使宗教或世俗文化的“本真”所放射的光明由于蒙上一层迷蒙轻纱而难以被人们所认识。文明的冲突不在于宗教或文化的“本真”，而由于对宗教或文化“本真”的误读和滥用，这也正是使徒保罗所说的“在乎灵，不在乎仪文”和“字句使人死，精义使人生”的哲理。从哲学上来说，普遍性和特殊性、一般和个别是辩证统一的，宗教或文化的差异性，或是对一般和个别、普遍性和特殊性的关注点不同，如“白马非马”这个命题，有的关注点是“马”，有的关注点是“白马”，有的关注点是“非”的字义。或是表达方式的不同，如“生生死死，死死生生；不生不死，不死不生”；“大智不智，大谋不谋，大勇不勇，大利不利”；“聪明即糊涂，糊涂即聪明；不聪明不糊涂，不糊涂不聪明”。

由于语言和文字本身对“上帝”“神的启示”“道”或“佛法”阐释的局限性，“上帝”“道”或“佛法”的高度抽象性和难以言传性，所以宗教重“玄想”或“感悟”。在讲求“不着一字，尽得风流”的禅宗看来，语言、文字都是累赘，不可说之幽微之内心，只能靠“心领神会”。禅宗教导说：“法本法无法，无法法亦法。今付无法时，法法何曾法”；“佛告须菩提，凡所有相，皆是虚妄，若见诸相非相，即见如来”；“吾有正法眼藏，涅槃妙心，实相无相，微妙法门，不立文字，教外别传”。① 在道家看来：“道可道，非常道；名可名，非常名”，“大音稀声，大象无形”。在佛家看来，“色不异空，空不异色，色即是空，空即是色，爱想行识，亦复如是”（《般若心经》）。耶稣基督认为不信仰上帝的人“有眼不识，有耳不闻”，教导人“要看那常人看不见的，听那常人听不见的”，“除了父没有人知道子，除了子和子所愿意启示的，没有人知道父”（马太福音，11:27）。

辩证法是人们认识问题的最基本的方法，必须用辩证的方法认识宗教和文化。人类对宗教和文化本质的误解和滥用，使宗教的宽容性演变为强烈的排他性，往往使狂热主义和极端主义大行其道，导致人类历史上无数的暴力冲突和灾难。用宗教哲理来讲，人类的灾难源于崇拜“偶像”和背离“神”，自认为吃了“智慧树之果”，“眼睛与上帝一样明亮”，是神的代表或代理人，是真理的化身，“自贵而贱他”。信仰上帝或“神”本来是为了消除

① 《五灯会元·七佛·释迦牟尼佛》卷1。

罪恶、救人救己,但由于人类的无知,总是在“替天行道”“行上帝旨意”名义下残酷迫害甚至处死虔诚信神的先知。历史的辩证法告诉我们,“峣峣者易缺,皦皦者易污”“阳春之曲,和者必寡;盛名之下,其实难副”“假作真时真亦假,无为有处有还无”,耶稣就是被犹太教大祭司和罗马总督以“亵渎神”的罪名钉上十字架的。在罗马帝国时期,许多早期基督徒由于不信罗马帝国的神而被以“无神论者”处以死刑。“偶像”崇拜所导致的宗教排他性,常常引发战争,例如十字军东侵、宗教裁判所、三十年战争和镇压异端运动。历史上的许多战争、冲突和恐怖活动大都是在宗教的旗帜下进行的。目前宗教冲突最激烈的地区当数中东、南亚和东南亚地区,相互敌对的人们只有相信人对神的既有认识仅仅是沙滩上的几片鹅卵石,而“至高神”却是人的视力无法穷极的大海,才能化解冲突。

没有教会宗教的真理无法大规模传播,但是,世上的许多欺骗和罪恶也大多源于教会。耶稣教导世上的一切国度、权柄、荣耀皆源于上帝,但在“政教合一”的中世纪欧洲社会,教皇和教会处于“万流归宗”的地位,自称掌管通往天国的钥匙,导致一切围绕着封建权力旋转,强迫人们服从封建权威而禁止探索真理,要求人们“安贫、守贞、听命”,完全放弃自我权力。基督教的十字军战争和镇压异端的火刑柱曾制造大量骇人听闻的人间灾难。中世纪的教会曾经是腐败的温床和制造谎言、骗取钱财的地方。但是,耶稣基督所倡导的真理之火在中世纪的黑暗中并没有熄灭,无论在文艺复兴或是在启蒙运动中,许多走在时代前列的杰出的学者仍然多是虔诚献身的基督徒。

人类对上帝的认识是一个不断发展的曲折历史过程,似乎就是重复耶稣“死亡”和“复活”的历史过程。基督教的历史也是一个不断吸收地方文化、实现地方化和呈现不同特色的历史过程。当代许多欧洲学者已经承认,基督教在罗马帝国时代的胜利在很大程度上是希腊罗马文化披上神学外衣的延续。随着中世纪封建制度的发展,上升为国教的基督教也越来越远地偏离了希腊罗马文化中的人本主义。与其说欧洲近代文艺复兴是对希腊罗马文化的复兴，不如说是对上帝的回归和耶稣的再临。文艺复兴和宗教改革所导致的对上帝的复归是西方近代史上的思想解放运动，随之而来的清教徒革命揭开了西方资产阶级革命的序幕。欧洲近代史上的自由民主运动，现代史上的反战运动都与基督教有密切联系。20世纪六七十年代的神学解放运动，通常是与拉美的穷人反抗以及对美国霸权政策的反对联系在一起的。

无论是基督教或是儒家思想，都曾经被严重的误读、误解和滥用过，许多歪曲和滥用常被视为货真价实的东西。先哲们曾告诉我们："自由啊，自由，多少罪恶假汝之名以行！""道可道，非常道；名可名，非常名。"基督教曾遭罗马帝国残酷镇压，但又被罗马皇帝顶礼膜拜，被残酷镇压和顶礼膜拜的是同一个基督吗？中国古代智慧中有"马上得之，马下治之"，西方古代智慧中有"弯下您的脖子，崇拜您曾烧毁的一切，烧毁您曾崇拜的一切"（第一个皈依基督教的日耳曼国王克洛维［481～511］在受洗时从主教嘴里听到的）。这些智慧所强调的"复兴"或"复活"不仅强调了历史发展进程的渐进性和继承性，而且也认识到了矛盾对立面的相互作用。中国的太极智慧和基督教罪与灵的智慧告诉我们，任何文化都是历史的，都具有双重性，需要不断扬弃本身糟粕，吸纳他者之精华，不可固步自封。只有海纳百川，不断吸收外来文化的精神才能不断强盛，这也就是老子所说的"天下皆知美之为美，斯恶也。皆知善之为善，斯不善也"①的哲理和孔子所说的"君子和而不同，小人同而不和"②的哲理。

二、"人的自由发展"乃东北亚和谐秩序构建的核心和要义

"道不远人""通古今之变"围绕着"究天人之际"而展开，人类的大智慧都是围绕着"救人救世""普度众生""醒世悟人""破迷开悟"而光耀，构

① 《道德经》第二章。

② 《论语·子路》第十三。

建东北亚和谐秩序必然“以人为本”，以“人的自由发展”为核心和要义。马克思主义的根本宗旨是“消灭阶级对立”“人类的解放”和“人的自由发展”。《共产党宣言》中写道：“代替那存在着阶级和阶级对立的资产阶级旧社会的，将是这样一个联合体，在那里，每个人的自由发展是一切人的自由发展的条件。”①耶稣曾教导说：“你们必晓得真理，真理必让你们得自由。”（约翰福音，8:32）《旧约》是围绕着摩西带领犹太人“出埃及”、经历“荒漠”的无数磨难而展开的，而《新约》是围绕着耶稣走上十字架“受难、复活”而展开的。“出埃及”的“艰险”与十字架“受难”的象征意义十分相似，都是启示人类如何摆脱“奴役”、归向上帝、实现自由。马克思曾把“出埃及记”比作革命：“革命在这里并没有终结，而是获得有组织的开端，它不是一个短暂的革命。现在这一代人，很像那些由摩西带领着通过沙漠的犹太人。”②

基督教相信“上帝爱人”，《易经》强调“观天道立人道”，道家强调“人法地，地法天，天法道，道法自然”，儒家强调“顺天应人，天人合一”。东方文化富有“仁民爱人”“天人合一”“志于道依于仁”的民本思想，名言佳句有：“民惟邦本，本固邦宁”（《尚书》），“天视自我民视，天听自我民听”（《左传》），“民为贵，社稷次之，君为轻”（《孟子》），“得道者多助，失道者寡助。寡助之至，亲戚畔之；多助之至，天下顺之”（《孟子》）。《圣经》告诉信徒：“神爱世人，甚至将他的独生子赐给他们，叫一切信他的，不至灭亡，反得永生”（约翰福音，3:16），“公义和公平，是你宝座的根基。慈爱和诚实，行在你前面”（诗篇，89:14）。在《圣经·启示录》中许诺着这样的一个上帝之国，那里“上帝要擦去他们一切的眼泪，不再有死亡，也不再有悲哀、哭号、疼痛，因为以前的事都过去了”（启示录，21:4）。在耶稣主祷辞中教导：“愿您的国降临，愿你的旨意行在地上如同行在天上。”（马太福音，6:10）

---

① 《马克思恩格斯选集》第1卷，人民出版社，1995年，第294页。

② 《马克思恩格斯选集》第1卷，第450页。按照《圣经》，“犹太人”应当译作“以色列人”，如同“犹太人”不可替代“希伯莱人”一样。

"人的自由发展"的前提是"敬畏上帝,遵守上帝的诫命",悔改和摆脱"罪"的奴役。耶稣受难充分彰显了人的"罪":见利忘义、贪婪自私、出卖灵魂,面对强权的胆怯、背叛、动摇,愚昧、残忍、盲从,欺骗、滥用权力。耶稣受难的目的是使人类悔改、重生,所以耶稣受难被称为"挽回祭"(atonement),意思是上帝没有因人类的罪而灭绝人类,而是通过舍弃自己的独生子代替人类而受难"与人类和好""将律法写进人的心里",进而"拯救人类",这体现了上帝对人类的忍耐、宽容、仁爱、正义,强调了信仰上帝是人类脱离苦海的惟一途经。

耶稣的神迹启示了敬畏上帝的思想。按照《圣经》,由于"世人都犯了罪,亏缺了上帝的荣耀",所以在《圣经》中,身体的残疾被比喻心灵的"残疾",只有信仰耶稣,通过圣灵才能使"瞎子不瞎""瘸子行走""麻风病人洁净""死人再生"等;只有信仰耶稣,才能避免象征邪恶的"麻风病"传染给他人;使五千人吃饱的"五饼二鱼"象征精神食粮;耶稣告诫门徒传教时携带的"两把剑"和最后晚餐时所说的"这是我的血,这是我的肉"意味着战胜邪恶的"精神武器"和"物质武器";耶稣能平息大海的狂风恶浪意为耶稣的教导是社会和谐、稳定的巨大精神力量,也比喻为真理不可战胜;耶稣生下后被官府追杀和最后被钉十字架,意为真理为世俗权力和世俗势力所不容;耶稣复活意为真理不可战胜;耶稣可使死人复活比喻是悔改得救;耶稣使水变成酒比喻为福音是荒漠中甜美的甘泉。

德国哲学家康德把耶稣关于纯洁道德的教诲比喻为"大厦",把关于耶稣的神迹比喻为搭建"大厦"的脚手架。也就是说,为了把耶稣的伦理教诲传播到广大民众中间,奇迹和宣示神秘是必要的。公元3世纪的著名学者奥利金写道:"圣经是在圣灵的默示下写成的,既具有显在的意义,又具有向大多数读者隐藏起来的意义。……整个律法是属灵的,但圣灵默示的意义并不被所有的人认识到——只有神以智慧和知识之道赋予圣灵恩赐的人才能认识到。"①

---

① 布鲁斯·雪莱:《基督教会史》,北京:北京大学出版社,2004年,第63页。

人的自由发展是基督教、东方文化和马克思主义所追求的共同目标。但世上没有绝对的自由，自由都是相对的，在这个意义上"自由就是不自由"。自由作为现代人的基本权力，它是法制社会和民主制度的产物。但作为人的全面发展的思想意识，它与知识、智慧、伦理道德密切联系在一起。东方传统文化和基督教中都有丰富的论述。自由在孔子的概念中是基于"音律"之上的"乐"和基于"学""仁""义""礼""智""信"之上的"随心所欲"："吾十有五而志于学，三十而立，四十而不惑，五十而知天命，六十而耳顺，七十而从心所欲，不逾矩。"(《论语·为政篇》)基督教强调的自由基于"敬畏上帝、遵守上帝的诫命"。在《圣经》里，爱上帝和爱人如己是"律法和一切先知道理的总纲"。尽心、尽性、尽意爱上帝意味着有坚定信仰，敬畏上帝、遵守上帝的诫命；爱人如己的教导希望人"以团结互助为荣，以损人利己为耻"，做到"己所不欲，勿施于人"或"己所欲，施于人"。马克思主义的人的自由基于"崇尚科学，反对愚昧，为真理、正义而勇于牺牲、奉献"，摆脱封建专制和资本的奴役，克服人自身和社会的异化。

人类进入上帝的国需要众多虔诚的信徒视死如归、前仆后继的牺牲精神，忍耐穷苦和经受生与死的考验，同世间不敬畏上帝的邪恶势力进行长期不妥协的斗争，需要经历极端痛苦的"世界末日审判"，耶稣曾教导说："那杀身体、不能杀灵魂的，不要怕他们；唯有把身体和灵魂都灭在地狱里的，正要怕他。"(马太福音，10:28)耶稣和马克思都倡导为真理、正义而献身的思想。"有极多的人和耶稣同行。他转过头来对他们说：'若不爱我胜过爱自己的父母、妻子、儿女、兄弟、姐妹和自己的生命，就不能做我的门徒。凡不背着十字架跟从我的，就不能做我的门徒。'"(路加福音，14:25~27)这个教导类似于儒家教导的勇于"杀身成仁，舍生取义"。

背起十字架视死如归地与邪恶进行不妥协斗争的思想是贯穿《圣经》的主线。"我来要把火丢在地上，已经燃烧起来也正是我的希望。我有当受洗的还没有成就，我是何等地迫切呢！你们以为我来是叫地上太平吗？我告诉你们，不是，乃是叫地上纷争。从今后，一家五口人将要纷争：三个和两个相争，两个和三个相争；他们将相争：父亲反对儿子，儿子反对父亲；母亲反对女儿，女儿反对母亲；婆婆反对儿媳，儿媳反对婆婆。"（路加福音，12:49~53）施洗者约翰讲到耶稣时说："他要用圣灵和火给你们施洗。他手中拿着簸箕，要扬净他的场，把麦子收进仓里，把糠用不灭的火烧尽。"耶稣也曾讲道："至于我那些仇敌，不要我做他们的王的，把他们拉来，在我面前杀了吧。"（路加福音，19:27）"上帝说'对邪恶者没有和平'。"（以赛亚书，48:22）"你们应该用铁杖摧毁他们，就如同击碎一个花瓶一样。"（诗篇，2）"人子要差遣使者，把一切叫人跌倒的和作恶的，从他国里挑出来，丢在火炉里。在那里必要哀哭切齿了。""人若不常在我里面，就像枝子丢在外面枯干，人拾起来，扔在火里烧了。""圣洁真实的主啊，你不审判住在地上的人给我们伸流血的冤，要等到几时呢？"（启示录，6:10）

马克思与耶稣的命运也极为相似。恩格斯曾这样评价马克思："马克思发现了人类历史的发展规律"，"所以马克思是当代最遭忌恨和最受诬蔑的人"。① 同样，耶稣因传播福音而被钉死在十字架上，他当时也是"最遭忌恨和最受诬蔑的人"，耶稣被钉十字架时，兵士们百般戏弄他，甚至"吐唾沫在他脸上，拿苇子打他的头"（马太福音，27:30）。马克思和耶稣都是为了拯救人类而具有牺牲、奉献精神的典范。马克思为了人类的解放事业长期流亡国外、困苦一生；耶稣为了拯救人类四海为家，并最终被钉死在十字架上。耶稣曾教导："我是好牧人，好牧人为羊舍命。"（约翰福音，10:11）"人子来不是要受人的服侍，乃是要服侍人，并且要舍命，作多人的赎价。"（马太福音，20:28）"我怎么样爱你们，你们也要怎么样相爱。"（约翰福音，13:35）"人为朋友舍命，人的爱心没有比这个大的。"（约翰福音，15:13）

耶稣把背起十字架追寻上帝的视死如归的精神比喻为勇于"进窄门"。他曾经教导人们说："你们要进窄门；因为引到灭亡，那门是宽的，路是平坦的，进去的人也多；引到永生，那门是窄的，路是崎岖的，找着的人也少。"（马太福音。7:13）"为义受逼迫的人有福了，因为天国是他们的。人若因

---

① 《马克思恩格斯选集》第3卷，北京：人民出版社，1995年，第777页。

我辱骂你们,逼迫你们,捏造各样坏话毁谤你们,你们就有福了!你们应当欢喜快乐,因为你们在天上的赏赐是大的。在你们以前的先知,人也是这样逼迫他们。"(马太福音,5:10~12)。

与耶稣倡导的"要进窄门"的精神相似,马克思曾经在《共产党宣言》中说过:"共产主义革命就是同传统的所有制关系实行最彻底的决裂;毫不奇怪,它在自己的发展进程中要同传统的观念实行最彻底的决裂。"①马克思还说过:"走自己的路,让别人去说吧。"一般认为,这句话是马克思引用但丁的话,实际上,这句话源于《圣经》中鼓励人们信靠上帝:"不要畏惧别人的辱骂,当他们辱骂你的时候不要沮丧。"(以赛亚书,51:7)

契约精神是自由思想的核心。《圣经》不仅强调将上帝的"约"刻在石板上,而且强调刻在人的心上,要求"因信称义"。"那些日子以后,我与以色列所立的约,乃是这样:我要将我的律法放在他们里面,写在他们心上;我要做他们的神,他们要做我的子民……我要赦免他们的罪孽,不再记念他们的罪恶。这是耶和华说的。"(耶利米书,31:33)"莫想我来是废掉律法和先知。我来不是要废掉,乃是要成全。我实在告诉你们,就是至天地都废除了,律法的一点一滴也不能废掉,都要成全。所以,无论何人要废掉这诫命中最小的一条,又教训人这样做,他在天国要称为最小的。但无论何人遵守这诫命,又教训人遵行,他在天国要称为大的。我告诉你们,你们的义若不胜于文人和法利赛人的义,断不能进天国。"(马太福音,5:17~20)

《圣经》中的"原罪"思想是律法思想的根基。按照《圣经》,律法源于人的"罪"和先知对上帝的认识。但先知们对上帝的认识是永无止境的,所以律法需要补充、完善。遵守律法与信仰上帝的关系就如同孔子所倡导的仁与智、礼与乐一样,是辩证统一的关系。

"原罪"思想也是宽容、妥协思想的源头。"罪"文化认为人人皆有罪,要求摆脱罪的奴役而归向上帝的义。与"罪文化"相对应的是基督教最突出的宽容、妥协精神和契约精神。"你们若是原谅了别人的过错,你们天上

---

① 《马克思恩格斯选集》第1卷,第293页。

的父也必原谅你们；但是，若你们不原谅别人的过错，你们的父也必不原谅你们的过错。”（马太福音，6:9～14）“为什么看见你弟兄眼中有刺，却不想自己眼中有梁木呢？你自己眼中有梁木，怎能对你弟兄说，容我去掉你眼中的刺呢……先去自己眼中的梁木，然后才能看得清楚，去掉你弟兄眼中的刺。”有一次彼得问耶稣：“主啊，我弟兄得罪我，我当饶恕他几次呢，到七次可以吗？”耶稣说：“不是到七次，乃是到七十七次。”“你们曾经听人说，应该爱你的邻居，恨你的敌人；但我告诉你们，要爱你们的敌人，为迫害你的人祈祷。”（马太福音，5:43～44）。“你们听见有人说，‘以眼还眼，以牙还牙’；但是我告诉你们，不要与恶人作对。如果有人打你的右脸，连左脸也转过来让他打；如果有人想要拿你的里衣，连外衣也让他拿去；有人强迫你走一里路，你就同他走二里；有求你的，就给他；有向你借贷的，不可推辞。”（马太福音，5:38～42）

耶稣把犯罪的人比喻为“迷途的羔羊”和“浪子”，要求对他们宽容，为找回迷途的羔羊和“浪子回头”而欢喜。“法利赛人中的文士，看见耶稣和罪人并税吏一同吃饭，就对他的门徒说，他和税吏并罪人一同吃喝。耶稣听见，就对他们说，健康的人用不着医生，有病的人才用得着。我来本不是召义人，乃是召罪人。”（马可福音，2:16～17）使徒保罗曾称自己是“罪人中的罪人”。

摆脱罪的奴役的首要条件是超越血缘亲情的归向独一上帝的虔诚，所以耶稣教导“与自己的父母、兄弟姐妹纷争”，这个教导与孝敬父母的教导并不矛盾。无论是“爱敌人”或“与自己的父母、兄弟姐妹纷争”，其前提都是敬畏上帝，遵循上帝的旨意，与邪恶或虚假进行毫不妥协的斗争，其目的都是追寻上帝，探索真实，寻求共同利益的汇合点，实现社会的和谐。同样，孔子提倡“君君、臣臣、父父、子子”也是以“志于道、依于仁”为前提的。在《孝经》中曾参问孔子：“敢问子从父之令，可谓孝乎？”孔子回答说：“是何言与？是何言与？父有争子，则身不陷于不义，故当不义，则子不可以不争于父，臣不可以不争于君。故当不义则争之，从父之令，又焉得为孝乎？”

通读《圣经》可知，耶稣教导的“爱敌人”并非无原则的逆来顺受，爱敌人的目的是感召和转化敌人，在敬畏上帝的前提下与“罪”进行毫不妥协的斗争。“人的敌人”并不等同于“上帝的敌人”。基督教“爱敌人”的非暴力思想是一种弱者对抗强者的一种以柔克刚、以退为进的思想，这也是东方文化中的智慧：“夫唯不争，天下莫能与之争”“柔弱胜刚强”“强梁者不得其死”“不敢（谦卑）为天下先”，韬光养晦的目的是要有所作为。耶稣为人类的罪被钉死在十字架上，绝不意味着赞同人类仍然生活在罪里，而是希望人们和他一样死而复活。耶稣教导我们爱仇敌是为了我们蒙福，仇恨不能解除我们的痛苦。

诺亚方舟的故事是对宽容、非暴力思想的最好诠释。在旧约中，诺亚方舟的故事之后，上帝之所以不再以洪水来灭绝人类，就是意识到人的原罪是可以遗传的，只有通过引导、榜样的力量打开人类封闭的心灵，才能遏制人类恶的倾向。《圣经》非暴力思想的著名教导有：“动刀的必死在刀下。”“凡一国自相纷争，就成为荒场，一城一家自相纷争，必站立不住。”（马太福音，12：25）

马克思相信社会存在决定社会意识，不承认“人皆有罪”的“唯灵论”，认为人类社会的一切灾难和痛苦皆源于不合理的社会制度，号召同私有制进行不妥协的斗争。但马克思也相信人的本质因资本而“异化”，提倡人类的思想解放和信仰自由。马克思的关于人的“异化”的思想与“原罪”思想所不同的是，“异化”源于外因，而“原罪”是与生俱来的。

三、“天下为公”“和而不同”乃东北亚和谐秩序的终极目标

无论基督教、东方传统文化或马克思主义，其追求的终极目标都是“天下为公”的和谐社会。孔子所理想的“天下为公”大同社会和耶稣基督所倡导的“凡物公用”“自由平等”的天国都类似于马克思设想的“消灭私有制”

“消灭阶级对立”和“所有人自由发展”的共产主义社会。①

《礼记·大同》记载了孔子描述的美好社会：“大道之行也，天下为公。选贤与能，讲信修睦，故人不独亲其亲，不独子其子，使老有所终，壮有所用，幼有所长，矜寡孤独废疾者，皆有所养。男有分，女有归。货恶其弃于地也，不必藏于己；力恶其不出于身也，不必为己。是故谋闭而不兴，盗窃乱贼而不作，故外户而不闭，是谓大同。”孔子对“大同”的设想是寄希望于圣人：“大道之行也，与三代之英，丘未之逮也，而有志焉。”孔子提出了“天下为公”的两个条件：一是人的全面发展（“选贤与能，讲信修睦”“人不独亲其亲，不独子其子”“力恶其不出于身也，不必为己”“谋闭而不兴，盗窃乱贼而不作”），二是社会财富极大丰富（“货恶其弃于地也，不必藏于己”）。

马克思在预言消灭私有制、消灭阶级对立、消灭国家和实现所有人自由发展的共产主义社会时写道：“在随着个人的全面发展，他们的生产力也增长起来，而集体财富的一切源泉都充分涌流之后，只有在那个时候，才能完全超出资产阶级权利的狭隘眼界，社会才能在自己的旗帜上写上：各尽所能，按需分配！”②

《福音书》和《使徒行传》里描述了早期基督徒所追求的“凡物公用”的原始共产主义：“信的人都在一处，凡物公用，并且卖了田产、家业，照各人所需用的分给各人。”“那些信教的人都是一心一意的，没有一个人说，他的东西是自己的，都是大家公用的……内中没有缺乏的，因为人人都将田产变卖了，把所卖的财银拿来放在使徒脚前照各人所需用的分给各人。”（《使徒行传》，2）有一次，一个富有的年轻财主到耶稣那里说：“夫子，为了得到永生，我应该做些什么善事呢？”耶稣就告诉他：“假若你希望成为完人，就卖掉你的财产并把它捐献给穷人，这样一来，你就有财宝在天上，然后来追

① 一般人把“上帝的国”“天国”误解为与“这世界”相对应的来世的“彼岸世界”，但从《圣经》原文“当忏悔，天国近了！”（马太福音3:2）可知，“这世界”即指尘世“即将灭亡”的“罪恶世界”，“上帝的国”指“即将来临”的完美现实世界或存在于信徒心中的完美精神世界。

② 《马克思恩格斯选集》第3卷，第305页。

随我。”但是，那年轻财主听到这话之后就沮丧地走开了，因为他拥有很多财富。耶稣于是对他的门徒说：“我实在告诉你们，富人进天国是很难的。我还要告诉你们，骆驼穿过针的眼比富人进天国都容易。”（马太福音，19：23～24）

恩格斯曾将基督教和“工人的社会主义”相提并论，并明确提出，早期基督教就是罗马帝国时代的“社会主义”。“早期基督教的历史与现代的工人运动有非常明显的相似之处。像后者一样，基督教源于被压迫人民的运动：它最初是作为奴隶和被释放的奴隶、被剥夺了一切权利的穷苦人民、被罗马人征服和驱逐的人民的宗教而出现的。基督教和工人的社会主义都倡导使人摆脱奴役和痛苦的天国的即将来临。”①

恩格斯关于“基督教源于被压迫人民的运动”的论断可以在《圣经》中找到大量论据。耶稣对门徒说：“凡劳苦担重担的人可以到我这里来，我将使他们得安息。”（马太福音，11：18）“欺压贫寒的，是辱没造他的主；怜悯穷乏的，乃是尊敬主。”“他必为民中的困苦人伸冤，拯救穷乏之辈，压碎那欺压人的。”“他要怜恤贫寒和穷乏的人，拯救穷苦人的性命。他要救赎他们脱离欺压和强暴；他们的血在他眼中看为宝贵。”“止住作恶，学习行善，寻求公平，解救受欺压的，给孤儿申冤，为寡妇辩屈。”“公义和公平，是你宝座的根基。慈爱和诚实，行在你前面。”（诗篇，89：14）。“压伤的芦苇，他不折断。将残的灯火，他不吹灭。他凭真实将公平正义传开。”（以赛亚书，42：1～7）“凡自高的，必降为卑；自卑的，必升为高。”（路加福音，18：13～14）使徒保罗说：“兄弟姐妹们，想想你们的蒙召：从人的评判标准，你们中许多并非聪明人，并非有权力的人，并非出身高贵的人。但是上帝拣选了这世上愚昧的人以羞辱聪明的人，拣选这世上软弱的人以羞辱强良的人；上帝拣选这世上地位低下的和被人蔑视的，拣选景况不好的，使景况好的一事无成，以至于没有人可以在上帝面前夸口。”（哥林多前书，1：26～29）“让地位

① 恩格斯：《论早期基督教的历史》，《马克思恩格斯全集》第22卷，北京：人民出版社，1965年，第525页。

卑微的在升高中喜乐，让富足的卑微，因为富足的人将如同野外的花一样消失。炎热的太阳加上热风，必使原野枯干，花必凋谢，美丽消失。富足的人也必如此，忙碌一生，终必衰残。”（雅各书，1:9~11）“亲爱的弟兄们，听我言：上帝岂不是选择了世上的贫穷人，让他们富有信，并许诺爱他的人承有天国吗？但是你们却反使贫穷人受耻辱。那压迫你们、拖你们到公堂的岂不是富人们？他们不是亵渎你们所敬奉的尊名吗？”（雅各书，2:5~7）

基督教反对贫富分化：“只要有衣有食，就当知足。但那些想要发财的人，就陷在迷惑、落在网罗和许多无知有害的私欲里，叫人沉在败坏和灭亡中。贪财是万恶之根，有人贪恋钱财，就被引诱离了真道，用许多愁苦把自己刺透了。”（提摩太前书，6:8~10）。

耶稣对“这世界”的批判不亚于马克思。耶稣说：“光来到世间，世人因自己的行为是恶的，不爱光倒爱黑暗”，因此耶稣把“这世界”不信上帝的人比喻为“死人”“病人”“罪人”，把统治者称“伪善者”“毒蛇的种类”，希望世人忏悔、归向上帝，实现“复活”，成为“上帝的选民”，进入上帝的国。他本人和他的门徒都是以不信罗马皇帝和“不信神”的罪名被处死的。马克思把现实世界受传统观念束缚和资本所控制的人称为“被异化的人”“堕落的人”“自私自利的人”“崇拜金钱的人”。马克思在“向德国制度开火”时是这样评述当时德国的“被统治者”的：“这是一幅什么景象呵！社会无止境地继续分成各色人等，这些心胸狭窄、心地不良、粗鲁平庸之辈处于相互对立的状态，这些人正因为相互采取暧昧的猜疑的态度而被自己的统治者一律——虽然形式有所不同——视为被特许恩准的存在物。甚至他们还必须承认和肯定自己之被支配、被统治、被占有全是上天的恩准！”①他希望人类通过消灭私有制、消灭阶级对立，摆脱金钱的奴役，实现全人类的解放，成为“真正的人”“完全自由的人”。

马克思为人类的解放事业淡泊名利、四海为家的精神类似耶稣的教导。耶稣教导信徒不要过多考虑日常的琐事或追求世俗的权力、财富和地

---

①　《马克思恩格斯选集》第1卷，第4页。

位,要少考虑穿什么、住什么,甚至每天吃什么,要为拯救人类而四海为家、忍耐穷苦。“当时,一个文人来向耶稣说:‘夫子,无论你到什么地方都追随你。’耶稣告诉他:‘狐狸有洞,空中的鸟儿有巢,但人子却没有枕头的地方。’”(路德福音,9:58)

人人平等是基督徒和马克思主义者的共同追求。“耶稣还对众人说话的时候,不料他的母亲和他兄弟站在外面,要与他说话。有人告诉他说:‘看哪,你母亲和你弟兄在外面,要与你说话。’他却回答那人说:‘谁是我的母亲?谁是我的弟兄?’就伸手指着门徒,说:‘看哪,我的母亲,我的弟兄。凡遵行我天父旨意的人,就是我的弟兄姊妹和母亲了。’”(马可福音,3:31~35)马克思的名言是“全世界无产者联合起来!”

生产力决定生产关系是马克思主义的基本原理,由于时代和历史条件的限制,罗马帝国时代的穷苦大众不可能在地上建立没有私有财产、没有国家、人人平等的“天国”或“社会主义”。尽管随着时间的推移,“天国即将来临”的说教变得越来越遥远,成为“幻想的幸福”“锁链上的花朵”和“鸦片烟”,但是,自基督教产生以来,尤其在中世纪里,劳苦大众从来没有停止过为实现“天国”而进行的斗争。它贯穿整个中世纪,直到德国农民战争之后才逐渐消退。但到1830年之后,恢复早期基督教的斗争又再现于早期共产主义者的身上,正义者同盟①的主要领导人W·魏特林,曾在他的重要作品《一个贫苦人的福音》一书中,把共产主义归结为早期基督教。对此,恩格斯曾写道:“法国的革命共产主义者,尤其是魏特林和他的支持者们,早在勒南的作品之前就提到早期的基督教:‘假若我要告诉你早期基督教教会的思想,我就告诉你去看国际工人协会的一个地方组织。’”马克思恩格斯曾经在《共产党宣言》里写道:“要给基督教禁欲主义涂上一层社会

① 正义者同盟是一个流亡法国的德意志工人革命团体。成立于19世纪30年代,主要领导人是魏特林。后来有荷兰、匈牙利、捷克、俄国、瑞典、挪威等国工人参加,成为国际性的工人秘密革命组织。他们的目的是要一切人享有自由与平等,口号是“四海之内皆兄弟”。1847年,接受马克思、恩格斯的建议,改组为“共产主义者同盟”。

主义的色彩,是再容易不过了。基督教不是也激烈反对私有制,反对婚姻,反对国家吗？它不是提倡用行善和求乞、独身和禁欲、修道和礼拜来代替这一切吗?"①

无产阶级斗争的最终目标是消灭阶级和消灭国家,而基督教所倡导的天国里也没有国王和官吏。耶稣还对门徒说:"你们知道外邦人有君王为主治理他们,有大臣掌权管束他们。只是在你们中间,不可这样,你们中间谁愿为大,就必做你们的佣人;谁愿为首,就必做你们的仆人。正如人子来,不是要受人的服事,而是要服事人,并且要舍命,作多人的赎价。"(马可福音,10:35~45)

"基督再临""基督复活""上帝的国即将来临"和"新天新地"的思想是基督徒信心和精神的源泉,耶稣教导说:"救我们脱离凶恶,因为天国、权力和荣耀皆永远属于您。"(马太福音 6:13)马克思恩格斯在创造科学社会主义理论的过程中,广征博引过数量惊人的典故,其中许多来自圣经。马克思和恩格斯在《共产党宣言》中写道:"无产者在这个革命中失去的只是锁链。他们获得的将是整个世界。"②马克思还曾经引用耶稣复活的典故说:"革命死了,革命万岁!"③

正因为基督教与马克思主义都承认现实世界充满灾难、痛苦和不公正、不合理,都是为了寻求人生的终极目标和意义,都是为了人类的得救或解放,所以马克思的革命理论曾对基督教自由主义神学产生重要影响。20世纪 60 年代以来,拉美民族解放运动高涨,许多天主教徒和神职人员、神学家也积极投身到争取解放的武装斗争中去。在斗争中,作为革命理论的马克思主义的影响越来越广泛,与天主教神学相结合,逐渐形成解放神学或自由神学,日益成为广大拉美群众的思想武器。运动的领导者被称之为"马克思主义基督徒"。在他们的眼中,马克思主义是一种不排斥上帝的、

① 《马克思恩格斯选集》第 1 卷,第 297 页。

② 《马克思恩格斯选集》第 1 卷,第 307 页。

③ 《马克思恩格斯全集》第 10 卷,北京:人民出版社,1962 年,第 157 页。

积极的社会科学。“马克思主义基督徒”把马克思主义引入基督教,他们声称,福音所要求的解放不仅仅是摆脱罪的奴役,也要求摆脱经济剥削和改善生存状况。一些人甚至认为,教会没有马克思主义就没有未来,因为基督教本质上是革命的宗教,《圣经》就是教导人革命的,解释《圣经》的钥匙是《出埃及记》,它记述的正是受压迫者按照上帝的命令进行的一场革命,是摆脱奴役走向自由。这种反抗压迫、反抗剥削的思想吸引了拉美广大的天主教神父及教徒,1976 年意大利的 140 名神父在一次会议上高唱《国际歌》。

一般认为马克思倡导阶级斗争和暴力革命,而基督教反对以暴易暴,但事实并非如此。从《旧约》来看,基督教不但不反对以暴易暴,而且对充满血腥而令人恐惧的“上帝之鞭”或“上帝之火和剑”大加赞扬,其中最著名的就是“大洪水”的故事、灭绝所多玛和俄摩拉两族人以及推罗和西顿两个城市的故事。《旧约》中倡导以暴易暴的经文还有:“上帝说‘对邪恶者没有和平’。”(以赛亚书,48:22)“你们应该用铁杖摧毁他们,就如同击碎一个花瓶一样。”(诗篇 2)“圣洁真实的主啊,你不审判住在地上的人给我们申流血的冤,要等到几时呢?”(启示录 6:10)

一神教和摩西的权威的确立并不仅仅是依靠劝诫,摩西曾因百姓敬拜偶像而大开杀戒。“摩西见百姓放肆,就站在营门中说,凡属耶和华的,都要到我这里来!”于是利未的子孙都聚集到他周围。他对他们说:“以色列的上帝耶和华如是说:‘你们各人持刀往来于大营的这门和那门,各人杀自己的兄弟与同伴并邻舍。’”利未的子孙按照摩西的要求行事,那一天百姓中被杀的约有三千(当时以色列人口“除了妇女和孩子,步行的男子约有 60 万”。参看《出埃及记》32:28,12:37,《民数记》46)。《圣经》还记载,“约书亚吩咐百姓说:‘呼喊吧,因为耶和华已经将城交给你们了!这城和其中所有的都要烧毁;只有妓女喇合与她家中所有的可以存活,因为她隐藏了我们所打发的使者。’……百姓听见号角声,便大声呼喊,城墙塌陷,百姓便奋勇冲击将城占领;然后将城中所有的,不拘男女老少,牛羊和驴,都用刀杀

尽。”（约书亚记，6：16～21）

在《福音书》中耶稣有大量关于对邪恶进行不妥协斗争的教导：“我来要把火丢在地上，已经燃烧起来也正是我的希望。我有当受洗的还没有成就，我是何等的迫切呢！你们以为我来是叫地上太平吗？我告诉你们，不是，乃是叫地上纷争。”（路加福音，12：49～53）耶稣在一个寓言中讲述到上帝的国的背叛者时说：“至于我那些仇敌，不要我作他们的王的，把他们拉来，在我面前杀了吧！”（路加福音，19：27）“人子要差遣使者，把一切叫人跌倒的和作恶的，从他国里挑出来，丢在火炉里。在那里必要哀哭切齿了。”（马太福音，13）

但与邪恶进行不妥协的斗争的最终目的是实现社会的和谐。和谐与和平是人类社会的共同美好追求，联合国大厦地基下埋藏着一本圣经，联合国大厦的墙壁上刻有《圣经》里的一段经文：“他必在列国中施行审判，为许多国民断定是非。他们要将刀打成犁头，把枪打成镰刀；这国不举刀攻击那国，他们也不再学习战事。”（以赛亚书，2：4）

中国传统思想的核心就是和谐与和平，北京故宫前后三个大殿分别命名为“太和殿”“中和殿”和“保和殿”，俗称“金銮殿”的太和殿门楣上刻有“中正仁和”四个大字。孔子关于和谐与和平的著名教导有“君子和而不同”“礼之用，和为贵，先王之道斯为美”。中华人民共和国成立以来，始终坚持的外交政策和宗旨就是维护世界和平、促进共同发展。胡锦涛提出的东北亚和谐秩序是对社会主义和平发展思想的再创新。

“和谐”或“大同”的本质是“一”和“多”的辩证统一，“已知”和“未知”的辩证统一，一般与个别、普遍性和特殊性的辩证统一，是“有无相生”“音声相和”。一般与个别、普遍性和特殊性的辩证统一关系也即孔子所谈的“礼”和“乐”的关系以及基督教所谈的“三位一体”的关系。在儒家的智慧里，“礼”讲差异，“乐”讲和同，“和而不同”乃“顺天应人”“替天行道”；在基督教的智慧中，父、子、灵“三位”讲差异，父、子、灵“一体”讲和同；“三位”合而为“一神”“一体”乃得进永恒的上帝之国；“一神”“一体”分为“三位”才有耶稣救世、救人。正如《易经》中所说：“立天之道曰阴与阳，立地之道曰柔与刚，立人之道曰仁与义。”“一生二，二生三，三生万物”和“太极生两仪，两仪生四象，四象生八卦”的辩证思维方法是“究天人之际、通古今之变”的大智慧，只有坚持“和而不同”的哲理才会有东北亚和谐秩序的稳固根基。

马克思倡导阶级斗争的目的是消灭阶级对立、消灭人与人之间的冲突。尽管《旧约》倡导“善与恶”之间的以暴易暴，但与马克思所倡导的“阶级”斗争学说并不完全相同，更与《新约》中强调的围绕辩明福音所进行的“纷争”(division)或“动刀兵”(but a sword)不同。① 《福音书》所强调的“纷争”或“动刀兵”主要是倡导信靠上帝、探索真实，在思想领域里与邪恶或虚假进行不妥协的斗争或争论，通过“纷争”使人“摆脱罪的奴役”而归向上帝，而明确反对人与人之间或国与国之间自我意志的相互纷争或恃强凌弱的暴力之争，耶稣曾明确宣称“动刀的必死于刀下”！相反，马克思指出：“批判的武器当然不能代替武器的批判，物质的力量只能用物质的力量来摧毁；但是理论一经掌握，群众也会变成物质力量。”②

早期基督教实现天国的设想是通过“圣灵”战胜“原罪”，通过“爱”“宽容”等感情的升华，使天国由小而大不断扩大，希望富人因信而自动把财富捐献给穷人，而反对穷人“贪婪他人的财物”，更反对穷人联合起来夺取富人的财产。而马克思认为“资本来到世间，每个毛孔都滴着血和肮脏的东西”，主张“无产者联合起来”，同传统的所有制关系和资产阶级进行斗争，实现共产主义。

---

① 《马太福音》第10章中的“do not think that I have come to bring peace to the earth; I have not come to bring peace, but a sword”一句经文译为“你们不要以为我来是叫地上太平，我来并不是叫地上太平，乃是叫地上动刀兵”似乎值得商榷，因为根据下文可知，“a sword”是耶稣赐予人们的用来在家庭内部或地上辩明福音的精神武器。《马太福音》第10章中的这段经文又出现在《路加福音》第12章中，“a sword”一词改为“division”(纷争)。

② 《马克思恩格斯选集》第1卷，第9页。

孔子和耶稣尽管都强调社会和谐，但二者的和谐思想也有巨大差异。孔子“不谈怪力乱神”，他的思想主要是政治、伦理思想，强调善、恶二元对立，缺乏宽容、妥协精神，以“圣贤”文化为特征。儒家倡导的社会和谐是通过如同“乐”中的高低不同的音符一样的社会等级秩序实现的。基督教强调灵与肉的对立的同时也承认灵与肉的一体，承认人的原罪的同时也承认人具有上帝的灵，以“罪”文化而著名，基督教所倡导的社会和谐是通过“人皆有罪”的平等意识、契约和宽容妥协精神实现的。

我们通常认为，马克思是反对宗教的，他批判宗教的名言有：“宗教是人民的鸦片”“装饰在锁链上的虚幻的花朵”“人民幻想的幸福”“苦难世界的灵光圈”“颠倒了的世界观”等。马克思揭露当时德国的“基督教的社会主义，只不过是僧侣用来使贵族的怨恨圣化的圣水罢了”。①“就德国来说，对宗教的批判基本上已经完成；而对宗教的批判是其他一切批判的前提。”②但是，具体问题具体分析是马克思认识问题的最基本方法。事实上，马克思对宗教的批判揭示了宗教被误读和滥用的现象及其消极的一面，尤其是“就德国来说”的，主要是批判当时维护“使人成为被侮辱、被奴役、被遗弃和被蔑视的东西的一切关系”的德国的宗教。③ 与此同时，马克思也充分肯定了宗教的正面积极作用，如认为宗教是“被压迫生灵的叹息”“宗教的苦难既是现实苦难的表现，又是对这种现实苦难的抗议”“无情世界的感情”等。他在批判当时德国的宗教的同时肯定了资产阶级革命后的美国、法国和英国的宗教，并认为在那里宗教已经成为资产阶级思想的自由表达。在马克思看来，社会存在决定社会意识，作为社会意识之一的宗教里的缺陷是由社会的缺陷所决定的，“这种缺陷的根源就只能到国家自身的本质中去寻找”④。马克思批判宗教的缺陷是完全针对它所反映的具体的

① 《马克思恩格斯选集》第1卷，第297页。

② 《马克思恩格斯选集》第1卷，第1页。

③ 《马克思恩格斯选集》第1卷，第10页。

④ 《马克思恩格斯全集》第1卷，北京：人民出版社，1956年，第425页。

社会存在的,并不等于全面否定宗教。马克思还认为,“宗教是这个世界的总理论”,它随着阶级对立社会的历史的发展而发展。在阶级社会里,马克思是坚决主张宗教信仰自由的,他曾经在《论犹太人问题》一书中明确指出:“既然我们看到,甚至在政治解放已经完成了的国家,宗教不仅仅存在,而且是生气勃勃的、富有生命力的存在,那么这就证明,宗教的存在和国家的完成是不矛盾的。”“在美国也并不认为一个不信教的人是诚实的人。”① 马克思在《共产党宣言》中明确提出:“各个世纪的社会意识,尽管形形色色、千差万别,总是在某些共同的形式中运动的,这些形式,这些意识形式,只有当阶级对立完全消失的时候才会完全消失。”②正因为马克思、恩格斯清楚认识到作为社会意识“共同形式”之一的宗教的“形形色色、千差万别”,所以提倡宗教信仰自由,并认为在阶级对立的社会里,宗教信仰自由是最基本的人权。

(原载复旦大学韩国研究中心、长老会神学大学校、基督教与思想研究院主编:《宗教文化与东亚社会》[韩国],长老会神学大学校出版部,2010 年)

① 《马克思恩格斯全集》第 1 卷,第 425 页、第 224 页。

② 《马克思恩格斯选集》第 1 卷,第 293 页。

锡安主义与纳粹德国的反犹政策

李平民

英国政治家帕默斯顿“没有永久的盟友，也没有永久的敌人，只有永恒的利益”之外交观，为世人所熟知。这种为达目的而不择手段地相互利用，甚至“不惜与魔鬼结成同盟”的外交原则在锡安主义与纳粹主义的关系中表现得相当典型。

1933 年希特勒上台之际，犹太人“回归锡安”“热爱锡安”的召唤早已传遍犹太世界，世界锡安主义组织已经召开了它的第 18 次代表大会，全世界皈依锡安主义的犹太人已逾百万，巴勒斯坦犹太人口已逾 20 万。但是，当希特勒疯狂煽动反犹仇恨和驱逐德国犹太人时，世界锡安主义组织不仅没有组织犹太人进行联合抵制，反而采取与德国秘密合作、利用纳粹以推动犹太人移居巴勒斯坦的政策。这段历史至今鲜为人知，使纳粹反犹问题蒙上了迷雾。

一、锡安主义与纳粹主义

所谓锡安主义就是犹太复国主义（系 Zionism 的两个不同译名），它把同化主义视为从内部毁灭犹太民族的大敌，倡导种族分离、热爱锡安、回归锡安，主张通过复兴犹太文化和在西方大国的支持下在巴勒斯坦建立一个“犹太民族之家”来解决所谓“犹太人问题”。

大国参与、大批犹太移民和大量资金是实现锡安主义的三个最关键因素。1897 年第一次世界锡安主义者代表大会通过的《巴塞尔纲领》明确提出了锡安主义的宗旨和实现途径。它宣称:“锡安主义争取在巴勒斯坦为犹太民族建立一个公众承认的、有法律保障的家园。”①为达到这一目的,代表大会设想了四种方法:一是有计划地鼓励犹太农业劳动者、工人和其他行业人员移居巴勒斯坦;二是根据各所在国的法律规定,全体犹太人联合并组成地方团体;三是提高犹太人的自我意识和民族觉悟;四是为得到各国政府对实现锡安主义目标的赞同而进行必要的准备步骤。

为了实现目标,锡安主义者历来的策略就是不单单依靠某一个大国。在一战前,它曾得到英国、法国和德国甚至沙皇俄国的支持。在一战中,世界锡安主义组织宣布中立,但事实上它管辖着“亲德”和“亲英”的两个支部,敌对的双方无论哪一方胜利,都将意味着锡安主义的胜利。

为了得到移民,世界锡安主义组织的缔造者赫茨尔提出的设想是:一是宣传“同化不可能改变犹太人的苦难状况”,二是增加犹太人的“外部压力”以迫使他们出走巴勒斯坦。关于外部压力与所谓“犹太人特性”的关系,1894 年赫茨尔在讨论小杜马斯的小说《蠢夫人》时有过论述:“许多世纪以来,他们已经扎根于其他各种各样的民族之中,他们中一群人与另一群人之间互不相同,他们惟一共同的东西是使他们聚集到一起来的外部压力。所有受欺压的人们都有这种犹太人特性,只要外部压力一消失,他们就会像被解放的人一样各行其是。”②赫茨尔认为,要重建犹太国,“一切都取决于我们的推动力量,这种力量是什么呢,这就是犹太人的苦难”③。

赫茨尔关于宣传和组织犹太移民的思想在沙皇俄国和东欧其他国家得以实现。1882—1900 年的 18 年间,移往巴勒斯坦的犹太移民约有 3 万人。一战后,由于英国在巴勒斯坦推行分而治之的政策,巴勒斯坦犹太人口的增加仍然相当缓慢。由于阿拉伯人的强烈反对,1930 年 10 月,英国发

① 沃尔特·拉克:《犹太复国主义史》(中译本),上海:上海三联书店,1996 年,第 132 页。

② 赫茨尔:《犹太国》(中译本),上海:商务印书馆,1993 年,第 100 页。

③ 赫茨尔:《犹太国》(中译本),第 609 页。

表了它的巴勒斯坦政策声明，即《帕斯菲尔德白皮书》。“白皮书给人的印象是，就英国而言，建立犹太民族家园这件事差不多已告结束，它是否能继续发展，那就要取决于阿拉伯人的同意。”①锡安主义的发展前景极其暗淡。

但是，当绝大多数锡安主义者对英国已经完全失去信任之际，希特勒上台给锡安主义运动带来了转机。“在德国犹太社团中，锡安主义者总是比较少的少数派。希特勒执政后，他们在德国的影响迅速增长。那里突然对巴勒斯坦的一切事情都极感兴趣。数百人前来参加锡安主义会议，而过去常常只有几十人。锡安主义报纸的发行量增加，到处都在开办希伯来语学习班。”②希特勒的反犹政策使巴勒斯坦犹太人口成倍增长。希特勒上台的第一年，移往巴勒斯坦的犹太移民多达3万人，超过了以前的任何一年；到1939年5月时，巴勒斯坦犹太人口已猛增至45万，接近巴勒斯坦总人口的13%。

就否认不同民族间融合、相互谅解的可能性，强调排他性的、狭隘的民族主义，并把大规模宣传作为理论实现的主要手段来说，锡安主义与纳粹主义具有明显相似的特征。希特勒主要是靠煽动排他性民族主义情绪、宣传日耳曼民族或雅利安种族优越论和所谓“社会主义”而夺取德国政权的。在希特勒的理论中，倡导少数民族的权利和民族间的谅解就是犯罪。

锡安主义回归锡安的倡导和“上帝特选子民”的宣传必然同希特勒的日耳曼种族优越论发生激烈冲突，二者水火难容。但纳粹主义对犹太人的迫害和驱逐，在客观上有助于犹太人回归锡安，回归自己的族类和巴勒斯坦。对此，许多锡安主义领导人有过论述。在许多锡安主义者看来，希特勒的胜利不仅不意味着锡安主义的灾难，反而会给锡安主义带来发展的机会。

世界著名的犹太传记作家埃米尔·路德维格在皈依锡安主义后不久讲道：“纳粹主义的出现是一件相当受欢迎的事情……徘徊于同化和对犹

① 沃尔特·拉克：《犹太复国主义史》（中译本），第600页。

② 沃尔特·拉克：《犹太复国主义史》（中译本），第16页。

太事务一知半解的危险之中的犹太人竟是那么多。成千上万的似乎完全放弃了犹太教的人又被希特勒赶回了教会团体。就这点来说,我本人就非常感激他。"①回归锡安的积极倡导者、著名犹太诗人钱姆·纳奇曼·比亚利克也认为,幸亏希特勒不鼓励同化犹太人,这样一来,"纳粹主义也许成全了犹太人,因为它宣告了同化的破灭。与此同时,它也使世界清醒地认识到犹太问题而不再忽视它"②。

对锡安主义者来说,引进大批犹太移民不仅需要"外部压力",同样离不开大笔资金,没有金钱同样没有移民。因此,世界锡安主义组织在成立之后不久就设立了用于在巴勒斯坦购置土地向移民提供所需贷款的银行,即设在伦敦的犹太"民族基金会"。希特勒上台前夕,由于世界经济危机的影响,锡安主义经济面临崩溃的边缘。希特勒上台后,为大批德国犹太人资金转向巴勒斯坦提供了法律保障。

对德国来说,犹太人对世界市场具有巨大的影响,世界犹太人对德国的联合贸易抵制将会给德国经济带来无法估量的损失。因此,德国需要与锡安主义合作来阻止世界犹太人对德国的联合贸易抵制。德国最大的利益是通过宣传反犹把犹太人驱逐到巴勒斯坦,这不仅是纳粹德国"雅利安种族优越论"宣传的必然要求,更重要的是,通过摆脱德国的"犹太人包袱"而激化阿拉伯人和犹太人之间的矛盾,使巴勒斯坦成为一个世界"骚乱中心",最终切断大英帝国通往东方的"生命线",动摇其在中东"安全大厦"的基础,进而夺取世界霸权。1936—1939年巴勒斯坦爆发阿拉伯人大起义的直接原因就是纳粹反犹所导致的犹太移民猛增。

---

① Meyer Stein glass, "Emil Ludwig before the Judge", *American Jewish Times*, April 1936, p.35.

② Chaim Bialik, "The Present Hour", *Young Zionist*, London, May 1934, p.6.

二、锡安主义对德国反犹政策的妥协与利用

共同利益使敌对双方走到了一起。锡安主义者和德国的谈判从希特勒上台后就开始了。纳粹党卫队头子利奥波德·冯·麦尔登斯坦在德国锡安主义联盟执行委员会成员库尔特·塔克拉的陪同下访问巴勒斯坦长达半年之久,从而拉开了锡安主义者与纳粹德国谈判的序幕。访问归来后,冯·麦尔登斯坦在他的12篇插图文章中对"犹太定居者的开拓精神和伟大成就表示了高度的赞扬",称"锡安主义既造福于犹太民族,也造福于全世界","它造就了一个犹太新族类","它为治愈困扰世界长达一千多年的创伤指出了方法"。①

同德国谈判的锡安主义者代表最初是萨姆·科恩(特拉维夫水果出口公司经理)。他在1933年与德国经济部签订了一项协定,规定允许价值100万马克(40万美元)的德国犹太移民的财产以购买德国农机设备的形式转移到巴勒斯坦。继科恩之后与德国谈判的代表是犹太办事处主任阿尔罗索罗夫,他是主张与德国合作的著名锡安主义领导人。早在1932年他就得出结论,不能引来超过巴勒斯坦阿拉伯人的大量移民和足够资金,就必然意味着锡安主义的失败。他还预言,希特勒上台意味着在未来5到10年中将发生一场新的世界大战,因此,为保证犹太人在巴勒斯坦存在下去和解决犹太人问题,就必须争取时间积极行动。他在致魏兹曼的一封密信中(1932年6月)讨论了"革命专政"过渡阶段的可能性。在过渡阶段,解决犹太人问题的惟一办法就是抛开感情因素与柏林合作,在巴勒斯坦创造条件,以接纳尽可能多的移民。如果做不到这一点,那么临近的世界大战和不断加剧的阿拉伯人的民族意识,就会使锡安主义的目标化为泡影。他积极参与组织犹太人从纳粹德国移居巴勒斯坦的活动。1933年6月,他在访问德国归来两天之后,在特拉维夫海滨散步时被人暗杀,凶手至今仍没

---

① "Justification of the Zionist Congress", *Zionist Record*, October 4, 1933, p.5.

有查出。

阿尔罗索罗夫被杀并没有放慢锡安主义组织与德国的合作步伐。经过几个月的谈判,1933 年 8 月 25 日,犹太办事处与德国正式签订《哈瓦拉协定》(哈瓦拉,希伯来语,意为“转移”,《哈瓦拉协定》也称《转移协定》)。该协定允许德国犹太移民将自己的资金以德国出口货物的形式转移到巴勒斯坦(每个移民转移财产的最高限额为 5 万马克)。

锡安主义组织向德国妥协并与之合作的政策遭到多数犹太人的反对,他们认为这种政策是对犹太人的背叛,有人甚至认为锡安主义与纳粹主义狼狈为奸,他们要求锡安主义组织为恢复德国犹太人的平等权利而进行斗争。对此,一些锡安主义领导人进行了辩护。著名锡安主义领导人塞利格·布罗德兹基讲道:“使用过激的话、组织会议、号召抵制等,都是很容易的事情。但是,使用心平气和的语言和进行冷静的推理,才是非常困难的事情。说什么有关对德国的决议太软弱,错矣!非犹太人可以说强硬的话,但犹太人不能这样。”①另一位锡安主义领导人摩西·贝伦森也讲道:“几代以来,我们都是通过采取抗议的手段进行斗争。现在,我们手里有了另外的武器,一个强大的、确实可靠的武器:前往巴勒斯坦的签证。”②世界锡安主义组织主席魏兹曼在他给巴勒斯坦殖民部主任阿瑟·鲁宾的信中谈道:“作为一名锡安主义组织的成员,应该关注的是关于德国问题的建设性解决办法,即通过《哈瓦拉协定》把青年犹太人从德国转移到巴勒斯坦,而不是关注德国犹太人的平等权利问题。”③在魏兹曼看来,所谓“为德国犹太人的权利而斗争”的提法只是听起来好听,但不解决实际问题。

1935 年 10 月,纳粹党大会批准了以反犹著名的《纽伦堡法令》。法令

---

① Jacob Boas, “A Nazi Travels to Palestine”, *History Today*, London, 1980, pp.33-38.

② Moshe Beilenson, “The New Jewish Statesmanship”, *LaborPalestine*, February 1934, pp.8-10.

③ Chaim Weizmman, “To Arthur Ruppin, 3july 1935”, in Barnet Litvinoff(ed.), *The Letters and Papers of Chaim Weizmann*, *Letters* Vol. XVI, pp.465-466.

宣布犹太人为外来民族，不承认德国犹太人为德国公民，并禁止犹太人与德国人之间的婚姻和性关系。法令给予德国犹太人的惟一选择就是移民国外。法令给德国犹太人带来了巨大灾难，但同时给锡安主义提供了在德国迅猛发展的机会。事实上，《纽伦堡法令》与锡安主义所倡导的民族分离思想是完全一致的。“锡安主义者的口号，如犹太民族是统一的，反犹主义是自然的和不可避免的等，这些都使纳粹的宣传有利可图；另外，纳粹头子在他们的讲话和文章中经常引用锡安主义者的话，用以证明犹太人是特殊的，是不能同化的，这些不都是事实吗？”①

早在希特勒上台6个月后，德国锡安主义联盟在递交给纳粹政府的一份备忘录中就表明了民族分离的观点：“我们反对异族通婚，主张犹太组织的纯洁……锡安主义希望赢得政府的合作，即使它从根本上是敌视犹太人的。因为犹太人问题的解决不能从感情出发，而只能从实际问题出发。这个问题的解决有利于所有民族，在当前尤其有利于德意志民族。”②

锡安主义的哈鲁茨（先驱者）移民培训中心以提倡铁的纪律和绝对服从原则而著名。《纽伦堡法令》颁布后，该组织计划在15~25年间把德国犹太社团（1933年德国犹太人总数约54万）全部迁往巴勒斯坦。该组织领导人一度认为，他们大规模迁移的计划将对德国具有巨大的吸引力，因此，“德国当局会同意对未来的移居国外活动扩大援助，他们采取的援助手段将包括放宽转移外汇管制法，为移民培训提供更多机会，运用‘政治手段’等。”③

《纽伦堡法令》实际上是对德国犹太人的驱逐政策，这对德国犹太人来说是极其痛苦的。根据国际联盟的统计，1933—1939年，32.9万犹太人离开德国。1939年5月，德国还剩下21.4万犹太人。1941年3月，希特勒下

---

① 沃尔特·拉克：《犹太复国主义史》（中译本），第609页。

② L.Dawidowicz, *A Holocaust Reader*, New York: Behrman, 1976, pp.150-155.

③ Abraham Margarito, “The Reaction of the Jewish Public in Germany to the Nuremberg Laws”, *YadVashem Studies*, vol.XII, p.89.

令“最终解决”犹太人问题，许多德国犹太人被押解出境或自杀身亡。1943年9月，德国宣布成为“净化于犹太人”①的国家。

《哈瓦拉协定》在执行过程中虽然按照德国的意志有所调整，但基本条款没有变，即移往巴勒斯坦的德国犹太人需首先将他们的资金存进德国银行，用来购买德国的出口货物。当货物在巴勒斯坦出售之后，到达巴勒斯坦的移民才能得到钱款。虽然犹太移民在进行资金转移时遭受巨大损失，一般达30%，有时甚至高达50%，但与移往其他地方的犹太人相比，移往巴勒斯坦的犹太人的财产损失要少得多。从1933年8月至1939年9月，投向巴勒斯坦的所有资金60%得益于与纳粹德国签订的协定。1933—1941年，经《哈瓦拉协定》移入巴勒斯坦的德国犹太人约6万，转移的犹太人财产价值1.3957亿马克。据历史学家布莱克估计，经其他锡安主义—德国协定进入巴勒斯坦的资金还有7000万美元。当代许多西方学者承认，《哈瓦拉协定》对犹太民族之家的发展和以色列国的建立起了巨大作用。

（原载《西亚非洲》，2002年第4期）

① 徐新、凌继尧主编：《犹太百科全书》，上海：上海人民出版社，1993年，第689页。

1949—1950 年间美国卷入对越干涉的再考察

汪堂峰

自上世纪 80 年代以来，国内关于越南战争的研究已取得了长足的进步，不过在考察美国卷入对越干涉的动因时，学者们仍普遍强调中、苏两国与越南民主共和国建立外交关系以及朝鲜战争和中国志愿军入朝作战的决定性影响，将美国的政策决策视为对上述各事件的被动反应。在众多论述中，一种较为系统的观点是：1949 年中国革命的胜利、胡志明在美国决策人眼中角色的转变及柏林危机等事件使美国决策层改变了看法，开始把法国在印度支那的殖民战争视为反共战争，纳入其在世界范围内遏制苏联共产主义的范畴，并转而支持法国在印度支那的战争政策。在 1950 年 1 月中、苏两国正式与越南民主共和国建立外交关系后，美国立即做出反应，于 2 月 7 日同英国一道宣布承认保大政权，并随即决定向印度支那的法国殖民军提供援助。但美国 1950 年初转向支持法国在印度支那的殖民战争主要是针对苏联而不是中国，只是随着朝鲜战争的爆发和中国志愿军入朝作战，中国才取代苏联，被美国视为对印度支那和东南亚的直接和主要威胁，从而开始了美国在印度支那遏制中国的行动。①

不可否认，上述各种事态的发展的确对美国对越政策的变化产生了影响，但显然上述关于美国卷入对越干涉之动因的考察具有舍本逐末的倾向，将美国的对越政策诠释为对上述各种事态的被动反应也显然不利于我们正确认识美国外交政策的主动性和其在越南追求的目标的多元性。事

---

① 林利民：《遏制中国：朝鲜战争与中美关系》，北京：时事出版社，2000 年，第 298 ~303 页。

实上,美国决定卷入对越干涉的主要动因必须从越南本身形势的发展及美法关系中去寻找,而这种干涉则与美国承认保大政权之间存在着必然的联系。

一、美国承认保大政权

保大政权的肇始大体可以追溯到 1947 年。该年 9 月 10 日,法国驻西贡高级专员博拉埃特提出要与越南各方谈判以讨论越南的地位问题及所谓的"3KY"("3KY"即指北圻、中圻、南圻,也即东京、安南和交趾支那)联邦问题。具体说来,越法谈判必须解决三个问题:第一,越南到底享有何种地位;第二,怎样解决交趾支那的地位问题;第三,胡志明领导的越盟力量究竟该怎样处理。对于上述三个问题,法方提出的原则是越南享有在法兰西联邦内的自由,"(3KY)联邦的建立不应基于压力,而且不得采取集权主义模式"①。显然,法国提出要进行谈判是为了分化越南的民族主义力量。对于法国的分裂意图,越盟十分清楚。9 月 23 日,胡志明表示"将继续为祖国的完全独立与统一而战斗到底"②。据此,法国政府于 12 月 23 日发表公报,以胡志明未答复博拉埃特提出的法国欲与越南所有政治团体共同谈判为借口,提出"法国政府决定授予驻印度支那高级专员全权来处理除胡志明政府外的所有活动与谈判以恢复越南各国(着重号为笔者所加)的和平与自由"③。

对于法国的谈判声明,保大做出了积极的响应,并于 1947 年 9 月 18 日

---

① Allan W. Cameron ed., *Vietnam Crisis: A Documentary History. Vol.* 1, 1940—1956, Ithaca and London: Cornell University Press, 1971, p.110.

② Allan W. Cameron ed., *Vietnam Crisis: A Documentary History. Vol.* 1, 1940—1956, p. 116.

③ Philippe Devillers, *Histoire du Viêt-Nam de* 1940 *à* 1952, Paris: Editions du Seuil, 1952, p.421.

宣布接受越南人民的委托，同法国进行谈判。①然而，双方的谈判进展并不顺利。面对这种情况，法国驻泰国大使皮埃尔·尤金·吉尔伯特甚至悲观地预测，同保大之间达成一个令人满意的协议的希望正在迅速消失。② 尽管如此，经过长达9个月的谈判，双方最后还是于1948年6月5日签署了协议。在此之前，法国已于5月12日授权博拉埃特同意成立越南临时政府。但问题在于，该份协议是由博拉埃特代表法国签署的，法国政府虽然表面上授予其谈判全权，但是否批准这一协议则是另一码事，而法国国民议会是否通过这一协议也是问题。事实上，虽然在包括美国等诸方看来，协议中法国所做的让步仍不充分，但法国政府仍然在签署协议问题上一拖再拖，直到1949年3月8日才通过总统奥里奥尔与保大交换信件的方式签署爱丽舍协议，表示将履行1948年6月5日的协议。但爱丽舍协议同时表示，虽然法国同意越南的统一，但交趾支那是否加入3KY联邦仍需征求当地人或其代表的意见，在交趾支那未有实质性的和法律上的加入之前，爱丽舍协议的各项条款均不得生效。③虽然依照法国的宪法程序，4月23日法国国民会议表示同意爱丽舍协议，6月4日同意交趾支那地位的变化，6月14日协议通过两国政府换文的方式正式生效，但这与1948年6月5日已相隔一年有余，且直到1950年2月2日法国国民议会才正式通过该项协议，从而使该协议具有法律效力，也就是说，直到此时保大政权才得以在法律上勉强作为一个政治实体存在。显然，在法国还未签署爱丽舍协议的情况下，美国是不可能正式承认保大政权并与之建立外交关系的。

由此看来，美国政府承认保大政权除了出于对中、苏两国承认越南民

---

① Allan W. Cameron ed., *Vietnam Crisis: A Documentary History. Vol.* 1, 1940—1956, pp. 113-114.

② United States, Department of State, United States, Department of State, *Foreign Relations of the United States*, 1948, *Vol.* Ⅵ, Washington D.C.: Government Printing Office. 1974, p. 22.

③ Allan W. Cameron ed., *Vietnam Crisis: A Documentary History. Vol.* 1, 1940—1956, p. 121.

主共和国的反应这种可能外，还存在另一种可能，即由于法国正式签署爱丽舍协议，美国便顺理成章地承认之。

事实上，在中、苏两国与越南民主共和国建立外交关系之前，美国即已确定了承认保大政权的基本政策。早在 1949 年 5 月 10 日，艾奇逊就表示“国务院将准备在适当的时候和适当的条件下承认保大政权”①。6 月 21 日，国务院又发表声明，对爱丽舍协议的换文表示欢迎。②

如前所言，法国与保大之间的谈判乃是迫于分化民族主义力量的压力，而非出于自愿。这也正是谈判一拖再拖，协议的签署一再延后的根本原因。正是基于对法国谈判诚意的怀疑和法国过去三年间在越南的所作所为的认识，美国国务院 1949 年 2 月 25 日甚至表示对有关谈判取得进展方面的报道“不屑一顾”。在国务院看来，法国不大可能做出让步以促使保大回到印度支那。即使保大回到印度支那，国务院依然认为法国不会采取实质性行动，至少在交趾支那的地位问题上不会如此。鉴于以上认识，艾奇逊指示美国驻法大使馆向法国政府公开声明，“美国决不会倾向于公开赞同法国与保大之间的任何安排”，“除非该安排清楚地体现了足以保证其成功的各种手段或者法国采取了各项实质性措施以促使该安排取得成功”③。显然，美国的上述态度既可以被解释为对法国同保大之间谈判之反应的冷淡，更可以解释为美国对令人满意的解决方案的急切的渴望和为此目的而对法国施加的压力。

显然，美国要在适当的时候、在适当的条件下承认保大政权，并非基于苏联对越南民主共和国的承认这一未来事件的预判。事实上，美国承认保大政权的基本前提乃在于：第一，法国采取切实的措施以体现向保大政权

---

① Gareth Porter (ed.), *Vietnam, A History in Documents*, New York · Scarborough, Ontario · London: the New American Library, Inc · the New American Library of Canada Limited · the New English Library Limited, 1981, p.78.

② Allan W. Cameron ed., *Vietnam Crisis: A Documentary History. Vol.* 1, 1940—1956, p. 129.

③ Gareth Porter (ed.), *Vietnam, A History in Documents*, p.77.

移交主权的诚意;第二,东南亚非共产主义国家政府对保大解决方案的兴趣和支持。值得注意的是,在承认保大政权这一问题上,美国并不是消极地等待时机的来临和条件的成熟,而是积极地通过自身的努力以尽快满足上述两个基本条件从而可以尽早承认保大政权。前文已论述美国对法国的施压,此处不再赘述。在第二个基本条件的实现这一问题上,我们同样可以看到美国承认保大政权的急切心情。

就在 1949 年 5 月向美国驻西贡总领事发去的关于美国将承认保大政权的电报中,艾奇逊明确表示,要不遗余力地保证保大解决方案这一试验尽可能地获得成功。而要达到这一目标,除了法国和保大圈子的努力外,还需要各方做出更多的努力,而最大的希望则在于亚洲其他非共产党政府积极地表示其对保大解决方案的兴趣和支持,以便让保大方案看起来更似亚洲人民面对共产主义威胁时所做出的自决行为而不像法、美、英三国为应付东西方冲突而部署的一颗棋子。在同一份电报中,艾奇逊还表示"国务院将密切关注并考虑美国可以采取哪些手段以帮助达到上述目的"。①

显然,美国坚持东南亚各国首先承认保大政权并不是为美国拖延承认寻找推脱的借口。美国之所以不愿首先承认保大政权,用艾奇逊的话说,这乃是因为英美的率先承认将无异于给保大送去一个死亡之吻。② 正是基于上述考虑,在 9 月 17 日美、英、法三国外长会晤时,艾奇逊明确表示将帮助法国游说菲律宾和泰国,以免保大政权被认为是西方的前线。③显然,美国为争取实现承认保大政权的两个基本前提所做的努力,说明承认保大政权乃是美国自 1949 年夏季以来即已确定的基本政策而非对中、苏两国承认越南民主共和国所做出的直接反应。事实上,如果说苏联承认越南民主共和国和美国承认保大政权之间有什么联系的话,这种联系便是前者为后者

① Gareth Porter (ed.), *Vietnam, A History in Documents*, p.78.

② Anthony Short, *The Origins of the Vietnam War*, London and New York: Longman, 1989, p.78.

③ Gareth Porter (ed.), *Vietnam, A History in Documents*, p.83.

提供了美国梦寐以求的合适时机。具体而言，这种时机表现在两个方面：一则美国现在找到了承认保大政权的借口；二则苏联对越南民主共和国的承认加深了法国的担忧，促使法国加快了爱丽舍协议立法的步伐，而2月2日法国国民议会通过爱丽舍协议则扫清了美国承认保大政权的另一障碍。正是基于上述分析，笔者认为，苏联承认越南民主共和国和美国承认保大政权之间的因果关系只具有间接性和次要性的特征。

二、军事和经济援助政策的出台

1950年5月8日美国正式宣布将向印度支那联系成员国和法国提供相应的经济援助和军事装备，这可以被视为美国卷入对越干涉的标志性事件。但同承认保大政权一样，美国早已有了直接援助未来的保大政权和法国在印度支那的殖民战争的意向。只是由于爱丽舍协议仍未正式得到法国的批准，美国暂时缺乏合适的援助对象与合适的援助外衣而已。显然，在爱丽舍协议没有得到法国国民议会的正式批准之前，美国的直接援助将师出无名，或者名不正言不顺。这既难以在国际社会中得到认同，亦会遭到国内要求抵制殖民主义的人士的强烈反对。更为重要的是，这将使美国失去向法国施加压力的筹码，从而使美国在越南扶持所谓的自由政府的希望化为泡影，其结果便是法国仍然牢牢控制印度支那或者越南的民族主义力量更加紧密地团结在越盟的周围并最终导致共产主义在越南的全面胜利。

当然，上述论证只是逻辑推理。为进一步证明上述论点，我们不妨来做一番编年史研究。

早在1949年1月，法国就曾暗示，美国或许可以考虑将马歇尔计划推广到越南，其理由是越南经济的迅速复兴可能是保大成功的关键。①对于法

---

① R. H. Spector, *United States Army in Vietnam. Advice and Support: the Early Years, 1941—1960*, Washington: Center of Military History, 1983, p.97.

国的这一暗示，艾奇逊指示美国驻法大使馆向法国政府表示，美国愿意重新考虑其经济合作署（ECA，马歇尔计划的具体执行机构）的印度支那政策，但这种重新考虑的前提是法国必须采取实质性措施向保大移交主权。① 在5月10日表示美国将承认保大政权的同时，艾奇逊也表示美国将"考察满足该政府提出的任何有关美国武器和经济援助之要求的可能性"②。在9月17日的美、法、英三国外长会议上，艾奇逊向法国外长舒曼表示，"美国国会在批准军事援助法后，将可能会提出'第四点计划'的问题，或许我们可以安排技术援助和进出口银行的资金"③。12月17日，美国参谋长联席会议进一步提出，由总统自行斟酌处理的、用于"大中华地区"（general area of China）的7500万美元专项资金亦可用于印度支那、缅甸和泰国④，而在这之前的11日，美国驻巴黎大使则提出，不仅7500万美元的这笔专项资金、甚至马歇尔计划也可以用于印度支那。⑤ 1950年2月1日，国务院派往越南考察援助事宜的"工作小组"正式提出美国可以从1949年共同防御援助法第303款确定的款项中抽出资金来援助法国在印度支那的军事行动。⑥显然，在从1949年年初到1950年年初的这一年的时间内，美国已经走过了从援助表态到考虑进行援助的资金来源问题及实地考察的实质性过程。如果我们注意到2月1日爱丽舍协议仍未获得法国国民议会的批准、保大政权仍未得到美国的承认这样两个事实的话，我们将发现，美国跨出的这一大步足以证明它实在是有些迫不及待。而到此时为止，美国的卷入已经是万事俱备，只欠法国国民议会批准爱丽舍协议和美国承认保大政权这两股东风了。

---

① Gareth Porter (ed.), *Vietnam, A History in Documents*, p.77.

② Gareth Porter (ed.), *Vietnam, A History in Documents*, p.78.

③ Gareth Porter (ed.), *Vietnam, A History in Documents*, p.83.

④ Anthony Short, *The Origins of the Vietnam War*, p. 77.

⑤ Anthony Short, *The Origins of the Vietnam War*, p. 77.

⑥ United States, Department of State, *Foreign Relations of the United States*, 1950, *Vol.* Ⅵ, Washington: Government Printing Office, 1976, p.715.

1950 年 2 月 2 日，法国国民议会正式批准了爱丽舍协议，美国随即于 2 月 7 日宣布承认保大政权。16 日，法国正式要求美国提供军事援助。不过，此时美国仍需解决一个操作层面上的问题，即美国的援助对象到底应该是谁的问题。从现实角度出发，美国的援助应该进入法国的腰包；但从法律上说，援助必须给予保大政权。为了让援助名正言顺，艾奇逊于 3 月 4 日指示驻法大使布鲁斯告知法国政府，国务院认为必须找到某种援助模式以便让保大政权表面上成为这种援助的公开接受对象，但美国保证该援助实际上将给予法国。① 同月，在国会的敦促下，国务院向东南亚派遣了一个以阿伦·格里芬为团长的援助调查团，以为美国制订积极的援助计划做准备。5 月 8 日，艾奇逊发表声明，“向印度支那联系成员国和法国提供相应的经济援助和军事装备，以帮助他们恢复稳定，让这些国家可以继续其和平与民主的发展进程”。② 24 日，美国驻西贡代办埃德蒙·古里安知会法国扶持的印支三国政府，公布了美国经济援助的相关事宜。照会指出：美国政府正在组建一个特别的经济代表团，“该代表团将负责同柬埔寨、老挝、越南三国政府以及法国高级专员一道，制订出一项协调一致的经济援助计划并执行之，以帮助三国恢复正常的经济生活”，“美国经济援助的给予将以各联系成员国同美利坚合众国单独签订的双边协议”为依据，“但美国初期的经济援助行动可以在这些协议批准之前即行开始”。与此同时，古里安还特意关照说“美国政府已任命罗伯特·勃鲁姆为特别经济代表团的负责人”。③ 这样，美国就正式踏上了在越干涉的征程。

---

① United States, Department of State, *Foreign Relations of the United States*, 1950, *Vol.* Ⅵ, p. 749.

② United States, Department of State, *American Foreign Policy* 1950—1955: *Basic Documents*, *Vol.* Ⅱ, Washington D.C.: Government Printing Office. 1957, p. 2365.

③ United States, Department of State, *American Foreign Policy* 1950—1955: *Basic Documents*, *Vol.* Ⅱ, 2365.

三、美国卷入对越干涉之动因的再考察

在考察美国卷入对越干涉的动因时，我们必须注意两个问题：第一，美国对苏联的威胁、共产主义的威胁尤其是印度支那地区共产主义威胁的认识；第二，美国反对共产主义的目标和见证所谓民族主义政权的目标之间的一致性和差异性。

就第一个问题而言，美国卷入对越南的干涉乃是基于对各种共产主义因素之威胁的认识的产物。就苏联的威胁来说，早在 1948 年 7 月 2 日给驻华大使馆的电报中，美国国务院就表示其印象是莫斯科让胡志明保留有很大的活动余地，苏联的具体打算是：钳制大量法军；稳步消耗法国经济以阻碍其复兴并耗尽经济合作署对法国的援助；在印度支那造成永久性的混乱与物资短缺以为共产主义的发展创造有利条件。①在 10 月 13 日的一份名为《苏联在远东和东南亚地区的政策模式》的评估报告中，美国进一步将苏联的政策诠释为通过鼓励当地的民族主义及利用长期的殖民压迫所造成的不满情绪来削弱殖民地与宗主国之间的联系，并通过武装行动或制造混乱的方式扰乱殖民地的经济以耗尽宗主国的财政及各种资源从而可以从中渔利。② 1949 年 2 月，美国国务院政策计划室又进一步提出东南亚是苏联直接指挥的协调进攻的目标。该论断被美国决策层采纳并逐字写入国家安全委员会第 48/1 号文件，而在 12 月 30 日杜鲁门总统批准的国家安全委员会第 48/2 号文件中则进一步确认之。③ 1950 年 4 月，美国国家安全委员会通过第 68 号文件（NSC68），文件详细地分析了苏联的政策目标——

① United States, Department of State, *Foreign Relations of the United States*, 1948, *Vol.* Ⅵ, p.28.

② United States, Department of State, *Foreign Relations of the United States*, 1948, *Vol.* Ⅰ, Part2, Washington D.C.: Government Printing Office, 1974, p. 643.

③ Anthony Short. *The Origins of the Vietnam War*, p. 78.

"统治全世界",并将东南亚看成是美国在全世界遏制苏联的一个重要组成部分。①

那么,这一时期苏联在印度支那对西方产生的威胁何在?就印度支那而言,苏联的威胁大体可以分为三类:1.直接的武装干涉。这一可能基本上被美国决策层排除。至少就我所掌握的材料而言,美国在这方面并不十分担心;相反,在1949年5月20日给美国驻河内领事的电报中,艾奇逊倒表示"越南处于苏军的控制之外"②。2.苏联向越盟提供军事援助物资或其他形式的援助。但对此美国政府也未提出足够的证据。1948年9月27日美国国务院关于印度支那的政策声明,虽然说日趋增加的迹象表明苏联和越南之间的电台联络可能已经通过设在上海的塔斯社办事处建立起来,但其基本的判断仍是双方之间的联系"尚无实据"。③ 至于苏联的军事援助,美国似乎也没有这方面的担心,而所谓苏联指挥的协调一致的进攻在印度支那地区的"证据"也只不过是胡志明接受过莫斯科的训练而已。3.共产主义意识形态。诸多事实表明,美国的担心主要还是共产主义意识形态问题。

不可否认,胡志明领导的越盟有共产主义的背景,而这正是越盟同苏联之间的联系纽带。但共产主义的威胁与苏联的威胁乃是两码事。对此,我们可以就美国的政策思路做两种可能的解释:第一,美国犯下了将共产主义威胁等同于苏联威胁、将越盟视为苏联力量的延伸的错误。但这种解释有一个致命的弱点,那就是国务院明确表示没有证据表明苏联与越盟之间存在直接联系,而且直到1950年美国关于越南的基本判断依然是:印度支那共产主义的叛乱不是经济的,也不是社会的和意识形态的,而主要是

---

① Congressional Research Services, Library of Congress. *The U.S. Government and the Vietnam War* (*Part* Ⅰ, 1945—1961). Washington D.C.: Government Printing Office, 1984, p.78.

② Gareth Porter (ed.), *Vietnam, A History in Documents*, p.79.

③ United States, Department of State, *Foreign Relations of the United States*, 1948, *Vol.* Ⅵ, p. 48.

民族主义的。[①] 与上述解释相比，下述解释无疑更具有说服力，那就是：美国决定干涉越南事务，不是基于越盟是苏联力量之延伸的认识，而是基于两者之间可能存在联系的担心。也就是说，美国的政策决策不是基于对确定性事物的应对，而是基于对可能性的选择（这种可能性包括相互联系的两个方面，即现实中存在的可能性和未来发展的可能性）。对事物发展之最坏的可能性的防备并据此制订与实施美国的相关政策一直以来都是美国政策决策思路的主题，而这种决策思路也就必然决定其政策在意图上具有预防性而在手段上具有进攻性的特点。就越南来说，上述各种事实表明美国既没有充分肯定也未曾完全否定越盟与苏联之间的联系。显然，在印度支那地区，虽然美国找不到苏联威胁的具体证据，但该地区苏联扩张的条件——越盟与苏联之间意识形态的一致性还是存在的。因此，即使苏联在该地区的扩张不是既成事实，即使越盟与苏联之间没有直接联系，美国也要防患于未然，通过扑灭越盟武装斗争的方式来消除苏联扩张之可能的条件。从这个意义上说，美国决定干涉越南事务，乃是一种进攻性预防措施。

不可否认，美国在世界各地遏制共产主义在一定意义上乃是为了遏制苏联势力可能的扩张，但这并非是美国唯一的目标。事实上，遏制共产主义的发展本身就是美国的基本政策目标，而世界各地的共产主义力量与苏联之间意识形态的一致性和美国遏制苏联的需要则更加坚定了美国遏制共产主义的基本立场。具体就越南来说，遏制该地区的共产主义力量本身也就是美国的基本政策目标，而其直接的遏制对象便是以共产党力量为核心的越盟。事实上，在谈到越盟时，美国强调得更多的是其共产党背景，而如前文所言，在越盟与苏联的关系问题上，美国的基本判断只是双方可能存在联系，但查无实据。实际上，不管美国对苏联在远东的政策意图做何判断，在越南，它要直接面对的依然是胡志明领导的越盟力量，其直接的遏

---

① Anthony Short, *The Origins of the Vietnam War*, p. 80.

制对象也必然是以共产党力量为核心的越盟。因此，在谈到其远东政策时，美国更多地使用了“抵抗共产主义的扩张”之类的词汇，而在越南，美国的一大目标便是“在被越盟感染的地区进行消毒”①。由此，我们可以得出下述结论，即美国的对越政策目标虽然带有遏制苏联的色彩，但更是为了遏制当地共产主义力量的发展。

当然，我们在分析美国这一时期的对越政策时，决不可以将其遏制苏联的目标和遏制共产主义的目标截然分开。事实上，美国的这两大目标是互相依赖紧密联系的。要全面考察美国在越南遏制共产主义的行动，我们必须综合考虑下述几个因素：

第一，美国对来自于苏联的所谓威胁和越盟同苏联之间关系的认识。这一点在上文已进行了重点分析，此处不再赘述。

第二，越南战争形势的发展和美国的判断。从军事斗争形势来看，法国此时的军事危机已开始渐露端倪。不过，法国此时面临的主要是经济资源问题。为维持在越南的作战行动，法国 1949 年花去了 5 亿美元，这超过了法国全年的预算赤字，相当于美国当年对法援助总额的 2/3。显然，对于军事形势的发展和法国面临的经济危机，美国是有所认识并深感忧虑的。早在 1948 年 9 月 27 日，美国国务院就断言：“法国现在正在印度支那进行一场绝望而显然必将失败的战争。这场战争耗尽了法国赖以恢复的经济资源。在此期间，共产党人对民族主义的控制日益加强，其结果便是美国在印度支那和东南亚的影响受到严重损害。”②可以认为，正是越南斗争形势的发展直接导致美国不得不采取行动来遏制越盟力量的进一步发展。这一点在杜鲁门于 1950 年 4 月 24 日批准的 NSC64 号文件中表现得非常

---

① Charles Wolf Jr, *Foreign Aid: Theory and Practice on Southern Asia*, Princeton: Princeton University Press, 1960, p. 82.

② United States, Department of State, *Foreign Relations of the United States*, 1948, *Vol.* Ⅵ, p. 48.

明显，而该份文件的出台则被某些著作称为美国卷入印度支那的标志性事件。[1]在这份名为"美国关于印度支那的立场"的文件中，美国政府明确指出："采取一切切实可行的措施以制止共产主义在东南亚的进一步扩张对美国的安全利益至关重要"[2]，而美国政府的这一决定便是建立在对越南战争形势的担忧之上。

第三，中国和东南亚地区共产主义运动的发展。这一点不是美国遏制越盟的根本原因，但无疑对美国卷入在越南的干涉起到了重要的推动作用。事实上，1948 年以来东南亚地区缅甸、马来亚、印度尼西亚等地共产党人反对殖民主义压迫的起义加重了美国对共产主义在亚洲所谓"扩张"的担心，坚定了美国对越盟性质的固有认识。而与上述事件相比，中国革命形势的发展对美国对越政策的影响则更为深远。

具体地说，中国革命形势之发展的影响包括两个方面。一方面，虽然美国难以判断中国革命胜利后中苏两国是否会形成密切的关系，但它还是意识到这种可能性的存在。同时，鉴于中国共产党和越盟之间意识形态的一致性之事实，美国担心，不管是出于对苏联的支持，还是基于意识形态的考虑，胜利已成定局的中国共产党都有可能为越盟的斗争提供帮助。早在 1949 年 7 月的一次记者招待会上，艾奇逊就表示了这种担忧：假如中国的共产主义政权委身于苏联帝国主义的目标，企图对中国的邻国进行侵略，美国及其他的联合国成员国就会面临联合国宪章遭到破坏，国际和平与安全遭到威胁的形势。[3] 随着中国革命的胜利以及中国人民解放军解放广西等地，美国的担忧日益严重。在 NSC64 号文件中，美国政府表示，由于中国军队已逼近印度支那边境，且"在目前情况下，如果中国共产党的军队跨过

---

① Congressional Research Services, Library of Congress. *The U.S. Government and the Vietnam War* (*Part* Ⅰ, 1945—1961), p.66.

② United States, Department of State, *Foreign Relations of the United States*, 1950, *Vol.* Ⅵ, p. 745.

③ Allan W. Cameron ed., *Vietnam Crisis: A Documentary History. Vol.* 1, 1940—1956, p. 105.

边境来支援胡志明的军队，或者胡志明的武装接受来自于印度支那地区之外的共产党提供的大量武器和物资，印度支那与法国的联军能否成功地遏制胡志明的武装大有疑问”，美国完全有必要向印度支那和法国提供支持。①

就 NSC64 号文件的措辞来看，美国决定卷入印度支那显然在一定意义上是为了应付中国援助越盟的可能。从这个角度来看，美国此举不仅是针对苏联的“威胁”，同时也有应付来自中国的所谓“直接威胁”之意图。也就是说，早在朝鲜战争爆发之前，美国已将中国视为其在印度支那地区的直接“威胁”。不过，像苏联“威胁”一样，中国“威胁”这一因素在美国卷入印度支那的决定中到底占有多大分量很值得怀疑，毕竟在美国决策层看来，中国的“威胁”还没有成为现实。事实上，美国援助政策的出台固然考虑到了中国“威胁”的可能，但其基本立足点依然是对付印度支那地区共产主义力量的发展，用格里芬的话说，美国的援助有助于制止中国共产党的入侵，如果发生该种情况的话，但其最现实的目的乃在于在被越盟感染的地区起到一定的消毒作用。不管怎样，中国的直接“威胁”在美国决策层看来毕竟只是一种可能，而越盟斗争的发展则是活生生的现实。

就美国对越政策决策中的中国因素来说，中国的“威胁”只是一种可能；而这种可能则基于另外一个现实，那就是中国共产主义革命的胜利趋势和最终的成功。不过，美国基于中国革命形势之发展的现实而做出的中国可能会直接“威胁”印度支那的判断并不是美国对越政策决策过程中考虑的唯一的中国因素。事实上，中国革命形势的发展加重了美国对印度支那形势的担忧并在一定程度上更加坚定了美国在印度支那遏制共产主义的决心，而这正是中国因素对美国对越政策之影响的另一方面。早在 1949 年 2 月，艾奇逊在埋怨法国在同保大谈判的问题上拖拖拉拉时就忧虑地表示：“几个月来，即便共产党在中国的成功本应导致法国做出格外的努力，

---

① United States, Department of State, *Foreign Relations of the United States*, 1950, *Vol.* Ⅵ, pp.745~747.

但谈判还是一拖再拖。”①新中国成立后,美国国内对杜鲁门政府“丢掉中国”的指责一时喧嚣尘上。为回击对其对华政策不力的指责,同时更为了避免中国现象在东南亚的重演,如何遏制共产主义的进一步发展就成为美国亚洲政策的当务之急。而在东南亚,形势最为严峻的莫过于印度支那地区。因此,美国挑选印度支那作为在东南亚遏制共产主义的主战场在所难免。正是从这个角度出发,许多学者赋予了中国因素在美国对越政策决策考虑中的重要意义。②

就第二个问题而言,美国在越南见证所谓民族主义政权的目标显然包括两个既相互区别又相互联系的方面:第一,反对共产主义,即打击胡志明领导的越盟力量;第二,排挤法国的势力。而这两大内容的最终目的都是为了建立一个亲美的政权以确保美国对越南的控制。从这个角度来说,不管是出于打击共产主义的需要,还是出于排挤法国势力的意图,美国都会对美国所谓的越南民族主义力量提供支持。对法国势力的排挤主要表现为向法国施加压力,要求法国尽可能地向美国认可的当地民族主义者让渡主权。前文曾就美国承认保大政权和美国的军事与经济援助问题谈及了美国这方面的举措。实际上,美国自二战以来就一直试图在印度支那问题上向法国施加压力,只是这一行动随着形势的发展而时缓时急、时轻时重而已。在 1948 年之前,美国的态度比较和缓,但自此之后,美国的态度就愈益急促。举例来说,早在 1948 年 7 月 3 日、7 月 14 日、8 月 30 日、9 月 22 日,美国就先后四次通过各种途径向法国施加压力,要求法国让步。到 1949 年 2 月,美国又要求法国采取实质性措施,否则对法国和保大之间的任何安排均不表赞同。之后便是以法国尽快批准爱丽舍协议为条件,以换取美国对法国在印度支那进行战争的经济、军事支持。

---

① Gareth Porter (ed.), *Vietnam, A History in Documents*, p.77.

② Robert Blum. *Drawing the Line: The Origin of the American Containment Policy in East Asia*, New York: Norton. 1982, p. 214.; Charles Wolf Jr. *Foreign Aid: Theory and Practice on Southern Asia*, p.40.

美国不断向法国施加压力，要求其对美国认可的民族主义者做出让步，可以被视为一种手段服务于两种目标。即一方面排挤法国对印度支那的影响，另一方面借此对抗胡志明领导的越盟力量。同时，鉴于法国与越盟之间武装冲突的现实，越盟斗争的存在与发展又成为美国向法国施压的砝码。从这个意义上说，美国反对共产主义和见证所谓民族主义政权两大目标之间又是互为手段、相互依赖的，只不过见证民族主义政权除为了打击共产主义力量外，还服务于排挤法国势力这一目标。早在 1947 年 5 月 13 日，当时的国务卿马歇尔就表示“希望法国更慷慨些，以便及早寻求解决方案承认越南人的合法愿望，重新恢复印度支那地区的和平并剔除强有力的反民主力量”①。在博拉埃特同保大达成协议后，美国政府又多次向法国施压，要求法国政府及国民议会批准该项协议，“对现在所谓的中央政府或者事实上任何非共产党政府予以让步以尽可能地吸引最大多数的非共产党力量”，“增强印度支那民族主义者对抗共产主义者的势力”，甚至要求法国政府“给予民族主义力量中非共产党集团至少是与胡志明所要求的相同的妥协”。② 在爱丽舍协议达成前夕，艾奇逊明确表示，如果法国不采取实质性行动，势必会严重削弱保大获取广大民众支持的可能性。而没有这种支持，就不可能指望保大拉走胡志明军事上和组织上的支持者。③ 爱丽舍协议达成后，艾奇逊又再次表示，“法国首先必须明确表示将为保大方案提供所有必要的让步以吸引民族主义者，且动作必须迅速以便在胡志明领导的共产党人在印度支那取得成功之前完成之”④。

然而，在逼使法国让步方面，美国除了法国需要军事援助来继续其殖民战争这张牌外，并无其他好牌可打。事实上，面对越盟武装斗争的存在和发展这一现实，即使没有美国的压力，法国也必须向非共产党力量做出

① Gareth Porter (ed.), *Vietnam, A History in Documents*, p.64.

② United States, Department of State, *Foreign Relations of the United States*, 1948, *Vol.* Ⅵ, p. 30, p. 33, p.45.

③ Gareth Porter (ed.), *Vietnam, A History in Documents*, p.77.

④ Gareth Porter (ed.), *Vietnam, A History in Documents*, p.78.

让步,以分化越南的民族主义力量。不过,以军事援助来换取法国对美国所认可的越南民族主义者的让步以逐步实现美国控制印度支那的战略目标也未尝不可以一试。同时,即使美国在越南见证所谓民族主义政权的目标未能实现,它还有一个可以交待的底线:让法国来代理在越南的反共斗争。此外,由于法国坚持成为并且实际上也的确是这场斗争的核心而装备并不存在的越南军队又不切实际,①美国的军事援助实际上必然要进入法国殖民军的腰包,而保大政权成为名义上的受援国则一方面是美国为了名正言顺的需要,另一方面也是美国向法国施加压力的一种方式、表达自己见证民族主义政权存在与发展之意愿的一种姿态和从道义上说服自己的一个理由。至于美国向该地区提供的经济援助,则是美国为见证民族主义政权的发展和遏制共产主义所做的另一项努力。但由于法国因素的羁绊,美国政府仍不得不要求,"(印支)三国政府与法国高级专员最好彼此达成协议,以协调与援助计划相关的、彼此存在共同利益的事宜"②。

总之,美国以直接援助在印度支那的法国殖民军和其所认可的民族主义力量的方式卷入在越南的干涉虽然直到1950年才成为现实,但至少早在1949年年初美国就有这方面的意向,而其根源则甚至可以追溯到更久以前。美国向印度支那的法国殖民军提供直接军事援助的意向和最终的事实既是出于反共的需要,也是劝诱法国向越南让步的一个交换条件,而向保大政权提供的经济援助则直接服从于遏制共产主义和扶植美国势力的双重需要。美国1950年卷入在越南的干涉,固然与其对苏联的威胁的担心进一步发展有关(事实上,对中国"威胁"的担心在美国决策中具有更加直接的影响),但胡志明领导的共产主义力量及其武装斗争的存在与发展及美国在越南遏制共产主义和扶持美国势力的双重目标才是其卷入在越干

① United States, Department of State, *Foreign Relations of the United States*, 1950, *Vol.* Ⅵ, p. 749.

② United States, Department of State, *American Foreign Policy* 1950—1955: *Basic Documents*, *Vol.* Ⅱ, p.2366.

涉的基本原因。正如格里芬在谈到其赴越研究美国援助诸事项之目的时所言,美国的援助:1.有助于制止中国共产党的入侵,如果发生该种情况的话;2.可以在被越盟感染的地区起到一定的消毒作用;3.可以显示当地民族政府有能力给其人民带来福利以加强人民对其政治上的支持。[①] 美国之所以直到 1950 年才卷入在越南的干涉,关键在于此前美国仍然缺乏赖以干涉的基本前提——美国所认可的民族主义政权的存在。只有保大政权获得法国正式承认,美国的干涉才能被赋予美国式的道义色彩——为自由世界反抗共产主义而战而非法国殖民战争的帮凶;同时,美国坚持将保大政权获得法国正式承认作为美国干涉的前提也是为了确保其排挤法国殖民势力的成果——在没有实质性结果出现之前,法国的让步承诺将永远是一张不会兑现的空头支票。因此,一俟保大政权获得法国的正式承认,美国便顺理成章地卷入了在越南的干涉。

(原载《复旦学报》2004 年第 4 期)

① Charles Wolf Jr. *Foreign Aid*: *Theory and Practice on Southern Asia*, p.82.

罗斯福政府印度支那政策评析（1941—1945）

汪堂峰

越南战争是美国历史上历时最长、失败最惨重的一次战争。对于这场战争，学者们展开了方方面面的探讨，各类著作层出不穷。随着研究的深入，学者们进一步将触角伸向罗斯福政府时期，试图探讨罗斯福政府同后来越南战争之间的关系。在此过程中，学术界出现了两种截然不同的观点。以韦尔登·布朗和尼林·冈为代表的一种观点认为，罗斯福总统的反殖民主义政策是美国在越南酿成悲剧的重要原因之一①。而以加利·海斯为代表的另一种观点则认为，悲剧之所以发生，正是因为后来的美国政府没有坚持罗斯福政府反殖民主义②立场的缘故③。值得注意的是，上述两

---

① 韦尔登·布朗：《灾难的先声：美国在越南的角色，1940—1963》（Weldon A. Brown, *Prelude to Disaster: The America Role in Vietnam*, 1940—1963），伦敦：1975 年，第 27～34 页；尼林·冈著，余德全等译：《美国档案机密》，北京：群众出版社，1986 年，第 301 页。

② 学术界一般将殖民主义分为旧殖民主义（又称为老殖民主义）和新殖民主义两类。本文提到的“殖民主义”，指的是殖民国家在殖民地推行的旧殖民主义，其基本特点是采取武力征服、直接统治的手段，在对殖民地实行政治兼并的基础上对其进行掠夺与奴役。据此，本文提到的美国“反殖民主义”概念皆指反旧殖民主义，即剥夺旧殖民主义者对殖民地的直接统治和政治兼并，从而达到让他们放弃对殖民地的统治、控制以及掠夺和奴役的目的。值得注意的是，美国的这种“反殖民主义”同殖民地人民反对殖民统治、争取民族独立与解放的斗争以及国际上正义人士对这种斗争的无私支持之间存在着本质区别：后者追求的是殖民地的彻底独立与解放，而前者则带有排挤旧殖民主义者、确立美国对这些殖民地的影响与控制的目的。对于美国的这种目的，本文将在第一部分进行具体分析。

③ 加利·海斯：《富兰克林·罗斯福与印度支那》（Gary R. Hess, “Franklin Roosevelt and Indochina”），《美国历史杂志》（*The Journal of American History*）第 59 卷，1972 年第 2 期，第 367 页。

种观点虽然鲜明对立,但都认为:罗斯福总统具有鲜明的反殖民主义倾向;杜鲁门政府的印度支那政策完全不同于罗斯福政府的印度支那政策;罗斯福总统对美国政府的印度支那政策具有绝对的控制权;战后初期印度支那局势的发展乃是罗斯福政府印度支那政策必然导致的直接后果。

对于上述有关罗斯福政府印度支那政策的阐述,沃尔特·拉弗贝等人提出了不同意见。在这些学者看来,罗斯福总统最初虽然执行了鲜明的反法、反殖民主义政策,但自1944年夏秋以后,罗斯福总统在印度支那问题上的立场已经发生了变化,这种变化说明了罗斯福政府后期的印度支那政策同杜鲁门政府的印度支那政策之间的连续性①。不过,拉弗贝等人虽然就有关罗斯福政府的印度支那政策问题做出了上述两点重要修正,但没有对其印度支那政策同战后初期印度支那局势的发展之间的关系进行详细分析,没有对罗斯福政府的立场是否对战后初期印度支那局势的发展具有决定性意义这一问题提出质疑。

除上述问题外,有关罗斯福政府印度支那政策的研究还存在一个严重误区,即没有对罗斯福政府的立场表态和具体政策之间的关系进行辨析,而只是简单地在两者之间划上等号。事实上,要探讨罗斯福政府的印度支那政策及其同战后初期印度支那局势之间的关系,不仅要求我们探讨罗斯福政府在印度支那问题上到底持有何种立场,更要求我们具体考察它到底采取了哪些措施以及这些措施到底产生了多大作用。本文拟通过对这两个问题的考察,来进一步理清罗斯福政府同"越战悲剧"之间的关系。

---

① 沃尔特·拉弗贝:《罗斯福、丘吉尔、与印度支那:1942—1945》(Walter La Feber, "Roosevelt, Churchill, and Indochina: 1942—1945"),《美国历史评论》(*The American Historical Review*)第80卷,1975年第5期,第1277~1295页;克里斯托弗·索恩:《印度支那与英美关系,1942—1945》(Christopher Thorne, "Indochina and Anglo-American Relations, 1942—1945"),《太平洋历史评论》(*Pacific Historical Review*)第45卷,1976年第1期,第73~96页;罗伊德·加德纳:《走近越南:从二战到奠边府,1941—1954》(Lloyd C. Gardner, *Approaching Vietnam: From World War Ⅱ Through Dienbienphu, 1941—1954*),纽约·伦敦,1988年,第21~53页。

一

1941 年 7 月，正当法国维希政权准备屈服于日本在印度支那建立军事基地的要求之际，美国驻维希政权大使威廉·李海奉罗斯福指示，转告维希政权，如果日本赢得这场战争，"他们无疑将接管法属印度支那；反之，如盟国取胜，那么我们就将得到它"。面对来自日本在东南亚的军事压力和美国的警告，维希政权选择了屈从前者。对于维希政权的这种做法，李海得出了下述结论："整个事件仅仅意味着——亚洲的法国殖民地已不复存在。"①与此同时，美国副国务卿萨内·韦尔斯也代表美国政府公开表示，维希政权此举"实际上把法兰西帝国的重要部分让给了日本"②。

与其他战时议题相比，印度支那问题在二战期间并未占据重要地位。然而，对于这一问题，美国政府也没有置之不理。据罗斯福声称，他就此问题同丘吉尔谈过不下 25 次，而丘吉尔也证实罗斯福曾多次同他谈过这一问题③。鉴于罗斯福在印度支那问题上的立场及其在各种场合就殖民主义问题同戴高乐、丘吉尔等人的争论，时人及后来的研究者大多认为，罗斯福具有鲜明的反殖民主义倾向和支持殖民地人民独立的强烈愿望。

对于罗斯福的这种反殖民主义倾向，西方学者往往将其归结为美国根深蒂固的反殖民主义传统和罗斯福本人对威尔逊总统反殖民主义思想的继承④。应该承认，罗斯福的对外政策中的确蕴涵着一种颇具道义色彩的反殖民主义传统。在 1944 年 1 月写给赫尔的一份备忘录中，罗斯福就明确指出，"印度支那不应归还法国……法国曾经占有这个拥有 3000 万居民的

---

① 威廉·李海著，马登阁等译：《我在现场》，北京：华夏出版社，1988 年，第 47 页。

② 美国国务院编，张玮瑛等译：《美国外交文件：日本，1931—1941 年》（选译），北京：中国社会科学出版社，1998 年，第 525 页。

③ 罗伊德·加德纳：《走近越南：从二战到奠边府，1941—1954》，第 40 页。

④ 托马斯·布契：《越南：勇武与伤痛》（Thomas D. Boettcher, *Vietnam: The Valor and the Sorrow*），波士顿，1985 年，第 32 页。

国家近100年,但那里的人民比法国开始占领时生活得更差”,就印度支那而言,这块土地上的人民“有权获得较好的待遇”。①而在此前的德黑兰会议期间,罗斯福亦有类似的表示②。

不过,罗斯福的这种反殖民主义倾向在更大程度上应该归因于其对殖民主义给世界所带来的灾难的认识及将来可能继续造成灾难的担心。譬如,针对日本人轻易地征服印度支那,罗斯福的答案便是:“当地印度支那人一直以来都在遭受如此声名狼藉的压迫与蹂躏以至于不禁自忖:只要不在法国的殖民统治之下,什么都好!”③鉴于殖民主义给世界带来的真实灾难以及殖民地人民要求独立的强烈愿望,美国政府认为,如果战后让殖民地人民重新退回到先前那种被奴役的状态,世界将会一片大乱。具体到东亚地区,罗斯福认为,“该地区生活着11亿黄种人。在许多东方国家,他们都生活在极少数白人的统治之下并由此而十分怨愤”。因此,“美国的目标必须是帮助他们获得独立——11亿潜在的敌人相当危险”。④正是基于上述认识,在德黑兰会议期间,罗斯福告诉丘吉尔,再也不能允许法国让世界再次大乱⑤。

然而,美国对殖民主义所造成的灾难的认识并未到此为止。在美国政府看来,正是英法等殖民国家在东、西两线的绥靖,鼓励了轴心国的扩张,

---

① 《美国对外关系文件,1944年》第3卷(*FRUS*, 1944, vol. Ⅲ: The British Commonwealth, Europe),华盛顿特区,1965年,第773页。

② 《美国对外关系文件,1942年》,开罗会议和德黑兰会议卷(*FRUS*, 1942: The Conferences at Cairo and Tehran, 1943),华盛顿特区,1961年,第485页;萨纳柯耶夫、崔布列夫斯基编:《德黑兰、雅尔塔、波茨坦会议文件集》(中文版),北京:生活·读书·新知三联书店,1978年,第36~37页。

③ 埃略特·罗斯福:《如他所见》(Elliott Roosevelt, *As He Saw It*),纽约,1946年,第115页。

④ 《美国对外关系文件,1945年》第1卷(*FRUS*, 1945, Vol. Ⅰ: General, The United Nations),华盛顿特区,1969年,第124页。

⑤ 哈罗德·麦克米伦:《战争日记:地中海,1943—1945》(Harold Macmillan, *War Diaries: The Mediterranean*, 1943—1945),纽约,1984年,第318页。

从而导致了第二次世界大战,并将美国拖入战争①。具体就印度支那而言,在1940—1941年间,法国殖民当局为维护自己的殖民利益,不仅屈从于日本的要求,甚至与日本人合作,将印度支那的八个空军基地和两个海军基地拱手让与日本人。罗斯福政府认为,法国殖民当局的这种妥协与合作,对菲律宾和新加坡的陷落负有不可推卸的责任,并直接支持了日本人的太平洋战争②。

在二战期间,至少在胜利的迹象仍未出现之前,美国的各项对外政策都是围绕着怎样取得战争的胜利这一基本目标而展开的,印度支那的问题亦不例外。早在珍珠港事变之前,面临来自日本在远东地区的军事压力,为了尽可能地拖延日美战争的爆发,罗斯福向日本提出了印度支那中立化的方案③。同样是基于上述考虑,在日军进攻印度支那时,美国又进一步退让,拒绝给那里抗击日军的法国殖民当局提供援助。正是基于对法国殖民统治所造成的危害的认识以及取得战争胜利的基本目标的期待,美国政府在印度支那问题上的相关政策从根本上说乃是争取同日本的妥协(珍珠港事变前)或者争取当地人民对反法西斯战争的支持(珍珠港事变后)。

在探讨罗斯福总统在殖民地问题上的立场时,我们绕不开对其国际托管设想的考察。1943年3月,罗斯福向英国外交大臣艾登提出,战后应该在朝鲜和印度支那建立国际托管④。具体到印度支那,罗斯福认为可以在那里设置三到四个托管国⑤。从一定意义上说,托管主张乃是罗斯福反殖民主义倾向的产物,是其反殖民主义政策的具体步骤。但这种主张只是意

---

① 韦尔登·布朗:《灾难的先声:美国在越南的角色,1940—1963》,第30页。

② 乔治·卡欣:《干涉:美国是怎样卷入越南的》(George McT. Kahin, *Intervention: How America Became Involved in Vietnam*),纽约,1986年,第3页。

③ 《美国外交文件:日本,1931—1941年》(选译),第541页、第597页。

④ 《美国对外关系文件,1943年》第3卷(*FRUS*, 1943: vol. Ⅲ, The British Commonwealth, Eastern Europe, The Far East),华盛顿特区,1963年,第37页。

⑤ 萨纳柯耶夫、崔布列夫斯基编:《德黑兰、雅尔塔、波茨坦会议文件集》(中文版),第37页。

味着对殖民国家某些殖民利益的剥夺，而并不必定意味着对殖民地人民独立要求的毫无保留的支持。事实上，在托管主张的背后，隐藏的是美国对主宰国际事务并从中获取各种现实利益的追求。

如果将托管计划置于一个更大的国际背景中进行考察，我们将可以清楚地看到罗斯福政府的真实意图。1944 年 10 月，罗斯福在美国外交政策协会发表了一篇关于美国外交政策的演说。在演说中，罗斯福声言，“吾国因拥有道义、政治、经济及军事各方面力量，故自然负有领导国际社会之责任，且随之亦有领导国际社会之机会”①。具体而言，在罗斯福关于战后美国怎样领导国际社会的设想中，起中心作用的乃是美、苏、英、中四国，即所谓的四警察。值得注意的是，罗斯福为抑制英国与苏联、实现美国对国际事务的控制，让中国进入了四大国的行列。在罗斯福看来，将中国拉入四大国的行列，无论是对抗苏联，还是抑制英国，美国均可取得多数，至少是半数。在对待法国的国际地位问题上，我们更可以清楚地看到罗斯福的真实意图。众所周知，战争期间美国一方面保持着同维希政权的外交关系，另一方面又极力抬高戴高乐的政治对手吉罗将军在“战斗法国”中的地位。保持同维希政权的外交关系乃是出于战时的具体需要，而压制戴高乐、支持吉罗则是因为吉罗愿意跟随美国而戴高乐则不愿接受法国在战后扮演二流角色②。显然，通过对殖民地实行托管，可以达到肢解英、法等殖民帝国并进而削弱其实力，从而加强美国影响和控制国际事务的能力这一目的。

具体到殖民地问题上，托管计划的实行将可以实现美国对其所觊觎的各殖民地的有效影响与控制。这种影响与控制将通过两个方面得以实现：一方面，托管计划是作为殖民统治的对立面出现的，它有助于拉近殖民地

---

① 何春超等选编：《国际关系史资料选编》下册，武汉：武汉大学出版社，1983 年，第 67 页。

② 罗伯特·达莱克著，陈启迪等译：《罗斯福与美国对外政策（1942—1945）》下册，商务印书馆，1984 年，第 544 页。

人民同美国之间的距离，有助于加强美国在各殖民地的有利地位①。另一方面，托管计划本身就是以殖民地人民“还没有准备好管理自己的事务”为由来控制殖民地的一种措施。正是基于这种战略意图，在德黑兰会议期间，罗斯福在同斯大林会晤时高调提出要对印度支那实行国际托管，“以便使那里的人民做好独立的准备工作”，在“20～30 年内独立”②。而在同丘吉尔会谈时，罗斯福则以相当现实的态度表示，没有必要废除法国在各殖民地的主权，但这些地方应有“国际警察”的巡视③。

此外，托管计划表面上似乎是为殖民地最终的独立做准备，但从美国外交政策的主要出发点来看，“罗斯福的殖民地自治设想是建立在由美国的巨大生产能力和实用主义愿望所决定的门户开放政策基础之上的”④。对于罗斯福的这种意图，时任英国外交大臣的艾登作了一番刻薄但不失客观的评论：“他实指望，从前的殖民地一旦从他们的主人那里得到了自由，就会在政治经济上依靠美国，而他是不用担心别的国家能担当得了这个角色的。”⑤

二

在印度支那问题上，罗斯福的反殖民主义态度似乎异常激烈。不过，在日本占领印度支那之前，美国并未确定，不管出现何种情况，都要从法国

① 加利·海斯：《富兰克林·罗斯福与印度支那》，《美国历史杂志》第 59 卷，1972 年第 2 期，第 367 页；克里斯托弗·索恩：《印度支那与英美关系，1942—1945》，《太平洋历史评论》第 45 卷，1976 年第 1 期，第 96 页。

② 《美国对外关系文件，1942 年》，开罗会议和德黑兰会议卷，第 485 页。

③ 哈罗德·麦克米伦：《战争日记：地中海，1943—1945》，第 318 页。

④ 斯科特·比尔斯：《帝国与冷战：美国同第三世界敌对的根源，1945—1947》(Scott L. Bills, *Empire and Cold War: The Roots of US-Third World Antagonism*, 1945—1947)，纽约，1990 年，第 204 页。

⑤ 安东尼·艾登著，瞿同祖、赵曾玖译：《艾登回忆录：清算》下册，北京：商务印书馆，1976 年，第 895 页。

手中夺取该地区。虽然李海措辞激烈，但其目的是阻止法国同日本妥协，防止日本占领该地区。然而，法国并未听从美国劝阻，而是完成了同日本的谈判。法国的妥协令美国大为恼火，罗斯福因之也确立了反对法国重新占据印度支那的立场。不过，在1941—1942年间，美国政府官员曾多次表示要恢复法兰西帝国的主权①。对于这些保证，罗斯福基于策略上的考虑，没有公开表示反对。但在此期间，总统本人并未改变原有的立场。在1943年1月的一次会议上，针对墨菲在北非登陆时向吉罗所作的"在1939年时飘扬着法国国旗的所有领土、属地和殖民地上尽快重建法国主权"②的承诺，罗斯福就提出了严厉批评，并表示，他对印度支那是否应归还法国十分怀疑③。

按照罗斯福的最初设想，战后印度支那将不归还法国，而是由美、英、中三国联合对其实行国际托管。然而，罗斯福的设想遭到了英国的强烈反对。在英国看来，如果在印度支那的托管问题上同美国进行合作，将不仅危及英国"战后在欧洲同法国的友好合作"，甚至会造就一个敌视英国的法国。此外，对印度支那实行国际托管还"将为中国人的阴谋打开方便之门，而我们还必须提防日本趁机浑水摸鱼"④。最后，英国担心对印度支那实行国际托管将会导致英国对自己的殖民地失去控制，按照丘吉尔本人的话说，他不愿意成为主持英帝国烟消云散的首相⑤。因此，早在1940年6月，

① 加里斯·波特编：《越南，文件中的历史》(Gareth Porter, ed., *Vietnam, A History in Documents*)，纽约，1981年，第13页。

② 加里斯·波特编：《越南，文件中的历史》，第13页。

③ 《美国对外关系文件，1942年》，1941—1942年华盛顿会议和1943年卡萨布兰卡会议卷(*FRUS*, 1942: Conferences at Washington, 1941—1942, and Casablanca 1943)，华盛顿特区，1968年，第514页。

④ 沃尔特·拉弗贝：《罗斯福、丘吉尔、与印度支那：1942—1945》，《美国历史评论》第80卷，1975年第5期，第1280页。

⑤ 舍伍德著，福建师范大学外语系译：《罗斯福与霍普金斯——二次大战时期白宫实录》下册，商务印书馆，1980年，第268页。

丘吉尔就公开表示英国要为“完全恢复法国的领土、殖民地和属地”而努力①。1943 年 3 月，罗斯福在会见来访的艾登时，第一次明确提出要对朝鲜和印度支那实行国际托管，艾登对朝鲜问题没有提出异议，但对在印度支那实行国际托管则表示了强烈反对②。在德黑兰会议上，丘吉尔本人更是对罗斯福的托管设想做出了激烈反应，表示“英国不想得到任何新的领土或基地，但打算保持他们原来所拥有的一切”。丘吉尔甚至声称，“不通过战争，就不能从英国夺取任何东西”。③不过，面对英国的强烈反对，直到 1944 年春季，罗斯福的态度依旧没有改变。在前述写给赫尔的备忘录中，罗斯福明确指出，“印度支那不应当归还法国”。罗斯福承认，“各种情况必须区别对待”，但他强调，“印度支那的情况相当清楚，法国已经榨取它 100 年。印度支那人民有权获得较好的待遇”。④

在罗斯福的最初设想中，中国是一个不可或缺的环节。在罗斯福看来，将中国列为托管国之一，将有助于实现美国对印度支那的间接控制。为实现这一目标，美国国务院远东司于 1943 年 11 月建议由中国军队来解放印度支那⑤。对此，法国民族解放委员会表示强烈反对，但罗斯福未加理睬⑥。然而，到 1944 年春季，罗斯福对利用中国来实现上述目标开始失去信心。其时，蒋介石不仅不愿向遭到日军进攻的史迪威部队提供援助，而且已经开始试图撇开美国政府，单方面同戴高乐领导的抵抗力量达成妥

---

① 爱德华·塔奇曼：《美国的越南政策，1940—1945》（Edward R. Drachman, *United States Policy toward Vietnam*, 1940—1945），新泽西州卢瑟福，1970 年，第 36 页。

② 《美国对外关系文件，1943 年》第 3 卷，第 36~38 页。

③ 《德黑兰、雅尔塔、波茨坦会议记录摘编》，上海：上海人民出版社，1974 年，第 55~56 页。

④ 《美国对外关系文件，1944 年》第 3 卷，第 773 页。

⑤ 《美国对外关系文件，1943 年》（*FRUS*, 1943: China）中国卷，华盛顿特区，1957 年，第 885~886 页。

⑥ 《美国对外关系文件，1943 年》中国卷，第 886~887 页。

协,以换取中国在印度支那的利益①。

就在中国因素的分量迅速消失的同时,法国在美国对外政策中的分量却在迅速上升。在反法西斯战争的过程中,戴高乐领导的抵抗力量不断壮大,使法国开始从战败国迈向二流大国。与此同时,随着战局的发展,美苏关于战后对被解放的国家的政治控制的竞争迹象愈益明显。面对美苏争夺逐渐成为现实的压力以及法国国际地位的提高,罗斯福不得不对包括美国对法政策在内的整个对外战略重新加以思考。在 1944 年 7 月戴高乐访问华盛顿的过程中,罗斯福不得不面对现实,认可了法国日益上升的国际地位以及戴高乐领导的抵抗力量在法国的主导地位。

就在美国政府重新思考对法政策之际,英国已经在远东战场上采取行动来帮助法国恢复其在印度支那的殖民统治。该年 8 月,英国正式要求美国承认法国代表布热佐将军在东南亚战区司令部中的正式身份并允许法国在印度建立海外军团训练基地。与此同时,英国又悄悄地帮助布热佐将军“暂时性地”进驻了东南亚战区司令部,黎格勒将军组建的法国远征军第五殖民地步兵团也在英国的帮助下抵达锡兰并随时准备进入印度支那,而包括主力舰“黎塞留”号在内的法国“东方舰队”也已经开赴印度洋。更有甚者,法国特工在英国的帮助下已经潜入了印度支那。

罗斯福的设想不仅遇到了英国的强大阻力,还遭到了政府内部日益强烈的抵制。在那些持异议的官员看来,中国在印度支那既有自己的打算又没有能力成为美国在印度支那的代理人②,而美国又需要法国为反法西斯战争提供便利、在战后更需要一个强大而友好的法国来协助抗衡可能的对手——苏联。更重要的是,如果美国坚持印度支那战后由国际托管,将会

---

① 刘晓原:《中国与二战期间的战后印度支那议题》(Xiaoyuan Liu, “China and the Issue of Postwar Indochina in the Second World War”),《现代亚洲研究》(*Modern Asian Studies*)第 33 卷,1999 年第 2 期,第 466~468 页。

② 刘晓原:《中国与二战期间的战后印度支那议题》,《现代亚洲研究》,1999 年第 2 期,第 457~459 页。

损害美国对从日本手中夺取的太平洋上诸岛屿的管辖权，而这些岛屿“不论现在还是将来对美国的防御将永远是必不可少的”①。事实上，在罗斯福还未抛出其设想之前，美国政府内部就在印度支那的未来问题上出现了不同声音。如前所述，墨菲早就表示要恢复法国原有的所有领土、属地和殖民地。在罗斯福同艾登谈到要对印度支那实行国际托管时，韦尔斯亦委婉地表示异议。而在制订解放东南亚的计划时，远东司最初甚至明确建议，印度支那应归还法国②。在 1944 年法国再次向美国提出要参加在太平洋尤其是印度支那的军事行动时，美国陆军部则不仅认为可以使用法国部队，甚至提议法国参与对军事行动和占领区的管理③。

面对政府内部不同意见的挑战，罗斯福最初并未退缩，而是坚持排斥法军参加在印度支那的军事行动④。然而，罗斯福的坚持并未获得预期结果，因为英国已于 1944 年秋季在印度支那造成了上述既成事实。更令罗斯福难堪的是，美国政府内部对其立场的抵制已经愈演愈烈。该年 10 月，战略情报局的多诺万将军要求允许向抵抗部队空运装备和补给物资以及同法国在昆明的军事代表团进行合作，国务院也一致建议采取这类行动⑤。11 月，斯退丁纽斯又以貌似客观的口吻向罗斯福汇报，“规模很大的法国军事代表团已经抵达锡兰并已经得到美国的同意，现已得到公开和正式的承认”⑥。

正是在上述背景下，罗斯福的态度开始动摇。事实上，自 1944 年秋英国在印度支那造成既成事实之后，罗斯福并没有采取任何措施来阻止法国

---

① 威廉·李海:《我在现场》，第 275~276 页、第 337 页。

② 《美国对外关系文件，1943 年》中国卷，第 883~884 页、第 884 页、第 885~886 页。

③ 《美国对外关系文件，1944 年》(*FRUS*, 1944, vol. V: The Near East, South Asia, Africa, The Far East)第 5 卷，华盛顿特区，1965 年版，第 1190~1194 页。

④ 《美国对外关系文件，1944 年》第 5 卷，第 1205~1206 页。

⑤ 《美国对外关系文件，1944 年》第 3 卷，第 776~777 页。

⑥ 《美国对外关系文件，1944 年》第 3 卷，第 778~779 页。

重返印度支那,而只是消极地对法国重返印度支那在军事上不予支持,在政治上不予承认。据此,罗斯福拒绝了多诺万将军以及国务院提出的为印度支那地区法国军事行动提供援助的要求①;对于法国和荷兰要求美国帮助它们将日本赶出其原有殖民地的要求,罗斯福指示参谋长联席会议做出如下答复,即由于兵源紧张,印度支那和东印度不在美国参谋长联席会议的考虑之列②;而针对戴高乐要求美国派船运送法军到印度支那战场一事,罗斯福也委婉地予以了拒绝③。针对美国驻东南亚战区司令部的代表公开承认法国军事代表团一事,罗斯福指示"决不要认可任何法国军事代表团",并要求国务院"务必与美国在远东的所有人员说清,他们无权就此问题做出任何决定"④。

与先前坚决反对在印度支那战场上使用法国部队并力图借用中国来制衡法国重返印度支那相比,罗斯福对法国重返印度支那采取军事上不支持、政治上不承认的态度显然是一次倒退,而这种倒退则构成了罗斯福此时在印度支那问题上基本态度的一个重要侧面。这种基本态度就是,政治上推迟决定印度支那的未来,军事上避免美国在印度支那的解放过程中发挥作用⑤。10月,罗斯福告诉赫尔:"在对待各抵抗团体方面或与印度支那有关的其他任何方面,我们都应该无所作为。你可以晚些时候待局势稍显明朗之时再跟我谈这个问题。"⑥在11月回复驻华大使赫尔利关于美国在印度支那问题上的指导方针的询问时,罗斯福明确表示:"在即将举行的联

---

① 《美国对外关系文件,1944年》第3卷,第777页。

② 麦克·格拉维尔编:《五角大楼文件:国防部越南决策史》(Mike Gravel, ed., *The Pentagon Papers: The Defense Department History of U.S. Decision-making in Vietnam*)第1卷(以下简称《五角大楼文件》格拉维尔版),波士顿,1971年,第11页。

③ 《美国对外关系文件,1944年》,马耳他会议和雅尔塔会议卷(*FRUS*, 1944: The Conferences at Malta and Yalta, 1945),华盛顿特区,1955年,第770页。

④ 《美国对外关系文件,1944年》第3卷,第780页。

⑤ 《美国对外关系文件,1945年》(*FRUS*, 1945, vol. Ⅵ: The British Commonwealth, The Far East)第6卷,华盛顿特区,1969年,第293页。

⑥ 《美国对外关系文件,1944年》第3卷,第777页。

合参谋会议上与盟国磋商之前,美国不可能制定有关印度支那的政策。”①

虽然罗斯福不愿在战争结束前谈论印度支那的未来,但他清楚地知道,要按自己的设想来解决印度支那问题已经希望渺茫。在雅尔塔会议上,面对来自苏联全球范围内更为明显的挑战和英国在殖民地问题上的强烈反对,罗斯福在印度支那问题上进一步背离了原来的立场——“像达喀尔和印度支那这些世界性的问题可以推迟研究”②,而这一改变后的立场化为雅尔塔会议议定书中的条款就是:“哪些领土应置于托管之下,应进一步通过协商决定。”③

1945 年 3 月 9 日,日本发动了针对印度支那法国殖民当局的政变。戴高乐于 14 日向美国发出警告:法国对美国非常失望,或许这将导致法国倒向苏联④。面对戴高乐的威胁与讹诈,罗斯福在印度支那问题上的立场被迫再次后退。15 日,罗斯福私下表示:“如果我们得到法国方面行使托管国责任的积极保证,那么我将同意法国占有这些殖民地,但条件是这些地区最终必须获得独立。”⑤不过,由于顾及自身的反殖民主义声誉,在斯退丁纽斯建议罗斯福发表一项将为在印度支那的法国抗日武装提供军事援助的声明时,罗斯福予以了拒绝⑥。然而不久罗斯福即下令向法军空投物资。4 月 3 日,罗斯福授意斯退丁纽斯发表声明,暗示同意法国重返印度支那⑦。至此,罗斯福本人的立场彻底发生改变,而这种改变也就成为战后美国印度支那政策总体方向的肇始。

---

① 阿兰·卡梅隆编:《越南危机:文件史》(Allan W. Cameron, ed., *Vietnam Crisis: A Documentary History*)第 1 卷,康奈尔大学出版社,1971 年,第 18 页。

② 萨纳柯耶夫、崔布列夫斯基编:《德黑兰、雅尔塔、波茨坦会议文件集》(中文版),第 145 页。

③ 萨纳柯耶夫、崔布列夫斯基编:《德黑兰、雅尔塔、波茨坦会议文件集》(中文版),第 252 页。

④ 《美国对外关系文件,1945 年》第 6 卷,第 300 页。

⑤ 《美国对外关系文件,1945 年》第 1 卷,第 124 页。

⑥ 《五角大楼文件》(格拉维尔版)第 1 卷,第 12~13 页。

⑦ 《五角大楼文件》(格拉维尔版)第 1 卷,第 14 页。

三

在探讨罗斯福政府的印度支那政策及其对该地区独立运动的影响时，除了考察表明其立场的言论外，考察其到底为该地区独立运动提供了哪些直接的物质支持、为阻挠法国据守及重返该地区采取了哪些具体措施，也成为学者们的一大任务。为此，认为罗斯福具有鲜明的反法倾向和支持印度支那独立愿望的学者——不论是批判还是称颂罗斯福这种立场的学者，都在竭尽所能地挖掘相关材料。然而，学者们的努力似乎是徒劳的，因为挖掘出来的材料不仅数量极其有限，而且这些有限的材料表明，罗斯福政府采取的实际行动也十分有限，对印度支那独立运动的影响微乎其微；更有甚者，这些有限行动中的绝大部分甚至不足以作为罗斯福政府支持印度支那独立运动和阻挠法国据守及重返该地区的证据。

综合对罗斯福的各项指责以及笔者本人所掌握的材料，为“阻挠”法国殖民势力据守或重返印度支那，罗斯福政府采取了下述四项具体措施：第一，1940 年春，美国拒绝了印度支那法国殖民当局提出的援助 120 架战斗机及反战斗机大炮的要求，1941 年 7 月又威胁要占领印度支那，“美国的作为使法国没有选择余地来同日本讨价还价”，从而导致法国丧失了对该地区的控制①。第二，戴高乐曾要求美国派船运送法军到印度支那战场，但罗斯福委婉地予以拒绝②。第三，美国政府阻挠法国代表团进入东南亚战区司令部，阻止法国特工及其他军事人员进入印度支那，并利用中国战区司令部来制衡英国让法国重返该地区的努力。第四，在日军发动 3 月 9 日政变之前，美国对法国要求援助的拒绝，“自动宣判了法国抵抗日本进攻力量的死刑”③。政变后，法国遭到严重破坏的抵抗组织退往山区从事游击战

① 尼林·冈：《美国档案机密》，第 301～306 页。

② 《美国对外关系文件，1944 年》，马耳他会议和雅尔塔会议卷，第 770 页。

③ 韦尔登·布朗：《灾难的先声：美国在越南的角色，1940—1963》，第 32 页。

争,并向盟军发出绝望的请求,要求空中补给与支援。但由于来自国防部的命令指示“在任何情况下都不要向法军提供武器与装备”,陈纳德将军放弃了援助法军的计划①。

就基本性质而言,上述行动中除第三点确曾含有压制法国的意图之外,其他三项措施均只是对法国殖民势力不予支持而并非属于反法政策的范畴。而就措施的可信度而言,在前文的研究中,我们发现,罗斯福虽然力图利用中国来制衡英国帮助法国重返印度支那的努力,但自1944年秋英国在印度支那造成既成事实后,罗斯福并没有采取任何措施来阻止法国重返该地区,而只是消极地对法国重返该地区在军事上不予支持,在政治上不予承认。在3月9日政变后,罗斯福则在16日获悉这一要求后随即于18日下令向法军空投物资②。

关于罗斯福政府同越盟之间的关系,目前学者们仅挖掘出两条材料。1944年下半年,越盟搜救了一位美军飞行员并由胡志明亲自将其护送到昆明。为此,美国战略情报局私下向越盟提供了数量极为有限的武器和装备,以便越盟组织搜救队来帮助搜救美国飞行员,并附加了一个条件——所获武器和装备必须用于抗日而不能用于反法。此外,在1945年3月9日政变后,战略情报局又向越盟空降了另外一些军事物资和无线电设备③。

从战略情报局附加的条件来看,其1944年下半年向越盟提供的援助显然是基于对日作战的需要。正是出于同样的考虑,战略情报局于该年10月亦要求美国政府允许向印度支那的法国抵抗部队空运装备和补给物资,并提出同法国在昆明的军事代表团进行合作以支持在印度支那的抵抗团体④。由于“不想牵扯到将印度支那从日本手中解放出来的任何军事努

---

① 韦尔登·布朗:《灾难的先声:美国在越南的角色,1940—1963》,第32页。

② 《美国对外关系文件,1945年》第6卷,第301~302页。

③ 加利·海斯:《富兰克林·罗斯福与印度支那》,《美国历史杂志》第59卷,1972年第2期,第367页注释60。

④ 《美国对外关系文件,1944年》第3卷,第776~777页。

力”①,罗斯福总统决定对双方都不予支持,明确表示:“在对待各抵抗团体方面或与印度支那有关的其他任何方面,我们都应该无所作为。”②而3月9日政变后,美国同样也向法国殖民势力提供了军事援助。事实上,正是在3月9日政变后,罗斯福总统改变了军事上不介入印度支那的态度,转而下令向双方提供军事援助,以支持印度支那战场上的抗日行动。由于这次政变一夜之间摧毁了法国抵抗组织所建立起的情报网,而该情报网自1943年以来一直为陈纳德将军领导的第14航空大队提供情报,为了借助对当地十分熟悉的越盟来获取情报,战略情报局同越盟之间开始建立起较为密切的联系与合作,并于5月份向越盟空降了前述军事物资和无线电设备。正是借助这些无线电设备,盟军情报人员在胡志明位于太原附近的指挥部里安排了对英、法军事指挥分队的空投。

在考察罗斯福政府的印度支那政策对战后初期印度支那局势的影响时,许多学者不仅倾向于将上述罗斯福政府采取的行动视为对法国殖民势力据守或重返印度支那的阻挠和对印度支那独立运动的支持,而且倾向于用对上述行动本身的强调来代替对这些行动产生的后果的强调。事实上,从战场形势来看,在太平洋战争爆发前,即使美国对法国给予援助,法国也难逃败给日本的命运。相反,法、美的接近以及法国在印度支那军事实力的增强将使日本对印度支那地区法国殖民势力产生严重的不安和疑虑。为消除这种潜在的威胁,日本将直接向法国殖民势力发动军事打击或者在谈判中要价更高以抵消法国军事存在的影响,这样印度支那地区法国殖民势力所遭受的削弱将更加严重。而就3月9日政变来说,正是法国殖民势力在英国的帮助下,借抗日为名,急于重返印度支那,而导致了这次政变的

---

① 《美国对外关系文件,1945年》第6卷,第293页。

② 《美国对外关系文件,1944年》第3卷,第777页。

发生,并使其力量遭到严重削弱①。而日本以政变方式发动突然袭击,则注定了法国殖民势力的溃败和其所剩不多的抵抗力量向山区的转移②。最后,虽然许多人认为,在山区从事游击战争时,法国所谓的抵抗组织向美国发出了请求支援的呼吁而罗斯福政府对此予以了拒绝。但他们对这批溃败后为数不多的抵抗力量对于日后法国同印度支那独立运动之间的力量对比究竟具有多大实际意义、对罗斯福政府的这种做法对在山区从事游击战争的法国殖民势力的损失到底有多大,均没有做出具体而明确的论证。

如前所述,为避免支持法国重返印度支那,罗斯福拒绝了法国提出的由美国派船运送法国武装力量到印度支那战场的要求,并指示不要对东南亚战区司令部中的法国代表团予以承认。为阻止法国重返印度支那,罗斯福还曾寄希望于中国。不过,如果罗斯福做出完全相反的选择,美国政府的行为就将是对法国殖民势力的一种赤裸裸的支持。此外,正如前文所见,罗斯福政府的上述有限行动并没有达到自己的目的。在英国的帮助下,法国军事代表团依旧进驻了东南亚战区司令部,法国特工也大批潜入印度支那;而中国也没有有效发挥罗斯福所期望的制衡作用。更为重要的是,由于英国政府的鼎力相助和法国以谈判为名而实施的缓兵之计以及印度支那北部地区法军顺利与中国军队的换防,在第一次印度支那战争爆发之时,法军不仅在数量上已经形成了绝对优势,而且占据了各地要津。就这样,法国通过其他途径获得了它力图通过索取罗斯福政府的支持而意欲获得的结果。由是,即使罗斯福政府愿意向法国提供上述支持,也不会对战后初期印度支那局势产生实质性影响。

值得注意的是,在印度支那问题上,虽然罗斯福政府的立场发生了变

---

①　拉尔夫·史密斯:《日本占领时期的印度支那和1945年3月9日政变》(Ralph B. Smith, "The Japanese Period in Indochina and the Coup of 9 March 1945"),《东南亚研究》(*Journal of Southeast Asian Studies*)第9卷,1978年第2期,第278~281页。

②　拉尔夫·史密斯:《日本占领时期的印度支那和1945年3月9日政变》,《东南亚研究》第9卷,1978年第2期,第282页、第287页。

化，但变化后的立场不是支持而只是同意法国重返印度支那。此外，不论是立场变化前还是变化后，罗斯福政府采取的行动都十分有限，其影响也不具实质性意义。因此，战后初期印度支那局势的发展同罗斯福政府印度支那政策的改变之间也没有必然联系。更为重要的是，罗斯福总统印度支那政策的变化恰恰表明，美国政府没有实力随心所欲地制定自己的印度支那政策，因而更谈不上对印度支那的政治未来具有决定性影响。

结　论

通过对二战期间罗斯福政府在印度支那问题上到底持有何种立场、它为此采取了哪些措施以及这些措施到底产生了多大作用的具体考察，我们大体可以得出以下结论：

第一，就基本性质而言，在印度支那问题上罗斯福没有强硬而坚决的反法政策和实质性的积极反法行动，而只有高调的反殖民主义主张和有限的消极抵制，即使在其立场转变之前，情况也是如此。与此相应，罗斯福政府也没有对印度支那独立运动给予实质性的援助。

第二，就其政策同战后初期印度支那局势的发展之间的关系而言，不管罗斯福政府的立场和政策是否发生变化，都不足以对后者产生决定性的影响。战后初期印度支那局势的发展不是罗斯福政府印度支那政策的直接后果。

第三，罗斯福总统最初的反殖民主义立场虽然带有一定程度的理想主义色彩，但主要是基于一种实用主义的考虑；而其“国际托管”设想的提出，根本目的乃是为了借此排挤和打击英法等殖民势力，谋求实现对殖民地的控制，以实现有利于己的各种现实利益。

第四，正因为理想主义不是罗斯福政府对外政策的主旋律，而只是其追求现实利益的副产品，故而当两者之间发生冲突时，自然会让位于对现实利益的考虑。罗斯福对英国殖民主义的妥协、同其措辞形成鲜明对比的反对法国重返印度支那的低调政策以及他在印度支那问题上立场的转变和随之而来的政策变化，正是其现实主义外交思想的产物。

第五，罗斯福政府在印度支那问题上立场和政策的改变是美国日后印度支那政策总体方向的肇始。而之所以发生这种变化，乃是美国对外政策中整体利益同局部利益发生冲突的情况下所采取的一种无奈之举。罗斯福政府的这一变化的确"为美国的印度支那政策开了一个危险的先例"①，但就罗斯福政府的印度支那政策而言，真正的问题并不在于其决策的错误，而在于这种决策背后所隐藏的美国对外政策的真实意图——对国际事务主导权和现实利益的片面追求。正是这种片面的追求导致了罗斯福总统印度支那政策的变化，同时也为美国日后在越南的干涉埋下了伏笔。

（原载《世界历史》，2007 年第 4 期）

① 刘东明：《从罗斯福到艾森豪威尔：1940—1954 年美国的越南政策》，未出版的博士论文，2002 年 6 月，第 37 页。

第二编

明清以来中国社会经济史

明清家族社会认同准则

王志明

明清家族社会是宋元家族的发展与完善,与宋以前家族有着本质区别。宋以前的家族多为阀阅世家,是地方贵族集团的势力体现,一般平民则较少有家族。宋以后由于中央集权的加强、科举制的完善和人身依附关系的削弱,贵族和地方势力日趋衰落,“旧时王谢堂前燕,飞入寻常百姓家”,社会趋于平铺发展,政治趋于乡土化,平民家族亦因之日渐昌盛。明清家族是一个非常复杂的社会问题和文化现象,但由分散的家庭组合为稳固的地方势力,形成家族,则普遍遵循着约定俗成的原则。本文根据人类学观点,认为明清家族的认同原则可概括为血缘、地缘、业缘等标准和祖先认同及崇拜的宗教行为。

一、父直系血缘认同的地缘界限、差序格局及社会贞操观

广而言之,家族泛指一切以血缘为基本认同符号的社会组织,父直系血缘关系则是明清家族社会最基本的认同符号。男女婚姻后所生的子女天然是父系家族的成员,因此出生是获取族籍的重要途径。苏州彭氏家族规定:“族中生产,不论男女,一体报庄注册,载明年、月、日、时及父母名氏。”①明永乐时丹阳邹氏族规亦曰:“凡生子弥月,父母襁子进于舅姑,诣祠堂,告诸祖宗曰第几子某生一孙,取名某,即以所生年、月、日、时入于第

① 江苏苏州《汪氏宗谱》卷12《庄规》。

几行,录入于谱。"①家族以父直系血缘为纽带,但家族本身又是区域合作团体,有一定的地缘界限,不在家族生活区定居的族员家族多不予认同。这种现象主要表现在三个方面:第一,妇女出嫁;第二,本族男性入赘他族或过继他族;第三,族员迁徙外地。与此相应,归入家族生活区的人员在下列情况下亦可得到家族认同:第一,外族妇女经明媒正娶嫁给本族男性者(除少数再醮妇或无子之妾外)。《方苞集·教忠祠规》述桐城方氏家族:"嗣后来妇者,于春秋时祭后三日内,舅姑率以拜庙,焚香燃烛,设茗饮,为讲明大义。女将适人,先期或时祭后,或朔望辞于庙,仪与来妇同。妾之有子者,子将授室,亦如来妇仪,拜于庙;以承先启后,亦与有责焉耳。惟再醮之妇,不得入祠。"安庆怀宁曹氏家族规定:"嫡妻早丧,虽无予亦书;继娶亦然。妾无子女不书,若能抚育嫡子者亦书,重宗祧也。"②第二,本族人员由外地"归宗"者(不包括已嫁女性,汉唐时出嫁女居父家亦曰"归宗")。如扬州大桥镇徐氏家族规定:"夫死之妇守节为上,全在家长成就之耳。倘不能守者,听其改嫁,如有稚子幼女,须令亲房抚养,若无所依,听其携养,必须立据祠内,以为后日长大归宗之照。"③怀宁曹氏族规亦曰:"族人有迁居异省异邑不及查明登谱者,于本名下注迁居某省某府某县,以便异日归宗有根本也。"④从这些条规中可以看出,血缘、地缘在家族社会中是密不可分的。

家族为纯洁父系血统,巩固地缘集体,极力排斥外族男性加入本族,杜绝招婿或抱养异姓子,宗祧继承者也多是本族男性。江苏安仁里严氏家族规定:"凡族人四十以后无子而亲房无可嗣者,应集五服之亲告于庙,择族中之近而贤者以为之嗣,切毋赘婿或抱养螟蛉以致乱宗。"⑤扬州大桥镇徐氏家族规定:"恩养以及螟蛉异姓不准入祠祭祀,以杜将来入谱之渐。"⑥徽

① 民国丁卯《邹氏家乘》卷1。
② 安庆怀宁《曹氏集谱·凡例》。
③ 扬州大桥镇《徐氏四修族谱》卷1《祠规》。
④ 安庆怀宁《曹氏集谱·凡例》。
⑤ 江苏安仁里《严氏族谱》卷12《杂录》。
⑥ 扬州大桥镇《徐氏四修族谱》卷1《祠规》。

州王氏家族族人王清池曾收养异姓子，告发后其子不得在家族注籍。① 为限制外地异姓加入本血缘家族，无子孙后嗣族人的宗祧继承者只能在本族内候选。宗祧继承是按由亲及疏的血缘格局来拟定的。如丹阳邹氏家族规定："凡子孙无嗣者，以亲兄弟子承继，若亲兄弟无可继者，于堂兄弟之子继之，由亲及疏，以次而继，不许变乱宗法。如无可嗣者，生前命立本宗昭穆之子，必须咨禀宗长房长，后听取继。"②安庆怀宁曹氏家族亦规定："立继者必以亲兄弟之子，或兄弟无子，继必以服之亲疏为序：序立为上，爱立次之。"③苏州范氏则规定："若无子者，先立亲兄弟之子；如无，则立从堂兄弟及族人之子，但不失本宗者便是。"④顺治朝国家法律亦曰："无子者许令同宗昭穆相当之侄承继，先尽同父周亲，次及大功、小功、缌麻。如俱无，方许择立远房及同姓为嗣。……立同姓者亦不得尊卑失序，以乱昭穆。"⑤宗祧继承的内容明显反映了家族社会血缘认同的差序格局。家族的血缘认同并不是无差别的血亲群体组合，而是以自我为中心，亲疏远近界线分明的社群。所谓斩衰、齐衰、大功、小功、缌麻五服亲则是在丧礼中体现的家族血缘等级关系。

血缘是家族的基本认同符号。明清家族社会为维护其符号的神圣性、纯洁性，对贞洁伦理观尤为重视。乱伦而生的子女，家族社会一般不予接纳。如萧山来氏家族规定："野合而生子，乱伦而生子，与淫于家人妇而生子者，众证分明则皆不书，为真伪不明而名亦不正也。"⑥康熙年间开沙曹氏

---

① 《同心合文契》，见张海鹏等编：《明清徽商资料选编》，合肥：黄山书社，1985年，第32页。

② 丹阳皇庄《邹氏家乘》卷1。

③ 安庆怀宁《曹氏集谱·凡例》。

④ 《范氏宗谱》卷1《凡例》，1905年刻本。

⑤ 黄彰健：《明代律例汇编·户律一》，台北：中央研究院历史语言研究所，1978年。

⑥ 《萧山来氏家谱》卷1《凡例》。

家族规定:“私通异姓妇女骨血,介在嫌疑者不录。此一定之例,不容宽假。”①家族对乱伦者亦多不予接纳,如扬州大桥镇徐氏家族规定:“奸淫为万恶之首,风化攸关,倘有违礼犯法,无论有服无服,灭伦败化者,族正会同族长禀官治,仍削其谱内名行,并子孙永远不许入谱,以示惩儆。”②家族为维护血缘伦常,对淫乱者严惩不贷,同时对恪守节操者则极为颂扬,无数乡村妇女为这种家族的伦理与荣誉牺牲了自己的幸福乃至生命。宋明以来日益重视贞操,乡土家族社会的血缘认同也许是这种观念不断发展的重要社会原因。

二、权威、神话与传说塑造着家族核心始祖形象

血缘是家族社会的基本认同符号,血缘始祖则是家族的重要象征,因而始祖的认同与崇拜是家族的重要组织准则。祖先的认同与崇拜,与古代的图腾制或多或少有些渊源关系。原始图腾制为原始集团的组织原则,经过母系社会、父系社会的漫长历史嬗变,图腾逐渐演化为传奇人物或英雄人物。③ 明清家族始祖则多是有证可考、有谱可据的社会权威人物,当然这些权威人物有些也是假设的,甚或附会许多传说加以神化。

明清南方家族多由北方迁来,他们普遍崇拜始迁祖,以始迁祖为最高祖先,为该地家族的象征。始迁祖是所迁之地的家族血缘始祖。血缘的追认以始迁祖为限,每迁居一地的家族都崇拜一个始迁祖,反映了家族社会的地缘分野。作为家族象征的始迁祖一般都是先朝的社会权威,是第一代家族绅士。有些家族的始迁祖并没有多大的社会影响,于是家族社会就认定一个有声望先祖作为崇拜对象,而始迁祖则渐渐被人们所淡忘。这些有声望的先祖或是政治家、政府官僚,或是军事战略家,或是富商巨贾。如苏

---

① 光绪《开沙曹氏宗谱》卷1《凡例》。

② 扬州大桥镇《徐氏四修族谱》卷1《祠规》。

③ 参见李则刚《始祖的诞生与图腾》,上海:上海文艺出版社,1988年影印本。

州范氏家族的始迁祖是唐朝丽水县丞范隋，范仲淹在首创家族时，还是以家族始迁祖为崇拜对象，并将范氏义庄设在始迁祖的故居灵芝坊。但明清时期人们却几乎淡忘了其始祖，而每每乐道该族的创建人“国范乡模”范仲淹，并屡为之修祠建坊。① 虞阳沈氏家族的始迁祖是“怀南公”，但族人主要还是崇拜四世祖“沙溪公”，因为沙溪有雄厚的经济实力，曾捐给族人义田五百余亩，给族人带来直接的经济利益，故他在族中有特殊的地位，义庄内设有专祠祭奠他和他的直系子孙。②

有些家族其始迁祖和近祖都没有一个显赫的人物，于是他们就共推一个远年的同姓为象征性始祖，这在江西家族中表现尤为突出。清朝江西巡抚辅德的奏疏曰：“查所见府县祠堂，大率皆推远年君王将相一人共为始祖，如周姓则祖后稷，吴姓则祖太伯，姜姓则祖太公望，袁姓则祖袁绍。”③江浙一带也普遍存在这种现象，如萧山来氏家族追认其远祖来歙，为南阳新野人，与光武帝关系较密，官至太守，“新野策勋”实乃来家的核心认同祖先。④

家族在追认始祖、寻返祖源时，也多附会远古时代的史事与传说，其中许多是附会《史记》《汉书》《山海经》等书的史实与神话。闽广一带则以宋以后的传说较多，其中最著名的是福建的八姓入闽传说和广东的珠玑巷传说。《九国志》载福建的八姓入闽传说为：“永嘉二年，中州板荡，衣冠始入闽者八族，林、黄、陈、郑，詹、邱、何、胡是也。以中原多事，畏难怀居，无复北向，故六朝间仕宦名迹，鲜有闻者。”此所谓八姓都是中原的簪缨世胄。福建八姓家族多称其始迁祖是永嘉南下的名门，如莆田榄巷文峰陈家、九牧林家、南湖郑家等都自居为永嘉八姓。据朱维幹先生考证，永嘉八姓入闽纯系谣传，永嘉之乱时南迁的世族多侨居南朝的政治中心建康一带，入

---

① 参见吴琴：《范氏义庄及其文物》，《苏州文物》1989年1、2期合刊。

② 《虞阳沈氏宗谱·义庄志》。

③ （清）辅德：《请禁祠宇流弊疏》，《清经世文编》卷58。

④ 《萧山来氏家谱》卷1《凡例》。

闽的大多不是什么衣冠望族,而是无法在建康立足的寒门地主。① 广东的南雄珠玑巷传说更是众说纷纭、莫衷一是。相传珠玑巷是宋汴京的里名,为簪缨所萃之地。高宗南渡时,士大夫入粤者不忘故都,仍以珠玑名其里甬。《东莞英村罗氏族谱》则谓南宋时,宫人苏妃失幸帝王,扮作游妇与南雄牛田坊富民黄贮万私奔。后来皇上下令复取苏妃,杳无音信。此时黄氏仇家将苏妃事上禀,兵部要员恐罹祸,于是借口贼乱,以牛田坊为军事据点,令其地移民以灭踪。在牛田坊五十八村居民嗟怨惶惶的时刻,珠玑里三十三姓九十七家居民率先向珠江三角洲侨迁。此又一说。但明末屈大钧认为珠玑巷之名始于唐张昌。张氏十世同居南雄敬宗巷。敬宗宝历元年(825 年),朝廷旌赐该家珠玑条环,为避敬宗庙讳,遂改地名为珠玑巷。往事长已,这些传说都成斧声烛影,诚如明人梁维栋《珠玑怀古》所云:"珠玑遗迹动凄其,厌说前朝有徒移,旧路人非芳草在,故园春尽落花知。"据黄慈博先生考证,在南海番禺、顺德、新会、鹤山、香山、东莞、恩平、广宁、清远、宝安、阳江、增城等地区至少有 148 姓家族都认为其始祖系由珠玑南迁。②

不管是八姓入闽传说还是珠玑巷传说,其实质都在于强化族群对始祖的核心认同,加强家族的血缘观念和地域观念,使自己的家族能够名正言顺栖身本土,构成稳固的地方势力。

三、祠墓的祭祀活动是崇拜祖先积淀家族意识的宗教仪式

始祖或社会权威是族群的核心认同祖先,家族以各种方式认同并神化其核心祖先,并以法定或约定俗从的仪式敬仰崇拜,从这个意义上说家族也是一个共同宗教信仰(尊祖教)和祭祀行为的社群,卡尔普先生又称之为

① 参见朱维幹:《福建史稿》,福州:福建教育出版社,1984 年。

② 见黄慈博:《珠玑巷民族南迁记》,广州:中山大学图书馆油印,1957 年。

"宗教家族"(Religious Family)。[1] 明清家族崇拜祖先活动主要有祠祭和墓祭两种形式。

祠堂又称宗祠、家祠、家庙、亭、庵、院等,是家族议事和执法的公廨,同时也被视为祖灵所栖之地,是举族进行崇拜祖先仪式的重要场所。祠内祖先神位的排列一般是遵行五世"祧神"的原则,但更多的排到五世以上,有的延及十四世。这些祖先神位中,核心神位自然是始祖。始祖神位是永世不迁的,是家族的至上神。以始祖神位为中心,祭祀的神坛上按左昭右穆的规则罗列着等差的祖先灵位。如安徽桐城方氏家族的小宗祠,左方供奉着始祖至四世的神位。[2] 广东南海黄氏家祠的正庵供奉始祖至四世祖神位,左庵奉五世、六世神位,右庵则供十三、十四世的神位[3],这些与始祖神位相匹配的先祖神位一般都不迁。但能获得这种特殊礼遇的祖先是为数很少的家族权威,他们与始祖共同树立了家族的形象。屈大均《广东新语》卷 17 记庞弼唐家族小宗祠的神位排列为:"正堂为龛三,每龛又分为三。上重为始祖,次重为继始之宗有功德而不迁者,又次重为宗子之祭者同祀。其四代之主,亲尽则祧。左一龛为崇德。凡支子隐而有德,能周给族人,表正乡里,解讼息争者;秀才学行醇正,出而仕,有德泽于民者,得入祀不祧。右一龛为报功。凡支子能大修祠堂、振兴废坠,或广祭田义田者,得入不祧。"无锡丁氏家族也有类似的规定:"凡有捐助田亩、创建祠宇,以及有功于祖宗者,殁后理宜入其神主,以为配享,列在不祧之内。"[4]一般平庸的祖先神主都按五世祧神的原则对待,有些家族甚至不许无嗣或贫困族员的神主入祠,如扬州大桥镇徐氏家族规定:"本族各房历代祖宗祠内现已供奉世系牌位,其阖族无嗣神主及家贫无处供奉者,应遵礼埋于墓侧,不准送入祠

① 参见卡尔普:《中国南方村社生活》,纽约,1925 年。
② 《方苞集·教忠祠规》,北京:中华书局,1983 年。
③ 《南海黄氏家谱节本》卷 7《祠宇》。
④ 无锡《丁氏宗谱》卷 1。

内。”①对那些冒犯家族纲常者，其神主更不准入祠。清人倪立田《居稽录》卷10《氏族》曰：“其不入例者，异姓后者，大不孝者，大犯义（叛逆淫盗之类）、流荡不归者，居官奸贪者，妇被出者，改适人者，入释道者，沦娼优、隶卒、宦仆者，卖身不赎者。已入而犯者改之，凡削名者，生不入祠，死不列于祖。”

祠堂较大的祭祀活动一年多举行两次。一次在春季，一次在秋季，谓之“春秋两祭”。祭祀活动由族长或宗子统领。族人除妇女和幼儿外，都必须按时参加祭祀活动，不得无故不到，如泉州《燕支苏氏谱》卷2《祭仪》规定：“已初一鼓，已中二鼓，已末三鼓。子孙升冠者须整齐集于阶下，三鼓后不到者议罚银一钱。”按规定，祭祀前与祭者必须斋戒、净身，以示对神灵的敬意，陆世仪所倡导的祭祀标准还有奉主就位、序立、降神、参神、进馔、初献、读祝、进馔、终献、进点心羹饭、侑食、阖门、启门、焚帛、辞神纳主、撤、会拜读遗书、修谱、饮福受胙等仪式。② 祠祭的供奉祭品一般都是上等的酒食饭菜，经过祖先的“品尝”后，这些食品就成为“胙”。祠祭的最后程序“饮胙”即族人按一定标准分吃这些祭品。“饮胙”有特别的荣誉，人们还认为吃了祭品能得到祖灵的荫庇。《儒林外史》所说的周蒙师本是个吃斋的人，但梅玖却打趣他道：“俺这周长兄，只到今年秋祭少不得有胙肉送来，不怕你不开哩。”③那些作奸犯科的不肖子孙是不得分胙的，谓之“革胙”，这是道义上最重的处罚。家族在颁胙时一般有很严格的等级与道德标准，如广东南海黄氏家族就分为额胙、绅胙、耆胙、寡妇胙等不同等次。④

墓祭始于汉代，唐代则有士庶寒食上墓的传说与记载，至宋代家族社会发达后，这种习俗一直经久不衰。宋以前，中国的明器特别发达，但宋以

① 扬州大桥镇《徐氏四修族谱》卷1《祠规》。

② 光绪己亥本《陆子遗书·家祭礼》。

③ 吴敬梓：《儒林外史》第二回《王孝廉村学识同科，周蒙师暮年登上第》。

④ 《南海学正黄氏家谱》卷12《杂录谱》。

后人们不再重明器而重墓的表饰①,这说明人们不再看重死者的魂魄,而是薄鬼厚人,着重坟墓的表面气派,因为祖墓特别是核心祖墓是家族的重要象征,这也是人们对祖先的崇拜由神秘的灵鬼向现实人世观过渡的体现。

家族始迁祖或家族名流墓是全族人的核心崇拜对象。有些家族并没有一个名副其实的始祖墓,于是他们就公认一个在当地有影响的名人墓为其核心祖墓,对这种现象明清谱牒和笔记史乘记述甚多。举族进行的墓祭活动与祠祭相呼应,一年一般也有两次:一次在清明前后,一次在冬至前后。族人会聚举行墓祭活动时,往往还协商处理一些族中的要事,如建祠、修谱、嫁娶及民事纠纷等。乾隆时京江杨氏"春祭扫祖墓,合族咸集,复以谱事商,而族中诸父昆第亦力赞其成"②。南海黄氏家族"每岁清明集祭时,各报一年消长之数及诸事件"③。墓祭的祭品和仪式比祠祭略简,墓祭之后同样也有"分胙"的程序。江南一带祠祭和墓祭都须祭土地神,《铸鼎余闻》卷3有云:"今吴俗墓祭,亦祀后土神于地。"许多家谱、族谱的墓图都明文标志着祭祀后土的神位。对土地神的崇拜,是南迁家族增强其地缘安全感的心理体现。

四、明清家族是士、农、工、商阶层事业及生活组合体

明清家族共同体是以儒家伦理为思想基础的正统社会组织,其成员同源共祖,勤课本业,业缘也是家族认同的重要参照系。所谓本业,系指士、农、工、商四业。明清时期,随着经济发展和社会结构变化,官僚、地主、商人一体化现象日趋明显,读书做官、买田经商是一般平民所向往的生活目标,许多家族为本族子弟科举、经商提供帮助,不少官宦世家、商业世家(如徽商及闽广一带)就是凭借家族的势力来成就其事业的。致仕的官员、经

---

① 参见郑德坤、沈维钧:《中国明器》,波士顿:哈佛燕京社,1933年。

② 光绪京江《杨氏重修族谱》卷1《序》。

③ 《黄氏家谱节本》首卷《纂修条例》。

商发迹后的族员也多乡居,为家族的发展献策出力,成为族绅或家族领袖,与家族平民在家族生活区共处。尽管时俗或不屑商人,但士、农、工、商的实际地位是近乎平等的,明代的乡饮酒礼上,"乡党叙齿,士农工商人等,平居相见及岁时宴会揖拜之礼,幼者先施,坐次之例,长者居上"①。

家族共同体多鼓励族人务本业,扬州大桥镇徐氏《家范》云:"士农工商,各有本业之务,学可以取禄位,农务耕可获五谷,工务技艺可足衣食,商务贸易可以集财货。舍本业而不务谓之游手,衣食之源无所从出,饿寒相逼,势必为非,一旦上天遣祸,身罹刑罚,辱及其亲,抛亲骨肉,当此之时,思欲务本不亦晚乎!凡我子孙必宜各勤本业,开财节流,量入为出,而谋生之道不外是矣。"②士农工商之外是末业,为社会所鄙视。清人龚炜《巢林笔谈》云:"肩舆之作,古人有以代畜之感,然卿大夫居乡,位望既尊,固当崇以体统。不谓僭滥之极,至优伶之贱,竟有乘轩赴演者。"可见演员地位之低下,时人皆称演员为"戏子",家族出了"戏子"是不体面的事,会引起族人的公愤,有的家族甚至杜绝一切娱乐活动,如京江盛氏家族认为"吹笛、唱曲、双陆、象棋之类,皆足以蛊志废事,当一切屏绝之"③。四民之外的事业者家族多不予认同。如吴氏家谱规定:"为四民者书,流异端之教者,习非为者,陷奴隶者,并削不书。"④虞阳沈氏家族在优惠族员时,"游荡失业自取贫乏者不给……崇信异端蔑视祖先者不给……甘居下流,执业卑贱者不给"⑤。扬州徐氏为世宦之家,对那些在政府服役的族人不予承认,规定"地保、皂甲、弓兵之类,不准入祠祭祀,并将本人及伊子孙出谱"⑥。桐城方苞给"充书役、皂隶及为舆台"的族人以严厉惩罚,规定这些职业者不准进入方氏宗

---

① 黄彰健:《明代律例汇编·礼律二》。
② 扬州大桥镇《徐氏四修族谱》卷1《祠规》。
③ 江苏京江《盛氏重修宗谱》卷1《家范》。
④ 江苏《吴氏宗谱》卷1。
⑤ 《虞阳沈氏宗谱·义庄志》。
⑥ 扬州大桥镇《徐氏四修族谱》卷1《祠规》。

祠，且在家族法庭里打三十大棒，丧疾后果自负。①

家族共同体也不接纳僧尼、道姑等僧侣人员，因为他们不崇拜祖先，无家族集体意识。他们不婚不育，根本违背了“不孝有三，无后为大”的家族伦常。家族社会排斥释道人员的规定比较严格，如扬州《徐氏四修族谱》卷1《家范》规定：“释道本非名教，凡出家为释道者，止于其父字派下注某子为僧为道，恶其绝人伦也；倘有子而后出家者，准入年表，不入世系，止书某年出家，以子从父故宜录也。”《萧山来氏家谱》卷1《凡例》曰：“为僧者冠父下，而不特书，斥异端也；先有子者止冠于子上，惧为子者有无父之嫌也；妇为尼者直书之，防其主之祔庙也。”光绪京江《杨氏重修族谱》卷1《凡例》曰：“寺观僧道止书其法名与号，或原在家乳名、学名，而字排行则阙之。”丹阳皇庄《邹氏家乘》卷1《凡例》曰：“凡子孙有为僧道者，止于父项下书生几子某为僧道，不得录其备于谱，如入则削之。”可见僧道不入谱系，不为家族成员，仅仅附在其父、其子的名下，以保证血缘认同的连续与完整。

（原载《华东师范大学学报》，1992年第6期）

① 《方苞集·教忠祠禁》。

试析清代乡居进士对地方行政和社会管理的影响

王志明

本文主要探讨清代进士非职任时期对基层社会管理的作用,属于绅士问题的研究范畴。关于清代绅士和民间社会关系的研究成果很多,本文则是试图从地方行政和社会管理层面考察作为清代上层绅士的乡居进士社会活动的一般特点,并借此探讨绅士的性质。

清代科举所造就的生员、监生、贡生、举人、进士不同等次的功名,最高功名者进士为数极少,清帝国年均所产进士约百人,有清一代进士总数约2.7万人,他们基本都能补用从七品以上的文职官员。清代进士中式后到正式任职,一般有数年候选期,据笔者对2400余例康熙朝至光绪朝进士初次任职知县候选期的统计,平均候选期约8年。① 清代官员致仕年龄无具体规定,主要根据身体状况、职位高低等因素,一般年老致仕年龄为六七十岁。父母、祖父母去世,汉族文官需要有27个月的强制性"丁忧"假期,当然恋职请求"夺情"的情况也不少。父母、祖父母年老需要照顾,则需请假回籍"终养",时间无限制。至于病假以及探亲、扫墓等临时性的假期,则名目更多。有些进士托假"终养"、疾病长期离职,以等待更好的任职机会,或借此脱离官场自寻出路。总之,清代进士几乎都有"乡居"时期。

---

① 取样源自《清代官员履历档案全编》,上海:华东师范大学出版社影印出版,共30册。

进士“乡居”未必居于乡村。以进士中式时居地计，约有半数以上世居城区。① 选官任职后，他们有些迁居城市，离职后的主要活动场所也在城市。晚清时期城市化加剧，进士城居率有增长的趋势。城居有更多接近省、府、县各级衙门的机会，有利于获取权力资源，更多介入社会管理。

清代乡居官员以“不入官府”“居乡安静”“不入城市”为美德，如康熙南巡时赞苏州乡居进士汪琬“居乡安静，不预外事”，特赐御笔手卷。② 康熙甚至告诫乡居进士不可交接官府，如山东益都人冯溥，顺治三年进士，官至吏部右侍郎。请老归里时，康熙特赐礼物，并告冯溥：“朕闻山东之仕于朝者，大小固结，彼此援引，凡有涉于己私之事，不顾国家，往往造为议论，彼倡此和，务使有济于私而后已。又闻其乡居多饶害地方，朕皆审知其弊。冯溥久在禁秘之地，归里后可教训子孙，务为安静，副朕优礼之意。”③可见“交接官府”多是贬义，指为私利巴结权贵。为表示“安静”，有些乡居者甚至矫情躲避交往地方官员。如吴本植，直隶安平人，顺治十五年进士，由侍讲学士病归。他在职任时袒护性情憨直的博士羊琦，使其免遭排挤。后来羊琦由部郎外任直隶井陉佥事，“迂道过其居，求一见，卒不许”。④ 郝琪，山西榆次人，康熙五十二年进士，由知县辞归教授，不结交当道。同年进士蒋泂上任山西布政使，初来时顺道见他，郝琪“辞不见，匿暗室。蒋公搜出大笑，语尽日乃辞去”。⑤

事实上清廷许可地方官与乡绅的往来，但交往原则是“礼法兼备”。雍

① 笔者根据嘉庆朝后期至光绪朝4100余名进士《同年齿录》的统计，世居县城、府城、省城者分别占22.7%、14.6%、15.2%，城居率为52.5%。参见笔者教育部社科基金项目《清代乡居进士与官府交往活动研究》（07JA770011）结题报告，本文有关乡居进士活动类型的统计资料亦参见本报告。

② 《康熙起居注》，康熙二十三年六月二十三日。

③ 李桓辑：《国朝耆献类征初编》卷3，《清代传记丛刊》136册，台北：明文书局，第378~379页。

④ 同治《畿辅通志》卷243，国家图书馆编：《地方志人物传记资料丛刊》《华北卷》9册，北京：北京图书馆出版社，第251页。

⑤ 民国《榆次县志》卷17，《华北卷》46册，第449页。

正朝权臣田文镜、李卫编纂的《州县事宜·待绅士》开宗明义写道:“绅为一邑之望,士为四民之首。”但绅士优劣不等,以法绳劣绅,对良绅“则交际自不可少。地方利弊,可以采访。政事得失,可以咨询”。可见地方官交往绅士的一个重要内容是政治协商。① 乡居进士以其优厚的权力资源背景,对地方行政和社会管理有广泛影响。

一、为官府提供咨询和计策

清代地方官任期短暂,道府州县官换届频繁,很少任职三年期满。特别是初来乍到的官员对地方情况不熟悉,往往需要咨询本地乡绅。乡居进士资望高,了解本地民情风俗,自然成为咨访对象。如王喆生,江苏青浦人,康熙二十一年进士,由编修告归,家居五十年,“抚藩大吏及邑令或以政问,必切实正告,不干以私”。凡修学宫试院、丈量田地、兴水利、赈济、慈善等事务,他都参与协商并积极办理。② 潘大璘,江西新城人,康熙二十四年进士,归里后“闭户却摄,不至公庭。邑令李璋、杨嗣汉每造庐谈邑利弊”。③ 韩煛,直隶新安人,康熙四十五年进士,由吏部员外郎归里,“当事重之。邑有公事,人所逡巡不敢言者,独侃侃而谈,悉中机宜”。④ 陈其锟,广东番禺人,道光六年进士,由候补主事丁忧回籍,“自后洋务军务日起,筹兵筹饷,大宪必有咨询,故凡省中修文庙,办团防,广考棚,修赤岗、琶洲二塔,无役不从”。⑤

有些乡居进士标榜清高,但也乐于参与协商地方行政。如隋铨,山东寿光人,康熙三十三年进士,终身不仕。知县周明道到其家咨询时事,他虽

① 田文镜、李卫:《州县事宜·待绅士》,道光八年刊本。

② 同治《苏州府志》卷95,光绪九年刊本。

③ 乾隆《建昌府志》卷46,《故宫珍本丛刊》114册,海口:海南出版社,2001年,第530页。

④ 乾隆《新安县志》卷6,《华北卷》22册,第751页。

⑤ 光绪《广州府志》卷132,光绪五年刊本。

推辞不见，但还是“条举十余事具册以对”。① 赵恒祚，山东沾化人，康熙五十七年进士，由陕西咸阳知县罢归，讲学隐居，“遇公事见邑宰，则侃侃直言无所阿，乡人时受其益”。②

乡居进士的咨询意见，甚至能影响到地方官的任免。如福建南平人余甸，康熙四十五年进士，在籍候选时，福建巡抚张伯行请他主持鳌峰书院，每与他商议地方行政事务。当时福州知府周元勋（奉天金州人，荫生）有升迁机会，但遇父丧，应离职守孝。周元勋贪恋官职，请托福建巡抚张伯行出面向朝廷建议“夺情”，遭拒绝。周知府怀疑这件事与余甸的言论有关，怀恨在心。后来余甸出任四川重庆府江津县知县，周元勋丁忧后补重庆知府，恰是余甸上级，余甸特解释几年前的恩怨，说当年“以口舌争是非，今为命吏，岂昔比哉！”③

若乡居进士者与地方官有同年、师生关系，这类咨询活动尚兼有联谊性质。

师生关系如陆振芬，江苏华亭人，顺治六年进士，由广东惠潮巡道引疾归里。陆振芬署任广东学政时曾提拔惠来县童生张庚入官学，张庚中式举人后“来令青浦，首谒振芬。芬告以地方利弊，语不及私”。④ 黄轩，安徽休宁人，乾隆三十六年进士，由知府病休，掌教江苏昆山玉山书院。陶澍曾是其门下士，巡抚江苏时特谒见“询民疾苦”。⑤ 进士同年关系如蒋一璁，湖南清泉人，乾隆二十五年进士，由知县丁忧不复仕，同年毕沅官湖广总督，“阅伍至衡州，过从款洽，绝不干以私”。由于总督的亲昵，清泉知县也每与蒋一璁协商政治。⑥ 周学光，江西南昌人，嘉庆二十五年进士，由主事丁忧

---

① 咸丰《青州府志》卷47，《地方志人物传记资料丛刊》，《华东卷上》17册，第616页。

② 民国《沾化县志》卷2，《华东卷上》13册，第376~377页。

③ 乾隆《福州府志》卷57，乾隆十九年刊本。

④ 《国朝耆献类征初编》卷206，《清代传记丛刊》158册，第97~99页。

⑤ 同治《苏州府志》卷112。

⑥ 光绪《湖南通志》卷183，光绪十一年刻本。

不出仕，居省城讲学，巡抚、学政、按察使等省级大僚皆为同榜及第进士，时常“微行”造访，“饮酒笑无间”。①

乡居进士与官府交往，具有文化心理认同的因素。清代文官基本都是贡生、监生以上出身，最高功名者进士与其交往具有文化优势，往往能与地方官以文会友，唱和酬答。如侯七乘，山西汾西人，顺治十五年进士，由江西广信府同知终养归，常与知县饮酒赋诗。② 汤淳，直隶南皮人，顺治十八年进士，家居不仕，与学政、知府、府丞、知县等七名官员“论文赋诗，为忘形交，号括苍七友”。③ 胡必达，湖北天门人，乾隆三十一年进士，由主事归，主孝感县蒲阳书院，“与邑令王嵩高唱和甚密”。④ 酬唱交往沟通情感，咨询问政更为顺利自然。

乡居进士除了为官府提供一般咨询外，不少人还以自己的专长、才能和声望谋划地方事务。有水利专长的乡居进士画策水利工程的事例较为突出，例如：

陶贞一，江苏常熟人，康熙五十一年进士，由编修告归，建议疏浚白茆河时，应重点疏导白茆里河至北港口段，导之归徐六泾入海，再建巨闸以拒海潮，则事半功倍。⑤

王振纲，直隶新城人，道光十八年进士，隐居不仕。同治末，当局议减弱清河水势，另开芦僧引河，置闸蓄泄。王振纲反对此策，论说清河含沙量大，改变水势则泥沙淤积，且河岸土性松懈不宜建闸。⑥

李春元，山东历城人，光绪九年进士，官沂州府教授。李春元世居济南城东，洪水常淹民宅，百姓多次请官方治水，未予理会。李春元再次请愿，

---

① 光绪《南昌县志》卷35，《华东卷上》44册，第536页。

② 光绪《汾西县志》卷5，《华北卷》56册，第216页。

③ 雍正《畿辅通志》卷79，文渊阁《四库全书》本。

④ 光绪《德安府志》卷16，《中国方志丛书》，台北：台湾成文出版社，华中地方117号，第575页。

⑤ 同治《苏州府志》卷100。

⑥ 光绪《保定府志》卷59，《华北卷》21册，第455页。

图画说明水文和灾害损失,又匡算治理经费、工费等,方案可行,为当事者采纳。①

乡居进士为官府谋划地方管理事务的范围很广泛,涉及团练、赈济、慈善、经济、风尚各方面。有些任职御史的进士还利用职务之便,根据自己的乡居体会,向皇帝和朝廷奏报地方应该加强管理的事端。如陈功,福建侯官人,嘉庆二十二年进士,道光七年由浙江道监察御史请假回籍,又丁父忧,掌教玉屏书院,建言当道禁止厦门盛行的赌博风气。并请开仓平粜,设厂赈粥,又请提台米20余万石以平抑谷价,受水灾饥民的粮食供给有了保障。陈功丁忧服满后补用山东道监察御史,将福建方面需要强化管理的四个问题疏报:其一是福建盐务疲惫,应设法整理。其二是盗贼抢劫事件多发,应严拿要犯。尤其是漳州、泉州亡命之徒多,他们强派勒索,时常放火杀人,这种动荡的局势又助发了械斗风气,影响恶劣。其三,书役非法横行,陷害乡里,并实名举报安溪县书吴珍,厦门总差陶亨、陈意等,盘踞衙门,把持公事,"身充贱役"而家资数十万,各府道应惩办整顿。其四,省城福州民食半为台米,要严海禁,不许出界贩卖,保障民食供给。这些建议"俱得请饬本省查复办理"。② 这类行为不仅是谋划地方管理,而且是借用国家最高权力敦促执行。

二、帮办地方事务

清代地方官的正式编制人员不多,一般都需要组建编外帮办队伍,如书吏、衙役、幕僚等,地方绅士也时常受委派帮办事务。乡居进士多具有丰富的行政管理经验,乡望又高,善于处理一些棘手的问题。如办理捐纳集资,即所谓"劝捐","劝说"富户捐纳以供军务、赈济等项急务之用,多带有强迫性质,官民冲突大。乡居进士办理"劝捐"的成功事例较多,如马先登,

① 光绪《山东通志》卷169,第4930~4931页。

② 民国《闽侯县志》卷68,《中国方志丛书》,华南地方13号,第241~242页。

陕西大荔人，道光二十七年进士，由永宁知县丁忧，咸丰七年已服阕，陕西巡抚留他在本省六年，协助办"劝捐"事宜。由于他办理妥善，捐者"无怨言"，后因乡居时期办捐之功升任知府。① 许祥光，广东番禺人，道光十二年进士，由候选员外郎丁母忧归里，劝捐出力，自捐军需银 6 万余两，与众绅"劝捐"银 140 余万两。② 丈量土地事关利害，乡居进士办理丈量事例如黄熙，江西南丰县人，顺治十五年进士，帮南丰知县"度田"，即丈量田地以便征派纳粮，黄熙办理公正，"毋敢干以私者"。③

乡居进士从事幕僚职业，是帮办地方事务的特殊形式。关于清代幕僚的研究成果很多，乡居进士作幕不同于一般的"绍兴师爷"和胥吏，他们是官员的宾客，为官员参谋或帮办某些专门事务，报酬丰厚，来去自由。在晚清，地方大员的幕僚很多，幕僚的职官化倾向增大，仕途也不错，如李鸿章、曾国藩等人的幕僚升任要职者甚多。幕僚与主人关系亲密，甚至还有父为子做幕僚。如李重华，江苏吴江人，雍正二年进士，由编修罢职后，随长子李治运游幕。李治运任山东学政时，"公主校阅，甄拔号得人"。李治运调任榆林知府，请父任书院长。任安徽按察使时，父随为幕，"每讯鞫，公必坐屏帷后隐听，其有所平反，则喜；稍可疑，则谕令再三慎测，必得情乃罢"。④ 乡居进士做幕一般都具有较强的行政能力，有的甚至左右幕主，如于登瀛，甘肃皋兰人，光绪二年进士，由刑部主事假归，做秦州直隶州知州幕僚二十余年，"凡行政事，皆主之。地方利弊，知无不言"。江西宜黄人张珩德胜于才，任秦州知州四年，完全听命于幕僚于登瀛，于登瀛与他争执时"声色俱厉"，"卒从其言而后已"。于登瀛治理有方，张珩坐享功劳，三次被推荐卓异。⑤

---

① 《马先登年谱》，收入《北京图书馆藏珍本年谱丛刊》155 册，第 428~430 页。

② 同治《番禺县志》卷 46，《中国方志丛书》，华南地方 48 号，第 578 页。

③ 《国朝耆献类征初编》卷 400，《清代传记丛刊》179 册，第 99 页。

④ 《刘大魁集》卷 7，上海：上海古籍出版社，1990 年，第 228~229 页。

⑤ 民国《秦州直隶州新志续编》卷 2，《地方志人物传记资料丛刊》，《西北卷》16 册，第 21 页。

乡居进士任职基层管理者的事例罕见，如冯本泰，广东南海人，嘉庆十年进士，中式后乡居候选，任南海县三堡保正。他是一个极有魅力、能力超强的农村基层组织领导，“丰裁凛然，远近惮服。凡兴利除害，本泰决而行者，辄有效”。在南海县境内九江河流域的磨熨基一带，江河交汇，地形复杂，常有盗匪出没。冯本泰组织三堡人士向广东巡抚呈请，要求在这一地带添设绿营兵驻守，建立“营汛”。因防卫得当，“剽掠遂息”。[①]进士出身的乡官冯本泰能交往巡抚，是一般保正难以企及的，对基层的影响也更大。

在清代各类地方志《人物传记》记载的乡居进士社会活动各类事例中，帮办和组织团练御敌的事例最多。团练属于非国家经制化的地方武装组织，即一般所说的乡兵、民兵，主要是对付盗匪、叛乱和外敌入侵，目的是保卫故里，补官军防卫能力之不足。团练属于基层社会组织，与基层社会管理紧密关联。清代在嘉庆朝以前，国家军队战斗力强，较少依赖地方武装。清代由乡绅组织的地方武装团练在嘉庆朝镇压白莲教时开始有较大发展，太平天国和捻军运动时发展到巅峰，其防卫和打击对象主要有太平军、捻军、回民军、三藩叛军、海盗等盗匪、外国入侵军队等，不少乡居进士积极参与这一系列团练活动。为了镇压太平天国，清政府特派“团练大臣”领导各地的团练活动。团练大臣是由中央政府派往动乱省份督办、指挥、协调团练武装的高级官员，有主办、帮办和一般参与人员之分，其活动范围有省级、府级和县以下不同等次。团练大臣不少是本省籍的官员，他们熟悉故土的山川形便、民情风俗，能更有效地领导本地团练，这种临时性的、不回避本籍任职的具有差遣性质的团练大臣实际上具有“乡居”的某些特征。张研、牛贯杰依据咸丰朝《实录》，表列百余团练大臣[②]，其中进士出身者在本省任团练大臣的有 40 人，可见比例之高。有些本来在籍乡居的进士也

---

① 光绪《广州府志》卷 128。

② 张研、牛贯杰：《试论团练大臣与双重统治格局》，《安徽史学》，2004 年第 1 期。该文“表四”黄先瑜，为《清文宗实录》卷 203 内容，错为卷 205；该文“表五”沈祖谏，为《清文宗实录》卷 328，咸丰十年八月丙子，错为“卷 342，十一年正月”；“表五”杜（乔羽），为《咸丰实录》卷 320，错为卷 294。

充团练大臣,他们对战时的地方管理发挥了特殊作用。

团练武装属于地方民兵组织,寓兵于农,虽然主要听从官方调遣,配合官军,但在组织、约定、训练、筹款等方面有一定的自主性,体现了动乱时期基层行政和社会管理的新特点。如李光地,福建泉州府安溪人,康熙九年进士,由于平定福建藩乱的功劳提升为侍读学士,丁忧回籍时,泉州蔡寅打着“明太子”的旗号暴动,发展到一两万人,曾一度攻打泉州城西门。官军将帅以为泉州西百姓“通贼”,打算剿杀。李光地和晋江知县极力制止,百姓幸免于难。蔡寅军接着攻打李光地故里安溪,李即组织地方团练抵抗。李向官方驻军首领康亲王讨要军粮,康亲王命李在附近村庄自筹。当时官方索取钱粮的办法是:“富户轮日当值,无论费之繁省、差之多寡,一切取办于值日者之家”,这使有些富户因此而倾家荡产。李改为计户均赋,免其轮值,每日户不过数株,差平费省,地方怨愤不大。由于管理有方,这支团练发展良好,后为泉州知府改编收留。①

龙廷槐,广东广州府顺德人,乾隆五十二年进士,由赞善丁外艰归。嘉庆十四年,海盗张保打劫内河村堡,龙廷槐首捐募勇,在顺德县东筑台守卫。由于戒备森严,海盗不敢侵犯。顺德不少民田在香山,海盗常骚扰耕佃,龙廷槐联合官府,倡立“容桂公约”,“计亩抽银,为船壮缉捕费”。②

李崇洸,陕西长安人,光绪三年进士。由廉州知府引疾开缺,寓居山东省城济南后营坊,以著述为业。辛亥革命时,济南城市扰动不安,李崇洸组织城防,召唤本地绅董会议,制定章程,建立栅栏,招募巡防兵丁,发放枪支,有条不紊,成为济南街市防卫模范。③

灾荒对统治秩序的危害仅次于农民暴动和盗匪活动,乡居进士帮办官府赈济及相关的慈善活动记录数量也仅次于团练类。关于士绅赈灾的研

---

① 《李光地年谱》,收入《北京图书馆藏珍本年谱丛刊》85 册,第 431～438 页。《清史稿》卷 48。

② 光绪《广州府志》卷 133。

③ 民国《续修陕西通志稿》卷 84,《西北卷》1 册,第 558～559 页。

究很热门,特别是在"国家与社会"构架下研究清末乡绅赈济的成果不少。本文收集乡居进士赈济类活动主要集中在开国初和嘉庆、道光以后,山东、陕西、直隶等省的事例最为集中。灾荒时期的社会管理更为重要,乡居进士协助官府办赈,有效安定了社会秩序,典型事例如:

张廷瑑,安徽桐城人,雍正元年进士,官礼部侍郎。康熙四十七年,桐城水灾,他于城西设粥厂,亲尝粥饭厚薄凉暖。灾后疫病流行,他又组织医治。康熙五十三年大旱,他主持桐城东乡募赈,自捐米以为倡导,分设两个粥厂,近者食粥,远者给米,又买山地以掩埋饿死病死者的暴露枯骨。①

袁保恒,河南项城人,道光三十年进士,光绪三年由刑部左侍郎丁母忧归。时河南特大旱灾,民相食,袁保恒丧假期满后受命到河南府帮办救灾事宜。他疏陈沿途所见流民状况,令州县停征田赋。光绪四年奏请截留江南漕粮 9 万石赈济,没有批准,又请借直隶平粜余米 3 万石,得到许可。他还奏请借用江苏义仓积谷及台湾捐修铁路洋银 50 万圆赈济,并主张增加盐税以用赈灾,协同暂署河南的河东河道总督李鹤年,通饬所属府、州、县署,详查灾民户口造册上报。②

陈光亨,湖北兴国州人,道光六年进士,由给事中终养还里。道光二十八年,湖北大水,陈光亨在籍办赈,并向巡抚多次呈报兴国灾情,赴省领取赈济银 45000 两,在汉口买米运回州城,与在籍陕西知县李煜夫于城隍庙立赈局,调查饥民户口分别散放。③

三、保护下层百姓利益

乡居进士利用自己的政治资源和声望,为下层百姓的利益敢于和地方官及地方恶势力斗争,纠正基层社会管理的弊端,这类为民请命型乡绅很

① 《刘大魁集》卷 7《内阁学士前工部左侍郎张公墓志铭》,第 230~232 页。

② 《清史稿》卷 418。

③ 《陈光亨年谱》,收入《北京图书馆藏珍本年谱丛刊》149 册,第 438 页。

少见,清初较多,主要表现在以下诸方面:

其一,制止横征暴敛。典型事例如:

程飞云,湖北景陵人,顺治十六年进士,由行人司行人告归。其乡沿袭明季弊政,奸胥分纳户色目,名曰"收户"。又每年变更名目,曰"排年"。"征一输十",胥吏盘剥是国家征收的数倍,百姓被迫卖儿卖女、流离失所。因胥吏行贿官员,地方官员坐收渔利,官吏阶层都听之任之。程飞云"为书万言","谒大吏",并遍告监司官和"方面里粮上下",旷日持久奔波呼号,竭尽个人钱财,几遭生命危险,终于以诚动人,上司奏除此弊,并刻石立碑永远禁止。①

彭玄龄,湖北潜江人,顺治十六年进士。由博平知县致仕归里,在他的努力下,勒石革除潜江县"里排"制度。"里排"为明代赋役法,以110户为一里,推丁粮多者十户为长;其余百户为十甲,每甲十人。每年轮流由里长一人、甲首一人催征租税;凡十年一周转,曰"排年"。某一年轮值充当的里长,称"里排"。里排多由地方猾棍、熟惯衙门者充任,或由城里豪蠹包揽,危害百姓,清初沿袭此制。②

张雄,福建南靖人,康熙九年进士,由郎中假归,时值长期战乱之后,乡里赋役繁苛,百姓多卖儿女和逃亡。张雄建议"从田问赋""革现当散班"及"归宗合户"等事,数百年因袭旧弊革除。③ "从田问赋"指赋税征收以田亩为准,不征收人头税。"现当散班",指供给过境军队的摊派方式。以往为轮流当班,谓"值年"。当军需供给量大时,"值年"者往往倾家荡产。改后不为轮流当班方式,而是该年的军队供应负担由各班均摊,即使供应量大也不会使人破产。"归宗合户"指同姓合为一户,小者或三、两姓为一户,合户后革去里长代办相关差役,减少了中间环节,对小户的盘剥机会少了。

其二,减省、均平差役。典型事例如:

---

① 章学诚:《(嘉庆)湖北通志检存稿》卷3,民国刘氏嘉业堂刻《章氏遗书》本。

② 康熙《潜江县志》卷16,《故宫珍本丛刊》142册,第277页。

③ 乾隆《南靖县志》卷6,《华东卷上》75册,第728页。

孙宗彝，江苏高邮州人，顺治四年进士。顺治五年中式候选时，请除“优免”之害。当时徭役随田委派，但官宦大户或有势力人家可以免差，百姓纷纷将田“诡寄”官户名下，非诡寄的小民摊派的差役十分繁重，孙宗彝向扬州知府和江苏巡抚请求清理“优免”。① 顺治六年，孙宗彝又力除驿站马匹之害。高邮驿站马户串通衙役，以养马银敲诈百姓。孙宗彝揭告督抚司道，废除乡里马差之害。② 顺治十三年，孙宗彝由吏部员外郎终养母归，免保长房差之害。接待过境人员的费用按照房屋多少分摊，但官宦和依附特权者可以逃免，房少之家分摊接待费过多，孙宗彝力主按照实际房屋多少均摊。③ 顺治十八年，又免田差“现催”之害。“现催”负责正供催科和杂差起派，催不到钱就自家抵赔，所以老实人当“现催”往往家破人亡，但豪滑之人充“现催”，反能借科派中取私饱。孙宗彝为贫民均科派，废“现催”，得到朝廷的支持。④ 他还努力废除按丁起杂差的陋规，招致田多富户的怨恨。⑤ 康熙十七年官兵经高邮，须征用纤夫，而衙胥作弊，借机搜刮百姓，以一派十，孙宗彝催促知州减纤夫征银。⑥

刘业广，江西安福人，顺治十五年进士，未仕。该县徭役不均，编户粮少差重。徭役分摊到人丁担负，谓“副甲”，田地无徭役负担。顺治十八年编审赋役时，刘业广首倡废“副甲”，均徭役。⑦

陈似源，广东顺德人，康熙四十八年进士。由编修假归。顺德县七都山乡一带百姓植香树为业，疲于征税，将伐树，陈似源请求上官减免征收香税以保护百姓利益。旧例靖康场灶户以“栅甲”服役，皆以“栅甲”为累源。

① 《孙宗彝年谱》，收入《北京图书馆藏珍本年谱丛刊》70册，第576~578页。
② 《孙宗彝年谱》，收入《北京图书馆藏珍本年谱丛刊》70册，第578~579页。
③ 《孙宗彝年谱》，收入《北京图书馆藏珍本年谱丛刊》70册，第592~594页。
④ 《孙宗彝年谱》，收入《北京图书馆藏珍本年谱丛刊》70册，第599~602页。
⑤ 《孙宗彝年谱》，收入《北京图书馆藏珍本年谱丛刊》70册，第602~603页。
⑥ 《孙宗彝年谱》，收入《北京图书馆藏珍本年谱丛刊》70册，第620页。
⑦ 《国朝耆献类征初编》卷377，《清代传记丛刊》176册，第581~585页。

陈似源设法均役,以减轻灶户的徭役负担。①

其三,减省田赋。典型事例如:

刘紘,陕西洛川人,顺治六年进士,由户部员外郎乡居。为政绩需要,陕西兴屯道厅虚报垦荒亩数,为实际开垦地数倍,这些虚报的田赋都由百姓分摊。田赋由户部管理,曾在户部任职的刘紘洞悉其弊,彻底清厘,得旨减免折征。②

孙倪城,江苏昆山人,雍正八年进士。由检讨致仕归。"昆山田多低瘠,田赋无出,民苦赔累。"倪城尝草拟报告说情,由县令入都时呈报有关部门,昆山田赋以"下则"降低数额。③

梁达才,广东恩平人,雍正十一年进士。中式候选时,向知县进言减免田赋。当时恩平县田多不肥沃,为"八则"田,但"田下而赋上",下等田须交上等田的税,民不聊生。梁达才请知县上奏减旧则,"以新垦田地抵其虚"。④

其四,改革和减少漕粮征收。典型事例如:

王嘉禄,江西安福人,康熙六年进士,由藤县知县致仕家居。其乡距县城远,输漕粮送县城颇费民力,他请当事官员设舟沿河兑运,百姓称便。⑤

李象鹍,湖南长沙人,嘉庆十六年进士。"知县某欲加漕价,象鹍出己资相助,而作书力止之"。⑥ 长沙县漕粮折银征收,加价以便于官贪吏蚀。李象鹍自己出钱补贴漕粮价格,等于是打了知县耳光,其后又书面劝阻。

翁心存,江苏常熟人,道光二年进士,由大理寺少卿终养母归。道光二十六年,常熟县征收漕粮时侵害小民问题严重,官方出令无论大小户一律征收,一石漕粮要实际交五斛(二斛等于一石,五斛等于二石半)。总督李

---

① 雍正《东莞县志》卷12之9,《故宫珍本丛刊》174册,第51页。

② 民国《续修陕西通志稿》卷83,《西北卷》1册下册,第541页。

③ 同治《苏州府志》卷90。

④ 乾隆《恩平县志》卷8,《故宫珍本丛刊》181册,第184页。

⑤ 同治《安福县志》卷10,《华东卷上》72册,第596页。

⑥ 光绪《湖南通志》卷175,清刻本。

星沅致书地方问利弊时，翁心存答曰“民气宜培，浮收宜革”。①

其他类事例不一而足，如抑制侵占民田：柏谦，江苏崇明，雍正八年进士，由编修终养母归。由于江海水患，崇明沙田增损无常，版籍易淆。旧有一圈一则之法，当地豪强渐紊其制以利兼并。乾隆四年，柏谦组织绅士力请县令复旧制。② 又如制止兵害：李次莲，江西吉水人，康熙九年进士，由内阁中书终养母归。咸丰六年，吴三桂部将韩大任据吉安反叛，简亲王统大兵镇压。因恼怒民众归附韩大任，亲王放纵军马践踏禾苗，李次莲劝止。③ 莫若琦，直隶景州人，道光三年进士，由山东莱芜知县告病归，家居授徒。咸丰四年官兵攻景州连镇之敌，兵勇肆掠村民，莫若琦请相关官员出示严禁。④

四、发展家族等社会组织

家族是中国历史久远、原发性和渗透力很强的基层社会自组织，在基础社会管理中发挥了重要作用。清代历任皇帝都很重视家族维系统治秩序的作用，康熙颁发的《圣谕广训》特别强调家族组织的教化功能，鼓励士绅兴建家族。以上所述乡居进士提供咨询、策划、帮办团练和赈济等等活动，都与官府有密切联系，有些则是准官方的行为，而家族是最基础的社会组织，“民间”意味浓厚，作为上层绅士的乡居进士，涉入家族活动的记录少于团练、赈济等类活动。

清代家族组建的核心要素是经济条件，只有那些达官贵人或富商大贾才有可能贡献“族产”，普通家族成员最看重的是从族产中得到益处。族产

---

① 《翁心存年谱》，收入《北京图书馆藏珍本年谱丛刊》145 册，第 67~68 页。

② 王昶：《湖海文传》卷 59《行状 · 翰林院编修栢东皋先生行状》，道光十七年经训堂刻本。

③ 《（光绪）吉水县志》卷 36，《华东卷上》72 册，第 484 页。

④ 民国《景县志》卷 8，《华北卷》29 册，第 602 页。

为家族共同所有，即家族公产。最主要的族产是田地，田租收入支持家族各项活动的开销。作为家族公产的田地，通称族田，又有义田、义庄、祠田、祭田、祀田、墓田、学田等不同名目。义田、义庄，其田庄建设目的顾名思义即行“义”，主要是为鳏寡孤独、老弱病残及贫困族人的婚丧嫁娶等事项提供经济援助。祠田的田租首先用于祠堂日常开销，祭田、祀田、墓田、学田等田租收入首先用于祭祀、墓葬、教育等开销，其余下部分一般都和义田、义庄一样用于家族慈善事业。义田、义庄的收入也有用于祠堂、祭祀、墓葬、教育等项开销。

乡居进士参与的家族活动，最多事例是对族田的贡献。如安徽合肥李鸿章（道光二十七年进士）一族盛时有田 50 万亩以上，占合肥东乡田地三分之二，那是举国稀少的官僚大家族。① 乡居进士捐建、经营族田典型事例如：

王恕，四川安居人，康熙六十年进士，雍正五年由道员丁忧回，遵父遗愿置义田。祖留 300 亩义田兵火后荒芜，重开垦，又捐田别立户，年收租 70 余石，供祭祀外，赡族人婚丧不足。后官至巡抚。②

范来宗，江苏吴县人，乾隆四十年进士，为范仲淹后人，由编修终养归，整顿范氏义庄，30 年间增置良田 1800 余亩，市廛百余所，每岁利息万金。各处祖墓俱焕然一新，子孙之穷困者例给钱米，一切丧葬助恤、考试之费俱倍加。③

赵畇，安徽太湖人，道光二十一年进士，官至道员。同治元年丁忧回，捐县城居屋价值千缗，建合族“安和堂”义庄，又组织族众捐银千两买英山田租 130 余石，归属义庄。同治二年再买英山田租 600 余石为“棣萼堂”公产，为祀母田。④

---

① 张研：《清代族田与基层社会结构》，北京：中国人民大学出版社，1991 年，第 61 页。

② 《王恕年谱》，载《北京图书馆藏珍本年谱丛刊》92 册，第 143~144 页。

③ 钱泳：《履园丛话》卷 6。

④ 《赵畇年谱》，载《北京图书馆藏珍本年谱丛刊》155 册，第 589~657 页。

乡居进士的家族活动主要表现是置办族田，其次是建祠堂，再次是修家谱，在家族教化方面也有一些实例。有些乡居者对家族活动全面参与，是很积极的家族组织维护者，事例如：

李光地，福建安溪人，康熙九年进士，官至大学士。在泉州府城修建祖祠，立族里规约，劝诫赌博、欺行霸市和械斗。①

秦勷，山东安邱人，乾隆二年进士，由河南密县知县罢归，复梓秦氏族约，立族长族正，修祠讲约，创义仓，设家塾。②

钱宝琛，江苏太仓州人，嘉庆二十四年进士，官至巡抚。资助兴建宗祠，主持家族祭祀和家族会议，刻彭城世谱及本房支谱，资助族中贫者教育。立文社，每月两课族中子弟。捐 30 亩肥田为族中祭田。③

由乡居进士主导的家族组织多是基层社会秩序的积极维护者，有利于健全社会管理。在团练御敌军事行动中，不少地方也是以家族为单位集体参与的。乡居进士领导和参与的社会自主性组织主要为家族，其次还有义仓、社仓等慈善类组织。义仓、社仓的经营管理自成体系，对赈济灾民、协调社会管理秩序有积极意义。清代官方的粮食贮备为常平仓，主要用于赈济。为补常平仓不足，官府鼓励民办义仓和社仓，官方也介入管理。义仓和社仓又有区别，社仓主要用于粮食借贷，赈济功能不如义仓，清后期社仓的赈济、平粜作用才渐渐增大，而且“社”更突出小区和地域性，官府很少介入，规模也不大。义仓主要功能是赈济，组织规模比社仓大，不少义仓由家族经营，因此义仓兼具地缘性和血缘性。道光朝以后，官府打压社仓，很多社仓并入义仓，一方面是加强社会控制，另一方面是社仓的经营管理也出现问题，如侵蚀、腐烂等等。④ 乡居进士组建、管理、参与社仓的事例如：

---

① 《李光地年谱》，载《北京图书馆藏珍本年谱丛刊》85 册，第 450 页、第 656~657 页。

② 道光《安丘新志》卷 19，《华东卷上》19 册，第 563 页。

③ 《钱宝琛年谱》，载《北京图书馆藏珍本年谱丛刊》138 册，第 627 页。

④ 关于义仓和社仓的区别见白丽萍：《清代长江中游地区义仓的设置、运营及与社仓的关系》，《江汉论坛》，2008 年第 12 期。

李梅宾，广西临桂人，康熙六十年进士，官至山东盐运使，终养家居，捐谷500石设义仓以备荒。①

黄钺，安徽当涂人，乾隆五十五年进士，官至户部尚书。请有关官员垫钱购买县丞废署，创建“丰备”义仓。②

林春溥，福建闽县人，嘉庆七年进士，由检讨终养父归。省城水灾多，他与地方绅士请当事立义仓积谷6万石以备荒。③

仓储备荒外，乡居进士建立的其他慈善类组织尚有多种形式，如：

江苏高邮乡居进士孙宗彝于顺治十八年发起“同善会”，建造救生船巡逻高邮湖，遇风浪时营救落水者，淮扬道也积极支持，赞助救生船户工食费用。④

屈成霖，江苏常熟人，乾隆元年进士，由景州知州告病归，支持常熟县慈善机构“广仁局”，施与穷人医药和棺木。“广仁局”原有典当生息公银200两，因经理不善亏损，屈成霖暗中捐补，并命长子经理局务7年，增田46亩，经费渐渐有了保障。乾隆二十一年疫病流行，死者众多，很多人无钱买棺材，野外露尸很多，广仁局的棺材不够施用，他将社仓息米600石助葬，又自捐300两银，制棺材600个。同时他还赞助“安济堂”千亩田，用以收养常熟、昭文两县贫、老、病及无依者，仍由长子经理，十余年来一直经营良好。⑤

五、各项活动类型统计及全文结论

本文从咨询、策划、帮办、参与社会自组织等方面探讨了乡居进士协助官府管理地方的作用。乡居进士对地方政府的决策咨询和帮办地方事务

---

① 光绪《临桂县志》卷29，《中国方志丛书》，华南地方15号，第466~467页。

② 《黄钺年谱》，收入《北京图书馆藏珍本年谱丛刊》118册，第212~224页。

③ 民国《闽侯县志》卷71，《华东卷上》76册，第100页。

④ 《孙宗彝年谱》，收入《北京图书馆藏珍本年谱丛刊》70册，第603页。

⑤ 《屈成霖年谱》，收入《北京图书馆藏珍本年谱丛刊》92册，第424~438页。

等活动,有利于地方行政的良性发展。乡居进士为下层百姓的利益抑制地方恶势力,发展、健全家族和慈善类社会组织的功能,促进了社会关系的协调和社会秩序的稳定。乡居进士上接高层官府,在官场有错综复杂的人脉关系,其信息传递又十分便捷,因此对所居地行政管理具有无形的监督作用。文中从张罗各类事项谈论了乡居进士对地方行政和社会管理的正功能,计算这些事项各占多少比重,则可对乡居进士的社会活动的性质作进一步探讨。

本文的数据依据主要为国家图书馆编《地方志人物传记资料丛刊》,该套丛书选取了全国有代表性的地方志近3000种,是迄今为止搜集资料最丰富的大型人物传记资料汇编,目前已出版《西北卷》《东北卷》《华北卷》《华东卷》上编,计178巨册。此外,本文还酌情选取台湾成文出版社出版的《中国方志丛书》、江苏古籍出版社出版的《中国地方志集成》部分方志,并检阅了大部头《北京图书馆藏珍本年谱丛刊》和清代多部人物传记类丛刊。虽然清代的数据无法穷尽,但这些数据积累已基本构建了清代乡居进士的活动概貌。进士传记是按照传统儒家价值观写就的,是经那个时代筛选的记忆。忠君报国为至高道德标准,大量的进士传记都突出其在职任时的功绩,非职任时期的“乡居”活动鲜有纪录,官职外的社会活动也是以国家意识形态和道德标准定取舍。因此尽管有如此大量的搜罗,所得相关本文地方行政和社会管理主题的事例仅985例(其中少数人涉及多个事例):军事团练类312例,赈济、慈善243例(其中明确赈济事项118例),家族类146例,修建水利、会馆、学宫、城墙、文庙、桥梁等公益工程类135例,为民请命70例,社仓、义仓建设活动42例,做幕僚37例。这些事项的分类也有交叉,如家族类活动中有些关系到慈善。在这些类别中,团练类、赈济类占半数,敌对势力的军事威胁和突发灾害对国家政权和社会秩序的威胁最大,乡居进士咨询、献策、帮办官府也是以团练和赈济事例最为突出。除家族活动外,所有活动多由官府主导,乡居进士主要发挥协商、帮办作用。乡居进士利用自己的影响为民请命的事例并不多,因为这冲击了官吏集团的利益链,但这类行为有助于调适地方行政和社会管理,总体说来利于中央集权和皇权的巩固。

乡居进士在官府主导下从事各项社会管理活动,增加了他们的乡望,极少数活动能力强的乡居进士作为大,保护地方和下层百姓利益,声望很高,则为官府不容。如文中所述清初江苏高邮进士孙宗彝,为里役均差的各项改革,冒着极大风险,深受百姓拥护,康熙四年高邮州州学乡贤祠特祀其父,农夫纷纷持米菜前来祭祀,盛况空前。后来河道总督靳辅据以列款题参孙宗彝,告他居乡造势。① 靳辅和孙宗彝的矛盾与孙保护地方利益很有关系,这从二人治水方略不同即已显现。靳辅主张将黄河分洪入淮,加高高邮一带湖面堤坝。若溃坝则高邮水灾深重,而且筑堤坝也役使大量高邮民力,于高邮地方极为不利,所以孙宗彝等乡绅坚决抵制,他们主张的治黄措施是疏浚下游河道。靳辅坚决打击乡绅势力,后来孙宗彝被诬告入狱死亡。② 孙宗彝是清初极为罕见的地方利益维护者,对地方行政和社会管理影响力大,到清中期以后这种特例也难以寻觅,他的冤死是朝廷打压乡绅的结果。

朝廷对乡绅防范极严,如福建进士余甸以耿介闻名,晚年乡居专心治学,雍正时期的观风整俗使许容查知他辑有唐人诗句"有官只作山人老,平地能开洞穴幽",竟上报说他心怀"怨望"。③ 又如陈万策,福建晋江人,康熙五十七年进士,官詹事府詹事。典试回里时,值福建水灾,饥荒米贵,陈万策组织地方乡保请求官府及时开仓济民,因为官府常平仓若要开仓济民需要层层上报,时日漫长。雍正皇帝知此事后怒言:"陈万策既欲加惠乡里,着福建督抚将陈万策所有家产资财查出,换易米谷,散给伊本地穷民!"福建提督丁士杰"不将陈万策所行狂妄之处据实奏闻","曲意逢迎本地乡

---

① 《孙宗彝年谱》,载《北京图书馆藏珍本年谱丛刊》70册,第607页。

② 《孙宗彝年谱》,载《北京图书馆藏珍本年谱丛刊》70册,第616~706页。

③ 乾隆《福州府志》卷57。

绅”，也受到严重警告。[①] 闽县知县于沛等人查报陈万策家产拖延时日，被高其倬特别题参[②]，可见福建方面对此案十分重视。陈万策为饥民请粮案可见皇权对绅权制约极严。

皇帝为使乡居进士尤其是曾居高位者“安静”，还略施一些笼络手段，如康熙、乾隆“南巡”时，“接驾”的乡居进士多得到赏赐。江苏长洲人汪琬，顺治十二年进士，由编修乡居，康熙二十三年南巡召见时“赐点心二盘”，并谓“汪琬久在翰苑，文名甚著，近又闻其居乡不与闻外事，是诚可嘉，特赐御书一轴”。[③] 蔡升元，康熙二十一年进士，浙江德清人，由中允终养，康熙四十二年迎驾嘉兴，得旨：“蔡升元在讲筵甚久，家计甚贫，赐银六百两为葬亲费，事竣即来京。”[④]康熙、乾隆举办粉饰太平的“千叟宴”也请乡居者参加。又如乾隆二十六年十一月举办的“香山九老会”，特邀康熙六十年进士、浙江嘉兴人钱陈羣，钱陈羣由侍郎乡居，时年76岁，“赐杖于朝，太后赏缎匹素珠等物。二十二日到太后宫行礼，再赐缎子六匹”。[⑤]

从各类人物传记分析，清代乡居进士大多数是“安静”的，他们居乡主要是在书院教书或在家“课子孙”，其中讲学书院和私塾的事例就有857例（前述相关本文地方管理主题的事例仅985例），可见乡居进士主要是以“教”为“养”，即靠充当教师的收入以补贴家用。策划、帮办地方事务事例并不多，发展家族等社会组织、为民请命的事例更少，当然这类乡居活动者有的也获得丰厚的收入，如办团练、办赈济、做幕僚等皆有一定的物质待遇。

清代科举是为政权稳定而设，最高科举功名进士的主要政治职能是选官任职，建功立业。非职任的“乡居”时期社会活动受到极大限制，其有限

① 雍正《上谕内阁》卷55，文渊阁《四库全书本》，五年闰三月。

② 《雍正朝内阁六科史书·吏科》39册，高其倬，五年十二月二十日，桂林：广西师范大学出版社，2002年，第568页。

③ 《汪琬年谱》，载《北京图书馆藏珍本年谱丛刊》76册，第521页。

④ 陈康祺：《郎潜纪闻·三笔》卷6。

⑤ 《钱陈羣年谱》，载《北京图书馆藏珍本年谱丛刊》93册，第431~433页。

的涉及基层管理的事例中,半数是团练和赈灾类活动,这都是官府主导的准官方行为,因为镇压暴动和安抚难民是维护统治秩序的当务之急。因此,从本文所述乡居进士社会活动性质看,不能将清代绅士的社会作用夸大,尤其是借用“国家与社会”框架和“公共领域”理论拔高清代社会“地方精英”的职能。① 总体看来,清代乡居进士有限的社会活动对基层社会管理发挥了积极作用,是传统官僚政治的延伸,“民间”色彩淡薄。清代乡居进士的管理活动有利于地方社会的政治整合,有利于中央集权和皇权在社会基层的渗透。

(原载《史林》,2015 年第 1 期)

① 以“国家和社会”框架、“公共领域”理论研究中国历史的成果较多,这方面的评论文章如黄宗智:《中国的“公共领域”与“市民社会”——国家与社会间的第三领域》,黄宗智主编:《中国研究的范式问题讨论》,北京:社会科学文献出版社,2003 年,第 260~285 页;周琳:《中国史视野中的“公共领域”》,《史学集刊》,2009 年第 5 期。

雍正年间的邪教邪术

王志明

清帝国的意识形态十分强烈，任何影响政治安全的民间宗教信仰和崇拜形式都被贬斥为“邪教”和“邪术”。在“大一统”帝国的历史上，这些民间宗教和信仰形式在西北和华北地区往往与农民反叛相关，统治者视之如仇。在雍正时代，中国北部的社会秩序较为稳定，但运河沿线和南部地区的“邪教”和“邪术”却给“盛世”增添了一些隐患，本文试图根据雍正年间的官员奏折来考察这一地区的“邪教”“邪术”案件。

一、运河风波

罗教是雍正朝最大的“邪教”。该教是佛教禅宗的世俗化形式，为山东即墨人罗孟鸿（即罗祖）于明正德年间创设，信众主要是戍边和运粮军人，运粮兵丁由运河沿线将罗教迅速传播到华北和东南各省。马西沙认为“清代北方罗教势力渐衰，而为八卦教等教派取而代之”。[①] 但就雍正朝各“邪教”教案数量和传播路径分析，纯粹的罗教在南北各地并不多见，其传播中心仍然在山东、直隶一带，南方的罗教组织普遍比较散弱，而八卦教对帝国的政治安全则无甚影响。雍正年间以罗教为中心的各“邪教”教案简表如

① 马西沙：《清代八卦教》，北京：中国人民大学出版社，1989 年，第 20 页。

下(以查访时间为序):①

教名	教首	查访时间、地点及信仰、组织和传播状况	出处
顺天教	刘言基	雍正二年,直隶邢台县。由刘言基曾祖流传下来,供奉真空老祖、金公、无生佛母、黄婆塑像,每月聚众烧香。	《谕旨》李维钧,二年六月十二日,《四库全书》,册416,555页。
空子教	李万禄等	雍正二年,山东省鱼台县、金乡县、单县。李万禄组织信众朔望焚香,传颂八卦歌口诀,闭目运气默念"真空家乡,无生父母"二语,谓"内承法",不会此术谓"外承法"。会内承法者给予来生品级,交谢品级钱。一人入教,全家皆为信众。	《汇编》陈世倌,二年九月十二日,册3,614~616页。
大成教	吴滔天女婿	雍正二年,江苏省邳州。吴滔天死后五十年未葬,传言金刚不坏,每年正月十三日、二月二十日、九月二十七日,四方信众前来拜香,谓之"朝祖",后由其婿承传。	《汇编》陈世倌,二年九月十二日,册3,614~616页。
道心教	范子盛	雍正三年,浙江省温州。范子盛供其教传自福建省城汤门,教主为张姓"弥勒老佛",王文治为主倡者。范子盛以五爪金龙纸书姓,暗藏字眼,并有金银牌符和丹药,谣传天塌时可避祸。温州信众有五千余人。	《谕旨》甘国奎,三年六月初二日,《四库全书》,册419,202~203页。

① 本文资料主要取自雍正朝朱批奏折。雍正朝朱批奏折经雍正、乾隆朝官方编辑的有两千余件,名为《朱批谕旨》(以下简称《谕旨》),收录在《四库全书》(文渊阁影印版),上海:上海古籍出版社,1987年。雍正朝朱批奏折保存下来的共有数万件,此处采用的是《雍正朝汉文朱批奏折汇编》(以下简称《汇编》),南京:江苏古籍出版社,1989—1991年。

教名	教首	查访时间、地点及信仰、组织和传播状况	出处
道心教	王文治、陈立昭	雍正三年，浙江省温州、处州。王文治之祖王还初从张姓传道心教，以铜锡小牌招人入教，被官方仗毙于福建省城。四十年后，温州人陈立昭冒称张姓教首，与王文治在浙江传教。	《汇编》满保，三年六月初三日，册 5，252～254 页。
罗教	无	雍正五年，江苏省苏州府、长洲县运河沿岸。查出罗教十四个庵房，庵主皆供佛念经，与运河水手有往来。	《汇编》陈时夏，六年正月二十九日，册 11，531～532 页。
空子教、三元会	牛三花拉	雍正六年、七年，山东省青州府，莱州府。牛三花拉经商、行医，为人超度三代宗亲，与三名女性崇拜者同居。其教无明确名称，有四句咒语："正空家乡，无生父母，现在如来，弥勒我主"。信众每月交三个香钱，一年取一两次。	《汇编》蒋治秀，六年八月十四日，册 13，194 页；《汇编》田文镜，六年九月初八日，册 13，404～406 页；《汇编》田文镜，七年七月二十一日，册 15，821～823 页。
罗教	罗明忠	雍正七年，直隶、山东、浙江、福建。罗明忠为罗教第七代传人，被捕后供出永平府、保定府、天津州、河间府、登州府、宁海州、苏州府、杭州府、汀州府、漳州府、泉州府等地的罗教信徒。	《汇编》费金吾，七年八月二十八日，册 16，461～463 页；《汇编》刘世明，七年十月十三日，册 16，917～920 页。
大成教、三乘会	无	雍正七年，江西省南安、赣州、吉安、瑞州、南昌、抚州等府。信众在家吃素修行，皆不知其教源，其经卷杂引释道，有"净心苦工，去疑泰山，破邪伍部"等语。	《汇编》谢旻，七年十二月初六日，册 17，447～448 页。
罗教	周天祚、周士成	雍正十年，江苏省阳湖、江阴、宜兴、无锡、苏州、镇江、扬州、淮安、徐州等府县，安徽省凤阳、泗州、天长及浙江省山阴等县。教首周士成在天津传教，供称是第九代传人。该教沿运河传到江南地区，周天祚为阳湖县教首，信众供银皆交到天津总部。	《汇编》乔世臣，十年闰五月初一日，册 22，396～97 页；《谕旨》乔世臣，《四库全书》，册 422，171～172 页。

教名	教首	查访时间、地点及信仰、组织和传播状况	出处
大成教、衣法教	旗人董一亮等	雍正十年，直隶深州、滦州、衡水县、易州、饶阳县及河南省。这一区域的大成教、衣法教始于顺治年间，以轮回修善为名，吃斋念佛，其经有《老九莲》、《续九莲》等。	《谕旨》李卫，十年十一月二十九日，册 423，393～394 页。
一炷香教，即愚门弟子教	陈永顺、王弼公等	雍正十二年，山东省夏津县、肥城县、恩县、滋阳县。信众一日三时向太阳磕头，念持咒语，祈求降福消灾。	《谕旨》岳浚，十二年三月二十四日，《四库全书》，册 424，315～316 页。
三皇圣祖教	黄森官	见本文“封禁山的恐慌”一节。	
三乘会，即糍粑教	潘玉衡	雍正十三年，安徽省南陵县、宣城县、无为州、合肥县、巢县、铜陵县。潘玉衡为捐监生，承其父三乘会衣钵，以念经治病传教，诱奸女信众多人。因用糍粑供佛，又称糍粑教。官方认为属罗教系统。	《汇编》赵弘恩等，十三年五月十二日，册 28，388～393 页。

政府大规模查封罗教，直接原因是为了保障北京漕粮的安全供应。随着长江中下游地区人口的增加，湖广和江浙皖一带的流民到运河粮船上谋生者较多。为了满人统治的安全，运河粮船由横行霸道的八旗兵丁掌管。汉族水手为求生计，借用大家都熟悉的罗教结成自己的秘密组织，“入其教者必饮生鸡血酒，入名册籍，并蓄有兵器。按期念经，则头戴白巾，身着花衣。往往聚众行凶，一呼百应”。有些罗教帮派还籍势营生，“包揽私货，以致载重稽迟，易于阻浅，不能如期抵通。及回空经产盐之地，又串通风客，受买私盐”。罗教帮派人多势强（每船头舵二名，水手八名，闲散二三名，而

旗丁只有二名），旗人对他们无可奈何。[1] 在运河两岸，罗教水手还有接应人员。雍正五年苏州巡抚陈时夏曾查禁运河岸边的罗教庵堂十余个，“各庵房屋不过数间，供三世佛诵经做会，非僧非道，每与粮船水手同教往来。粮船来南，多以米粮资其食用。或粮船水手有疾病流落者，各庵之人亦资其盘费。查粮船水手多有不法之徒，恃众打架，生事横行，何堪此辈布散各处狼狈作奸，助凶济恶。”这些庵堂的守护人除江苏省东昌、扬州、南通、清河等府县籍贯外，还有来自安徽省安庆、徽州、太平、宁国等府，更有江西、湖广和山东的远客。[2] 在浙江省的杭州也有类似的接应庵庙，已为浙江总督李卫查禁在案。[3] 由于运河水手的罗教组织危及供给北京粮食的生命线，全帝国都开展反罗教活动。有些地方大员还借查罗教的名义整肃治安，如署广东巡抚傅泰就以此借口部署属员往“饭铺酒肆庵庙寺院各处”，捉拿那些来自河南、安徽、浙江、福建和云南的江湖术士。[4]

综观各案情由，除运河水手和北方地区的罗教组织性较强外，南方的罗教组织大多处于散弱状态，官员对组织性不强的罗教信众也不多加干预。虽然各地罗教五花八门，但整体信仰层次高于其他民间宗教。当时天主教在各省都有发展，雍正严禁其自由传播，把各省的传教士驱赶到澳门一地居住，教堂全改为他用，如杭州北门大街的天主堂被李卫改为“天后宫”[5]，这样迫使本来在“天主堂吃本命斋”的信众改皈罗教[6]，以填补精神空白。

运河辐射到的广大地区文化较为发达，罗教信众分布广泛。但在南部沿海和山地，罗教影响渐弱，各种“邪术”畅行，于是统治者在南部地区又展开了反“邪术”的行动。

---

① 《汇编》励廷仪，元年十二月初七日，册 2，第 363 页。
② 《汇编》陈时夏，六年正月二十九日，册 11，第 531～532 页。
③ 《汇编》张大有，五年十一月二十六日，册 11，第 111 页。
④ 《汇编》傅泰，八年三月十七日，册 18，第 194～195 页。
⑤ 《谕旨》李卫，八年五月二十二日，《四库全书》册 423，第 321～322 页。
⑥ 《谕旨》蒋洽秀，六年八月十四日，《四库全书》册 425，第 804～805 页。

二、两广"散札"案

清朝的官员凭证称"札"。但"札"作为一种民间方术和信仰形式,又有其特殊的符号象征意义。本文所述的"札"是用绢布或纸片制成,上面印有特别象征意义的符号或神像,并附有"元帅""千总""典史"等大小文官武将职名,有的还标有虚拟的年号。札是由得到神示或其他身份神秘的人创造的,数量有限,秘密散发,受札者要交付一定数额的银两。大部分人受札是为了避祸祈福,把札视为一种符术。既然札是在一定的人群中散布,受札者具有某种共同的暗示或行为,札就有了社会组织的功能。而且札上都注有职官等级甚至年号,其虚拟的组织功能极端膨胀,以致官方怀疑散札者有"谋不轨"的动机,于是在两广地区开始查拿散札"邪术"。

两广一带的社会剩余人口流动性较大,他们以卖药、看风水及为人画符念咒为业,在下层社会有一定影响力。他们在两广散札,聚众盗墓搜寻金银,甚至沟通盗匪,故而各处的散札案渐渐引起了官方的重视。许多散札案犯都供称与广东人李梅有关系,官方怀疑李梅是散札的首领,在各地方寻找案件线索。

广西泗城府官员拿获李天保等一批散札案犯,经审讯,认为他们是"游手无赖,借符水行医,诓骗银钱,勾结匪党"。他们每人都有阴阳二名,并"称开平伪号,罗平伪旗,雕印造札……每张要银三两五钱,伪旗上写罗平字号,可解瘟疫,并避兵火,以惑众骗财"。据审,他们的首领是"盘王"李金星。①

根据有关线索,"盘王"李金星与土富州知州沈肇乾关系密切,沈知州的妹妹是盘王的夫人。沈肇乾因此被革职审查。

雍正九年,广东境内散札案牵出了陈美伦、曾合两名要犯。在广西省藤县五屯所白石寨的陈美伦家,查有大量散发广东的札符,札上"有罗平圣

---

① 《汇编》鄂尔泰,八年四月二十日,册18,第514~517页。

号字样，并八卦等图”。陈美伦供称：“湖广靖州绥宁县桃平村萧家湾有个唐太祖，名一清（有的同犯供为弈清），有道德法术。小的于康熙五十七年间归他的教，封为统御正人左相，领过符札。太祖死后，小的就顶认太祖，照式散札。”还供出有一同犯名曾合，也曾见过太祖，后来“自称玉龙太子，散中柱年号札符”。曾合是江西赣县人，于苍梧县拿获，供“先称玉龙王子，今改玉龙皇命，先系中柱年号，后改元亨，散有等通、大尧札符”。曾合还有木石二印，“俱刻当机牟尼宗乘教主玉极天道昆虚宝印”。陈美伦和曾合的散札组织较为严密，据署广东总督鄂弥达的审查报告，他们确实还有造反动机。

既然陈美伦、曾合散札被怀疑涉及政治罪，广东方面的文武大员就要全力以赴了，抓人的千总、把总等下级武官有二十一人立功晋升，每人得赏银二十两，两广和云南地方的绿营兵也高度戒备，以防可能出现的盗匪叛乱。①

以上各散札案都是由名噪一时的“匪首”李梅引出的。经周密侦查，李梅又名王公，在广西省永福县活动，永福县知县亲自出马拿获。此犯可能是气功师，在收审时“闭目运气，声息全无，惟腹中鼓动。……因涂以秽物破其邪术，方始吐供”。原来李梅、王公都是化名，此人原名李赞韬，广东东安县人，当过本县书办，在广西并未散札，不过画符骗人“辱古窖挖银子”。因此案与谋叛无关，广西巡抚金请求皇帝宽大处理。②

由于有谋判罪的嫌疑，广东官员对散札事件一直很敏感，雍正十二年在潮州一带又查获了一起以王阿童为首的散符案。这其实是一起有预谋和组织准备的盗匪事件。王阿童不散札而散符，可能是因为札太引起官方注目，散符可避人耳目。但王阿童所散符与札的组织和象征功能极为接

---

①　《谕旨》鄂弥达，十年正月十六日，《四库全书》册425，第370~371页；《汇编》黄文炜，十年正月十六日，册21，第674~676页；《汇编》金，十年四月十六日，册22，第145页。

②　《汇编》金，十一年五月二十一日，册24，第568~571页。

近,“符上钤盖木印,有天圆、泰宝字样”,“其纸符点画状显巫师邪术,符上木印与道士木刻印记相似。其所造布旗编立号数,潦草不堪。明系无赖棍徒岁暮无依,倡谋强劫。其领符各犯有实系同伙知情者,亦有无知乡愚惑于邪教一时误受者”。王阿童自己也供认:“想抢劫棉湖寨富户,恐人不肯入伙,画此符帖,诓言此符行事之后可保平安,原是哄诱人入伙的。”①

雍正八年到十一年的散札案以两广地区为中心,并辐射到云南、湖南、四川一带,说明这一地理文化圈内的民间文化有某种内在关联。雍正年间这一带地方正值“改土归流”和西南用兵,社会秩序尚不稳定,有些散札案的首领还与土官有直接联系。由于信息沟通的障碍,帝国对两广地区的控制相对减弱,外籍流官就连广东话也很难听懂,很多政事只能依赖本地的幕僚和书办来料理,地方帮派势力较强,绅士、散札者、盗匪等活动的社会空间就相应较大。在广东和西南一带,文化教育比运河沿线落后,札、符等较低层次的民间信仰流行,散布札符者在民间社会具有一定的组织力和影响力。

两广散札案在雍正十一年告一段落。到雍正十二年,散札案件聚焦在江西、福建和浙江交界地区。

三、封禁山的恐慌

在江西、福建和浙江三省交界地带,绵延着数百里的铜塘山,因“唐季、明季群盗依为巢穴,是以历代封禁”,故又名封禁山。江西省上饶、永丰、玉山,福建省蒲城、崇安,浙江省的江山、常山,这七县在清朝都属于封禁山区。② 雍正十二年,在这一地区发现有散札者,引起了官方的高度警觉,在

---

① 《谕旨》鄂弥达等,十二年二月十九日,《四库全书》册425,第431~432页;《汇编》范毓馪,十二年正月二十六日,册25,第806~807页。

② 《汇编》万际瑞,十二年五月十二日,册26,第316~317页;《汇编》凌焘,十二年正月二十四日,册25,第782~783页。

闽、浙、赣、皖等省展开了一场大搜捕。

雍正十二年正月十一日，衢州府知府杨景震为建造通判衙署，亲往江山县察看地形，此时县民王攀云向杨知府告发了侄儿王益善家藏有札符，官府立即循此线索在江山县查获一批散札和受札者。据供，江山方面的散札头领是周果达，号称“扁头王”。周果达造谣说封禁山里有同伙千余人，花钱受札可以入伙，得到庇护。县民陈星用二两银子领了一札，监生徐世六拒绝领札，但怯于周果达一伙的威慑，还是交了二十四两银子。封禁山主要防守汛地在江西，既称山上有匪，南昌总兵陈王章就有失职罪，他连忙向皇帝述职，说这一带布防严密，每月都有千总和把总巡逻，根本没有发现匪类的踪迹。浙江和福建方面也加强兵力查山，皆未发现匪迹。虽然查无盗匪行为，江山县王益善案还在深入追查。①

浙江散札案犯供说他们的最高领袖是江西省城斋堂主人黄森官，于是案情的重心转到江西。江西各地都在奉命查获疑犯，那些流动人口，特别是没有地缘和血缘保护的游方僧道，往往成为怀疑和打击对象，游方行医道人朱一如就因为携带符术牌木和“禁书”而受到严审。几经周折，“要犯”黄森官终于在丰城县拿获。用过夹棍重刑后，黄森官供说自己原因开店折本，于雍正十年在江西省城创斋堂，设“三皇圣祖教”，又称“圆敦大乘教”。其父黄廷臣称“天老爷”，黄森官自封为“弥勒佛紫薇星”，“不但入教男妇借奉为教主，即伊胞叔亦甘心下拜，其后附和者众”。该教有九运堂、五云堂等分部，据“堂口簿”载，信众有男六百十名，女一百九十八名，“有一家大小男女总入簿内者”，“有初生幼童亦入簿内以图好养者”。但黄森官否认与散札事有关。浙江信徒吴士荣供认出于自己的构思以“文阳王”的名称散札，并“奉黄森官为主”。为推销札符骗钱，他们造谣说封禁山有匪，得此札可以避灾。在江西玉山县有吴士荣散札团伙，浙江江山县境内的“扁头

---

① 《汇编》陈王章，十二年正月二十六日，册25，第808~810页；《汇编》万际瑞，十二年二月十六日，册25，第886~888页。

王”周果达散札情由也大致与此类似。①

因案情在浙江省首先发现，江西拿获的大批散札疑犯应解往浙江审判。江南总督赵弘恩怕江西地方官回护失察罪而不认真办案，又怕大批罪犯解浙会走漏风声，故而将这批江西案犯解往江宁亲自审查，然后解浙会审。雍正十分重视此案的审理，特派左都御使徐本往浙江结案。浙江按察使认为案犯由江宁解浙延误时日，后来江西疑犯就直接拿解浙江。②

在封禁山南麓的福建境内，官方也在搜捕散札犯，并追查他们是否与江西和浙江的案犯有组织关系。建宁府首先发现了王廷璧在浦城一带散札。据讯，王廷璧原籍湖广，自幼父母双亡，十岁随叔父居温州，妻死后来福建教书经商，雍正三年做和尚，雍正六年还俗，靠卖字写状为生。因生活贫穷，“想去骗人家两把银子，拿了一条褥子，当了一百二十文钱，买了四尺绫子，剪做三段，写了三张札符，印是用豆腐干雕的。……官衔是《三国志》里看来的。”王廷璧自填一札为“长史”，曾填造“威远将”“镇远将”等名目的札符售与人，或与人抵账。③

在建宁查获的另一散札案犯是还俗僧人徐大鋐。徐大鋐自幼在建宁县青佛庵出家，还俗后捏称古田县高万清姓名，散“万清总督”札符，职名有“总兵”“知府”“千总”等，札内写有“逢店饮酒，遇库支粮”字样。他还仿制青佛庵“佛法僧宝”“祈福保安”二印，连同札符一道出卖。

福建两起散札案是各自独立的，组织规模很小，但主谋散札者都如同广东李梅一样，照谋判罪斩决，“妻妾子女给付功臣之家为奴，财产并入官，父母祖孙兄弟不限籍之同异，皆流二千里安置”。④ 这一带的散札者几乎都

---

① 《谕旨》徐本等，《四库全书》册 422，第 481~482 页；《汇编》宋筠，十二年二月十五日，册 25，第 951~953 页；《汇编》凌燽，十二年四月十六日，册 26，第 163~164 页。

② 《谕旨》赵弘恩，十二年三月初一日，《四库全书》册 425，第 524~525 页；《汇编》赵弘恩，十二年二月十八日，册 25，第 909~910 页；《汇编》赵弘恩，十二年四月初六日，册 26，第 173~175 页。

③ 《汇编》郝玉麟，十二年三月二十日，册 26，第 47~49 页。

④ 《汇编》郝玉麟，十三年六月初二日，册 28，第 508~511 页。

散布封禁山有匪的谣言，在某种意义上反映了人们缺乏地缘安全感，对满族统治存有恐慌心理。两广和封禁山区域的札符都具有社会组织功能，散札者散布反政府的谣言，又以政府职官的称谓散札，虽说受众是“被愚惑”，但他们在意识深处都充满着皇权和神权主义思想。

鉴于封禁山散札案，江南总督赵弘恩加紧了对其辖区内（江苏、安徽和江西三省）信仰和会党组织的查封，拿获了抬天尖刀会、三乘会、五岳会、探花会、大刀会等会党人员数十名。①

四、臣僚与皇帝的态度

尽管一切“邪教”都是非法行为，但只要不触及帝国的政治安全，官员也都默许其存在。官府对“邪教”的查拿，主要靠绿营最基层单位“汛”的把总出力捕人，文官也要配合谋划。访查“邪教”是秘密进行的，一般是派人打入教会内部摸底，然后由把总和千总逮捕疑犯。主要组织者视其情节轻重分别处以仗责、流放甚至极刑，而一般信众则勒令“改邪归正”，并由里甲监督改造。可见查禁“邪教”对各级官员来说是十分费力的事，而雍正年间各项改革雷厉风行，官员的日常行政事务应接不暇，即使发现了“邪教”，各级官员都还有“失察罪”，因而大家对追查“邪教”“邪术”大多应付了事。如两广散札早在雍正初年就已流行，“向因地方官并不察究，一经事犯，或匿不具报，又或据实具报，而上司反加呵斥，以为好事，随亦互相隐讳，草率完结”。② 苏州巡抚陈时夏发现运河上的罗教帮派组织后，推托给漕运总督张大有料理，雍正深知张大有不会尽力办此事，批曰：“张大有如何能办此事，错了。”③宜兆熊在直隶总督任时，也不认真访察罗教，雍正对其心腹李卫说，宜兆熊查罗教“乃漫不经心，未副朕意”。李卫是以缉拿盗匪著称的

① 《谕旨》赵弘恩，十三年二月二十六日，《四库全书》册 425，第 583 页。

② 《汇编》鄂尔泰，八年四月二十日，册 18，第 514~517 页。

③ 《汇编》陈时夏，六年正月二十九日，册 11，第 531~532 页。

宠臣，深知皇帝对政治安全的敏感心理，在任浙江总督时不遗余力查禁有盗匪嫌疑的罗教组织，任直隶总督时也严查罗教，深得雍正欢心，说他“甚为可嘉之至”。①

雍正时期全帝国的政治秩序较为稳定，皇帝励精图治，主要精力用来施行各项改革，对“邪教”“邪术”事件的处理并不大张旗鼓，更不愿此事过分扰民，因而在雍正朝《实录》《起居注》等官方文件中未见到关于上述案件的记载，也未曾见到过雍正对查“邪教”“邪术”不力官员的公开批评，这与社会矛盾激化时代的乾隆帝大为不同。② 有些高级官员误解了“上意”，不遗余力查办“邪教”和“邪术”事件，把案情不断扩大以迎合皇帝，反而遭到雍正的批评甚至斥骂。江西南赣总兵刘章在雍正二年奉密旨查罗教，他细查了每一兵丁，皆无入教者，又遍查了南昌、赣州和吉安三府百姓，虽是“习尚罗教”，但都是在家念经的良民，于是刘章“查经收卷，令其改邪归正”。当他向雍正报功时，却得到了“原可不必苛刻纷扰”这样的批复。③ 福建巡抚刘世明可谓是访查罗教的积极分子，在得知福建省曾有万姓、王姓二人在北京德胜门罗教庵内活动之后，他立即“密令各府选差干，投于各处城郭乡村及深山僻壤、古庙庵院等处”查拿这两名罗教信徒。虽然万、王二人未获，但却查出不少天主教和罗教的信奉者。尽管这些信众并无首领和组织，刘世明还是强令他们不得吃斋，并在一个月之内“改邪归正”，若有不放弃信仰者，“甲邻不禀首官司，一体坐罪。现在省城行之，卓有成效。”但雍正批评刘世明说“只可禁邪教惑众，亦未有禁人吃斋之理”，并骂他上奏的是“胡说之折”，“直不知自身以绝敬诚”。④ 当吏部尚书署陕西总督查郎阿要求严保甲“查邪教匪类”时，雍正说：“如欲借严保甲以稽察匪类，只宜谕

① 《谕旨》李卫，十年十一月二十九日，《四库全书》册423，第393~394页。

② 参见孔飞力(Philip A. Kuhn)著，陈兼等译：《叫魂：1768年中国妖术大恐慌》，上海：上海三联书店，1999年，第277页。

③ 《谕旨》刘章，二年二月十二日，《四库全书》册422，第784~785页。

④ 《汇编》刘世明，七年十月十三日，册16，第917~920页；《汇编》刘世明，八年二月初三日，册17，第845~846页。

属员相机为之，不时留心体访，一有拿获，即示以奖劝，如斯而已。况正在军需之际，事务浩繁，无故又申一番功令，是岂宁帖地方之道？朕实为汝等忧之，随波逐流，毫无定见，如何，如何！”①署江西按察使凌燽认为地方官视查禁“邪教”为具文，“臣查地方官不禁邪教，例降一级调用。又律载师巫邪术，里长知而不首，笞四十”，他要求按法办事，地方官、乡保不查“邪教”而被告发者，应“严定处分”，他的主张被皇帝斥为“妄谈之论”。② 由此可见雍正是以折中的态度处理“邪教”和“邪术”，既要把“谋叛”消灭在萌芽之中，又不愿过分扰民，动摇政本。

（原载香港中文大学《二十一世纪》，2002 年 12 月号）

---

① 《谕旨》查郎阿，八年三月十三日，《四库全书》册 424，第 452~453 页。

② 《汇编》凌燽，十二年四月十六日，册 26，第 164~165 页。

以宗教智慧解《红楼梦》，悟历史意蕴

李平民

宗教的显著特征是晦涩难懂。《红楼梦》之所以被赞为“不由情人不泪流”的千古绝唱之作，以至于构成了一门学术性的独立研究学科——红学，其中一个重要的原因是曹雪芹精通玄奥的宗教智慧，惯于用神话、截语，曲笔暗喻来表现自己的写作意图，以辩证对比手法深刻揭示人性和事物的本质，其结果是如同宗教典籍一样，云山雾障，若隐若现，晦涩难懂，伏笔千里，让读者迷宫莫返。正如曹雪芹本人所言：“满纸荒唐言，一把辛酸泪。都云作者痴，谁解其中味！”本文志在以“因空见色，由色生情，传情入色，自色悟空”和“在乎灵，不在乎仪文”的宗教智慧观“风月宝鉴”，解“红楼”之“梦幻”，析“太虚幻境”和“大观园”之谜，品弦外之音和象外之意，悟“神圣与世俗”之关系，以飨读者。①

一、“梦”由“史”出，“幻”由“真”成，“色不异空”

作者开篇就开宗明义地告诉读者：“曾经历一番梦幻之后，故将真事隐

① 本文的“解”和“悟”主要依据曹雪芹在《红楼梦》前 5 回所表明的基本思路和脉络、空空道人解读《石头记》的方法、仙子引渡迷津的宗教“警幻”及贾府破败后的“食尽鸟投林，落了片白茫茫大地真干净”的结局暗示、前 80 回对正统“经济仕途”思想的批判等。笔者认为，续写的第 119 回、120 回的“中乡魁宝玉却尘缘、沐皇恩贾家延世泽、贾府“兰桂齐芳，家道复初”的结局及对“圣君、贤相”正统思想的颂扬，对全书“不过是游戏笔墨、陶情适性而已”的断语及“由来同一梦，休笑世人痴”的虚无主义“归结”等，与曹雪芹在前 5 回中所表明的基本思路和主题思想相去甚远。

去，而借通灵说此《石头记》。”《石头记》一书源起于女娲补天未用而弃于“大荒山无稽崖”（荒诞无稽）“青埂峰”（“情耿”峰）下的一块“灵石”（洞察真实的智慧）。此“灵石”因无才补天而自怨自愧、耿耿于怀、日夜悲哀之际，偶遇“生得骨格不凡，丰神迥异”的“茫茫大士、渺渺真人”而被“携入红尘”，投胎到“昌明隆盛之邦、诗礼簪缨之族、花柳繁华地、温柔富贵乡”里，之后记录下自己的所见所闻，即《石头记》。“又不知过了几世几劫，因有个空空道人访道求仙，从这大荒山无稽崖青埂峰下经过”，检阅并从头至尾抄写了《石头记》，“空空道人因空见色，由色生情，传情入色，自色悟空，遂改名情僧，改《石头记》为《情僧录》。东鲁孔梅溪题曰《风月宝鉴》”。作者在此清楚告诉了读者解析“红楼梦”和观察“风月宝鉴”的方法：像访道求仙的空空道人那样，“因空见色，由色生情，传情入色，自色悟空”，超越荒诞无稽的世俗偏见（大荒山无稽崖青埂峰），运用宗教智慧（通灵），解读一僧一道携入人间的“石头”的亲身经历，感悟“虚无”背后真实的历史意蕴和“事体情理”。

英语单词 Religion 本意是“回归神”（至真、至能、至善、永恒），一般把它解释为“关于宇宙的因果和本质的信仰，尤其是关于崇拜神和神灵的信仰”。旧版《辞源》把“宗教”解释为“以神道设教，而设立戒约，使人崇拜信仰者也”。新版《辞源》把“宗教”解释为“佛教以佛所说为教，佛弟子所说为宗”，“现泛指对神道的信仰”。按照马克思对 Religion 的定义，“宗教是这个世界的总的理论，是它的百科全书式的总纲”（Religion is the general theory of this world, its encyclopedic is compendium），“是对人的本质的虚幻的认识，因为人的本质还没有获得任何真实的存在”（It is the fantastic realization of the human essence since the human essence has not acquired any true reality）。它涉及文、史、哲，其“包罗万象”，类似于中国古代经典“诗、书、易、礼、春秋”。①

一般宗教典籍和信仰都认为，“神”“佛”“道”“天”资始、资生，“元亨利

① 《马克思恩格斯选集》第 1 卷，北京：人民出版社，1995 年，第 1 页。

贞”,至善、至能、永恒。宗教的根本宗旨是“追根索源”,所谓感悟“神的启示”“先知预言”,实际就是“究天人之际,通古今之变”。“道不远人”,宗教就是通过关注“超自然”的“彼岸世界”(理念,本源,终极,宗极[穷其原本,尽其宗极])而服务于“世俗”的“此岸世界”。宗教是人类对宇宙和现实世界的认识和实践规则,以“神、佛、道、天”等之名启示世人、劝诫世人扬善抑恶、拯救世界、改造世界,普度众生脱离苦海,通往极乐世界或完美的天国等。它要求人类敬畏、顺从和实践神的诫命或天命。虔诚信“神”和皈依神的目的就是探索真理、追求卓越、追求“公平、公正”,“中正仁和”。宗教提倡“爱人”,“救人”,“救世”,在虔诚的信徒看来,无论《圣经》、《古兰经》、佛经,都是上帝或佛启示的真理、智慧、宇宙的奥秘、人生的终极归属。

“道通为一”,世界上的大智慧都是相通的,“千古圣人同此心同此理”,如基督教的“不可妄称上帝的名”“太初有道,道与上帝同在,道就是上帝。万物是借着他造的,凡被造的没有不借着他”的教义与“圣父、圣子、圣灵”“三位一体”说①,类似于老子所言的“道隐无名”“一生二,二生三,三生万物”“有、无相生”说等。在宗教智慧里,“道”“神”“天”“佛”或“上帝”是“一”和“多”、普遍性和特殊性、有限和无限、已知和未知、暂时和永恒、有形和无形的辩证统一。一方面“道不远人”,“神”显“灵”于人和万物,“无所不在,无所不能”,是与人类息息相关的“真理”“真实”“公平”“公正”等,是人可以认识和领悟的智慧、真实和道等;另一方面“神”又超越人与自然,是人无法完全企及和认识的“无限”“绝对”“永恒”“虚空”等。宗教智慧运用“清真”“太清”“太真”“虚空”“虚无”“寂灭”“无极”“太极”和“色”“情”“欲”“罪”等概念进行表述和详细论证了“神”与“人”、“道”与“人”、“神圣”与“世俗”、“绝对与相对”、“暂时与永恒”、“普遍与特殊”、“偶然与必然”、“无限与有限”、“有形与无形”的这种“白马非马”的对立同一关系。正因为“神圣”与“世俗”、“道”与“人”、“神”与“人”之间的这种一方面相距遥远的“空空、渺渺、茫茫”,另一方面又息息相关的“无处不在、无所不

① 《约翰福音》1:1。

能”的对立同一关系，所以宗教智慧一方面承认神对人的“爱”“仁慈”和“拯救”，要求人对“神”的敬畏和皈依，另一方面又都承认人对“神”的认识、分析推理的愚昧和世俗行为的虚妄，批判人背离“神”的“情”“欲”“罪”“淫”，强调“神”或“天”对人的“无情”，要求人“灭欲”“禁欲”“苦行”“感悟”“重生”等。

人与神、世俗与神圣、有与无、隐与显、真与假、暂时与永恒、有限与无限、相对与绝对、已知与未知，这种若即若离、若隐若现的辩证关系，正是老子所言的“道可道，非常道；名可名，非常名”和“道隐无名”“大音希声，大象无形”等；依据《旧约》记载，摩西也只看见过“上帝的背”，也不知上帝的名，因此“十诫”要求人“不可妄称上帝的名”“不可敬拜偶像”，相信“人永远不可能等同于上帝”“看见上帝的人必然死”。《新约》里也写道：“除了父没有人认识子，除了子和子所启示的，没有人认识父。”基督教类似的经文还有：“在乎灵，小在乎仪文”，“文字使人死，精义使人生”。依据清《五灯全书卷第一》中的释迦牟尼所言：“法本法无法，无法法亦法。今付无法时，法法何曾法。”佛教《心经》也断言：“色不异空，空不异色。色即空，空即色。”佛教《金刚经》的名言则是：“凡所有相，皆是虚妄。若见诸相非相，则见如来。”“若以色见我，以音声求我，是人行邪道，不能见如来。”佛教禅宗的名言是：“不立文字，教外别传，直指人心。”其他许多宗教也都有类似的结论，认为人的许多自以为是的所谓智慧和行为在神那里就是“荒诞无稽”“梦幻”“虚无”“虚妄”“原罪”等，当人类把这种背离“神”“佛”“天”的所谓智慧付诸实践时，它就必然通向或导致灾难和痛苦，或“孽”或“淫”。正是由于人基于自我中心的“情”“欲”的种种“罪”“痴”“孽”“淫”“虚妄”，所以人必须皈依、“敬畏”和“顺从”神而获得“顿悟”“觉迷”“通灵”“无我”“再生”“复活”等。人面对社会现实或世事人情的认识和思考的“属灵”的“真实”和基于“自我中心”的“虚妄”的“真实”，也就是“风月宝鉴”里的“美女”和“骷髅”，“太虚幻境”里的“温柔”和“迷津”。作者力图启示的道理是：“至真”“至能”“至善”“永恒”的“神”呈现于世俗常人的往往是“空空”

“渺渺”“茫茫”，是“骷髅”“癞头跣足”“跛足蓬头”“疯疯癫癫”等，世俗常人对现实社会的判断和推理往往缺乏辩证观，时、空观和发展观，是“假作真时真亦假，无为有处有还无”，是奔向天堂反堕入地狱的愚昧无知和荒诞不经。

作为世界名著的《红楼梦》不仅是一部古典长篇章回小说，更是运用宗教智慧，用特殊的写作方法和思维方式所撰写的“历史”巨著。如果说《三国演义》《水浒传》《西游记》的批判对象是乱臣贼子、贪官污吏和牛鬼蛇神似的邪恶势力，都是只反贪官而不反皇帝，而《红楼梦》的批判笔锋则直指“孽海情天”的封建“大厦”，直指封建的伦理纲常、血缘亲情和宗法等级制度。它通过虚构的朝代、地点、人物，并不仅仅揭示了清王朝由盛转衰的历史和反映了大清帝国贵族的现实生活，也同样揭示了整个中国封建社会历史兴衰周期率和反映了封建贵族的现实生活。

作者在开篇就明确告诉我们：他借“通灵”所说之《石头记》虽然“将真事隐去”“无朝代年纪”，但却是“石头”堕落之乡、投胎之处的“身前身后事”。既不同于颂扬“大贤大忠、理朝政、治风俗”的帝王将相史，也不同于“假借汉、唐名色”“或仙谤君相，或贬人妻女，奸淫凶恶，不可胜数”的野史。尽管曹雪芹曾预见到《红楼梦》难免被世人一时误读为“满纸荒唐言”，自己被误解为“痴癫”，但他自信并断言自己所撰写的“历史”不亚于一般的帝王将相史和野史，声称《石头记》“其间离合悲欢，兴衰际遇，俱是按迹循踪，不敢稍加穿凿，至失其真”①，“解味”者定会“省了些筋力，不更去谋虚逐妄了”。

作者的断言并非言过其实，他运用宗教智慧对人性和“事体情理”的揭示所达到的深度是一般的帝王将相史和野史无法达到的。因为在传统的文史哲学科之中，文学比哲学更接近历史，前进一步是历史，再前进一步是哲学。历史学里头有文学因素存在，同样文学中也有历史事实。从“三言二拍”里头可以看到晚明市井生活的真实面貌，这对于研究社会史的人几

① 曹雪芹、高鹗：《红楼梦》，上海：上海古籍出版社，1991年，第2页。

乎是一个常识。文学中有历史,这一点现在似乎不成为问题,所以毋庸多说。如法国的小说,诸如司汤达、雨果、莫泊桑,特别是巴尔扎克等人的作品,都有很重要的史料价值。一些历史名家常常鼓励学生把读小说作为研究和了解历史的一种方法。马克思和恩格斯曾对巴尔扎克的《人间喜剧》给予很高评价。马克思和恩格斯都曾讲过,为什么要读法国的历史?读那些枯燥的历史学家写的历史呢?你们不妨读一读巴尔扎克的《人间喜剧》,它里面就描写了法国的社会,从1815年至1849年法国人经历过怎样一个痛苦的过程,描写了法国是如何从封建社会向资本主义过渡的。

作为人文学科的历史要求"秉笔直书",通过真实的人物和事件揭示事物发展演变的规律。作为人文学科的文学则要求"想象",通过虚构的人物和事件影射现实,揭示"人性和事物的本质"。对此,曹雪芹曾在《红楼梦》中清楚告诉读者,对于他书中的"满纸荒唐言","若非多读书识事,加以致知格物之功,悟道参玄之力,不能知也"。[①] 只有像"空空道人"那样"因空见色,由色生情,传情入色,自色悟空"才能真正解读"红楼梦幻"背后的"事体情理"。作为人文学科的历史需要"考据"和"求证",而作为人文学科的文学则需要"通灵"和"感悟"。由《红楼梦》里虚构的"天上人间诸景备的大观园"里的人物和事件去复原"历史上真实的人物和事件"不仅违背作者的本意,而且最多也只能复原支离破碎的"历史上真实的人物和事件"。

作为一部长篇小说和"历史"巨著的《红楼梦》之所以曾以《风月宝鉴》和《情僧录》为名,因为全书以"离合悲欢,兴衰际遇"之"风月情浓""情天恨海"为主线。作者在"红楼梦引子"中曾追问:"开辟鸿蒙,谁为情种?"其回答是:"都只为风月情浓!"之所以有"厚地高天,堪叹古今情不尽"的感叹[②],因为中国封建社会是名副其实的基于血缘亲情、宗法等级基础上的"家天下"。尽管历代王朝"礼义以为纪","著其义,以考其信","著其过,刑仁讲让"以寻求长治久安,但是,由于权力不受制约,封建的"情天恨海"

① 曹雪芹、高鹗:《红楼梦》,第12页。

② 在《三国演义》中,"秋月春风"与"是非成败""兴亡事"相对应。

不仅无法避免“故谋用是作，而兵由此起”，更无法避免“淫丧天香楼”，“画梁春尽落香尘”，“喜荣华正好，恨无常又到”，“威赫赫爵禄高登，昏惨惨黄泉路近”的“梦幻”和“是非成败转头空”的“盛衰周期率”。①

建立在血缘亲情基础上的“家天下”的封建等级社会的实质是权力垄断和利益交换，正如《红楼梦》所描写：“贾不假，白玉为堂金作马。阿房宫，三百里，住不下金陵一个史。东海缺少白玉床，龙王来请金陵王。丰年好大雪，珍珠如土金如铁。”在权力和利益垄断的封建社会里，随着土地和财富的不断集中，大批“富比王侯”的上层贵族相互结合成的“一荣俱荣、一损俱损”的官僚集团，随着时间的推移，在权与利的作用下必然日益错综复杂，致使君王为代表的中央集权越来越被削弱，到了“末世”即使君王励精图治也“无力回天”，随之而来的只能是礼崩乐坏，甚至守不住“道德底线”，大力倡导的仁义道德就会日益虚伪、苍白，“圣君、贤相”的所谓“开明专制”必然是虚幻，这也就是《红楼梦》所揭示的“情天情海幻情深，情既相逢必主淫”“痴男怨女，可怜风月债难酬”的道理！它的典型特征是儒表法里或内儒外法，即“假作真时真亦假，无为有处有还无”。

为了揭示封建王朝“其兴也勃焉，其亡也速焉”的不断改朝换代的“甚荒唐，你方唱罢我登场”的“兴衰周期率”，《红楼梦》把贾府划分为“宁”“荣”两府，“宁”象征着王朝初期的政权巩固和社会稳定，“荣”象征着伴随着各种社会矛盾不断激化的封建王朝的“盛世”。《红楼梦》中借出身寒门的秦可卿向出身名门望族的王熙凤托梦的故事，对封建王朝的“盛衰周期律”作了精彩的论述：“常言：‘月满则亏，水满则溢’，又道是：‘登高必跌重’。如今我们家赫赫扬扬，已将百载，一日倘或乐极生悲，若应了那句‘树倒猢狲散’的俗语，岂不虚称了一世诗书旧族？……‘否极泰来’，荣辱自古周而复始，岂人力所能常保的？但如今能于荣时筹画下将来衰时的世业，亦可以永远保全了……烈火烹油、鲜花着锦之盛，要知道也不过是瞬息的

① 《礼记·礼运》。

繁华，一时欢乐，万不可忘那‘盛筵必散’的俗语。”①在第二十九章里，曹雪芹通过贾母点戏和借“神”的启示再次对“盛衰周期率”进行启示：“神前点了戏，头一本是《白蛇记》……汉高祖斩蛇起首的故事。第二本是《满床笏》……第三本是《南柯梦》。”②“千里搭长棚，没有个不散的宴席”，无论是“宁国”或“荣国”，都无法避免“忽喇喇似大厦倾，昏惨惨似灯将尽”“树倒猢狲散”“好一似食尽鸟投林，落了片白茫茫大地真干净”的命运，因为作为封建大厦根基的“情天”必然伴随着“孽海”“虚妄”“虚幻”，由于权力和利益之争，“即使一家子亲骨肉”最终也难免“一个个像乌眼鸡似的，恨不得你吃了我，我吃了你！”维系这座大厦的纽带“仁义道德”越来越呈现出它“淫”的一面，“贾府除了门前那对石狮子再没有干净的了！”作者把贾府比喻为命数已尽的封建王朝，并假探春之口预言：“可知这样大族人家，若从外头杀来，一时是杀不尽的。这可是古人说的，‘百足之虫，死而不僵’，必须先从家里自生自灭起来，才能一败涂地呢！”③也正是千古警世之哲理：“亡六国者六国也，亡秦者秦也！”

“时易、世易、事亦易也”，“天道若循环，周而复始”，随着时间的推移，任何事物都会走向它的反面。中华民族经历了多少悲欢离合、艰难痛苦而生生不息，华夏文明经过多少天灾人祸、内忧外患而延续至今，这不能不归功于儒学创造的如“金麒麟”一般美好的伦理体系。以“中正仁和、礼乐秩序”为核心的儒家学说在中国流传2000多年，提倡“民为邦本”和追求真理、孝敬父母、诚信爱人等，是中华文化的精华，但是，封建社会历史清楚告诉我们，由于相信君权神授、奉天承运、替天行道，缺乏对权力的制约、监督和对个人权利的保障，片面幻想依靠少数圣君贤相、“大救星”或仁人志士，片面强调“仁义道德”和“礼乐秩序”，致使儒家所理想的“正大光明、中正仁和”等，在权力和金钱的挑战下最终难免成为“装在锁链上的虚幻的花

① 曹雪芹、高鹗：《红楼梦》，第86页。

② 曹雪芹、高鹗：《红楼梦》，第208页。

③ 曹雪芹、高鹗：《红楼梦》，第560页。

朵”或“海市蜃楼”似的“梦幻”或“虚幻”,所谓的种种令人珍视的“虔诚”“热忱”“温情”“信仰”最终都难免被淹没在自私自利的冰水之中,历代仁人志士所倡导的“中正仁和,礼乐秩序”最终难免被邪恶势力利用为掩饰丑恶的旗帜,难免法家理想的严刑峻法一枝独秀地表现出极大的残酷性。

二、“权”由“情”得,“贵”由“淫”生

《红楼梦》以“风月情浓”“孽海情天”为主线,首先“上演”了众多封建权贵者的“喜荣华正好,恨无常又到”“威赫赫爵禄高登,昏惨惨黄泉路近”的“虚妄”命运,其中的秦可卿就是作者浓墨重彩的最具代表性的这类典型人物。据书中所言,秦可卿本是养生堂里抱来的野婴,虽然出身低贱但却成了堂堂宁国府三代单传的孙儿媳妇。因为贾珍(假真,人妖颠倒,是非颠倒,“凡族中事都是他掌管”)极为“珍视她”,以至于生前她的“案上设着武则天当日镜室中设的宝镜,一边摆着赵飞燕立着舞的金盘,盘内盛着安禄山掷过伤了太真乳的木瓜。上面设着寿昌公主与含章殿下卧的宝榻,悬的是同昌公主制的联珠帐”。[①] 为何贾母、王夫人的房间里没有这么高贵的摆设?更有甚者,她死之后,宁国府大力操办葬礼,极尽奢华与浪费,甚至用的是“忠义亲王老千岁”曾预定的“帮底皆厚八寸,纹若槟榔,以手扣之声若玉石”的“万年不坏”的棺材。

秦可卿究竟是谁?她的身世和死亡之所以成为红学界长期争论不休的一个问题,源于对“情”和“淫”的误读。解读《红楼梦》和秦可卿之谜首先需要读者牢记作者告诫的“假作真时真亦假,无为有处有还无”,他是“将真事隐去,而借通灵说此《石头记》”的。作为“历史”巨著的《红楼梦》是以“红楼”男女“风月情浓”为名,实为揭示封建血缘亲情、忠义亲情和“趋利避害”之人性。男女“风月情浓”是“假”,被喻为“红楼”的官官相护和贪酷相争之封建官场背后的“孽海情天”才是“真”。若以男女之私情为线索,我

---

① 曹雪芹、高鹗:《红楼梦》,第 31 页。

们无法找到秦可卿之“淫丧天香楼”的蛛丝马迹。只有把喻为“红楼”或“天香楼”的“封建官场”的“血缘亲情”和“忠义亲情”作为钥匙，我们才能真正解开“秦可卿”出身和死亡之谜。

利用同音字以假乱真是他的重要写作方法，如：青埂峰—情耿峰，十里街—势利街，仁清巷—人情巷，甄士隐—真士隐或真事隐，戴权—大权，詹光—沾光，卜固修—不顾羞，卜世仁—不是人，单聘人—善骗人，冯渊—大冤，甄英莲—真应怜等等。同样道理，我们完全可以把“秦”理解为“亲，情”，把“卿”理解为“掌权、执政”者，把“兼美”理解为“荣名”（其夫贾蓉—假荣），把“天香楼”理解为高高在上的权位，“红楼”理解为“温柔富贵乡”。

众所周知，“卿”本是官名，周代诸侯皆有“卿”，地位高于“士”，有时也与“士”合称为“卿士”，专指“执政”者。秦汉有“九卿”，后来“卿”也成为“位尊权重”者的头衔，自唐以后君主称臣民为卿。“秦可卿”之名意为：只有“血缘亲情”和“忠义亲情”才可以得道升天。封建专制社会的“情天”实质上是“孽海”，由于其“浓情”是基于权力和金钱而不是发自“内心”的真情，充满着血雨腥风的、六亲不认的争权夺利，所以是属于“虚幻”和“虚妄”，实际上是背离儒家所倡导和统治者所标榜的仁义道德、礼义廉耻的。不仅“秦可卿”与“淫”联结在一起而短命，他的弟弟“秦钟”（情忠、情种）也同样与“淫”联结在一起而短命。秦钟竟然在他姐姐秦可卿大丧之日与尼姑智能儿偷情，其父秦邦业因此事一气而丧命。“现任营缮司郎中”的“秦邦业”（情帮孽或孽海情天）的名字意为作为封建纽带和根基的“情”乃万恶之源（营善司）。“秦可卿”之夫贾蓉（假荣）是淫荡至极的乱伦之人，“秦可卿”又名“兼美”及秦邦业五十三（无事善）岁生秦钟（情种、亲忠）并因秦钟与尼姑偷情而丧命，这种种暗示意味着“荣名秽人身”，“情既相逢必主淫”，是“败家的根本”。

“秦可卿”之名不仅诠释了“情天情海幻情深，情既相逢必主淫”的封建专制制度的本质，还诠释了“贾不假，白玉为堂金作马。阿房宫，三百里，住不下金陵一个史。东海缺少白玉床，龙王来请金陵王。丰年好大雪，珍珠如土金如铁”的“护官符”,也诠释了“因嫌纱帽小,致使锁枷扛,昨怜破袄寒,今嫌紫蟒长:乱哄哄你方唱罢我登场,反认他乡是故乡。甚荒唐,到头来都是为他人还嫁衣裳”的“秦太虚”(情太虚)官场现象,因为在一个缺乏道德和法制的“一人得道,鸡犬升天”的“政以贿成,官以钱得”的“孽海情天”的封建社会里,没有最终的胜利者。历史的辩证法告诉我们:“动刀的必死于刀下”,权力的激烈争夺和诚信的缺失必然导致人人自危和人文环境的不断恶化。“成也情,败也情”,人可像秦可卿那样,从一个养生堂里抱来的女婴而成为“重孙媳妇中第一个得意之人”,但最终必然是“镜里恩情,梦里功名”,“画梁春尽落香尘”,“昨贫今富人劳碌,春荣秋谢花折磨”。在“九品中正制”下,“上品无寒门,下品无势族”,品官者“名为中正,实为奸府”。与“九品中正制”相比,科举制是社会的进步,可以“朝为田舍郎,暮登天子堂”,可以“一登龙门,身价百倍”,但在钱权交易的虚幻的“孽海情天”里,同样难免“高位多灾危,荣名秽人身”,同样可因“情”而官运亨通,因“情”而枷锁扛。由此我们不难理解“秦可卿”的出身(弃婴)及其命运(淫丧天香楼)。当她一病不起之时,就是冯紫英(奉旨太监、大紫的精英、神武将军公子)请来“学问最渊博,更兼医理极精,且能断人的生死”的张友士(友好士人,优则仕),也仍然无济于事,因为她是因“孽海情天”里“用心太过”而患的不治之症,“谋事在人,成事在天”,“天有不测风云,人有旦夕祸福”,正如秦可卿本人所说的“任凭他是神仙,‘治了病治不了命”。尽管她生前享尽人间“天香”,并得“死封龙禁卫”之殊荣,但最终也难免“昏昏惨惨黄泉路近”的“淫丧”命运,因此她在梦中告诫正如日中天的“同僚”王熙凤(王锡封):“月满则亏,水满则溢”,“登高必跌重”,“乐极生悲”,“荣辱自古周而复始”,提醒她“荣时筹画下将来衰时的世业”。①

“秦可卿”的弃婴出身和“淫丧天香楼”的命运也是对“孽海情天”的“太虚幻境”的最好诠释。贾宝玉梦游“太虚幻境”不仅睡的是秦可卿的“满室生香”的卧房,其墙壁上“有唐伯虎画的[海棠春睡图],两边有宋学士秦太虚

① 曹雪芹、高鹗:《红楼梦》,第86页。

（情太虚）的一副对联”，而且与“太虚幻境”中警幻仙姑的妹妹同名。正如秦可卿在梦中对王熙凤所言：“千里搭长棚，没有不散的宴席。烈火烹油之势，鲜花着锦之盛，也不过是瞬息的繁华。”贾宝玉先与众仙姑同享“琼浆满泛玻璃盏，玉液浓斟琥珀杯”的“万艳同杯”之乐，又与警幻仙子的妹妹秦可卿“柔情缱绻，软语温存”“巫山之会，云雨之欢”之后，“二人携手出去游玩之时，忽至一个所在，但见荆棒遍地，狼虎同群，迎面一道黑溪阻路，并无桥梁可通”。“此即迷津也。深有万丈，遥亘千里，中无舟楫可通，只有一个木筏，乃木居士掌舵，灰侍者撑篙，不受金银之谢，但遇有缘者渡之。”①

“木居士”和“灰侍者”是长期困扰红学爱好者的一个难解之谜，提出种种猜测而难以达成共识。笔者认为，这里的“木居士”和“灰侍者”与《红楼梦》中多次提到的“木石”“通灵”和“五行”说中的“木”和“水”理应是对应的。依据宗教智慧，生亦死，真亦假，色即空，聪明亦糊涂，无情亦有情等，“木石”或“木灰”虽为“无知觉、无感情”之物，实际上对应于“通灵”之物或志在“自然、无为”的“渺渺真人”和志在“寂灭、虚空”的“茫茫大士”。“警幻仙子”的“快休前进，作速回头要紧”呼喊之意与“智通寺”门上警语“身后有余忘缩手，眼前无路想回头”恰相呼应。乘坐“木居士、灰侍者”的“木筏”得渡“迷津”的故事所启示的哲理是：“聪明即糊涂，糊涂即聪明。不聪明不糊涂，不糊涂不聪明”；“生生死死，死死生生。不生不死，不死不生”。

依据“五行说”，“木、水”是与“火、金”对应，“烈火烹油”之势的“火”虽然有“炎炎向上”的特性，可以生出具有“肃杀、变革”特性的“金”，但富有“灵性”的“善利万物而不争”的“水”却是“火”的克星，而能“曲直”的“木”不仅能济“水”，且可因“水”而生生不息。就“五行”和“五常”（仁、义、礼、智、信）的关系来看，“火”和“金”对应的是“礼”和“义”，“木”和“水”对应的是“仁”和“智”（智慧，即“灰”侍者）。在历史的长河中，每当封建王朝的末世，儒家所崇尚的神圣的“礼、义”往往异化为邪恶的“情天情海”里的“孽”和“淫”，不再可以为“纪”；只有“乐山”的“仁者”（耿介如石

① 曹雪芹、高鹗：《红楼梦》，第86页。

的木居士)和“乐水”的“智者”(智慧若水的灰侍者)才会“不受金银之谢,但遇有缘者渡之”,“痴迷者”只有乘坐“木居士”掌舵和“灰侍者”掌篙的“木筏”才可得渡迷津而“重生”,寻找到“寿”和“乐”的美好境界。

“情天情海”(忠义或血缘亲情)的纲常伦理既是封建社会的根基又是社会腐败和“礼崩乐坏”以及政权解体的火种,由此我们不难解读“情天情海幻情深,情既相逢必主淫。漫言不肖皆荣出(王朝中期的鼎盛),造衅开端实在宁(宁:王朝初期的稳固,礼乐秩序)”“画梁春尽落香尘。擅风情,秉月貌(亲情关系本位),便是败家的根本。箕裘颓堕皆从敬(敬:虔敬顺从),家事消亡首罪宁(宁:封闭、僵化)。宿孽总因情(忠义和血缘亲情)”。在私有制的封建社会里,人性是自私的,争权夺利是难免的。封建历史一再告诉我们,“共患难易,共富贵难”,“血缘亲情”“忠义虔敬”难以实现儒家的“中正仁和”“选贤任能”的美好理想,只有“把权力关在法律的笼子里”和实行人民对权力的监督的公民社会才会有真正的公平、正义。封建社会的“宁”之所以是暂时的,它的“荣”之所以是虚假的,因为它的根基是“三纲五常”的“敬”(虔敬忠义),“情”无法避免各种内部矛盾的不断激化。秦可卿的“淫丧天香楼”也影射了王熙凤“机关算尽太聪明,反算了卿卿性命”的“枉费了意悬悬半世心,好一似荡悠悠三更梦”的“虚妄”的一生。由此我们不难理解“秦可卿”对“同僚”王熙凤(王锡封)的梦语:“烈火烹油之势,鲜花着锦之盛,也不过是瞬息的繁华”,“树倒猢狲散”。秦可卿作为一个“画梁春尽落香尘”“淫丧天香楼”的失势者,“警幻”正如“烈火烹油之势”的得势者王熙凤吸取前车之鉴,居安思危,“早做退路”,“快休前进,作速回头”,千万不要“身后有余忘缩手,眼前无路想回头”!

三、“虚幻”鉴“风月”,“名利”现“荒唐”

鲁迅说过“有谁从小康人家而坠入困顿的么?我以为在这途路中,大概可以看见世人的真面目”。曹雪芹亲历陵谷沧桑和炎凉风霜,不仅有“势败休云贵，家贫莫论亲”的亲身体验，甚至一度陷入“举家食粥酒常赊”的饥寒交迫的困境，所以对世事的洞明、人情的练达极为深刻，其“泪尽”而成的千秋传神文笔才令人拍案叫绝，以至于“东鲁孔梅溪题曰《风月宝鉴》”。作者以“红楼梦引子”为题写道：“都只为风月情浓。奈何天，伤怀日，寂寥时，试遣愚衷。因此上演出悲金悼玉的‘红楼梦’。”此句与“都道是金玉良缘，俺只念木石前盟”前后呼应，是读者理解封建时代众多知识分子的理想、追求和命运的重要线索。

在《金陵十二钗》（怀才不遇者）中，林黛玉、薛宝钗、史湘云最为典型，围绕着“金玉良缘”“木石前盟”及“通灵宝玉”的爱情故事而展开。孔子《论语·雍也篇》中曾说过“智者乐水，仁者乐山；智者动，仁者静；智者乐，仁者寿”。喻仁者性和山一样平静稳定，志存高远，有其高、深、博、大之质。智者乐水，喻智者性如属“灵”的水一样善利万物而不争，最柔弱、最平静却又自强不息、顺应自然而不可战胜。宝玉的“宝玉”和薛宝钗的“金锁”尽管都有“不离不弃，芳龄永继”的字样，但前者是“通灵”的，后者性属“冷香”的。“金玉良缘”即宝玉和德高行洁、豁达大度、随分从时、淡定稳重的薛宝钗的结合，或与聪明俊美、激情坦荡、美如“金麒麟”的史湘云的结合，喻为志在仁义礼智、仕途经济和功名利禄；“木石前盟”即宝玉和清高孤傲、目无下尘、独立不羁、性属“越名教，任自然”又多愁善感的林黛玉的结合，喻为志在“灵河岸上”的“逍遥自在”或宗教神圣。宝玉与林黛玉和薛宝钗及史湘云之间的爱情故事实际上启示的就是知识分子面对“仕途经济”和“逍遥自在”两种理想的“迷惑缠陷”和艰难抉择，面对“孽海情天”“风月情浓”的现实社会的无可奈何，“无才补天”的失落、困惑，无论是薛宝钗式的“停机德”或是林黛玉式的“咏絮才”，最终都难免“林中挂”或“雪里埋”的结局。

史湘云的结局最是困扰红学界的一个谜，实际上史湘云（似水像云）之名和“金麒麟”是解开史湘云命运之谜的唯一钥匙。尽管她是聪明俊美、“心直口快”、不拘小节、“生来英豪阔大宽宏量”的“高洁之士”，但却与经过高人（和尚）点化的、“随分从时”的、“冷香”的、极有城府的“山中高士”

薛宝钗志同道合,二人都有属于“金”的“金麒麟”或“金锁”,都同样痴情于美好的“仕途经济”。关于史湘云与薛宝钗和贾宝玉的关系,作者在第三十一和第三十二回中有清楚的描写和暗示。在史湘云的心目中:“这些姐妹中,再没有一个比宝姐姐好的。可惜我们不是一个娘养的。我但凡有这么个亲姐姐,就是没有父母,也没妨碍的!”①这样一来,我们对史湘云的命运不难理解,尽管她时来运转时有可能“好一似雾月风光耀玉堂,厮配得才貌仙郎”(一猜说是北静王水溶,一猜说是王孙公子卫若兰),但忽略了“史鼎”(事定)意为“自古穷通皆有定”,在“孽海情天”的“太虚幻境”里“离合岂无缘”,“经济仕途”的美好理想离开天时和地利的“缘”只能是“云散高唐、水涸湘江”的“虚幻”。在“一荣俱荣,一损俱损”的封建社会里,“才自清明志自高,生于末世运偏消”,一切如“金麒麟”似的美好理想和官场荣耀最终都不过是“海市蜃楼”,只能如“断线的风筝”,“随云散”的“春梦”,追逐水流的“飞花”,这难免红学爱好者依据“云散高唐,水涸湘江”“展眼吊斜晖,湘江水逝楚云飞”等,想象史湘云经历“厮配得才貌仙郎”的一番“梦幻”之后最终流落街头,然后与看破红尘的贾宝玉成为“白首双星”,这种想象也顺理成章。当然读者也完全有理由把“因麒麟伏白首双星”的“事体情理”想象为史湘云和薛宝钗晚年的共同命运,因为二人不仅志同道合,同志于“仕途经济”,而且都拥有属于“金”的饰物。

“一阴一阳谓之道”,“福兮祸所伏,祸兮福所倚”。当知识分子功成名就之时,却难免面对高处不胜寒的仕途险恶和个性丧失等烦恼和痛苦而向往“归去来兮请息交以绝游”的田园自由;当过分张扬个性、目无下尘和独立不羁或“不为五斗米折腰”时,就会难免招人所怨或为世难容,难免有孤独、失落和寂寞之叹。为此,“癞头和尚”开的“药方”是:或者遁入空门,淡泊名、利、情,“总不许见哭声,除父母之外,凡有外亲一概不见”。“金玉良缘”与“木石前盟”的艰难抉择最终导致“纵然齐眉举案,到底意难平”的感慨!宝玉在一举成名之后却遁入空门,这也就是历史上众多知识分子晚年

① 曹雪芹、高鹗:《红楼梦》,第227页。

倾向宗教信仰和向往田园生活的一个重要现象。行笔至此，使我们想起蒲松龄在《聊斋志异》中对封建时代怀才不遇者的类似感叹："磋乎！遇合难期，遭逢不偶。行踪落落，对影长愁，傲骨嶙嶙，搔首自爱。叹面目之酸涩，来鬼物之揶揄。频居康了之中，则须发之条条可丑；一落孙山之外，则文章之处处皆疵。古今痛哭之人，卞和惟尔；颠倒逸群之物，伯乐伊谁？抱刺于怀，三年灭字；侧身以望，四海无家。人生世上，只须合眼放步，以听造物之低昂而已。"①

作者也把志在功名利禄、有才无德、"学而优则仕"的御用文人贾雨村（贾一假，雨村一愚蠢、语存，假愚蠢实乃真愚蠢，是非颠倒、无道、黑暗的社会是虚假、愚蠢的人横行霸道的天下；"假语"荒唐之言流毒天下，使世人"真""假"难辨）和淡泊名利、志在逍遥自在的甄士隐（看破红尘的真正的德高行洁的隐居之士）作了对比。贾雨村所代表的是狂傲自负、无德、虚伪的知识分子形象，当他"怀才不遇"时自信"玉在匵内求善价，钗在仓内待时飞"，自视为众星所捧的十五的月亮："时逢三五便团圆，满把清光护玉栏。天上一轮才捧出，人间万姓仰头看。"但是，假若没有甄士隐平日的周济及助其进京另送的50两白银和两套冬衣，单靠卖字撰文他很可能无法一举成名。贾雨村的一生非常典型地反映了某些官僚文人的一生：寒窗苦读、科举成名、贪赃枉法，最后枷锁扛。封建权力使人变成魔鬼：他饱读诗书、才华出众，"相貌魁伟，言谈不俗"，曾经胸怀大志，颇有骨气，但他为了谋取功名只论"时飞"和"善价"，无视仁义道德，在肮脏的官场当中逐渐地异化为一个人性泯灭、恩将仇报的伪君子。他在走投无路之际得到甄士隐巨额资助之后，竟然"不过略谢一语，并不介意，仍是吃酒谈笑"。功成名就之后不仅对甄士隐不存感恩之意，甚至解雇了告诉他"护官符"的旧日相识并有恩于他的葫芦僧，只是因"恐他对人说出当日贫贱的事来"。他徇私枉法，对"人命关天"的冯渊（大冤）案竟然灭绝天理人性地胡乱判断；为了帮助贾

① 蒲松龄：《聊斋志异·叶生》，天津：天津古籍出版社，2004年，第24页、第25页。

赦强索石呆子的20把古扇，竟然捏造石呆子“拖欠官银”的罪名，将其逮捕入狱，致使其家破身亡；他因攀附贾府而步步高升，后来却对落难的贾府落井下石。贾雨村类官僚文人的所谓“尊荣”才真正是“裹了枯株朽木”的“绞锦纱罗”和“填了粪窟泥沟”的“羊羔美酒”！

甄士隐虽然禀性恬淡，不以功名利禄为念，只以观花种竹、酌酒吟诗为乐，但“人生皆苦”，天有不测风云，人有旦夕祸福，他最终也无法远离人世炎凉风霜。先是晚年因霍启（祸起）而失爱女，接着是庄园被火焚毁，再接着难逃岳父封肃（风俗）的算计。经历家破人亡之痛，倍感“家贫莫论亲”的晚年孤独之后，最终在渺渺大士、茫茫真人的点拨下看破红尘而遁入空门。曹雪芹假借渺渺大士、茫茫真人、甄士隐之名所写的“好了歌”及其注释可谓是《红楼梦》的点眼之笔，与《圣经·传道书》的内容惊人相近，是充满宗教智慧的洞观世事人情的“风月宝鉴”：“世人都晓神仙好，惟有功名忘不了！古今将相在何方？荒冢一堆草没了。世人都晓神仙好，只有金银忘不了！终朝只恨聚无多，及到多时眼闭了。世人都晓神仙好，只有姣妻忘不了！君生日日说恩情，君死又随人去了。世人都晓神仙好，只有儿孙忘不了！痴心父母古来多，孝顺儿孙谁见了？”“陋室空堂，当年笏满床；衰草枯杨，曾为歌舞场。蛛丝儿结满雕梁，绿纱今又糊在蓬窗上。说什么脂正浓，粉正香，如何两鬓又成霜？昨日黄土陇头送白骨，今宵红灯帐底卧鸳鸯。金满箱，银满箱，转眼乞丐人皆谤。正叹他人命不长，那知自己归来丧！训有方，保不定日后作强梁；择膏粱，谁承望流落在烟花巷！因嫌纱帽小，致使锁枷扛；昨怜破袄冷，今嫌紫蟒长。乱哄哄，你方唱罢我登场，反认他乡是故乡；甚荒唐，到头来都是为他人作嫁衣裳！”①

贾瑞单恋王熙凤的故事是“风月宝鉴”所昭示的一类为权贵所愚弄的伪君子型的读书人命运和追求。从贾代儒之名（世代为儒）我们可知贾瑞（瑞—诚信）出身书香门第，身为“义学”的管理者，其虽名为“瑞”并被“素日教训最严”，但却是个“图便宜没行止”的见利忘义的小人。他虽然出身

① 曹雪芹、高鹗：《红楼梦》，第7页。

书香门第但心中却只有钱和权，他追求"权势"化身的出身名门望族的王熙凤，尽管被百般戏弄、欺骗，但却顽固不化，直至因单相思而一病不起。在他命垂一线之际，专治冤孽之症的跛足道人赐他一面"风月宝鉴"，声称"这物出自太虚幻境空灵殿上，警幻仙子所制，专治邪思妄动之症，有济世保生之功"。并千叮咛万嘱咐："千万不可照正面，只可照背面。要紧！要紧！三日后我来取，管叫你病好。"但贾瑞不理解所谓的"太虚""空灵""警幻"等告诫之语，并没有遵照跛足道人所言去观看，当他在镜子的反面看到是骷髅时，竟然痴迷不悟地大骂道士"混账！如何吓我！"当他观看正面看到王熙凤在镜中正招手叫他时，竟喜不自禁，"荡悠悠觉得进了镜子"。他对跛足道人的告诫置若罔闻，无法抑制自己不观"正面"，最终被镜中"美女"忽悠得一命归天！这个跛足道人的"风月宝鉴"启示的真理正是"假作真时真亦假，无为有处有还无"！启示人们从封建社会表面现象和权势荣名背后认识现实的荒唐无稽及变幻无常。

跛足道人的"风月宝鉴"不仅类似于《圣经·传道书》和众多佛教典籍所启示的"万事皆空""空不异色，色不异空"的哲理，也类似于"耶稣受难"所昭示的人间的是非颠倒的荒诞不经和人性的愚昧盲从。"风月宝鉴"中所呈现的"骷髅"和"美女"恰如《圣经·福音书》中耶稣受难所启示的真理和邪恶。耶稣是"生命、真理、道路"，但在"自我中心"的"只爱黑暗，不爱光明"的愚昧盲从的芸芸众生的眼中，救世主耶稣却被视为邪恶的罪犯。当他被罗马总督鞭打得遍体鳞伤时并没有引起受大祭司煽动而疯狂、盲从的民众的同情；当耶稣经过"苦路"走向竖立十字架的"骷髅"地时，不仅遭到愚昧民众的百般戏弄，"又吐唾沫在他脸上，拿苇子打他的头"①，而且他们还迫使罗马总督彼拉多把耶稣和两个恶徒钉死在一起；他们声嘶力竭地呼喊"巴拉巴！巴拉巴！"宁愿释放恶贯满盈的杀人犯也不愿释放救世主耶稣！

（原载《历史教学问题》，2013年第5期）

① 《马太福音》27。

近代租佃制度的产权结构与功能分析

——中国传统地权构造的再认识

张一平

中国现代化进程的深入和制度转型的复杂性,成为对传统经济形态与社会结构展开新思考的契机。一方面,围绕近代中国农村生产力是真正发展,还是只有"增长"而无"发展"的"过密化",国内外学者至今争论不休。另一方面,对于传统经济制度的性质与绩效的评价,也是歧见迭出。近代以来中国经济商品化、土地资本化已有相当发展,就租佃制而言以下三个问题引起了学界长期的热烈探讨:一是租佃形态,从租佃比例与主佃关系、地租形式与地租率、一田多主来分析土地资源占有、收益分配和权利分割多元化的特征;二是租佃制的经济功能,包括要素组合、市场交易、资金运作等;三是地权构造的理论内涵,涉及资源配置的公平、效率考量。笔者拟通过逐一考察,认真审视租佃研究之理论背景和范式转换,进而阐释中国传统地权构造的启示与价值。

一、租佃形态的结构特征

不可否认,土地是传统中国最稀缺的生产要素和社会权力再生产的基础,土地分配和围绕土地的利益冲突是传统经济变迁的重要动力。正因如此,过去租佃制被视为地主经济乃至封建制度的基本要素,认定其实质是人身依附、劳役与被劳役、剥削与被剥削。① 而在农业经济学中租佃制度

① 林祥瑞:《试论永佃权的性质》,《福建师范大学学报》,1981 年第 1 期。

(tenure system)则被视为取得农业土地使用权利的一种租赁行为。① 基于租佃比例、主佃关系、地租形式、一田多主等形态的特征探讨，笔者将对传统土地占有、使用、收益、处置的产权构成作重新考量。

1.租佃比例和主佃关系

传统的租佃理论认为，土地生产资料的占有构成了地主获得地租收入的基础，封建的地主土地所有制阻碍了农业的发展，并为证明其主体地位，列举了大量租田和佃农比例高的证据。② 近年来则有研究指出宋代至二十世纪三十年代前期，前后八百多年佃户比例几乎无多大变化，并不存在地权不断集中的长期趋势。③ 而且不同区域的租佃状况相去甚远。一般认为，北方地区自耕农和经营地主多，南方地区佃农比例高于北方，经营地主少；商品经济发达地区盛行租佃制，而在商品经济相对不发达的地区存在大量雇佣关系。比较著名的就有太湖模式、关中模式等④。

"关中模式"指出了租佃制不发达——"关中无地主"，而在租佃制发达之江南，租佃制占有怎样的地位呢？根据 1950 年苏南 20 个县 1292 个乡的调查，各阶层佃入土地占使用土地的 44.25%。⑤另一份涉及苏南 5 县的调

① 王友钊编著:《农业生产经济学》，台北:"国立"编译馆出版、正中书局印行，1974 年，第 361 页。

② 如有调查指出，1917 年 22 省佃农百分率的平均值为 49.7%，1918 年为 46.7%，参见刘大钧:《我国佃农经济状况》，上海:太平洋书店，1929 年，第 4~5 页表格。据 1929 年南京国民政府立法院对 19 省 178 县 638 村调查材料的统计，总计租佃的农民(包括纯粹的佃农和自耕兼佃耕的半自耕农)当占 55%，参见陶直夫:《中国地租的本质》，《中国农村问题——佃农问题·农民负担》，上海:太平洋书店编印，1933 年，第 1 页。1935 年水耕区域 12 省各类农民的比例，就平均数而言，纯粹的佃农占全体农民的 41.6%，参见吴文晖:《中国土地问题及其对策》，重庆:商务印书馆，1943 年，第 141 页。

③ 章有义:《本世纪二三十年代我国地权分配的再估计》，《中国社会经济史研究》，1988 年第 2 期。

④ 赵冈:《地权分配之太湖模式再检讨》，《中国农史》，2003 年第 1 期；秦晖:《"关中模式"的社会历史渊源——清初至民国关中农村经济与社会史研析之二》，《中国经济史研究》，1995 年第 1 期。

⑤ 《苏南土地改革文献》，出版地不详，1952 年，第 490 页。

查报告中,田底、田面分离地区租田约占47.59%到75.49%,自耕田约占24.51%到52.41%。苏南北部地区(武进、扬中和无锡、江阴一部)租田不足五分之一,自耕田占绝对优势。① 再据无锡县部分地区的调查计算得知,租入土地约占使用土地的33.6%,自耕土地约占使用土地的66.4%。② 因此自耕农占据的比例不容忽视,金陵大学卜凯(John L. Buck)教授也早已指出此点。③ 另据《全国土地调查报告纲要》中161县1738283户的统计,自耕土地占69.27%,承租土地占30.73%,江苏12县则自耕土地占57.67%,承租土地占42.33%。④ 浙西75村中自耕农占32.9%,自耕农兼佃农占30.4%,佃农占36.7%。⑤

事实上,租佃比例受到资源禀赋(自然环境、人口压力)和要素流动(农家负债数额、公有土地比例)及社会分工(商业化程度、国家赋税征收)等多种因素影响,并要看何种因素起主导作用。⑥ 循名责实,地主和佃农都有大小与不同层次之分,把租佃关系强弱差别的最重要原因归于各地地权分配的不同⑦,实为循环论证。基于土地集中的前提,从而得出主佃关系人身依附关系浓厚、矛盾尖锐,仍是按照生产资料归属形成的阶层划分。

黄宗智以山东后夏寨村为例说明,单一地从阶级关系的角度来看待村

① 《苏南土地情况及其有关问题的初步研究》(初稿),出版者不详,1950年,第6~7页。

② 《江苏省农村调查》,出版地不详,1952年,第71~72页。

③ 卜凯:《中国农家经济》,上海:商务印书馆,1936年,第195~196页。

④ 土地委员会编:《全国土地调查报告纲要》,南京,1937年,第36页。江苏12县为松江、吴县、昆山、武进、宜兴、镇江、江都、淮阴、萧县、灌云、东台、靖江。

⑤ 韩德章:《浙西农村之租佃制度》,《社会科学杂志》,1934年第1期。

⑥ 如帕金斯认为商业不发达地区富商较少,而且因交通落后多余谷物不易外销,投资土地对商人缺乏吸引力,见《中国农业的发展(1368—1968)》,上海:上海译文出版社,1984年,第118~122页。夏明方则提出,租佃制度与生态环境关系密切,土壤肥沃、物产丰富则土地投资的回报率高,租佃制就发达,而土地贫瘠则自耕农居多,见《民国时期自然灾害与乡村社会》,北京:中华书局,2000年,第208~209页。

⑦ 成汉昌编著:《20世纪前半期中国土地制度与土地改革》,北京:中国档案出版社,1994年,第49页。

庄内部社会关系不符合实际，主佃关系是多重纽带关系，在阶级关系之外还涉及亲属和朋友的人身关系。① 马若孟和史建云的研究表明，近代华北主佃之间已形成单纯经济上的契约关系。② 赵冈、陈钟毅指出地主提供土地佃户提供劳力以从事生产大体上是公平的交易行为，契约性质的租佃关系到了明清已是彻底地制度化了，普遍行于全国各地。③ 地主与佃户，毕竟不是对垒的敌人，而是联合求财的伙友。④ 主佃关系在涉及经济利益的契约之外，还受到不同场域、家庭乃至个人性格的重要影响。⑤ 江苏青浦县吴淮《一斗粟》诗云："往日催租佃如狗，今朝田主难分剖。"⑥此语可能有夸大，但若仅从道德维度纠缠于主强还是佃强，而忽略双方纠纷的具体过程，难以判定制度绩效。田主构成也有待进一步分析：私人、宗族、教会或慈善机构的功能地位，绝不能一概而论。近代以来由于地主地位的下降，白凯甚至认为，最终摧毁长江下游地区地主土地所有制的是国家力量的加强与佃户政治力量的成长。⑦ 其实在私有土地制之下，土地占有的基本原则是

---

① 黄宗智：《华北的小农经济与社会变迁》，北京：中华书局，2000 年，第 270 页。

② Ramon H. Myers, North China Villages during the Republican Period: Socioeconomic Relationships. Modern China, vol.6, no.3, 1980，转见陈意新：《美国学者对中国近代农业经济的研究》，《中国经济史研究》，2001 年第 1 期；史建云：《近代华北平原地租形态研究》，《近代史研究》，1997 年第 3 期。

③ 赵冈、陈钟毅：《中国土地制度史》，台北：联经出版事业公司，1982 年，第 197 页。章有义、曹幸穗认为近代徽州和苏南的主佃关系开始向单纯的经济契约关系转变，见章有义：《近代徽州租佃关系案例研究》，第 320 页；曹幸穗：《旧中国苏南城居地主的土地租佃》，《古今农业》，1990 年第 2 期。

④ 董时进：《国防与农业》，重庆：商务印书馆，1944 年，第 128 页。

⑤ 如杨懋春将租佃关系归纳到农村的次级社会关系中，从礼仪、感情、宗族、利益等方面进行了分析，见《近代中国农村社会之演变》，台北：巨流图书公司，1986 年，第 39～40页。

⑥ 李文治、江太新：《中国地主制经济论》，北京：中国社会科学出版社，2005 年，第 389 页。

⑦ 白凯：《长江下游地区的地租、赋税与农民的反抗斗争：1840—1950》，上海：上海书店出版社，2005 年，第 321 页、第 330 页。

自由竞争,不管是经由买卖或其他方式的竞争。由于争夺土地或耕作机会的激烈化,有些地权与耕作权也就跟着复杂地割裂走样,而不单纯地保持地主与佃农之间的租佃关系。① 地租形态,甚至地租率、地租额的选择,不是地主单方面能决定的,它是主佃双方协议的结果,同时分成租制和定额租制各有特点,不存在先进落后之分。

2.地租形式与地租率

地租的本质是什么?一般说来地租是租佃各方利益分配的表现方式,通常分为劳役地租、实物地租和货币地租三种形态。并常与社会的商品化发展水平相联系,将它们看作为一个由低到高的发展过程②,实物地租又被划分为分成租制和定额租制,同样也认定有一个先后的演进过程。过去往往把地租支付形式与人身依附关系强弱简单挂钩,认为以劳务支付的劳役地租最原始、依附性最强,次为实物地租、货币地租。但是地租规律并不按此顺序演进,问题不在于地租支付形式,而在于租佃关系成立的基础:是商品交换性质的自由经济契约还是自然经济下的人身依附。③ 地租是基于一定生产关系的产品分成,但并不能按其形式等同于某一社会性质。

地租率是反映地主与佃农所得农业收获份额的重要指标④,以经济学理论来解释是出租土地所得的报酬。然而以往出于剥削严重的预设,大多

---

① 张彬村:《十六七世纪中国的一个地权问题:福建省漳州府的一田三主制》,梁庚尧、刘淑芬主编:《城市与乡村》,北京:中国大百科全书出版社,2005 年,第 229 页。

② 熊得山:《中国社会史论》,上海:上海书店出版社,2010 年,第 10~11 页。

③ 秦晖:《古典租佃制初探:汉代与罗马租佃制度比较研究》,《中国经济史研究》,1992 年第 4 期。

④ 参见中国第一历史档案馆、中国社会科学院历史研究所:《清代地租剥削形态》,北京:中华书局,1982 年;周远廉、谢肇华:《清代租佃制度研究》,沈阳:辽宁人民出版社,1986 年;李文治:《明清时代封建土地关系的松解》,北京:中国社会科学出版社,1993 年;刘永成:《中国租佃制度史》,台北:文津出版社,1997 年;方行:《清代前期的封建地租率》,《中国经济史研究》,1992 年第 2 期;陈廷煊:《近代中国地主土地所有制下的租佃关系》,《中国经济史研究》,1991 年第 4 期;方行:《中国封建地租与商品经济》,《中国经济史研究》,2002 年第 2 期。

偏高估计地租率,如仅计算地租在一季主要作物产量中的比重。① 近代苏南若计冬夏两季作物的产量,地租率为 44%,若仅计夏作物,则地租率超过产量的 50%。② 另再考虑地租实收率只有租额的 70%～80%,地租额约为土地产出的 40%的话,因此实际地租率只有 30%左右。③ 在清代的苏州和松江两府,实际地租通常只是名义地租的 80%或者 80%以下,19 世纪 20 年代华亭娄县地区的地租为田底价之 15%,20 世纪 30 年代吴江开弦弓村地租为田底值之 14%。④ 1927 年苏南 14 县货币地租占地价的 10%～30%之间。1933 年南汇县货币地租占地价的 10.20%,金山县为 15. 31%,青浦县为 11.80%,上海县为 6.50%,宝山县为9.50%。⑤ 以无锡县为例,据 1927 年《中国经济年鉴》统计,每亩土地每年收获额约 36 元,地租额最高 16.80 元,最低 8 元,平均租额 12.4 元,地租率为 34%。又据 1948 年《无锡县租佃制度调查表》对 53 个乡镇的统计,地租率一般为 30%,地租额最高的地区,每亩交租 1.2～1.6 石,地租率达 45%～60%。⑥ 再据 1933 年常熟县五个村的调查,租率在 26.67%～45%之间。⑦

地租额与地租率的高低,还与地权分割中有无田面权、押租等因素有关。如 20 世纪 30—40 年代青浦西部有“田面”的地租额低,“高田”地租额

---

① 郑志章:《明清时期江南的地租率和地息率》,《中国社会经济史研究》,1986 年第 3 期。

② 曹幸穗:《旧中国苏南农家经济研究》,北京:中央编译出版社,1996 年,第 79 页、第 82 页。

③ 高王凌:《地租征收率的再探讨》,《清史研究》,2002 年第 2 期。

④ 李伯重:《清代中期苏松地区的地租与房租》,《中华文史论丛》,上海:上海古籍出版社,2008 年,第 4 页。

⑤ 《苏南土地改革文献》,无出版地,1952 年,第 511～512 页。

⑥ 《无锡县土地志》编纂委员会:《无锡县土地志》,南京:江苏人民出版社,1998 年,第 80 页。

⑦ 行政院农村复兴委员会:《江苏省农村调查》,上海:商务印书馆,1935 年,第 60 页。

高,"低田""荡田"地租额则低。① 除珠江流域水田之外,一般的均是下等田租率高于中等田、上等田。黄河流域产量较低的旱地的租率,普遍高于产量较高的水田的租率。② 若由于天灾引起农业产量急剧下降,地租额没有同等比例下降,那么地租额虽然有所降低,地租率反而升高。

不过与同时期的欧洲比较,明清江南的地租也并不特别重。据经济学家魁奈的统计,18世纪中叶法国地租占农业生产总值的40%,而明清江南常年实物地租率在32%至48%之间,平均亦即40%左右;15世纪欧洲大陆的土地利息率为5%至10%,而明清江南土地利息率一般亦在4%至10%之间。③ 在差不多相同的地租负担程度下,西欧的资本主义发展起来了而中国则否,这就不能简单归之于地租轻重了。

过去对地租率的分析,偏重地主佃农社会地位的政治判定,致力于从产品分配的角度指出农业剩余的掠取、消耗,往往忽视了生产、交换、消费等其他环节的联系。④ 研究者着眼于地租交出多少,却较少关注减去地租后的净收入与投入成本的对比,而农民衡量的收益是剩余索取和家庭人口养活,亩均地租率不能充分反映农民获得剩余的多寡,更未考虑人均所得。⑤ 地租的比率取决于土地的肥力和佃农从事其他经济活动可能获得的

---

① 邢丙彦:《20世纪30—40年代青浦西部的地租额与粮食亩产量》,《社会科学》,2006年第4期。

② 陈廷煊:《近代中国地主土地所有制下的租佃关系》,《中国经济史研究》,1991年第4期。

③ 郑志章:《明清时期江南的地租率和地息率》,《中国社会经济史研究》,1986年第3期。

④ 有论者指出旧中国土地地租率畸高,因而推论减租会成为统治集团经常用来博得佃农支持的一种手段。见张红宇:《中国农村的土地制度变迁》,北京:中国农业出版社,2002年,第37页。

⑤ 根据金德群、雷晓霞的总结,地租剥削率大致有以下几种:一是地租剥削率=地租量/总收获量;二是地租剥削率=地租量/(总收获量-地租量);三是(地租量-剩余劳动量)/必要劳动量。他们认为,地租剥削率=地租量/必要劳动量(即生活资料支出),即把地租看作是劳动的使用创造的,把地租剥削看作是对劳动力的剥削。金德群、雷晓霞:《地租剥削率新论》,《中国人民大学学报》,1992年第1期。

收入。具体地说，如果土地较为肥沃，或佃农投入的成本较低，则地租的比例就会较高。在自由市场条件下，较高的分成地租比例一般是与较肥沃的水田联系在一起的。① 当土地的价格或价值被看作是一笔投入到土地上去的货币资本，地租则被看作是这笔资本在营运过程中所生出的利息，但少有人从土地所有者的视角来计算利润与损失。因此土地质地、农产品利润、土地数量供求、人地比例关系都会影响土地价值和地租。地租率形成又是一个博弈过程，涉及产权关系和习俗。注重地租分配而不算生产投入和交易成本，是无法全面反映土地制度变迁的。因此不能单纯以地租高低、租期长短来考察土地生产的公平性和运转效率。

3.一田多主：占有与收益的多重分化

租佃比例和地租率反映了土地占有权和收益权的分割，而一田多主则体现了占有、使用、收益、处置等权利的复杂化。据民国时期调查，江苏省"各县普遍情况，均系'业底佃面'"②，如"常熟粮田分田底、田面、自业三种。业主坐收租息，完粮纳赋者为田底；佃户向业主书立租扎承种，年还租籽者为田面；耕种完粮，归于一个主体者为自业"。③ 不仅田底、田面的分离十分引人注目，而且各地名称不一④，对此学界已有大量细致深入的研究，如天野元之助搜集了江苏、安徽、江西、浙江、福建、广东等地田底、田面大

---

① 张五常著，易宪容译：《佃农理论》，北京：商务印书馆，2000 年，第 81 页、第 82～83 页。

② 《苏南土地改革文献》，1952 年，第 514 页。李三谋与李震、米璨则认为民国时期永佃制已走向衰落，见《民国前中期土地租佃关系的变化》，《农业考古》2000 年第 1 期；《清末民初永佃制扩展及衰落的新制度经济学分析》，《财政研究》，2004 年第 3 期。

③ 施沛生编：《中国民事习惯大全》，"第二编　物权第五类佃租之习惯"，上海：上海书店出版社，2002 年。

④ 以苏南为例，松江、吴江、常熟等县叫"大租田"，吴县叫"管业田"，太仓县叫"单租田"，无锡县叫"灰肥田"或"老租田"，江宁县叫"肥土"。以"田底"与"田面"分裂为特征的县份有松江、金山、川沙、青浦、江宁、溧水、句容、高淳、扬中、丹徒等 19 县，其中以中部地区为最多，吴县、吴江、常熟和无锡东北区，均占租佃总数的 80%左右，太仓较少，亦占 50%。

量不同的名称,考察了一田二主的地区分布情况。①

以往一田多主产生的根本原因被归于封建社会晚期租佃权力的激烈斗争。② 如顾炎武所言:"业经转移,佃仍虎踞,故有久佃成业主之谣,皆一田三主之名,阶之为厉。"③赵冈对一田多主来源的划分最为详实④,大致可归为三类:一是土地买卖中的佃权与地权的分离⑤,二是开垦或改良土地中的人力与资金投资回报⑥,三是押租制。另外与诡寄田产及投献⑦、世仆或庄仆制也有关系。梁庚尧提出,南宋官田中已有"永佃权"出现,佃户可以将佃权出售,在这种情形下,租佃官田与拥有己产无异。⑧

张彬村对福建漳州的地权分割与转移做了精到的分类,他从地权分割过程分析了一田三主的四种类型。一田二主中地主的土地所有权和佃户的土地耕作权,都有可能再分割从而出现第三主。地主分割部分地权是对

① 参见天野元之助:《支那农业经济论(上)》,东京:改造社,1942年,第506~509页。

② 纪庸:《苏南永佃制起源试探》,《中学历史教育》,1980年第3期;吴量恺:《清代的农民永佃权及其影响》,《江汉论坛》,1984年第6期。

③ 顾炎武:《天下郡国利病书》,第26册,86页上,转引自梁庚尧、刘淑芬主编:《城市与乡村》,北京:中国大百科全书出版社,2005年,第243页。

④ 赵冈、陈钟毅:《中国经济制度史论》,台北:联经出版事业公司,1986年,第208~211页。樊树志也指出与农民垦荒,佃户支付顶首或扎银、下脚,土地活卖逾期无力赎回保留田面权有关,见《中国封建土地关系发展史》,北京:人民出版社,1988年,第644页。

⑤ 不仅出租的土地可以通过卖租、卖土地(活卖)产生一田多主制,而且自耕田也可以通过出卖或转让纳赋权(名义上的土地所有权)产生田面权。曹树基等认为,在浙江松阳石仓村,田面之出卖本质是抵押,并推测只要存在土地信贷市场,就一定存在田底、田面之分化,见曹树基、高杨:《送户票与收粮字:土地买卖的中间过程》,《华东师范大学学报》(哲社版),2010年第4期。

⑥ 参见刘淼:《明清沿海荡地开发研究》,汕头:汕头大学出版社,1996年。

⑦ 福建南靖县的投献可参见刘尧庭:《田面权在明代是怎样形成的》,《史学月刊》,1951年第5期。

⑧ 梁庚尧:《南宋农村经济》,北京:新星出版社,2006年,第101页。永佃权与田面权的关系将在后面讨论,此不赘述。

政府粮差负担的规避，佃户分割佃权，或因人多地少争佃，或因佃户经济压力出让。[①] 可见产权认同牵涉到政府界定和民间习俗。有的学者把定额租的出现和盛行，视为永佃制产生的重要甚至根本原因。[②] 杨国祯认为在明清大陆诸省，一般由定额租分化出大租。[③] 因此仅以地主、农民为二主，忽视了普通农民内部的细分。

农业经济商品化是土地所有权分割更深层次的因素。由于农业经济的内部结构发生了变化，佃农为了获得较高的经济收益，情愿以可观的代价取得田面权、永佃权，以保证经济自主化。[④] 伴随商品经济发展的地主城居化成为地权底面分化突出的重要原因。[⑤] 人地关系的高度紧张也是重要因素，人口密度的增长使土地生产要素越来越稀缺，从而产生了分化出更多权利束来充分利用劳动力、减少土地要素稀缺性的制度安排。[⑥]

对于一田多主性质的理解存在不少歧异。仁井田陞指出："田面权（上地上的权利）与田底权（底地上的权利）并列，也是一个永久性的独立物

---

① 张彬村：《十六七世纪中国的一个地权问题：福建省漳州府的一田三主制》，梁庚尧、刘淑芬主编：《城市与乡村》，北京：中国大百科全书出版社，2005 年。

② 李三谋：《清代南方永佃制和额租制的关系问题》，《求是学刊》，1991 年第 2 期。赵冈、陈钟毅：《中国经济制度史论》，台北：联经出版事业公司，1986 年，第 212 页。

③ 杨国祯：《清代台湾大租述论》，《台湾研究集刊》，1984 年第 1 期。例外的是，清代台湾新垦地的分成租下也分化出大租。

④ 樊树志：《明清租佃契约关系的发展——关于土地所有权分割的考察》，《复旦学报》，1983 年第 1 期。

⑤ 范金民：《清前期苏州农业经济的特色》，《中国农史》，1993 年第 1 期。黄敏对江南的城居地主作了专门研究，见《近代江南城居地主问题研究》，南京师范大学历史系硕士论文，2005 年。

⑥ 赵晓力：《中国近代农村土地交易中的契约、习惯与国家法》，《北大法律评论》第 1 卷第 2 辑，第 487 页"注释"，北京：法律出版社，1999 年；黄志繁：《地域社会变革与租佃关系——以 16~18 世纪赣南山区为中心》，《中国社会科学》，2003 年第 6 期；何清涟：《清代的人口压力和租佃形态》，《江淮论坛》，1987 年第 6 期。

权。”[①]不少学者把田底、田面分离看作对土地所有权的分割，甚至称之为双层土地所有权[②]，进而认为田底、田面业主均有独立自由处分其产权的权力，包括买卖、赠予、典押、临时租让及遗产传承等安排。田骨在政府地籍册档中有记录，产权比较有保障，田皮产权则是建立在乡俗上，并无地籍的明文记录。[③] 也有学者认为是通过共同的货币投入，在同一块土地上共享产品分配权的合伙（合股）关系。[④] 其实陶煦就是把清末苏州的田底主和田面主之间的关系比喻成共同购买土地，根据各自的出资额分配利益的关系来理解的。[⑤] 江太新更称之为土地股份所有制[⑥]，这以均质性的股份混淆了田底田面的异质性。也有学者基于地租分割的角度，提出大租和小租是田底权、田面权的经济实现，地租的分享意味着土地所有权的分享。[⑦]

一田多主意味着土地所有权主体的多元，地主的部分所有权是由地租来实现的，地租率由地主和佃主共同决定；佃主的部分所有权决定了使用权的让渡和转移，佃主和佃农之间签订租率；佃农拥有土地使用权。[⑧] 其实

---

① 仁井田陞：《明清时代的一田两主习惯及其成立》，刘俊文主编：《日本学者研究中国史论著选译》（第八卷法律制度），北京：中华书局，1992 年，第 411 页。

② 参见黄宗智：《法典、习俗与司法实践：清代与民国的比较》第六章“田面权”，上海：上海书店出版社，2003 年。不过清至民国的徽州已存在田面赤契，表明在田面权习俗上地方政府向民间做出了让步，见吴秉坤：《清代至民国时期徽州田面赤契现象探析——兼与黄宗智先生商榷》，《黄山学院学报》，2009 年第 2 期。

③ 赵冈：《永佃制研究》，北京：中国农业出版社，2005 年，第 1~2 页、第 50 页。

④ 李文治、江太新：《中国地主制经济论——封建土地关系发展与变化》，北京：中国社会科学出版社，2005 年，第 438 页。

⑤ 岸本美绪著，刘迪瑞译：《清代中国的物价与经济变动》，北京：社会科学文献出版社，2010 年，第 379 页。

⑥ 江太新：《明清时期土地股份所有制萌生及其对地权的分割》，《中国经济史研究》，2002 年第 3 期。

⑦ 樊树志：《明清租佃契约关系的发展——关于土地所有权分割的考察》，《复旦学报》，1983 年第 1 期。

⑧ 王昉：《中国古代农村土地所有权与使用权关系：制度思想演进的历史考察》，上海：复旦大学出版社，2005 年，第 223 页。

早在1935年,农业经济学家唐启宇便指出:

永佃制土地具有三种权:所有权、使用权和收益权,业主握有所有权,佃户握有定期或不定期之使用权,而收益权则业佃按比例额分配,或由佃户交定额之租金于业主而享受其余额。永佃制者,佃户不独享受绝对使用及一部分收益权,并有一部分所有权。业主仅享受一部分之收益兼有一部分之所有权而已。①

目前争论的一个焦点是田面权与永佃权的关系,关涉到土地所有权、使用权、耕作权等权利的概念运用。以往有一种简单的二分法,认为田面权即对土地的经营、使用权,所谓田底权即对土地的所有权。② 农民拥有田面权,即取得永佃权,就可以长期佃耕,并可以转让佃权,把土地转顶给其他农户,还可以买卖佃权。③ 从土地耕种权争夺入手,彭超认为永佃权仅系佃权,田皮权乃系地权。④ 杨国桢则将永佃权、田面权理解为租佃制度和土地所有权制度两个层面,永佃权是产生田面权的原因之一,田面权又可以分离出永佃权。⑤ 张彬村也认为在地权分为三重的情况下,田底、田面和永佃权分属于不同的主体。⑥ 李三谋、李震认为永佃权兼有长久使用权、部分

---

① 唐启宇:《永佃制有无存在之价值》,《地政月刊》,1935年第5期。与此类似,有学者认为土地所有权可分为使用权、收益权和转让权,田底权人只拥有部分收益权和部分转让权,田面权人在不转租的情况下,拥有全部使用权、部分收益权和部分转让权,参见曹树基、高杨:《送户票与收粮字:土地买卖的中间过程》,《华东师范大学学报》(哲社版),2010年第4期。

② 庆明:《论土地使用权出让和转让的权能性质——兼谈"田面权"的性质》,《烟台大学学报》(哲社版),1994年第4期;童光政:《"一田两主"的地权结构及其学理分析》,孟勤国、黄莹主编:《中国物权法的理论探索》,武汉:武汉大学出版社,2004年。

③ 吴量恺:《清代的农民永佃权及其影响》,《江汉论坛》,1984年第6期。

④ 彭超:《论徽州永佃权和"一田二主"》,《安徽史学》,1985年第4期。

⑤ 杨国桢:《论中国永佃权的基本特征》,《中国社会经济史研究》,1988年第2期。

⑥ 张彬村:《十六七世纪中国的一个地权问题:福建省漳州府的一田三主制》,梁庚尧、刘淑芬主编:《城市与乡村》,北京:中国大百科全书出版社,2005年,230页下注释4。

所有权两种身份,永佃农民与出租土地者是具有同等资格的两个田主。[①]也有学者认为永佃权制度下的佃权已是独立于“租权”之外,作为交易、典当、继承、赠送的神圣不可侵犯的私有财产,已由“使用权”变为“所有权”。[②]这里将使用权的权能扩大到所有权,模糊的概念形成了逻辑上的跳跃。

龙登高则明确以资产性地权与经营性地权来分析区分投资收益和劳动收益。[③]随着田底、田面的分化,更多的农户和非农户参与到地权交易中来,以其所长各取所需,降低了进入地权市场的门槛,使地权成为一种内涵丰富的特殊产品。20世纪30年代的吴江县开弦弓村,田底权仅仅表明对地租的一种权利,它可以属于任何法人,不论是个人、家族或政府。田底与田面分离,也有利于城镇资本投资土地。上涨的土地价格皆可归于田面,亦即为使用者享有,“如果他的地主想要种地,地主就得向他购买田面”。[④]松江县华阳桥已形成了一个几乎是自由竞争的田底权市场。田底权几乎可以像股票和债券一样买卖,这与谁拥有田面权和谁实际使用土地完全无关。[⑤]同样,田皮也不局限于村社流通,外乡人可以耕作,甚至可以投资农田充当二地主。[⑥]越到近代,抽象的权利比实体产权越显重要,如年金、证

① 李三谋、李震:《清代永佃权性质重探》,《中国农史》,1999年第3期。该文认为,农业中的永佃权最早产生于北宋淳化年间。

② 林祥瑞:《试论永佃权的性质》,《福建师大学报》,1981年第1期。

③ 龙登高:《地权交易与生产要素组合:1650—1950》,《经济研究》,2009年第2期。

④ 费孝通:《江村经济》,南京:江苏人民出版社,1986年,第131页。

⑤ 黄宗智:《长江三角洲小农家庭与乡村发展》,北京:中华书局,2000年,第110页。

⑥ 赵冈:《永佃制研究》,北京:中国农业出版社,2005年,第105页。

券、智慧财产权等①,土地亦复如此,成为超越地域、职业、财力等界限的特殊资本。

由此可见,一田多主的构造已经超越了占有土地、分享地租的简单认知,在权利主体的构成、权利的转移、价值的实现过程关涉到财产权利的多重分割。土地分配并不足以涵盖地权的全部,更不等同于收益分配,而是有着相当复杂的权利构成,所以仅按土地占有面积计算基尼系数来衡量收入分配并不恰当。田面田的"使用"权能拓展,超出了一般的承佃耕作的范围,可以有继承、转让、售卖、抵押等处分权。田面的使用者分期定额支付了土地收益的出让金,使田面权具备了类似用益物权的性质。只要田面在投资者看来是有利的,那么其分化产生第二地主的现象也是自然的趋势。②地权关系多元化,核心问题是分割的土地权利(占有、使用、收益、处置)和多个权利主体的关系,即地主、农民、政府、商人(投资者),以及这些不同权利的来源生成。土地占有的多层次性及其权益分配的多样性,使得地权形态也以丰富的形态进入市场。同时田底、田面作为异质性的产权,与今天一个所有权下的共同共有(若干主体均质性分割)并不一样。

二、租佃制的功能分析

1.要素组合与佃农收益

过去将租佃制置于封建生产关系的范畴中,强调其经营的落后性和对农业生产力的阻碍作用。关于佃农的经营状况有学者指出地权的细割(或

---

①　赵冈:《论"一田两主"》,《中国社会经济史研究》,2007年第1期;曹树基注意到田面权性质的复杂性,认为既有欠租撤佃的"相对的田面田",也有欠租也不可撤佃的"公认的田面田",参见《两种"田面田"与浙江的"二五减租"》,《历史研究》,2007年第2期。

②　岸本美绪著,刘迪瑞译:《清代中国的物价与经济变动》,第383页。

土地使用的碎化)是非常严重的,尤其以自耕兼佃农、半自耕农为最明显。① 形成这种状况的原因很多,比如人地关系紧张,就佃农方面而言,由于资金缺乏,无力一下子租进很多土地。当时佃农的经营形式落后,不求科学改进,是因为每个佃农都在贫困线下谋生存,经济能力不足应用科学方法于其作业。② 而西方经济学的早期地租理论,从资源配置优化的角度出发,也认为经营地主的农场比租佃制更有效率。③ 张五常则指出一个没有耕地的农民既可以为经营地主当雇工,也可以当租佃地主的佃户。在人数众多的竞争环境下,这个农民所得收入应当相等,否则他将选择收入较高的方式。④

龙登高、彭波对张五常的观点提出了异议,认为佃农通过人格化与市场化的渠道将家庭的、地主的、市场的不同生产要素组合起来创造财富,形成多样化的农场形态。佃农支配剩余索取权,在不确定性中获取企业家才能报酬与风险收益,其对土地与农场投入的未来收益可以通过交易变现。凡此种种,雇农都与之无缘。地权交易与租佃制度之下生产要素流转、选择与配置所推动的经济效率和土地产出,是佃农经营与小农经济活力的重要源泉。⑤ 租佃经营具有较大的独立生产性质,更接近于自耕农。南汇县农村盛行一种土地“分种”制,农民可以雇工耕作,也可与他人合作耕种。其实质并非租佃制度中的“分租”制,而是具有双方共同投资共同分成的性质。⑥ 因此只讲业佃双方对于农作物的分成而不讲对于农业的投资,这样

---

① 郭汉鸣、洪瑞坚:《安徽省土地分配与租佃制度》,南京:正中书局,1937 年,第 44 页。

② 章柏雨、汪荫元:《中国农佃问题》,上海:商务印书馆,1948 年,自序部分。

③ 赵冈:《历史上农地经营方式的选择》,《中国经济史研究》,2000 年第 2 期。

④ 张五常著,易宪容译:《佃农理论——应用于亚洲的农业和台湾的土地改革》,北京:商务印书馆,2000 年。

⑤ 龙登高、彭波:《近世佃农的经营性质与收益比较》,《经济研究》,2010 年第 1 期。

⑥ 曹树基:《土地分种:雇佣、合作还是出租——以南汇县土改档案为中心》,《上海交通大学学报》(哲社版),2007 年第 2 期。

的定义是片面的,具有误导性。

温锐关于清末民初赣南闽西地区的研究表明,土地租佃制度作为农业生产要素的配置方式,适应了该地区生产力发展的要求,促进了地富阶层转向工商业投资,也有利于劳动力的缓慢转移。这一制度在整个 20 世纪都不断延续,更说明租佃制度的活力。① 赵冈认为,租佃制是市场经济发展的结果,产权与经营权分离,它可以减少农业生产的交易费用和管理费用,对佃户有激励作用,增加了生产制度的灵活性,它可以使经营单位选择最有利的生产规模,因此生产效率高,并成为破坏自然经济的强大力量。② 高王凌引证张五常的"佃农理论":随着某一地主土地由个别佃户向着更多的佃户出租,租率将会下降,而总产出却可能上升。如果在这句话前边加上"随着人口的逐渐增加",后边所发生的,正是清代中国的历史事实。张五常的理论无疑对劳动过密以及过密只会使佃农更为不利等,提出了挑战。③ 尽管如此,史建云仍然指出,在华北地区由于短期租佃居于主要地位,主佃关系变动频繁,不利于调动佃农的积极性。④ 无论如何,租佃制度作为一种长期延续的经营体制,始终能够将主佃关系维持下来,本身就表明它有一定的生存空间。

对佃农收益的考察和研究,是衡量租佃制度优劣的重要参考。一般认为佃农的生活极端贫困,受着地主、官僚、商业资本和高利贷四位一体的盘剥⑤,有学者认为有业主之剥削、耕地之缺乏、生育之过繁以及贷款之重利

---

① 温锐:《清末民初赣闽边地区土地租佃制度与农村社会经济》,《中国经济史研究》,2002 年第 4 期。类似观点可参见:村松祐次《近代江南的租栈——中国地主制度研究》,东京:东京大学出版会,1970 年。

② 赵冈:《从制度学派的角度看租佃制》,《中国农史》,1997 年第 2 期。

③ 高王凌:《租佃关系新论》,《中国经济史研究》,2005 年第 3 期。

④ 史建云:《近代华北平原地租形态研究》,《近代史研究》,1997 年第 3 期。

⑤ 郭汉鸣、洪瑞坚:《安徽省土地分配与租佃制度》,南京:正中书局,1937 年,第 12 页。

等多种因素①,这在过去学者的调查研究中时有体现。其中最强调土地所有权缺失的影响,然而土地分配并不等于收入分配。秦晖作了一个假设:某个超大地主占有社会上的全部土地,其余所有社会成员完全无地并且沦为该地主的纯佃户。这时,土地分配的基尼系数达到1(即逻辑上的极值)。假设这时的地租率为50%(即通常认为是"中国封建社会"常态的"对半分租"),那么该地主将占有社会总收入的一半,而其他人共分另一半。不难算得此收入分配的基尼系数为0.5,只是地权分配不均度的一半。富民可能垄断资本(或土地),但不可能垄断收入。作为平民,他们的"不劳而获"需要通过要素交易(即"土地与劳动的结合")来实现,这种交易必然带来收入的分散。②

况且对于小农来说,第一要义并不是"利益",而是无论如何必须年年养活自身及其家庭的必要性。在土地和收入机会(如佣耕)相对不足的状况下,与失业相比,能稳定地确保"工资部分"——甚至比"工资部分"更低微的收入——其本身就是有价值的。③ 佃农农场多是农副业并重的家庭经营,他们能更充分利用土地和市场要素来增加收入。

2.市场交易和资金运作

租佃经营不仅是一种组合各类要素的生产方式,更是以土地为中介的资金运作方式,发挥着现代金融工具产生前的财富保值增值功用。城里或外乡来的投资人购买田骨,就如同购买债券,赚取收益率。费孝通称城里来的土地投资者为"不在地地主",他们与农业的关系纯系"金融关系"。④陈正谟认为主佃两败俱伤的最大原因是由于"中国人太保守,太重视土地所有权"。有钱都去买土地导致地价膨胀,地主抬高地租。他认为减轻地

① 唐启宇:《中国租佃制度及其改良方法》,《中国农村问题——佃农问题·农民负担》,上海:太平洋书店编印,1933年。

② 秦晖:《关于传统租佃制若干问题的商榷》,《学术月刊》,2006年第9期。

③ 岸本美绪著,刘迪瑞译:《清代中国的物价与经济变动》,第382页。

④ 费孝通:《江村经济》,南京:江苏人民出版社,1986年,第130~132页。参见赵冈:《永佃制研究》,北京,中国农业出版社,2005年,第108页。

租使地主无利可图,有钱人不争置地,以抑制耕地价格,其他产业也可以得到发展。① 由于投资的单一性,缺少多元的财富增值渠道,推动了"土地金融"的紧俏性。这犹如现代生活中的房价,受到投资观念和供需关系的影响。

在清代,地权交易有债权型融通、产权转让和股权交易三大类型。借助于土地但不发生产权最终转移的融通性债权交易形式包括:押、典、当、抵,地权转让与收益补偿等交易形式则包括活卖、绝卖、佃权顶退、找价、回赎等,土地经营的合伙制与股权交易亦开始出现。② 更有学者认为,清代地权市场多种多样的交易安排与现代金融工具之间已经具有很多相通之处:活卖和典当交易与现代短期融资常用的回购协议相似;抵当交易即是现代抵押贷款的前身;押租制度与现代企业债券有诸多类似;通过地权市场的交易还可以实现养老保险。③ 清代地权交易,不仅充当了资金融通工具,使农户赖以济危解困,更促进了土地流转,使生产要素组合与资源配置通过地权市场得以活跃和发展。

甚至出现富有钱财者,不以置田,宁愿佃耕他人田地,积累资金转化为商业资本,而以其钱财经商谋利者。④ 在浙南石仓村,土地交易行为经常表现为土地使用权、收益权和转让权的部分性交易。⑤ 同时交易中的税责转移并非地权过户,在"卖契"订立之后,土地买卖的完成一般还需要税粮过户、找价、办理契尾三个步骤。如果没有找价,或没有办理契尾,土地出售还只是"田面"的出售,田底主人保留回赎的权利。相当多的土地卖方选择自己承担税责,当卖方卖出其田面权后,又向买方租来同一块土地耕种。

---

① 陈正谟:《中国各省的地租》,上海:商务印书馆,1936年,第33页、第42页。

② 龙登高:《清代地权交易形式的多样化发展》,《清史研究》,2008年第3期。

③ 闻鸣、侯璐:《清代地权交易安排与现代金融工具的相似性》,载刘秋根、马德斌主编《中国工商业、金融史的传统与变迁》,保定:河北大学出版社,2009年。

④ 龙登高:《11—19世纪中国地权市场分析》,《中国农史》,1997年第3期。

⑤ 曹树基、李楠、龚启圣:《"残缺产权"之转让:石仓"退契"研究(1728—1949)》,《历史研究》,2010年第3期。

这时,地主与佃农合而为一,田底权与永佃权集一人之身。① 地权市场日趋细密化和复杂化,作为社会财富的调节与平衡负载作用日趋加强。由此可见,清晰而稳定的产权才能吸引所有者不遗余力地投资其中。多层次的产权,则使各阶层的资金能够通过多样化的交易形式投向于土地,形成资本、劳动力、土地之间的动态组合。

押租制也是土地金融关系的重要部分,如松江的习惯就是:"凡无田面所有权之佃户,向业主认种田亩时,预约顶首若干,由佃户出立认顶据,交付业主收执。佃户退种时,由业主将原顶首返还,如佃户欠租时,业主得将原顶首抵扣。"②货币流通日益显著,农户竞争缴纳押金,而地主也需要提高资产流动效率。1923—1933 年间宝山县刘行在上海谋生农民回乡时,将带回现金充作押金向地主佃进耕地,城厢的韭菜地发展特别快,佃农利息较厚,押租亦迅速升高。③

值得注意的是,佃农缴给地主的押租金也要算利息。在常熟江阴等县的沙田地区盛行一种顿庄租,大都规定年限(三年到七年),押租(俗称顿价)可起年息,一般一分到一分半利,利息可在地租中扣除。④ 常熟沙洲区牛市乡称之为"墩庄田",地主把地合并起来组成"土地公司",佃农付给该公司押租后方可种田,并签订契约。例如佃农租种某公司 20 亩田先交押租 20 石米,每年再交租米 9 石,同时该公司每年要付给佃农利息 2 石米,因此佃农每年实际交租 7 石米。⑤ 民国时期湖北枣阳押租金的高低与地租的

---

① 曹树基、高杨:《送户票与收粮字:土地买卖的中间过程》,《华东师范大学学报》(哲社版),2010 年第 4 期。

② 施沛生编:《中国民事习惯大全》,第二编物权第五类佃租之习惯,上海:上海书店出版社,2002 年。

③ 瞿明宙:《中国农田押租底进展》,薛暮桥、冯和法编:《<中国农村>论文选(上)》,北京:人民出版社,1983 年,第 360~361 页。

④ 《苏南土地改革文献》,出版地不详,1952 年,第 519 页。

⑤ 常熟农村调查报告,1950 年,江苏省档案馆馆藏档案:3006—短—255。

多少成反比例，调查者还指出“其他各处也多如此”。[①]高王凌在湖南调查时，当地老人指出一百元钱押金地主要给六石息，甚至七八石。如地主家不需谷子而需钱，就加进庄，息更高。[②] 加庄的田并不增加收入，而是地主的资金需求。押租作为预付资本可以减轻交租负担，因此押租少，佃户就负担不起田租，押租太多田主则负担不起利息。这里押租已成为一种以土地为中介的货币资本，其流动必须有相应的回报。加押减租成为佃农用货币向地主购买土地，押租制的佃权买卖关系异化为地权买卖关系，实质上是一种分期付款式的土地买卖。[③] 佃农将押金作为资本注入土地，有利于增强其土地经营权、收益权，当然这里只是部分产权的分离和转移。

3.租期和交易成本

一般认为，土地使用权契约的长期化，既可以使原有的产权主体得到较为稳定的租金收入，减少监督和管理费用，又可以使新的产权使用者具有长期明确的投资回报，从而激发其内在的激励因素。产权主体的监督和管理成本内部化为稳定的收入，基于使用者的某些投入而产生的外部收益内部化为自己稳定的收益。此外，长期合约还使得双方形成一种确定的权利关系，将原来由于不确定关系而导致的产权模糊所必然出现的激励不足，变成了共同激励。长期合约的签订，使整个制度交易成本的不确定性得以降低，机会主义行为减少，相互之间的交易有了明确的权利主体，整个社会的资源配置效率大为提高。[④]

不过产权稳定有保障，并不等于实际使用期限越长越好。张五常认为租佃制下的生产率并不随租约期限的长短而变化。决定租约期限长短的

---

① 陈正谟：《中国各省的地租》，上海：商务印书馆，1936年，第19页。

② 高王凌：《租佃关系新论——地主、农民和地租》，上海：上海书店出版社，2005年，第213页。

③ 方行：《清代佃农的中农化》，《中国封建经济论稿》，北京：商务印书馆，2004年，第184~185页。

④ 王昉：《传统中国社会中租佃制度对产出的作用分析——基于德怀特·希·帕金斯视角的研究》，《财经研究》，2006年第3期。

主要制约是地主和佃农双方签约的交易成本。① 虽然有人认为,租佃契约中没有佃期的规定,说明佃户的佃权仍然缺乏完全的保障。② 同时,选择较长的租期是为了减少转让(交易)佃农依附在土地上的资产的成本。因此较长的租期可以减少争议,降低转让佃农产权的预期成本。然而,只有在牺牲短期租所提供的某些成本优势的情况下,才能作出这种选择。③

在每一种情况下,佃农依附在土地上的资产(如田面权)实质上都是"永久性的"。永久性租约及所规定的条款生效后,地主便不能随意提高田底的地租(或采用其他方式)来迫使佃农离开。但如果交易成本为零,这样的租期就没有必要了:如果田底权与田面权能够清楚地界定,并且能够作为私有权不花成本地实施,如果这些权利可以不花成本地转让,那么,这些权利就可以在任何时候以相应的市场价格进行转让。张五常推测,选择短期租约更多地是为了便利重新谈判,而不是为了降低实施合约条款的成本。④

另外,劳动分工和专业化的必然结果是财产权利的分散化,出租土地、二地主、城居地主的产生等因素造成土地产权越分散,利益相关者越多,交易成本就会越大。为了应对租佃关系中的交易成本,一方面要提高租佃关系所能承受的交易成本的能力,即通过扩大农产品市场规模和技术水平来增加分工与专业化的收益,另一方面则要通过合约调整(即租佃制度安排)来降低交易成本。⑤ 租佃制的运作与市场经济相伴生,促进了社会的激烈竞争,同时也进一步导致了社会的贫富分化。当经济史学家视佃农与地主之间契约安排普及为向"市场力量的胜利"的长时段趋势标志时,他们将之

---

① 张五常著,易宪容译:《佃农理论——应用于亚洲的农业和台湾的土地改革》,第116页。

② 梁庚尧:《南宋农村经济》,北京:新星出版社,2006年,第100页。

③ 张五常著,易宪容译:《佃农理论》,第118~119页。

④ 张五常著,易宪容译:《佃农理论》,第121页、第122页。

⑤ 高彦彦、杨德才:《农业租佃关系中的交易成本与土地产权分散程度的决定》,《制度经济学研究》,2009年第2期。

作为晚期中华帝国经济的重大历史发展，但不能无视孕育了这一“胜利”的社会冲突。内生的市场力量正形塑着非人情化的经济制度，搅乱了社会的和谐。① 这一成本正是租佃关系尤其是转佃屡遭诟病的原因。

三、地权构造的认识与启示

近代中国政治上的遭遇和经济上的挫折，一方面使得国人深感落伍于世界发展，另一方面，又试图追寻其根源并走出这种困境。② 而破解中国乡土社会走向现代化难题的锁钥，不能不关注作为农业经济基石的土地制度。自二十世纪八十年代以来，租佃制度研究的理论和方法也出现了重大变化，值得我们借鉴和深思。

1.概念厘清与史料运用

吴承明先生指出，经济史研究“只能以历史资料为依据，其他则都属方法论”。③ 历史学、经济学、法学和社会学等不同学科的参与讨论，意味着不同的研究视角与问题意识。但由于往往没有重视解决概念问题，导致不同论证结论均有材料支撑，所提命题难以聚焦。

地权既是一个社会经济事实，又是一种法权关系。④ 随着清末以来社会经济和知识体系的变动，对于传统地权内涵的理解和概念转换多有歧

① 步德茂：《过失杀人、市场与道德经济——18世纪中国财产权的暴力纠纷》，北京：社会科学文献出版社，2008年，第230页。

② 历史学家研究明清时期中国经济运作的两种基本方法：第一种是找出一个中西差别，并将其称为产生差异的关键因素。另一种则注重研究某些较小的中西相似之处，并认为这种相似性有可能使中国走欧洲道路（然而并未如此）。大多数学者都在探索寻找某种阻碍中国经济发展的实实在在的障碍，少数学者则想找出中国所缺少的关键因素到底何在。参见王国斌：《转变的中国——历史变迁与欧洲经验的局限》，南京：江苏人民出版社，1998年，第7~8页、第9页。

③ 吴承明：《经济学理论与经济史研究》，《经济研究》，1995年第4期。

④ 张佩国：《近代江南乡村地权的历史人类学研究》，上海：上海人民出版社，2002年，第28页。

异。如永佃权是西方民法学上的概念,在优士丁尼法中的定义是:“一种可以转让的并可转移给继承人的物权,它使人可以充分享用土地同时负担不毁坏土地并交纳年租金的义务。”①而一田多主则是民间习俗和惯行。民国时期乃至当代一些学者在乡村调查和相关研究中,之所以将田面权混同于永佃权,一个很重要的原因就是以民国时期民法有关永佃权的法理逻辑来理解田面权惯行。② 赵冈、陈钟毅用西方制度经济的产权理念“永佃权”来解释中国本土社会特有的“一田两主”地权结构,将永佃权等同于田面权③,实际上是对一田多主制的误读。如果将永佃制形式上类比清代,就容易将永佃制同清代的某种长期租佃制等同起来而发生误解。“永佃”是学者为描述我国近代土地租佃习惯而创设的一个词语,永佃权则是大陆法系从罗马法而来的一项用益物权制度。二者并不是同一概念,有着本质的区别。④ 赵冈将“最终形态”具有独立产权的“永佃权”称为“田皮权”,并将产权、向长期(永久)租佃的发展过程、田皮放在永佃权一个概念体系描述⑤,可大可小的范畴造成其解释缺乏严密的逻辑性,生硬地以永佃权涵盖一田多主。郭建干脆认为,宋代以后出现的“一田二主”“一田三主”的现象,是中国古代特有的、特殊的一种“永佃权”。⑥ 这里对所有权概念的模糊运用也是造成混乱的重要原因。

以往研究在加深理解租佃制的同时,论证上仍存有一些明显的偏差。首先是以论带史,有选择性地使用材料。过去偏向于以阶级斗争来解释主

---

① 彼德罗·彭蕃得著,黄风译:《罗马法教科书》,北京:中国政法大学出版社,1992 年,第 267 页。

② 张佩国:《近代江南乡村地权的历史人类学研究》,第 271 页、第 275 页。

③ 赵冈、陈钟毅:《中国土地制度史》,台北,联经出版事业公司,1982 年,第 404 页。

④ 刘承涛:《<民国民法·永佃权>考》,上海,华东政法大学法学硕士论文,2008 年。

⑤ 赵冈:《永佃制研究》,北京:中国农业出版社,2005 年,第 2 页、第 15 页。

⑥ 郭建、伊晓婷:《中国法制史高级教程》,北京:对外经济贸易大学出版社,2009 年,第 223 页。

佃矛盾，正如步德茂所言，出版物总是偏爱那些反映阶级斗争的契约纠纷，但事实上忽略了非契约性纠纷，而这一类纠纷更容易发生在彼争此竞的农民之间。① 宗亲纽带是重要的联结源泉，步德茂列举的暴力争端三分之一的纠纷当事人都是同房同族的成员。再就阶级而言，按阶级划线的争端的比较显示，彼此竞争的农民间暴力争端远逾不同阶级之间者。

其次是观点前后矛盾或循环论证。有学者认为永佃权是作为抵抗农业资本主义的萌芽、维护封建土地制度的特殊形式，又说当时出现了采用具有资本主义性质经营方式的佃富农和经营地主，永佃权一定程度上促使了资本主义萌芽的出现和发展。② 高额封建地租和商品经济发展不充分是产生二地主的原因，封建地租之难于转化为资本主义地租是商品经济不够发达所致，反之，商品经济不发达正是由于高额封建地租的阻碍。③

再次是地主佃农之分别，以往的标准是一为占有土地数量多寡，二为出租与租入，但两者关系比较复杂。过去往往把租佃制的功能同当时政治经济体制混成一体，正是因为把地租分配完全等同于阶级利益分配，以某种固定模式的租佃制样本，掩盖了不同区域和群体内部的类型区分。事实上，无论是权利的类别与主体，还是权能大小、时间长短、交易和衍变过程，租佃制度具有相当大的弹性，是与中国实际相适应的反映生存智慧的产权形式，绝非某个单一标准所能涵盖。

2.理论视角的转换

在《资本论》第三卷第六篇《超额利润转化为地租》中，马克思将其成熟的地租理论完整地呈现出来。他在坚持李嘉图的劳动价值论的前提下，采用剩余的分析方法，从生产关系（社会关系）的角度出发，摒弃李嘉图关于

---

①　步德茂：《过失杀人、市场与道德经济——18世纪中国财产权的暴力纠纷》，北京：社会科学文献出版社，2008年，第106页、第231页。

②　张国臣：《略论永佃权与农业资本主义萌芽的关系》，《许昌师专学报（社会科学版）》，1988年第3期。

③　李英华：《明清时期的二地主浅析》，《思想战线》，1988年第2期。

土地的技术分析。① 无独有偶，过去对于租佃的功能分析也是集中于地租，从分配角度将其视为潜在的经济剩余，把地租视为地主储存起来的一个纯所得，不参加利息与利润的追逐，不受平均利润率的制约，利息率一般不起决定地租和地价的作用。② 1930 年代，熊得山提出封建社会最主要的生产手段是土地，而土地是为地主所有的（地主不论其为国家或私人）。地主以佃租的名义掠取农民的剩余劳动甚至必要劳动，像这种劳动者与生产手段结合的方式，便呼之为封建社会。③ 温铁军认为，旧中国农民革命的现象上的直接原因，是农民贫困和农业破产；但最主要原因是工商业资本和金融资本对农村的过量剥夺。④ 土地问题更被视为地租的流向和使用阻碍资本积累的问题。

现在则更加关注生产投资和土地流转的完整过程，转向市场交易和生产要素流动的技术分析。地租是土地稀缺性形成的要素收益，而不只是农业产品的部分劳动价值，其水平由土地的边际产量所决定。从地主来看，可以说是雇用佃农的劳力和资本以从事农业生产，然后给与佃农一部分的生产物作为雇用其劳力和资本的报酬；反之，从佃农来看，则可视为佃农租用地主的土地以从事农业生产而给地主一些报酬。⑤ 假设土地所有者是地主，在当时定额现物租占支配地位的江南，可以计算出土地带来的年间收益：（佃租额-现物形态的粮税负担）×米价（银或铜钱）-货币形态（银或铜

① 曹静、柳欣：《马克思的地租理论——宏观总量与微观价格的统一》，《学海》，2009 年第 1 期。

② 陈廷煊：《近代中国地主土地所有制下的租佃关系》，《中国经济史研究》，1991 年第 4 期。

③ 熊得山：《中国社会史论》，上海：上海书店出版社，2010 年，第 6~7 页。把封建主义看成是一种生产方式的观点，还可参见厉以宁：《资本主义的起源——比较经济史研究》，北京：商务印书馆，2003 年，第 420~423 页。

④ 温铁军：《中国农村基本经济制度研究》，北京：中国经济出版社，2000 年，第 108 页。

⑤ 王友钊编著：《农业生产经济学》，台北：国立编译馆出版、正中书局印行，1974 年，第 361 页。

钱)的赋役负担。北村敬直在对《阅世编》卷一《田产》的记事进行分析后,指出田价在受米价涨跌及赋税轻重的根本性制约这一事实的基础上,租可以作为对田价(土地资本)的息(即前期利润)来考虑。①

姚洋指出,土地的自由流转可能产生边际产出拉平效应和交易收益效应,就资源配置而言,土地租赁是比土地买卖更有效的手段。② 因此如何从效率和道德维度来评价租佃制度?我们既不能以道德评价取代经济分析,也不能裁剪中国的经验案例填进西方经济学的框架。在涉及小农经济的评价上,讨论资本化还是封建性、发展还是停滞的二元化取向是不足的,仅是将问题不同层面的东西杂糅一起,不能真正推进其研究。

3.租佃内涵的现实启示

通过对传统租佃制度形态的考察分析,可以发现在人地比例很高的中国,其产权结构带有所有权和使用权分离的双重性。

一方面,随着商品经济的发展,佃户以等价交换方式租赁作为私有财产的土地,租佃制成为土地所有权或土地资本的有息借贷,也可说是土地的定期使用权的买卖。作为租佃制母体的小农经济,其实是回应中国紧张的人地关系的自然结果。它看似落后的生产关系,却孕育了中国社会对知识的重视。③ 在现有资源的条件下,耕作拥挤是财富最大化的结果,而不是“非理性”的结果。一个缺乏想象力的经济理论家,出于不了解实际情况,很容易认为密集耕作是一种浪费,并草率地提出异想天开的理论和使人发笑的政策,置中国这条巨龙于死地。④

另一方面,帝制中国在土地流转的过程中消耗了大量的社会财富,社

---

① 岸本美绪著,刘迪瑞译:《清代中国的物价与经济变动》,第153页下注1。

② 姚洋:《中国农地制度:一个分析框架》,《中国社会科学》,2000年第2期。安希伋也强调了完全的土地使用权对资源配置的意义,认为土地所有权则不是那么重要,见《论土地国有永佃制》,《中国农村经济》,1988年第11期。

③ 姚洋:《亚当·斯密在北京:重新认识中国小农经济》,2009年11月26日,http://www.ccer.edu.cn/cn/ReadNews.asp? NewsID=10729

④ 张五常著,易宪容译:《佃农理论》,第228~229页、第230页。

会进行扩大再生产的能力减弱，而欧洲经济现代化的进程是由商业革命到农业革命、工业革命，是从流通领域到生产流域。[①] 加上历代中国的土地税之沉重不亚于地租，而它的基础却不是所有者的权利而是统治者的权力，导致人们的产权观念具有双重性，因此国有地与私有地、赋税与地租的分别往往含混不清。对地权意义的解释权力常常在强势的国家或者地方精英的操控之中，本来可能以价格和市场约束的土地经营与赋税，有时会变为一个根据权力、意义和社会关系来运行的过程。[②]

正是这种双重性为我们提供了处理地权关系的现实启示。从另一层面看，所有权决定财产归属，使用权决定财富创造。[③] 因此，财产的使用方式和使用关系非常重要。在土地所有权归国家或集体的前提下，土地使用过程中公平机制的建立成为保障使用者权利的关键。租佃制打破了土地所有权人之垄断性，增进土地用益物权人之相关权益，有利于实现利益的公平分配。促进要素流动的租佃制也不是传统经济专有，农村集体组织成员可以通过支付租金，享有耕作权或其他权益。这在保障地权稳定性的基础上，既可大力推进土地流转和提高资源效率，又是工业化进程中保障农民和降低风险的良好途径。

（原载《学术月刊》，2011 年第 10 期）

---

① 石涛、马国英：《清朝前中期粮食亩产研究述评》，《历史研究》，2010 年第 2 期。

② 张小军：《象征地权与文化经济——福建阳村的历史地权个案研究》，《中国社会科学》，2004 年第 3 期。

③ 张曙光：《使用权是一种独立产权——征地拆迁案的法律经济分析之三》，http://www.unirule.org.cn/SecondWeb/Article.asp? ArticleID=1288

现代中国的土地改革与地权思想

张一平

一、现代中国的土地改革

在中国革命编史学的范畴中，新民主主义革命时期的土地改革是农村生产关系的一场巨大变革，土地这一基本生产资料与劳动者的直接结合打破了土地所有权与使用权分离的不合理状态，并推动了生产力的发展。土地改革的目标是废除"封建土地所有制"，建设新民主主义社会，这是建立在对当时社会性质的判断之上的。

最初由中共"一大"通过的《中国共产党纲领》中强调的是社会主义革命，提出无产阶级政党要消灭资本家私有制，此时中共还未认识到进行土地革命的重要性。1922 年 6 月 15 日，中共中央发表了《对于时局的主张》，首次明确提出"肃清军阀，没收军阀官僚的财产，将他们的田 地分给贫苦农民"的要求，并制定"限制租课率的法律"。① 1922 年底，中共中央制定了《中国共产党对于目前实际问题之计划》。这是中共第一个详细论述农民土地斗争的文件，该文件指出："限制私人地权在若干亩以内，以此等大地主、中等地主限外之地改归耕种该地之佃农所有"；开展"限制租额运动"，每年应缴之租额由佃农协会议定。②

---

① 《中共中央文件选集》(一)，北京：中央党校出版社，1982 年，第 5 页、第 26 页。

② 赵效民主编：《中国土地改革史(1921～1949)》，北京：人民出版社，1990 年，第 60 页。

1925年10月，中共中央在《中国现时的政局与共产党的职任决议案》中首次提出："中国共产党对于农民的要求，应当列成一种农民问题政纲，其最终的目标，应当没收大地主军阀官僚庙宇的田地交给农民。"1925年10月10日，中共中央发表的《告农民书》更强调"解除农民的困苦，根本是要实行'耕地农有'的办法"。① 但1926年11月30日斯大林在《论中国革命的前途》的演说中讲到："我认为归根到底应该引导到土地国有化。无论如何我们不能誓死拒绝土地国有化这样的口号"，"应该做到为农民没收地主的土地，并使土地国有"。② 共产国际还强调指出："中国共产党应当承认'土地国有'为无产阶级的农村政纲之基本要求。""农民革命（没收土地和土地国有包括在内），这是中国革命新阶段之主要的社会经济内容。"③随着共产国际在土地问题上的态度变化，1927年4月27日至5月9日召开的中共"五大"，也就相应地作出了"土地国有"的决议："共产党将领导农民从事于平均地权的斗争，向着土地国有、取消土地私有制度的方向，而努力进行。"④此后在土地革命战争初期，中共在地权问题上是执行"土地国有"政策的。

1927年8月7日，中共中央在武汉召开紧急会议（"八七"会议）。这次会议正式确定了土地革命的基本方针，指出"土地革命问题是中国资产阶级民权革命中的中心问题"，"是中国革命新阶段的主要的社会经济的内容"。1927年11月，中共中央临时政治局召开扩大会议，通过了《中国共产党土地问题党纲草案》，指出"一切私有土地完全归组织成苏维埃国家的劳动平民所公有"。⑤瞿秋白甚至认为："不但地主，就是富裕农民（自耕农）的土地，也不能不侵犯到，自然更必须扫灭一切地主，不论大中小的地主，

---

① 《中共中央文件选集》（一），第398页、第435页。

② 《斯大林全集》第8卷，北京：人民出版社，1954年，第330页、第334页。

③ 《共产国际与中国革命资料选辑》（1925—1927），北京：人民出版社，1985年，第148页、第425页。

④ 《中共中央文件选集》（三），北京：中央党校出版社，1989年，第66页。

⑤ 《中共中央文件选集》（三），第265页、第266页、第501页。

必须由劳农取得政权,实行土地国有。”①我们知道,土地的没收就是改变土地的所有权,将一切私有土地归为公有,实际上就是“没收一切土地”。整个土地革命时期几乎都贯彻了这个原则,直至抗战前夕才作出重大调整。

抗日战争时期,在中日民族矛盾上升成为主要矛盾的形势下,中国共产党实行了减租减息的土地政策。抗战胜利后随着国共内战的爆发,1946年5月4日中共中央发出《关于清算减租及土地问题的指示》。“五四”指示的基本精神是赞成并领导农民从地主手中获得土地,实现“耕者有其田”,这是从减租减息政策到没收地主土地政策的过渡。1947年10月10日颁布的《中国土地法大纲》又进一步规定:“废除封建性及半封建性剥削的土地制度,实行耕者有其田的土地制度”,“废除一切地主的土地所有权”,“废除一切祠堂、庙宇、寺院、学校、机关及团体的土地所有权”。② 1947年8月29日新华社发表了《学习晋绥日报的自我批评》的社论,社论的中心议题是阐述平分土地办法的好处,强调“普遍的彻底的平分田地”“乃是绝对必要的”。至新中国成立前夕,约有1亿多农业人口的地区完成了土地改革,实现了耕者有其田。新中国成立后,1950年6月中央政府正式颁布了《中华人民共和国土地改革法》。自1950年秋至1953年春,除西藏等少数民族地区外,全国土地改革基本完成。

二、地权思想:从反封建到工业化

1939年12月,毛泽东等人编写了《中国革命和中国共产党》一书作为干部教材,在第一章“中国社会”中提出了封建话语的核心概念:(1)自给自足的自然经济占主要地位;(2)封建的统治阶级——地主、贵族和皇帝,拥有最大部分的土地,而农民则拥有很少的土地,或者完全没有土地;(3)不

① 瞿秋白:《中国革命中无产阶级的新策略》,《布尔塞维克》第1卷第7期,1927-12-5。

② 《中共中央文件选集》(十六),北京:中央党校出版社,1992年,第547页。

但地主、贵族和皇室依靠剥削农民的地租过活，而且地主阶级的国家又强迫农民缴纳贡税，并强迫农民从事无偿的劳役；(4)保护这种封建剥削制度的权力机关，是地主阶级的封建国家。封建社会的主要矛盾，是农民阶级和地主阶级的矛盾。①

这一解释以阶级矛盾和阶级斗争的观点建构了封建社会的内涵，特别是把地租剥削与"封建国家"对农民的赋役负担联系起来，突出了地主阶级对农民的压迫及其非法性，贴近了现实的要求。这种反对压迫和剥削的强烈诉求，与"均平""仁政"的儒家理想相契合，形成充满感召力的革命意识形态。由此地主—农民的二元对立模式构成长期以来对封建社会的权威解释，而剥夺地主土地分配给农民，进而推翻地主阶级的代理人，则成为反封建的主要目标。1945 年 4 月 24 日毛泽东在《论联合政府》中又指出："'耕者有其田'，是把土地从封建剥削者手里转移到农民手里，把封建地主的私有财产变为农民的私有财产，使农民从封建的土地关系中获得解放，从而造成将农业国转变为工业国的可能性。"②1948 年 4 月 1 日毛泽东在晋绥干部会议上的讲话中进一步强调："土地制度的改革，是中国新民主主义革命的主要内容。土地改革的总路线，是依靠贫农，团结中农，有步骤地、有分别地消灭封建剥削制度，发展农业生产。"③显然，土地改革已成为中国共产党改造农村的一项既定目标。

新中国成立后，中央政府制定了统一的土改政策。1950 年 6 月 28 日正式通过了《中华人民共和国土地改革法》，指出土地改革的基本内容是："废除地主阶级封建剥削的土地所有制，实行农民的土地所有制，藉以解放农村生产力，发展农业生产，为新中国的工业化开辟道路。"④一场前所未有的变革开始了。宣传土地改革法，揭露封建土地制度的罪恶成为这个运动

① 《毛泽东选集》一卷本，北京：人民出版社，1968 年，第 586~588 页。

② 《毛泽东选集》一卷本，第 975 页。

③ 《毛泽东选集》一卷本，第 1208 页。

④ 《土地改革手册》，上海：新华书店华东总分店，1950 年，第 8~12 页。

的序幕。“三千多年来，地主阶级的封建剥削土地所有制，曾经残酷压榨我国农民，窒息我国社会经济发展的生机。……土地改革的实行，就为我国工业化准备了充分的条件。”并且指出：“土地改革是一场激烈的战争。要打倒在农村中有长期统治历史和经验的地主阶级绝不是轻而易举的事情。”①

“封建”土地关系严重束缚了中国农业发展，在当时几乎成为共识。由此认为，只有坚决实行土地改革，把地主的土地和其他生产资料交给农民，使农民有财力来发展生产，才能够为工业提供大量的原料、粮食、资金、劳动力和销售市场。简言之，实行土地改革是工业化的必要条件。然而当时一些学者根据自己对当地经济发展状况的了解，并不赞同这种变革。他们发表了“江南无封建”的看法，其中最突出的是农学家董时进。1950 年，董时进给毛泽东写了一封公开信，标题是《董时进上毛主席书》，自费铅印，四处散发，提出“江南无封建”论，不赞成在江南进行土地改革，受到当时学界的批评。1950 年复刊的《观察》周刊曾发表《董时进上书反对土地改革问题》一文。②《观察》发表的是一个批判他的谈话摘要，这个摘要没有列出发言者的名字，不过从其他人的发言中，可以看出董时进的一些意见：“董时进先生的文章概括地说来就是反对土地改革。他的根据是：旧中国农村土地是‘自由买卖’的，租佃关系是一种‘自由契约’，所以它不是封建性质的土地制度，因此就不应该进行土地改革”；“董时进先生说华北有封建性剥削，而江南则没有”；“董时进先生说地主是勤劳的，而农民则是懒惰的”。时隔 50 余年之后，有学者再一次提出了“苏南无封建”的论点，认为苏南地权分散、租佃制度特殊，值得区别对待。③

在 20 世纪 90 年代，秦晖也对“封建”的传统解释提出了强烈质疑：“什

---

① 吴冷西：《土地改革———我国新民主革命的基本内容》，《新观察》第 1 卷第 2 期，1950-7-16。

② 《关于董时进上书反对土地改革问题》，《观察》第 6 卷 12 期，1950-4-16。

③ 樊树志：《重提苏南无封建》，《经济观察报》，2005-5-2~2005-5-9(39)。

么是封建社会？今天提出这个问题，可能会有人感到滑稽。我们这个有几千年封建历史，又搞了几十年反封建革命的国家，还不知道什么叫‘封建社会’么？”他认为，租佃制与封建主义之间并无必然联系，任何模式的封建社会，必须具备三个互为因果的基本要素：自然经济、宗法共同体与依附人格。① 最近侯建新、冯天瑜等学者又对封建的概念进行了阐释。侯建新概括了欧洲封建主义（feudalism）的四个基本特征：非血缘的、强有力的国家权力支配的社会；庄园制；尚武的武士等级是统治阶级；领主附庸关系中的原始契约因素。而这些特点与中国的传统社会“相距甚远”。② 而冯天瑜则指出，秦以后两千年称“封建社会”，造成了名实错置、形义脱节，他认为宗法制、地主制和专制帝制三者组成一以贯之的整体，决定了自秦至清的社会形态。③

以毛泽东为首的中国共产党人认识到，中国是一个农业大国，农民占人口的绝大多数，因而中国革命的本质就是农民革命。既然是通过农民革命来建立和巩固新中国，首先就要取得农民的信任和拥护，消灭各种形态的地方主义，建立起全国统一的合法化政权。这对新解放区来说，首要的任务就是进行土地改革，满足农民对土地的需要，赋予他们对土地的产权。正是在此意义上，土地改革的一项重要功能是扩大政治支持基础。

正如费正清等主编《剑桥中华人民共和国史》所言，土改中共产党的所作所为使人们确信，它既是一种令人生畏的力量，也是富裕生活的提供者。这大大增强了它在农民中的说服力。④ 杰克·贝尔登更指出，分配土地本身并不能在中国产生健全的农业经济。它既不能创造出工业化所需的资

---

① 秦晖、苏文：《田园诗与狂想曲——关中模式与前近代社会的再认识》，北京：中央编译出版社，1996年，第25页、第178页、第113页。

② 侯建新：《“封建主义”概念辨析》，《中国社会科学》，2005年第6期；《“封建主义”——概念错位的原委及应对》，《历史教学》，2006年第1期。

③ 冯天瑜：《封建考论》，武汉：武汉大学出版社，2006年，第374~376页。

④ 费正清等主编：《剑桥中华人民共和国史》，上海：上海人民出版社，1990年，第91页、第92页。

金，也无法消除过剩的农村人口对土地的压力。①

贝尔登的看法实际上涉及了长期以来关于中国小农经济发展水平的讨论。伊懋可在探讨中国经济为什么没有经历资本主义发展的问题时，提出了“高水平均衡陷阱理论”。他认为，中国经济的落后归根到底是因为众多的人口蚕食了农业生产的剩余，使农业无法提供启动工业发展的资本积累。也就是说，中国小农“耗尽”了他们的全部劳动价值，完全没有维持生计以外的剩余。② 曹幸穗认为这种观点没有把阶级剥削这个重要因素考虑进去。地主通过土地的占有而剥削了佃农、雇农的剩余劳动，此外封建政府还通过田赋杂税搜刮农民的财富。旧中国农民的劳动价值 40%左右通过种种渠道被榨取了。③ 这与 Lippit（1974）的观点是一致的，他认为中国土改的经济意义是：国家通过社会革命，从统治阶级夺取了潜在剩余，部分转用于生产性投资，部分用以提高农村社会中贫穷分子的生活水平。④ 实际上强调革命对解决土地问题的作用，国内一些经济学者亦持类似见解。

事实上自近代以来，在如何解决中国农业经济问题方面，一直存在“技术学派”与“分配学派”之争，前者以卜凯为代表，主张发展现代农业科技和市场经济；后者以陈翰笙为代表，主张先以革命推翻旧土地制度并重新平均分配土地，现代农业科技才能发展。两种观点各有侧重点，但本质上都属于资源配置的问题，简言之，和所有制结构有关。

---

① 杰克·贝尔登：《中国震撼世界》，北京：北京出版社，1980 年，第 614 页。

② 参见黄宗智：《华北的小农经济与社会变迁》，北京：中华书局，2000 年，第 16～18 页。

③ 曹幸穗：《论旧中国苏南土地占有关系的演变及其推动力》，《中国社会经济史研究》，1990 年第 4 期。

④ 参见黄宗智：《华北的小农经济与社会变迁》，北京：中华书局，2000 年，第 16～18 页。

三、地权安排与资源配置

从1905年开始，梁启超与孙中山之间展开了有关社会革命的争论，土地国有化问题是辩论的焦点之一，双方以《民报》与《新民丛报》为阵地展开了激烈的论战。孙中山等人明确主张平均地权，其途径是实施土地国有。梁启超对此表示反对，并从理论上作了论证。他在《驳某报之土地国有论》中指出，土地私有制度是历史的产物，认定土地所有权性质与其他所有权没有差异，“而就历史上观察人类之普通性质，以研究现经济社会进化之动机，则私有制度（即以法律承认私人所有权之制度）虽谓为现社会一切文明之源泉可也，盖经济之最大动机，实起于人类之利己心”。他还以中国为例，认为土地所有权是农民辛勤节约的产物，“故普通小农，大率以勤俭贮蓄之结果，获得土地所有权，即复以勤俭贮蓄而保持之，扩充之。质而言之，则虽小农之本无田者，往往勤劳数年，即能进为田主，既进为田主之后，而仍自耕其田者，盖大多数也。而后此地代之岁进，实为其前此及现在之勤劳所应享之报酬”。①

但是由于近代中国严重的政治形势，革命派在社会变革中占据了主导地位。孙中山提出以“平均地权”作为同盟会的正式纲领后，1924年又提出著名的“耕者有其田”。其思想来源，主要是中国古代的“均田”思想和亨利·乔治的单一税理论，核心观点是实行土地收归国有，农民享有使用权。共产党继承了孙中山“耕者有其田”的理念，努力建立一个自耕农经济，在土改中这一理念得到了全面贯彻。然而土改后国家却占有了过度的“地权”，构成了对农民剩余产品的索取权。土地通过重新分配之后，地租取消了，国家却以强大的组织权力通过公粮更深入地汲取了农民的地权收益。

国家对地权的过度控制，形成了单一的自耕农经济。这导致了农民剩

---

① 梁启超：《饮冰室合集·文集之十八》，北京：中华书局，1989年，第21页、第22页、第28页。

余产品的单向流动，合作社对农产品的控制，更缩小了农民的市场自由度。租佃制度的消灭，雇佣关系的限制，借贷的减少，直接影响土地、劳动力和资金等生产要素的流动。租佃制的取消，地权的无偿分配，也消解了农民原来的契约意识，代之以政治化和道德化的话语，加强了国家对个人观念的渗透。由于雇工特别是党员雇工被视为剥削，使得劳动力不能灵活地与土地经营相结合，借贷关系的不正常，使农民购买生产生活资料受到限制。国家最终把乡村整合成一个相对稳固单一的社区，限制了市场的发展，使得农民的政治意识空前提高。农民一方面适应国家的需要，另一方面又学会了对国家汲取制度的应对（往往被视为投机）。这种精明的行为，在改革开放以后的市场经济中却可以大显身手。

因此，我们需要对土改前的中国农村经济特别是租佃制度作一个再认识。秦晖指出，中国过去认识传统乡村社会的模式，影响最大的为“租佃关系决定论”与“乡村和谐论”。前者强调租佃关系的作用，后者则把传统乡村看成是一个非常和谐的、温情脉脉的大家庭。他认为这都是一种理论虚构，难以考之史实。把地权问题说成是中国传统社会的首要问题，把地权不均说成是传统中国社会弊病、社会冲突和社会危机的主因，从而把平均地权说成是解决这些问题的主要手段，都是没有根据的。他进而指出，中国历代自耕农与佃农的境况差别并不像有些说法讲的那么大。中国历史上只有“官逼民反”而无“业逼佃反”之说，主佃纠纷虽比欧洲多，却因双方博弈能力相对均衡，一般处于动态稳定状态，并不会导致严重危机。但官民冲突却常呈累积状态，以致周期性地造成社会爆炸。①

秦晖的论点实际上提示我们，在估量农村社会经济关系之时，必须考察各种因素的变化，先入为主地概括出二元对立的模式，容易遗漏或许是更为重要的因子——如官民关系，这是一个普遍存在的国家治理问题，而

① 秦晖：《关于传统租佃制若干问题的商榷》，《学术月刊》，2006 年 9 月号；秦晖：《“业佃”关系与官民关系——传统社会与租佃制再认识之二》，《学术月刊》，2007 年 1 月号。

非地主阶级代理人所能表达。按传统观点，业佃关系是假设发生于地主—农民之间，且预设了地主占据优势谈判地位的前提。而近代江南的不少业佃双方均为普通农民，那么拖欠就不是正当的反抗义举，而可能是违背契约的抵赖行为。并且租佃制在本质上是属于商品经济下的家庭经营，是一种适应近代经济的制度安排，土改强制达成的平均地权对商品化程度很高的苏南农村起着某种掣肘作用，影响了城乡资本和劳动力的对流。

同样，以往关于雇佣关系的研究也存在误区。一方面认为雇佣是资本主义发展的表现，极力搜集有关雇工的史料作为资本主义萌芽的佐证；另一方面又与收租并论，视为剥削的手段。这样一个矛盾的态度，着实令人生疑。而在阶级划分上的一个重要影响，就是劳动价值论取代资本价值论。劳动光荣，而雇工、出租、借贷皆被视为不靠自己劳动的牟利手段，地权名义上是分配后归农民所有，但事实上等同于国有，尤其是地主、二流子不能随意买卖出租土地，必须劳动改造自己。农民获得的土地产权实际上没有充分的自主权，国家更不会放任农民的“资本主义”倾向自由发展。消灭私有观念，提倡公有，已经初现端倪，其中蕴含着社会主义与资本主义、公有与私有二元对立的意识。

其实，早在土改之前就有人对地权安排提出了深刻的见解。上海松江区民主人士熊翥高在回顾了历史上井田制、私田制、王田制、均田制等土地制度变革之后，认为土地私有公有均有弊端，因此需要慎重制订土地改革方案。① 他指出，农民在土地外尚需耕种资金、房屋、牛、水车、农具、肥料以及生活费，否则分配的土地会有全部或一部分荒芜。针对有人主张耕种资金与农业设备由公家负担和分配，他认为公家如何筹措此一笔巨大经费，及如何雇用大批员工管理其事，并能与私有者同样便利与耐用，其问题并不简单。同时这些设备需每年大量添置或修理，集散也需要管理经费。大型设备牛和船管理比较困难，也很难保证和私有者一样爱惜与合理使用

① 熊翥高：《改革土地制度应注意之问题》，见《土地改革调查资料和意见摘要》，苏南各界人民代表驻会委员会秘书处汇编，1950 年 6 月。

（如耕牛由公家分配，可能就会多鞭策而少喂食）。所以耕种资金由公家负担分配，或以农家原有设备移充，均非可能办法。

熊翥高还指出，上海青浦佃租额仅占收获数之22%强，佃租额在农民之生活经济内并不严重。若政治上轨道，农民自身无意外发生，并能稍为节俭，只要耕种三五年就能成为自耕农。他认为农民生活艰苦的原因，不在佃租负担之重，而是由于过去政治之不良，教育不普及等影响。农村破产的原因主要有摊派、肥料负担、政府腐败、遇病献菩萨婚丧陋习及赌博、借贷利息高、农产品贱卖、人均土地不足七种，这些没有一样较佃租负担为轻。进而他提出，要拯救农民，不能仅在减轻佃租负担方面想办法。由于农民个人能力及耕地本身的差异，均富思想在事实上难以实现，应否为土地改革之目的，还要研究。耕作人工有粗细的配置，但不可能每家都能满足此搭配，这种困难只有耕地面积可自由伸缩（即租佃、买卖等）及可随意雇工两种制度在调节。并且私有土地制度，具有满足一般人之"事业欲"而产生安定社会经济之效能，土地改革时应该预想办法以代替之，以免游资之泛滥，并使一般人之"事业欲"有归宿场所。熊翥高对公有与私有关系作了比较合理的分析，然而这样的观点在当时并没有引起重视。

从鸦片战争以来100多年的所有制关系变革的历史过程表明，创造新的生产力、新的生产方式需要创建新的所有制关系，人们似乎一直在民营国营、公有私有二元模式之间进行着一种两难的选择。人们在推动现代化时，总倾向于依靠国家权力的力量，发展国有经济和不同层次的公有经济，而实践中所遇到的问题，又总迫使他们不得不退却，承认民营经济、个体经济某种合法性，给后者一定空间，但新出现的矛盾又要诱使他们再一次强化国营和公营经济。① 事实表明，具有严重非市场化倾向的国有产业结构，即充分利用国家的军事政治强力，集中财力、物力，在不太长的时间中建立起近代产业，又以新的共同体形式实际上保持了旧式的农村与手工业经

① 姜义华：《中国现代化百年进程中所有制关系变革析评》，台湾：《国立中山大学社会科学季刊》，1997年春季第1卷第1期，第106~107页。

济,防止旧式经济体制的根本破坏以及来自下层的对现代化的积极参与,还经由国家这一形式将权力掌握者的特殊利益宣布为社会普遍利益、根本利益。效法苏联模式的非市场化倾向,产生了强烈的负面社会效应。为发展国有产业,将沉重的财政负担转嫁到广大农民身上,无法扩大再生产和走向市场。①

正如有的学者指出,新中国成立后在公有化程度越高越先进的思想指导下,人们曾把社会主义公有制当作一种独立于现实的生产力和劳动者之外的、有生命力的实体来看待,甚至在很大程度上把公有制简单地等同于社会主义现代化。②

公有制的这种无限拔高导致了国家与农民在产权关系上的模糊不清,从而侵占了农民的权益。张小军认为土地的不充分产权——国家、宗族和村落等集体的象征地权过度所有,是土地经营内卷化(有增长而无发展)的深层原因之一,而非表面上土地的村落集体所有权或者私有承包责任制的使用权。若国家对农民土地随意征收,限低粮价,税赋过重,或过多通过土地进行摊派,令农民种地难以获利,他们就只能维持内卷的经营。这是一种文化内卷化而非土地内卷化的结果。"黄宗羲定律"只是对历史上赋税的简单描述,不看到深层的象征权力关系,不改变地权的不充分和不平等,只是将土地的费税改革简单定位在政府的"行政"行为上,是很难走出困境,真正解决土地赋税问题的。他认为,在中国讨论土地的公有与私有制是一个伪问题。公田通常具有不充分地权。若政府、宗族等公权机构权力过多侵入私人土地,同样会以其过度的象征地权侵犯私人地权。这是历史上无论土地公有或私有制都没有很好解决土地问题的关键。因此,一方面应改变国家的象征地权过度所有,减少国家的剩余控制和剩余收益,把这

---

① 姜义华:《论中国现代化进程中矛盾取向的分合和市场化道路的择定》,《现代与传统》第3辑,广州:广州出版社,1994年,第8页。

② 侯建新:《农民、市场与社会变迁——冀中11村透视并与英国乡村比较》,北京:社会科学文献出版社,2002年,第319页。

部分国家剥夺的还给农民;另一方面扩大农民对土地象征权力的参与和享有,让他们真正成为土地的主人,培育广泛的公民社会和公民意识,在此基础上,形成农民拥护并愿意遵守的土地和赋税制度。① 这里提出的"象征地权",注意到了在土地之上的文化权力,但仍可视为对地权及其收益分割的探讨。

不可否认,土地改革作为大规模的政治运动,只有经由国家的强力推行才能在短短的几年时间内顺利完成。作为一场涉及面极其广泛的变革,从全局出发的政策必然会与各地千差万别的实际情况发生矛盾,运动过程中的摸索也必然会出现差异,苏南亦同样如此。目前而言,我们不应简单纠缠于土地公有、私有的道路选择,重要的是建立较完善的产权制度,地权的明晰必须以财产权的约束与激励为前提,使农民具有清晰的产权观念。这一切,依然任重而道远。

(原载《上海财经大学学报》,2008 年第 3 期)

① 张小军:《象征地权与文化经济——福建阳村的历史地权个案研究》,《中国社会科学》,2004 年第 3 期。

新中国建立初期的农家经济、市场变迁与制度转型
——以苏南为中心的考察

张一平

对于新中国农村体制的研究,传统观点倾向于国家逐步控制了农民经济活动。董国礼运用新制度经济学的框架,认为土改后形成的农民私有制不是产权市场长期自发交易的产物,也不是国家仅仅对土地产权自发交易过程中施加某些限制的结晶,而是国家组织大规模群众斗争直接重新分配原有土地产权的结果。① 如周其仁所述,国家通过土改把自己的意志铸入了农民私有产权,当国家意志改变时,农民的私有制产权形式就必须改变。② 不过,国家与农村的经济关系并非如此简单。在市场机制和行政机制分配资源的矛盾中,"市场"本身就已经被政治领域所塑造。然而一旦它被塑造出来,就具有一种随机应变的自主性,其影响力远远不是行政力量所能约束。③ 此种微妙在当代中国制度转型中尤为突出,因此简化政治环境、区域因素、历史前提的分析,无法准确理解资源配置的情境与实质。

1949 年大一统带来了经济建设与强大动员能力的结合,以及集中力量展开有计划的变迁。新制度的嵌入,政府对市场的控制,国家权力与私人产权的博弈,奠定了新中国经济运行与决策机制的基本格局。国家期望通过土改提升农业生产水平支持工业发展,进而提高农民生活水平扩大内

---

① 董国礼:《土地改革:强制性制度变迁及其经济社会效应》,《华东理工大学学报》(社科版),2000 年第 1 期。

② 周其仁:《中国农村改革:国家和所有权关系的变化——一个经济制度变迁史的回顾》,《中国社会科学季刊》,1994 年夏季卷。

③ 华勒斯坦:《西方、资本主义和现代世界体系》,卜正民、格里高利·布鲁主编:《中国与历史资本主义》,北京:新星出版社,2005 年,第 21 页。

需，然而提取剩余、扩展内需的供需结构矛盾通过何种手段或机制来解决？虽然国家的意图是塑造新的经济结构，但也不得不依据已有的基础和路径，在遵循偏好的同时进行弹性调整。

作为新中国经济规划的一个缩影，位于长江下游的苏南①近代以来呈现了土地流转频繁、城镇网络化、经济商品化的市场基础，具备优先实现工业化的良好条件。建国后其发展路径被纳入与国家计划同步的轨道，但其导入机制的适应性与复杂性却值得重视。目前的讨论多注重政治与社会层面的变动，较少注意从农民收支与农村市场的微观角度展开经济史的个案分析，未能真正从生产要素运行来剖析，从而揭示国家与产权、市场关系的深刻内涵。因此本文以档案史料为基础，体察国家资源配置的限度与农民反控制的张力，理解国家与农民、工业与农业交换体系的复杂性，从而厘清农村经济演进的背景和政府决策的内在理路，为新农村建设中处理产权与市场关系提供镜鉴。

一、生产力约束：工业化目标下的农家收支结构

社会剩余的充分支配和使用，构成了国家塑造经济与治理社会的物质基础。新中国土改的目标是“废除地主阶级封建剥削的土地所有制，实行农民的土地所有制，藉以解放农村生产力，发展农业生产，为新中国的工业化开辟道路”。② 国家通过废除地租和建立农民土地私有权获得了征税的合法权力，租税被整合为一体。而赋税和地租关系说到底就是对农产品的竞争关系。③ 相对固定的收成背后，实际上是一场有得有失的利益博弈。

① 文中的苏南包括1958年国务院批准划归上海市的青浦、南汇等10个县，是经济史研究中“江南”地区的核心区域。

② 华东新华书店编辑部：《土地改革手册》，上海：华东新华书店，1950年，第8页。

③ 白凯著，林枫译：《长江下游地区的地租、赋税与农民的反抗斗争：1840—1950》，上海：上海书店出版社，2005年，第9页。

尤其是1953年后国家与农民关系的日趋紧张,本质上源于"一个地租被农民平分完毕的小农经济与雄心勃勃的国家工业化目标之间的矛盾冲突"。①

建国初期农家经济既是对传统小农经济的继承,又具有鲜明的时代特色。就当时而言,新政权的巩固、土地改革的完成和社会的日益安定,确实为农业经济恢复奠定了现实基础。1951年底,青浦、南汇、金坛、溧阳、句容、高淳6县的12个村,农业总收入(折成稻)比1950年增加了17.5%,手工业副业纯收入(折成稻)比1950年增加了2.02%。② 以无锡宜兴县前红乡良庄村为例,土改后农民总收入和稻麦销售量都有增加,人均收入折成稻计算,1952年超过土改以前13%。③

表1　宜兴县前红乡良庄村各阶层收入(折成稻)比较表(单位:斤)

年份	雇农	贫农	中农	地主	其他	平均
1950	1162.80	1049	1626.95	2625.50	1304.83	1473.60
1951	1537.78	1190.31	1349.63	1261.45	1160.40	1375.12
1952	2068.86	1485	1570.42	1557.18	1402.80	1664.58
1952比1950	178%	140%	97%	60%	107%	113%

资料来源:中共江苏省委农村工作委员会:《江苏省农村经济情况调查资料》,1953-2-20,第115页。

同时农民的购买力有所提高,所需生活、生产资料增加很快。据无锡江溪乡487户的统计,1951年比1950年多购进豆饼1万斤、农具110件。

① 周其仁:《中国农村改革:国家和所有权关系的变化——一个经济制度变迁史的回顾》,《中国社会科学季刊》,1994年夏季卷。

② "十二个典型村调查情况综合汇报",1951年,南京:江苏省档案馆档案:3006-短-242。

③ 中共江苏省委农村工作委员会:《江苏省农村经济情况调查资料》,江苏省档案馆藏,1953-2-20,第115页。

棉花、布及日用品等生活资料显著上升，213户中农（919人）人均用布增加197%，棉花增加100%；216户贫农（1048人）人均用布增加65%，棉花增加100%。① 社会经济好转，副业产品有销路，从事其他行业的劳动者的收入也得到合理调整。农户生活开支中衣着和副食两者比重最大，生活资料占总支出的比重仍然较高，苏南12村1950年为81.54%，1951年为71.37%。② 无锡三蠡乡第三村1950年生活资料占56.6%（食物占生活资料67.1%），生产资料占8.6%，公粮占23%；1951年生活资料占53.5%（食物占生活资料的71.6%），生产资料占8.3%，公粮占29%。③ 无锡宜兴县良庄村14个典型户在周年内（1951年秋收起到1952年秋收止，下同）人均支出总值1501196元④（旧币币值，下同），生活费用占47.51%，生产投资占32.61%，其他占19.88%。⑤

可见农民消费仍为满足基本生活，生产投资很有限。农户的收入和消费水平较低，绝大多数是低水平的收支平衡，或略有剩余。⑥ 这种盈余也不稳定，制约着国家的资源汲取和在此基础上的工业化。尤其是农民收入结构（主要包括农产品及养猪、养蚕等各项），呈现出典型的小农经济特征。无锡三蠡乡第三村1950年总收入56485斤，农业收入占48%；1951年总收

① 无锡县江溪乡土改后农村阶级经济情况变化调查报告，1951-10-20，锡山区档案馆档案：B1-1-13。

② “十二个典型村调查情况综合汇报”，1951年，江苏省档案馆档案：3006-短-242。

③ 农村阶级经济情况调查报告——无锡三蠡乡第三村典型调查材料，1951-12-10，锡山区档案馆档案：B1-1-13。

④ 1948年12月1日，中国人民银行发行了第一套人民币，1955年3月1日发行第二套人民币，并进行了货币改革：1人民币元=10000旧元。

⑤ 中共江苏省委农村工作委员会：《江苏省农村经济情况调查资料》，江苏省档案馆藏，1953-2-20，第118~119页。

⑥ 据1952年9个省的抽样调查，农民人均剩余74斤粮食，参见当代中国丛书编委会：《当代中国的职工工资福利和社会保险》，北京：中国社会科学出版社，1987年，第9页。

入 48681 斤，农业收入占 64%。① 宜兴县良庄村 14 户周年内人均收入总值 1540511 元，现金收入只占 37.783%，其来源主要是农产品、牲畜出售、贷款等项目。②

表 2 良庄村 14 个典型户周年内各阶层人均各项收入占比比较表

（单位：%）

项　目	雇农收入结构	贫农收入结构	中农收入结构	富农收入结构	地主收入结构	总体结构
农产品	55.03	65.35	66.46	72.56	69.90	66.575
蔬菜	1.15	1.21	0.83	2.78	0.43	1.15
畜禽产品	1.98	5.42	12.28	7.42	0.97	8.324
副业产品		2.00	1.09	2.38	3.40	1.653
其他收入	29.61	16.72	9.175	5.72	19.86	12.79
肥料	10.20	6.65	7.715	7.54	4.02	7.165
上期结余	2.03	2.65	2.45	1.60	1.42	2.343

资料来源：中共江苏省委农村工作委员会：《江苏省农村经济情况调查资料》，1953-2-20，第 117 页。

另据良庄村各阶层各项经济收入统计可知（表 2），农产品占收入总值的 66.575%，其他收入占第二，禽畜收入占第三。各阶层人均购买力 460154 元，周年内 14 户还人均亏空 100500 元，其中以地主、雇农负债最多，除地主系亲友借贷外，其他阶层以政府贷款比重最大，期末盈余很少。全村借山芋、南瓜的农户占总户数 75% 以上，86 户在周年内能保持二粥一饭的有 41 户，有 45 户亏 2 到 3 个月的食量。生产投资大部是政府支持，

① 农村阶级经济情况调查报告——无锡三鑫乡第三村典型调查材料，1951-12-10，锡山区档案馆档案：B1-1-13。

② 中共江苏省委农村工作委员会：《江苏省农村经济情况调查资料》，江苏省档案馆藏，1953-2-20，第 115~117 页。

1952 年良庄村 86 户家商品肥料，政府贷款达 61%。[①] 可见其生产能力相当薄弱。

总体来看，当时农村经济的好转属于社会动荡后的恢复不平稳。据宜兴县闸口乡五村的调查，每亩农田投资以 1948 年指数为 100 计，则 1952 年贫农农田投资指数为 191.59，中农为 205.53，地主、富农为 64. 44。[②] 中农和贫农的投资水平大幅提高，主要是生产资料内部再分配的缘故。1952 年总的指数仅为 104.84，1951 年甚至只有 91.03，故总体变化不大。该村 1948—1952 年人均纯收入（折主粮）分别为 1265.55 斤、1150.69 斤、1302.07 斤、1014.44 斤、1348.94 斤，而这几年的人均生活消费分别为 1152.13 斤、1156.49 斤、1136.76 斤、1066.68 斤、1186.69 斤。[③] 由于传统的农民家庭经营规模小、剩余少，农户除了必需的生活开支外，用于再生产的支出较少。

这说明其时农村生产力主要是恢复及内部调整，还没产生实质性增长。财富增加有一个积累过程，土地改革只是一种“存量”分配，不能直接增加农村生产资料总量。传统的农业恢复需要几十年，加上随后朝鲜战争爆发，农民负担不易减轻。当时农业单产也未达到历史最高水平，农民消费增加，农产品商品率和绝对量在短期内难以大幅增加，不能满足国家迅速工业化的要求，这必然会影响农产品市场的供求关系。

二、集体化前奏：合作社对农产品与市场供求的控制

早在 1943 年 11 月，毛泽东就指出克服农民分散的个体生产的唯一办法就是集体化，“而达到集体化的唯一道路，依据列宁所说，就是经过合作

① 中共江苏省委农村工作委员会：《江苏省农村经济情况调查资料》，江苏省档案馆藏，1953-2-20，第 120~121 页。

② 宜兴县闸口乡五村 1948—1952 年农业生产投资分析表，1951-12-17，江苏省档案馆档案：3006-永-157。

③ 宜兴县闸口乡五村 1948—1952 年人民生活及购买力变化情况表，1951-12-17，江苏省档案馆档案：3006-永-157。

社。”1949 年毛泽东又强调：“占国民经济总产值百分之九十的分散的个体的农业经济和手工业经济，是可能和必须谨慎地、逐步地而又积极地引导它们向着现代化和集体化的方向发展的，任其自流的观点是错误的。”①1952 年提出过渡时期总路线后，在互助合作基础上实现公有制的农村经济又与工业化紧密联系起来。由于中国选择了重工业优先发展战略，投资大、周期长以及吸纳农业劳动力有限，因此从农村提取剩余和控制农产品流动的任务很重。而对农产品剩余分配控制的重要手段，就是将市场供求纳入国家体系，建立合作社对乡村市场的主导。此举改变了苏南农村商品市场的原有格局。

在无锡宜兴县前红乡，1952 年供应和收购已以合作社为主，包括稻、麦、大豆、蚕豆等粮食。平均每月营业额占 80%，私商及其他只占 20%，在良庄村 14 户的调查中，合作社收购的占收购总值 78.536%，国营公司占 9.801%，私商收购比重仅为 4.893%。生产、生活资料供应也是合作社最多，占供应总值的 52.75%，主要是粮食、商品肥料、饲料、农具和油、盐、布匹等日用品，私商只占 25.36%。②

这 14 户中，生活生产资料的自给均大于购入，生活资料的购入仅占生活总费用的 40.436%，生产资料的购入，仅占生产投资总值的 47.352%，农家向私商购入以生活资料居多，主要是猪肉、日用品、南货、迷信品等。（详见表 3 和表 4）

---

① 《毛泽东选集》第 4 卷，北京：人民出版社，1991 年，第 1316 页、第 1432 页。

② 中共江苏省委农村工作委员会：《江苏省农村经济情况调查资料》，江苏省档案馆藏，1953-2-20，第 111 页。

表3　良庄村14个典型户每人平均生活资料自给与购入比较表

（单位:%）

项目			雇农自给购入结构	贫农自给购入结构	中农自给购入结构	富农自给购入结构	地主自给购入结构	总的自给购入结构
自给			53.402	62.454	58.461	46.473	66.657	59.564
购入	购入结构	国营公司		2.096	1.93	12.018	71.204	7.395
		合作社	63.424	44.757	48.335	48.780		44.583
		私商	34.435	35.358	33.982	30.027	24.638	33.487
		其他	2.141	17.789	15.753	9.175	4.158	14.535
	合计		46.598	37.546	41.539	53.257	33.343	40.436

资料来源:中共江苏省委农村工作委员会:《江苏省农村经济情况调查资料》,1953-2-20,第112页。

表4　良庄村14个典型户每人平均生产资料自给与购入比较表

（单位:%）

项目			雇农自给购入结构	贫农自给购入结构	中农自给购入结构	富农自给购入结构	地主自给购入结构	总的自给购入结构
自给			57.426	58.464	46.181	69.012	52.854	52.648
购入	购入结构	国营公司		0.925	1.903	1.415	0.966	1.531
		合作社	52.797	46.163	79.588	30.355		62.911
		私商	36.861	34.768	5.187	49.086	32.62	15.257
		其他	10.342	18.144	13.322	19.144	66.414	20.301
	合计		42.574	41.536	53.819	30.988	47.146	47.352

资料来源:中共江苏省委农村工作委员会:《江苏省农村经济情况调查资料》,1953

-2-20,第113页。

由此可知,合作社在农村商品流通中已占重要地位,对农家经济起着相当大作用。有些私商利用农民经济困难,以赊欠交易与合作社暗中竞争。但合作社有价格优势,供应的豆饼、豆油、锄头、铁铲分别比私商便宜7.7%、8.3%、12.5%、20%。商店的作用逐步减弱,无锡三蠡乡第三村抗战前有商铺13家、菜场1个,顾客分布于三蠡、永安、东园等乡,营业相当发达。1952年仅有药号、酱号、杂货号、肉店等4家,资本合计117石大米,大多系小买卖,在合作社成立后到商店购买者更少。不过随着农村生产恢复经济好转,合作社的供应能力不能充分满足生产投资所需的商品肥料、饲料、农具、布匹等需求。

私商低落,合作社业务却在稳步扩展。土改时三蠡、潮音、福寿等六乡联合组织了合作社,设立于中心地东亭镇,农民推销产品与购买用品有了很大便利。1951年合作社收购了农民销售的全部蚕茧,对稻、麦的收购数亦占总销售量80%以上,并展开广泛宣传动员,计划将70%的农民吸收为社员。①

表5　无锡三蠡乡土改前后合作社与该村农民的供应关系情况

时间	参加社员	占在家人口%	购置物品占农民总需要量的比例									
			豆饼(斤)	占比%	油(斤)	占比%	盐(斤)	占比%	米(斤)	占比%	布(尺)	占比%
1950年	109	26	1660	13	198	12	335	0.8	750	3	40	1.5
1951年	147	36	6890	31	1107	30	2175	44	4742	19	31	1

资料来源:农村阶级经济情况调查报告——无锡三蠡乡第三村典型调查材料,1951-12-10,锡山区档案馆档案:B1-1-13。

① 农村阶级经济情况调查报告——无锡三蠡乡第三村典型调查材料,1951-12-10,锡山区档案馆档案:B1-1-13。

无锡江溪乡人多地少(人均0.85亩),农产品不能自给自足,必须依靠城市供应。该乡虽有供销合作社和小市镇可购买部分生活用品,但因交通便利,大部分农民还到城市购买日用品。我们看487户农户的农产品销售情况:

表6　无锡江溪乡土改前后487户1587亩作物面积的产品销售情况

时间	作物名称	销售数(斤)	占比(%)	各阶层销售数占本阶层产量比例(%)						销售情况	
				贫农	中农	富农	小土地所有者	工商业	地主	月份	地点
1950年	麦	12094	12.8	10	12		18		44	6月	无锡伯渎粮行
	稻	6024	0.9	0.7	0.3		6.3		7.6	10月	无锡伯渎粮行
	春茧	4019	100	100	100		100	100	100	4月	合作社
	秋茧	4913	100	100	100		100	100	100	8月	本乡合作社
1951年	麦	36052	23.5	27	41	50	29	66	3.2	6月	本乡合作社
	稻	4327	0.6	0.6	0.5					10月	本乡合作社
	春茧	8589	100	100	100	100	100	100	100	4月	本乡合作社
	秋茧	5370	100	100	100	100	100	100	100	8月	本乡合作社

注:销售时间指农历销售量最多的一个月;销售数后的占比是指占总产量的比例(%)。

资料来源:无锡县江溪乡土改后农村阶级经济情况变化调查报告,1951-10-20,锡山区档案馆档案:B1-1-13。

根据表6,稻的销售占比均少于麦、茧,说明该乡粮食不能自给。但该乡农民一般不习惯面食,因而小麦销售数较多,土改后小麦销售数较土改前增加达200%。由于蚕茧质佳、价格平稳,加上收茧有时间限定,所以鲜茧全部出售。从业务上看,土改后农产品全部与合作社挂钩,基本上排斥了私商的空间。

建国初国民经济虽然有所恢复,农户收入增长仍然有限,农业提供的剩余不能满足工业需求的矛盾逐渐凸现。1952 年 10 月陈云交给毛泽东一份调查,反映苏南青浦县小蒸乡农作物歉收、征粮比率过高和人多地少,农民生活普遍困难。① 土改后存续的农民个体所有制与农村小商品经济,无法适应国家的发展战略。在这种情况下,国家通过变革制度来解决农业拖工业后腿的问题,农业合作化进程不断加速。小农经济作为社会主义革命和改造的对象,很快被淹没在集体化的浪潮中。

三、弹性的空间:农民与国家博弈中的市场机制

国家通过合作社及统购统销垄断农产品的流通,强化了农村资源的配置体系,同时行政约束也引起市场自身的反弹。1953 年苏南一些县市出现了大量的"资本主义"踪迹,表面看是私有制死灰复燃,实际上是农民随机应变的市场行为。

首先由于征粮体制的建立强化了国家与农产品的联系,而合作社对农村市场的控制,压缩了私商的经营空间。私商们不甘心失去这样的利润,利用各种关系进行抵制。在无锡,私商一是利用农村的亲戚关系,或通过小商贩收购粮食,甚至有些布贩、药材店、医生、剃头的都向农民收稻子;二是用预购、订购、欠货、借贷、放高利贷等方法抢购粮食。景渎乡就有 300 多户农民将粮食售给私商,张泾桥六家面店在市场管理宣布前联合下乡收小麦。1953 年春,无锡各区发现有农民携资到苏北去开纽扣厂,仅东亭区就有二三百人。② 这表明了农村的游资正在寻找出路,"一旦有了投资机会和

---

① 毛泽东:《毛泽东文集》第 6 卷,北京:人民出版社,1999 年,第 241 页。

② 城乡资本主义剥削和农村阶级分化的情况,1953-11-25,锡山区档案馆档案:B1-1-12。

有效的刺激，农民将会点石成金”。①

部分农民也开展倒买倒卖活动，如无锡锡华乡富裕中农在合作社存有八股，每次配到150~200斤麸皮后即高价售出。太芙乡团支书以每张一千元价格借别人的社员证，四万八千元买进一担麸皮，七万五千元卖出。同时农民经商、走私的也很多，贩卖铜锡、耕牛、菜籽、小麦和棺材板。② 不少农民直接将剩余资金放债，通过市场流动获取利润。③ 武进县旌东乡二村农民在青黄不接时放各种高利贷：放大猪收稻、以现钞放青稻、搁田和放南瓜收稻。④ 同时还有农民囤积粮食。更由于私商收购，助长了农民“惜售”“看涨”思想。如无锡黄泥坝乡1100多亩黄豆绝大部分未出售⑤，武进县香泉乡杨庄第二年的粮食已全部买回来，还有47亩晚粳稻合计26800斤，平均每家有1000多斤准备不再出售。⑥ 梧岗乡农民9户，囤积小麦5300斤，稻7500斤。⑦

干部也不例外，其通过市场牟利有以下几个表现。一是雇工，江溪乡党员邓某，依靠雇工种田，还帮人介绍短工赚取佣金；二是私商，黄泥坝前任乡长合伙开磨坊，并到武进县奔牛镇抢购黄豆；三是出租土地，牆门乡干部出租土地5亩4分，全年收租780斤；四是经商，怀五乡乡队长为了经商

① 舒尔茨著，梁小民译：《改造传统农业》，北京：商务印书馆，2006年，第5页。

② 城乡资本主义剥削和农村阶级分化的情况，1953-11-25，锡山区档案馆档案：B1-1-12。

③ 焦溪区梧岗乡阶级分化和资本主义思想总结，1953-11-15，武进区档案馆档案：1-1-26-38。

④ 湟里区典型调查农村中自发资本主义思想表现及土改后农村阶级分化情况调查报告，1953-11-14，武进区档案馆档案：1-1-26-34。

⑤ 城乡资本主义剥削和农村阶级分化的情况，1953-11-25，锡山区档案馆档案：B1-1-12。

⑥ 湟里区典型调查农村中自发资本主义思想表现及土改后农村阶级分化情况调查报告，1953-11-14，武进区档案馆档案：1-1-26-34。

⑦ 焦溪区梧岗乡阶级分化和资本主义思想总结，1953-11-15，武进区档案馆档案：1-1-26-38。

不要做党员,21 人思想动摇。有些干部极为羡慕私商、富农在“发财”,想请假外出做生意,或觉得当干部不如做群众。[①] 武进湟里区旌东乡、旌西乡均有党支书或财粮员放青稻、米,另有加泽乡农会主任放肉。[②] 他们主要是利用自己剩余资源投放到市场获取利润。

这些行为被国家视为城市资产阶级与农村资本主义自发势力的勾结、高利贷者的剥削,并当作部分农民贫困的原因。认为小农经济像是“风前烛”“草上霜”,经不起“三灾”(火灾、水灾、旱灾)、“三死”(死人、死牛、死猪),农民生场大病家当就光了,这将导致农村阶级向两极分化。[③]

由于农村“分化”和农民的市场活动,国家认为农村正朝着资本主义道路走。后来到了 1955 年,毛泽东甚至认为,农村分化将破坏土改基础上形成的工农联盟,穷的分了土地还是穷就不相信共产党,富的因为要走资本主义道路而受到限制也不愿跟着共产党走。[④] 而要根绝资本主义,抑制农民参与市场的积极性,就必须消灭土改后形成的个体经济和市场因素,实行合作化和农业社会主义改造。由此可见,以集体化工业化为取向的制度设计,如果不注意控制权的合理配置,将影响农村市场体系的建设,无法赋予自由交易权利和农民主体性的合法地位。

四、结语

市场交易的基本前提是界定权利,因此农地与其他要素产权的界定,以及对农民作为交易主体的培育,是农村现代化必不可少的条件。但在低

---

① 城乡资本主义剥削和农村阶级分化的情况,1953-11-25,锡山区档案馆档案:B1-1-12。

② 湟里区典型调查农村中自发资本主义思想表现及土改后农村阶级分化情况调查报告,1953-11-14,武进区档案馆档案:1-1-26-34。

③ 城乡资本主义剥削和农村阶级分化的情况,1953-11-25,锡山区档案馆档案:B1-1-12。

④ 毛泽东:《毛泽东选集》第 5 卷,北京:人民出版社,1977 年,第 196~197 页。

水平的农业生产力约束下,苏南农村呈现出自给自足与商品经济结合的特点。由于要为优先发展重工业的工业化提供必要的资金、原料和劳动力,国家急速地将农民组织进各类小生产共同体,割断他们与土地及市场的直接联系。商品粮供给机制的缺失强化了国家对农业生产的干预,无形之中促成了统购统销分配体制的建立。机制和观念的固化不仅影响了交易主体的构建,还制约着生产要素的充分释放。当然农村市场机制始终顽强存续,割而不断,特殊的体制内弹性也为后来经济的调整和改革提供了基础。

所有这些资源配置的理论与实践,其实与近代以来国家主导型的发展模式息息相关。建国后的经验提示我们,推进现代化应避免将工业化、集体化与农家经济置于简单的对立面,并要充分发挥原有经济形式与市场机制的长处,协调政府偏好、历史路径与农户选择的关系。今天国家主导的农村制度建设,应当发挥中国人口与资源要素较为丰富的特点,增强农民的参与权和选择权,通过身份自由、要素流动等目标的实现,提升群体创造力和制度创新水平。

(原载《财经研究》,2011 年第 9 期)

第三编

中国史学思想

中国传统史学批评中的"默会知识"观

章益国

英国思想家以赛亚·柏林在他的一系列文章中（主要是《科学历史学的概念》《现实感》《政治判断力》以及他评论托尔斯泰历史观的名文《狐狸与刺猬》等）曾经提出：历史存在一个默会的层面——"世界之内在节奏、深层潮流，事物无言之迈进"。① 真实的历史中有着无数细小的"极微量的因素"，这些东西很难用语言表达，不能被归约为某些历史范畴或历史定律。而杰出历史学家的过人之处，就在于对此有"卓越的敏感"，能用各种方法展现出（不是直接说出）这些东西，从而给人以一种"现实感"。因此，历史学依靠一种"不可能完全被表达清楚的东西"而存在，缺乏这类颖悟的历史学家将不可能臻于一流。历史学家这种智慧和感觉，与俾斯麦那样的政治家、托尔斯泰那样的作家对生活的判断力以及对人性的敏感度是一样的，很难命名它。若强为之容，可以叫做"现实感、实践智慧、天生睿智、想象性理解、洞见、直觉"等等，但它显然和"理论知识、广闻博学、推理归纳能力、智力"②不一样——后一组词形容的那些东西是能用命题性陈述表达出来的，是明确知识，而前一组词则不同，是默会知识。这种史学智慧与苏格拉底说的"美德不可教"相似，属于"非传递性理解"。就像学习美食的烘焙和美酒的酿造一样，历史学也不是一门能够在课堂上教授的科学，而是一门艺术，学习者也需要经历很长的学徒期才能入行。

柏林所揭示的历史认识中的默会（Tacit）层面，中国古代史学批评家们

---

① ［英］以赛亚·柏林：《俄国思想家》，南京：译林出版社，2001 年，第 82 页。

② ［英］以赛亚·柏林：《现实感》，南京：译林出版社，2004 年，第 52 页。

其实早就有所体认，而且做了一些有趣的陈述，只是好像我们一直没有注意①。

最概括地描绘历史认识中默会维度的是章学诚的“史意”论。“史意”一般被解释为“历史理论或史学理论”，这种解释把“史意”当作某种“意义”来处理，忽略了它“意味”的涵义。“史意”代表了章学诚的史学知识观：史学知识中的某些重要部分不是一种可以在人际之间、组织之间储存、转移有形的拥有物(Possession)，并且恰恰这种无法言说的东西才是历史知识最有价值的所在。《文史通义》对名言之外的知识领域再三致意，《辨似》中说：“学术文章，有神妙之境焉。末学肤受，泥迹以求之，其真知者，以谓中有神妙，可以意会而不可以言传者也。”②《为张吉甫司马撰大名县志序》中说：“专家之旨，神而明之，存乎其人，不可以言传也。其可以言传者，则规矩法。”③在章学诚看来，“明确知识”与“默会知识”的传承是两种不同的情况，“可授受者规矩方圆，其不可授受者心营意造”。“默会知识”属于一种“非传递性理解”，往往面临“父不得而与子，师不能以传弟”④的传承困难。

那么，如何授受延续“史意”呢？章学诚曾提醒注意古代史学的一个特点，早期史学大多是家传之学。“古人以业世其家，学者就其家以传业”，史汉都是如此：“史迁著百三十篇，乃云：‘藏之名山，传之其人。’其后外孙杨恽，始布其书。班固《汉书》，自固卒后，一时学者，未能通晓。马融乃伏阁

---

① 我们没有注意到它是有原因的。中国近代史学标举“科学化”，而其所谓“科学”，基本不出哈贝马斯所批评的那种“客观主义的科学观”。在这种“科学主义”的入侵下，中国古代史学思想中最具“艺术性”特征的那些神秘想法基本上被平庸化的解释“祛魅”了。

② 章学诚：《文史通义》，仓修良编注：《文史通义新编新注》，杭州：浙江古籍出版社，2005 年，第 158 页。

③ 章学诚：《文史通义》，仓修良编注：《文史通义新编新注》，第 1041 页。

④ 章学诚：《文史通义》，仓修良编注：《文史通义新编新注》，第 141 页。

下,从其女弟受业,然后其学始显。”①为什么史学需靠家传呢?像班固时代,汉代“当显肃之际,人文蔚然盛矣”,《汉书》为什么非要班家人(甚至是一个当时受歧视的女流之辈)才能续修呢?章学诚的解释是:

> 古人重家学,盖意之所在,有非语言文字所能尽者②。
>
> 正以专门家学,书不尽言,言不尽意,必须口耳转授,非笔墨所能罄③。

即存在知识的默会层面。古之史学之所以为家学,就是因为“史意”是一种“非传递性理解”,具有“秘传性”,并不能由已经知道“史意”的人宣示、写出来给那些不知道“史意”的人,它不能诉诸文字传播,而需要朝夕相守之中“口授心传”。因此,章学诚认为师徒之间的个体性接触十分重要:

> 夫马、班之书,今人见之悉矣,而当日传之必以其人,受读必有所自者。古人专门之学,必有法外传心,笔削之功所不及,则口授其徒,而相与传习其业,以垂永久也④。

那么,是不是和任何老师近距离接触就会有所熏染呢?章学诚认为非也。在他创作力十分旺盛的1789年(时年章52岁),章学诚写了《师说》一文。在该文中,章学诚提出老师有“可易之师/不可易之师”之别:

> 至于讲习经传,旨无取於别裁;斧正文辞,义未见其独立;人所共知共能,彼偶得而教我;从甲不终,不妨去而就乙;甲不我告,乙亦可

---

① 章学诚:《文史通义》,仓修良编注:《文史通义新编新注》,第274页。

② 章学诚:《文史通义》,仓修良编注:《文史通义新编新注》,第317页。

③ 章学诚:《文史通义》,仓修良编注:《文史通义新编新注》,第415页。

④ 章学诚:《文史通义》,仓修良编注:《文史通义新编新注》,第274页。

询；此则不究於道，即可易之师也。虽学问文章，亦末艺耳①。

“可易之师”传递的是明确知识，不带个人的成分，这一类知识就像一个物体进行转移时，人人都可以做那个搬运工。如“讲习经传”“斧正文辞”“史例史法”之类，如果我不懂，你告诉我就是，“人所共知共能”，和“智力”高下无关，答案可以标准化和统一，这样情况下的老师是可替代的；这种老师，给予一般礼节上的尊敬就可以了。而只有跟从“不可易之师”，他才会向你呈现学术文章的真意：

古人“书不尽言，言不尽意”。竹帛之外，别有心传，口耳转受，必明所自，不啻宗支谱系不可乱也。此则必从其人而后受，苟非其人，即已无所受也，是不可易之师也。

学问专家，文章经世，其中疾徐甘苦，可以意喻，不可言传。此亦至道所寓，必从其人而后受，不从其人，即已无所受也，是不可易之师也②。

“可易之师/不可易之师”的差别显然是与“明确知识/默会知识”的划分对应的。这里把学问中“真意”的传承上升到了“不啻宗支谱系不可乱”的程度，学术传统类于宗族谱系，是什么东西能像“血缘”那样成为辨别这支宗族和那支宗族之不同呢？就是“史意”。正是那种不可言传的东西才构成学统，保证不同学派得以自立和传续。因而一个优秀的老师，只向学生传递显性的知识成果和方法是不够的，还能向学生示范大量默会的认识信念、概念、框架、方法与技巧等等。“不可易之师”之不可易，是因为他们传授的知识有其个人化的特点。

在西方，明确提出人类知识存在“明确知识/默会知识”划分的是匈裔

① 章学诚：《文史通义》，仓修良编注：《文史通义新编新注》，第336页。
② 章学诚：《文史通义》，仓修良编注：《文史通义新编新注》，第336页。

英籍思想家波兰尼。与此相对应，波兰尼还曾把规则分为两类，一类是严格规则（strict rules），如乘法表，任何人面对它都没有自由解释的余地；另一类是模糊规则（vague rules），它们给个体的判断力留有很大的空间。例如《孙子兵法》中讲的各种战争规则，它当然能给战略战术有价值的指导，但是它并不能保证读过《孙子兵法》的人都掌握该项技艺。钱钟书曾有趣地归类了四种情形：赵括，学古法而墨守成规；霍去病，不屑学古法而心兵意匠；来护儿，我用我法后征于古法；岳飞，学古法而出奇通变，不为所囿。钱钟书评论说："造艺、治学皆有此四种性行，不特兵家者流然也。"①总之，做得好不好，与是否记住那些规则没有直接关系。波兰尼认为，即使在科学活动中，"严格规则/模糊规则"这两类规则都存在。有关实验、测量、计算、制作图表等的工作手册，属于严格规则的范畴，不过对于科学家来说，这是一些日常的、常规性工作；而科学发现的规则与此不同，是"模糊规则"，"存在着一些给予科学发现以有价值的指导的规则，但……科学探究的规则使其应用处于充分开放的状态之中，让它由科学家的判断力来决定"②。

我们可以作一个类比，波兰尼揭示的"严格规则/模糊规则"，史学工作中也存在，大体上就相当于章学诚所说的"史法/史意"。史法是"明确知识"，属于"严格规则"；而史意是"默会知识"，属于"模糊规则"。

史法指"史书在外部形式上的规范和内部结构上的秩序"③，《史通》对史书体裁、体例做了系统的总结。刘言"史法"，一个特点就是严格明白，"史无例，则是非莫准"，乃至夸张到"史之有例，尤国之有法"④。史法是命题性知识，像《史通》中谈到的史书的形式、书写的原则等，这些技术规则是可以明白表述出来的，或者把《史通》"置于座右"（唐史家徐坚对《史通》的赞语）备查就是了；而且"史法"一旦确定下来，便是一个非个人的通行规则

---

① 钱钟书：《管锥编》，北京：中华书局，1986 年，第 355 页。

② 郁振华：《权威、传统和原创性之间的紧张——波兰尼的观察和解决》，杨国荣：《思想与文化》，上海：华东师范大学出版社，2001 年。

③ 瞿林东：《中国简明史学史》，上海：上海人民出版社，2005 年，第 325 页。

④ 刘知幾：《史通通解》，上海：上海人民出版社，1978 年。

了:“继唐编史者,罔感不持其律。”(浦起龙对《史通·自叙》篇的注释)

但史意作为“模糊规则”就完全两样了。“史法”可以仿而能,“史意”则不可强而至,它更接近波兰尼所说的“科学发现的规则”。波兰尼提出科学发现中存在“模糊规则”,它们在实践中的应用,则取决于科学家的个体判断,伟大的科学家正是在这种判断中显示其天才。这种科学家的判断力,恰如柏林所说的政治家和史家的“现实感”,亦如章学诚所谓的“存乎其人”的“别识心裁”“独断一心”,科学发现与“神以知来”的历史“撰述”工作一样,作为一种前瞻性、启发性的工作,是难以程式化的,是不能化约为一组规则的,仅仅遵循已有的研究程序和现存的规则,此即《文史通义》所谓“圆而神”,所谓“绳墨之所不可得而拘,类例之所不可得而泥。而后微茫秒忽之际,有以独断于一心”者。

因此,“作史贵知其意”这个命题,很好地呈现了历史学中存在着的一个层面:它是无法命题化的、无法言说的,是个人化的知识。基础的史学学术训练、对明确的规则掌握和勤奋的工作,章学诚称之为“功力”的,是必要的,但那只是前提性的,它不能保证你成为真正杰出的历史学家,真正使你超越庸手的则是另一种东西。在现在学界通常的解释中,我们把章学诚的“作史贵知其意”理解成“史家贵有理论思维”,按照当前史学界对“理论思维”的一般理解,大概是指一种“对历史理论的把握”“对事实的抽象能力”“科学的概括和理性思考能力”“在一定高度的俯瞰能力”。实际上,这些能力和章学诚“史意”所蕴含的那种默会能力,那种对“极其复杂、极其繁多、极其细微、未知和半未知的因素”的卓越感觉,恰恰分属柏林所谓人类两种相互争胜、两两对峙的智力维度的两端。这两种智力维度,在章学诚的语境中大体就是“法”与“意”、“智”与“神”的区分。也就是说,我们刚好把章学诚给解释反了,从而把传统史学批评中最有趣和最有特点的一部分想法轻巧放过。

(原载《郑州大学学报》,2009年第1期)

章学诚“史德”说新解

章益国

“史德”是《文史通义》中颇受重视的一个概念，以往的解释主要有两种：一以“史德”指在历史研究中应当以“客观主义”的态度对待史实。这是一个主流看法，胡适、梁启超、何炳松、仓修良等均持此种说法；二是把“史德”解释为史家的封建伦理道德。如杨翼骧①、乔治忠、饶展雄、高国抗②都认为“史德”是以封建主义思想体系和纲常伦理为准则的道德标准，体现了章学诚作为一个封建史家的阶级本质，并对“史德”说持批判的态度。在本文中，我们试图把《史德》一篇与《文史通义》全书反复出现的一些主题联系在一起，提出一种对史德的新解释。

一、著书者之心术

《史德》篇中有一个关于“史德”的明确陈述：

> 德者何？谓著书者之心术也。③

可见，“史德”的内涵与“心术”的意思有关。现代汉语中“心术”多指

---

① 杨翼骧：《学忍堂文集》，北京：中华书局，2002 年，第 399 页。

② 饶展雄、高国抗：《章学诚“史德”论辨析》，《暨南学报》，1983 年第 2 期。

③ 本文中引用《文史通义》，据叶瑛：《文史通义校注》，北京：中华书局，1985 年。及仓修良：《文史通义新编新注》，浙江：浙江古籍出版社，2005 年，以下行文中仅注篇名。

居心,贬义色彩浓厚,如“心术不正”,即居心不良的意思,而且有从本性上、根本上论断人的品行的意思。章学诚用“心术”也从本性出发,《与史余村简》中谈到“史德”时候引用了孔子的话:“知德者鲜”,在章学诚那里,“心术”不是一个低限的道德要求,反而是一个颇高的标准:

> 所患夫心术者,谓其有君子之心,而所养未底于粹也。夫有君子之心,而所养未粹,大贤以下,所不能免也。此而犹患于心术,自非夫子之《春秋》,不足当也。以此责人,不亦难乎?

这里说唯《春秋》可以当之,说大贤以下都很难达标,表明“心术”修养的无止境、高要求。也就是说,“心术”修养的理想境界,并不像(客观主义者理解的)“历史事实”那样,是一个供人不断接近的定点,而是深远延展的。那么“心术”是什么涵义呢?我们看《文史通义》中的实例,章学诚倒是屡次说过一个人“心术”不醇,这个人就是与章学诚“并世瑜亮”的戴震。《书朱陆篇后》亦劈头便称:“戴君学问,深见古人大体,不愧一代钜儒,而心术未醇,颇为近日学者之患。”同时还说,“至今无人能定戴氏品者,则知德者鲜”,以“知德”作为品评戴震的条件(此处“知德者鲜”,很难解释成:坚持客观主义的人少)。

《文史通义》中非戴的文字不少,章之所以非戴,倒正因为戴震充分占据了章学诚的注意力,是一个章在心理上无时不期望与之一争高下的人物。章学诚实际上对戴震评价颇高:

> 求能深识古人大体,进窥天地之纯,唯戴君可与几此。……唯仆知戴最深,故勘戴隐情亦最微中,其学问心术,实有瑕瑜不容掩者。(《答邵二云书》)

章学诚自认“知戴最深”,而以世人推崇戴震,都不到点子上,大有“毁也好誉也好，只有我才够格”的架势。《书朱陆篇后》称：

> 凡戴君所学，深通训诂，究于名物制度，而得其所以然，将以明道也。时人方贵博雅考订，见其训诂名物，有合时好，以谓戴之绝诣在此。及戴著《论性》《原善》诸篇，於天人理气，实有发前人所未发者；时人则谓空说义理，可以无作，是固不知戴学者矣。

时人能识戴震的名物考订，而不识其义理，所以“其推重戴氏”，“似买椟而还珠”。戴震对“义理、考证”的真实看法，章学诚内心里颇引为同道。余英时的名著《论戴震与章学诚》，应用心理分析方法，对章戴两人的“心术”幽深之处，曲折入微。余引用柏林“刺猬/狐狸”的比喻，以戴章都属于“刺猬”，而喻考证派为“狐狸”，乾嘉之时，正值“狐狸”当势。章深知戴为同类，戴却身为“刺猬”而行“狐狸”之术，甚至进居“群狐之首”，针对《书朱陆篇后》对戴震的指摘，余英时解释道：

> 东原的“心术”为什么“未醇”？……东原的笔舌分施，其根源正在于考证派的压力所造成的心理紧张。东原深悉考证派对他的义理工作的歧视，并且曾一再努力以求消除这种歧视。其见诸正式文字如《原善》扩大本之“援据经言”和《孟子字义疏证》之最后定名，都是委婉地说明：他的义理并非空言，而是与训诂考证合一的。①

面对当时学界主流考证派的压力，章戴两人的反应截然不同。章学诚一生都处于与“世风”的紧张关系中，落落寡合，这种境况甚至导致心理上的“被迫害妄想”，反过来又强化了他固执好斗的癖性。而戴震不同，内心虽或许有“考证家”和“思想家”的两个戴震之间的冲突，但至少表面上，他

① 余英时：《论戴震与章学诚》，北京：生活·读书·新知三联书店，2000年，第124页、第144页。

与世敷衍，长袖善舞。戴震生平经历与章学诚多类同之处①，治学从根本上说也是走同一路子，但两人生前的名声显晦，却如隔霄壤。章学诚始终郁郁不得志，著作为“一时通人所弃置而弗道”，一生处于期求理解的焦虑中（连戴震也“未尝许可于仆”）。这样的对比，章学诚对戴震的手腕身段，不能不有微词：

> 抑知戴氏之言，因人因地因时，各有变化，权欺术御，何必言之由中。（《答邵二云书》）

章学诚本性与戴震类同，所以他一眼看出戴震的“狐性”之下的“刺猬”本色，欲引为强援、一并对敌，然戴震早已以考证功夫跻身当权派，没有学术勇气“阵前起义”，来参加章学诚这个在野草莽对学风世局的革命了。章学诚期望之余，不免失望。而且在章学诚构筑的学术谱系中，戴学即是朱学“数传而后起者”，但戴震却反过来“薄朱氏之学”，实在是“饮水而忘源”“忘其所自矣”。“心术不正”的指摘，由此而来。

熟悉《文史通义》的人都知道，章学诚论学，以“个人学术性格与当世学风”的差异为一个原初点，他把合乎本人性情的治学为“诚”，反之为“伪”、为“欺世”，“必欲求天质之良而深戒以趋风气者，固谓良知良能，其道易入，且亦趋风气者未有不相率而入于伪也，其所以入于伪者，毁誉重而名心亟也”（《答沈枫墀论学》）。所以，章学诚指说戴震“心术未醇”，既不是说戴震治史不够客观，重心也不在指责戴震论学不合于纲常名教或程朱理学，而是指戴震在治学中没有把自己的性情贯彻到底，对时俗宛转逢迎、“权欺术御”，有失其诚。

由此我们可以提出，“心术”一说，非对历史事实之真伪而发，而是对学人质性的真伪而发，意指治学不可违逆本性、趋时跟风，而需绝彼纷华、显

---

① 余英时：《论戴震与章学诚》，第124页、第144页。

我本色。通俗地讲,它不是说要对史事诚实,而是说要对自己诚实。

二、尽其天而不益以人

《史德》篇中写道:

> 盖欲为良史者,当慎辨于天人之际,尽其天而不益以人也。尽其天而不益以人,虽未能至,苟允知之,亦足以称著述者之心术矣。

"尽其天而不益以人"这句话,公认是理解"史德"的关键。以客观主义来解释"史德"的人看来,如上引何炳松言,这里的"天"相当于西方史学中的"客观主义","人"则相当于"主观主义",这话被解释成:"剔除主观,使得认识符合客观";从封建伦理角度解释"史德"的人主张,这里的"天"指"天理",这句话指尽"天理"之公,不要掺杂个人私意,有如朱熹所说:"有以尽天理之极而无一毫人欲之私。"①而在我们提出的第三种解释中,"心术"既然是指学者在治学中彻底贯彻自己的性情,不可趋风逐尚,那么这里的天,可视为"天性、天质";这里的"人",则可解释成"人为的附加物"。

"天"在古文中往往是模糊的指向一个无象无形、恒常遍在、无质无碍的"大全",可以在具体语境中有多重意旨。这句里面的"天"可以勉强解释为"天性、天质",最直接的证据就是从句子的文义上来看,"尽其天"的"其",当是指前句的"欲为良史者",那么"其天",就是"欲为良史者"的"天",如果把"天"解释成"客观",或解释成"天理","其"字就要虚指,从句子构词上看很生硬,不甚合乎上下文,只有解释成"欲为良史者"的"天性",才读得通,章学诚一直主张学术研究就是尽"天"。余英时曾经以"内

① 乔治忠:《章学诚"史德"论思想评析》,见《中国历史与史学》,北京:北京图书馆出版社,1997 年。

在超越”一语概中国文化整体特质，他把“尊德性”解释为人原本就具有德性这个成分，只是常常会被外物所蒙蔽，以至于亡丧了天赐的可贵德性，所以要时常内省，以保持德性于不坠。“尽心知性则知天”，章学诚在这种文化背景下，提出“史德”应该也不是外向（面向所谓的“客观”）而是内向的（面向自己内心），主张“回归”了天、“效法”了天、“回归”了自己就是达到了学术至境，对他来说是很顺当的看法。

“人”解释成“人为的附加物”。“尽其天而不益以人”本于《庄子·山木》“（孔子曰）无受天损易，无受人益难”（据叶瑛注），日人山口久和曾经指出，庄子这句话意思主要是“能够特立于他人意见之外的是至难之技术”，所以，章学诚“史德”的意思是“公正的历史判断如果不确立坚定的学术主体性就无法实现”。另外一个日本人福永光司曾经把《庄子》中这一句的“人”解释成“人为的附加物”①，我们沿用这个措辞。“人为的附加物”，是抽象的各种异己、非本我的势力总称，首先可能是“他人”，进一步还可以引申解释成除去“天”之后的“自己”、掺入“我”中的有违天性的后天因素。

章学诚在《与史余村书简》中说：“近撰写《史德》诸篇，所见较前有进，与《原道》《原学》诸篇相足表里”。可见，《史德》不是一个孤立的论述，而是必须放在章学诚学说的整体主张特别是和《原道》《原学》诸篇相联系来理解。我们可以看到，如果把“史德”解释成“客观主义”，那么在《史德》一篇以外，《文史通义》中就很难再找到章学诚关心史学客观性的论述了，相反，有证据表明章学诚似乎对客观性不那么关心——他甚至会在给已故老师朱筠写传记的时候，擅自随意改易朱筠的诗赋文字——而在《文史通义》中关心学术研究中主体因素的言论却处处可见。

在《原学上》中，章学诚曾经给“学”下了个定义：“学也者，效法之谓也”，效法什么？章学诚的答案是：天。他认为人的天性包含了完美，回复到天赋予的就是成学了。在章学诚看来，“才色本于天”（《清漳书院留别条例》），人的性情质性，是人秉受元气时候所得到的（至于为什么这个人这样

① 陈鼓应：《庄子今注今译》，北京：中华书局，2001 年，第 519 页。

而那个人那样，“天性”中有多少可以完全归于遗传而多少仍然有“客观”的成分，我们暂且可以不追问，而把人的质性之分作为一个给定的条件），是各不相同的，“才之生于天者有所独”（《感遇》）、“人之才质，万变不同”（《家书六》），治学之道，就在于“自认资之所近与力能勉者而施其功力（《博约下》）”，根据自己的学术质性选择不同的学术路径，不可趋风逐尚，不当屈从于他人的“人心风俗”而当尽“天性天质”：

（治学）取其意之所诚然而中实有所不得已者……即其天质之良，而悬古人之所近已者以为准。（《与朱沧湄中翰论学书》）

“意之所诚然而中实有所不得已者”，指的是那种原发于内心的东西，对于善于治学者而言，要使这天分自然滋长、蓬勃而出。章学诚很看重人的天赋，谓之为“灵秀之钟”，《与邵二云论学》中说：“及时勉学，无使白首无成，负其灵秀之钟，而与世俗之人归趣不远。”这“灵秀之钟”即“天”，成学即是尽其天。同样，教学也应该因材施教，激发学生的天分天赋：

善为教者，达其天而不益以人，则生才不枉，而学者易有成也。（《论课蒙学文法》）

此句“达其天而不益以人”，正可与《史德》篇中“尽其天而不益以人”类比，说的是教育要“即其性之所良，用其力之所能赴”，是要让人认识真正的自己。《原学上》中更说：“教也者，教人自知适当其可之准”，而不是要人“舍己而从我”，强迫学生就着施教者，听从教师摆布。这样，考虑到《文史通义》中的一贯主张，我们认为“尽其天而不益以人”可以这样解释：“贯彻天性，不屈从他人和一切违背自己的东西”，去“伪”，保持真我的“诚”。

说到这里可以看到，我们这样解释，与把“史德”解释为治史之“客观主义”，刚好是背道而驰的。我们知道“客观主义”的史学观念，本是科学中的客观主义之翻版，该种客观主义以绝对的客观性为知识之理想，强调科学的“超然”品格，标举科学的“非个体的”特征。学术研究中的个人因素，都被当作无益的东西，纵使不能弃绝，也该尽量克服、减少。与此相反，在我们理解中，章学诚却是很注重学者的个人因素，他认为学者个人参与了知识生产，学者不同的个性将导致求知路径的不同和知识产品的差异。他在《再答周筤谷论课蒙书》中说：“德者，行道而有得于心之谓”，道是普遍的，而“有得于心”则是道的落实，这种情况可以称之为“有德(得)”，所以“德”倒是可以训为“得”的，这是一个很有趣的解释，章学诚用“德”这样的伦理范畴来解释知识的个人性。总体上看，《文史通义》中这一类的论述随处可见，基本上是与典范意义上的“客观主义”异调的。相反，作为章学诚对立面的乾嘉考据学风——章学诚终身与之较劲的“他者”，倒是一般被认为类同于“客观主义”的。对“史德”的解释，应该置于这种背景之下。

梁启超、胡适、何炳松等人把“史德”理解成客观主义，是有其时代原因的。这批近代学者一方面以“启蒙”“新史学”之类的旗帜，对传统激烈抨击；另一方面又重新解释传统，使它与西方引进的权威的所谓“科学接轨”，所以在通常情况下，“思想解放”和“科学”是他们重新整理包括“清学”在内的传统学术的两个关键词。凡他们推举的学者，不管是章学诚也好，章学诚的对立面戴震也好，其他诸如顾炎武、颜元等也好，往往都被“打扮”(用个胡适的词)成“思想解放者”和“科学思想先行者”的身份。而到了今天，世道变迁，与他们那时不同了，随着西方批评的历史哲学的兴起，今日绝对意义上的“客观主义”早已经不是所有史家都愿意高擎的一面旗帜了[①]。纵是章学诚主张“客观主义”，也不是件可以自豪的事。而在我们眼里，对史学认识过程的理解，章学诚似乎比“客观主义”要深刻得多。

① 王晴佳、古伟瀛：《后现代与历史学》，济南：山东大学出版社，2003年，第134页以下。

三、贯彻主体性，避免主观性

众所周知，随着近几十年来“批判的历史哲学”的发展，史学中的绝对“客观主义”早已在多方置疑下千疮百孔地破败了。大多史家都已经认识到，纯粹“客观”只是一种理想，史学“求尽则尽无止境，责实责实无定指”①，有极端者认为“一切历史判断都掺杂着人和他们的观点……不存在什么‘客观的历史真理’”②。这一认识变化有一个背景，那就是作为史学“客观主义”母体的科学“客观主义”，也早已处于批判席的位置上左支右绌了。

对科学“客观主义”，最有力的批判之一来自匈裔英籍哲学家波兰尼，如果我们把波兰尼的学说与章学诚比较，我们会惊喜地发现他们很多地方说到一块去了。因为章学诚挑战“记闻泯灭性情”的乾嘉学界“客观主义”的架势，恰恰与波兰尼对科学中“客观主义”的搏杀面临同样的情景、摆出了同样的体势。

“客观主义”的科学观主张：“科学研究应当客观、冷静，应当尽量地排除情感的纠缠。”而波兰尼却十分重视科学家的个人性情对科学发现的关键作用，他认为，作为一种创造性的活动，科学发现包含了明确规则所不能尽的成分，这些成分往往与科学家的个体有关，例如个体的判断力、想象力、直觉、理智的激情、信念、良知、承诺等等。因此，波兰尼以“个人知识”(Personal Knowledge)来命名自己的科学哲学理论，他宣称：科学是人的、特别是个人的，科学知识是个人知识。③

与《文史通义》屡谈“天性至情”“性灵独致”类似，波兰尼强调原创性

---

① 钱钟书：《史传通说·序》，见汪荣祖《史传通说》，北京：中华书局，2003年，第1页。

② 巴勒克拉夫：《当代史学主要趋势》，上海：上海译文出版社，1987年，第14页。

③ 波兰尼：《个人知识》，贵阳：贵州人民出版社，2000年；《社会、经济和哲学》，北京：商务印书馆，2006年。

研究的情感维度，他认为认知者参与着知识的形成，因而声明：“原创性必定是充满激情的”——这话必能使章学诚心有戚戚。《博约中》称：

> 夫学有天性焉，读书服古之中，有入识最初而终身不可变易者是也。学又有至情焉，读书服古之中，有欣慨会心，而忽焉不知歌泣何从者是也。功力有馀，而性情不足，未可谓学问也。

此段关键词有两个：“性”与“情”。关于传统对“性”与“情”的认识，钱钟书有个很好的总结：“先秦以来的心理学一贯主张：人‘性’的原始状态是平静的，‘情’是平静遭到了骚扰，性‘不得其平’而为情。”做学问不能冷冰冰地波澜不惊，而必须如投石入水。《史德》篇中也谈到了史学研究中的“激情”，以下段落就是描绘历史创作中必须经历一个“性”被“情、气”扰动后的心理状态，写得回环酣畅，是实斋文字极佳处：

> 盖事不能无得失是非，一有得失是非，则出入予夺相奋摩矣。奋摩不已，而气积焉。事不能无盛衰消息，一有盛衰消息，则往复凭吊生流连矣。流连不已，而情深焉。凡文不足以动人，所以动人者，气也。凡文不足以入人，所以入人者，情也。气积而文昌，情深而文挚；气昌而情挚，天下之至文也。

然而，将科学发现与科学家的个人激情联系在一起，必将碰到如何处置科学的客观标准的问题；将史学上的独创性与史家个人的质性联系在一起，也必然碰到所谓“道公与学私”的关系问题①。而章学诚和波兰尼碰到这个同类问题时候的处理，也可以相互发明。《史德》中谈完“性情”后，认为其中有两种情形：“然而其中有天有人，不可不辨也”。那么哪些属于“天”哪些属于“人”呢？章学诚继续说道：

> 气合于理，天也；气能违理以自用，人也。情本于性，天也；情能汩性以自恣，人也。

章学诚认为，个性发扬的史家，面对史事，必然会“因事生感、气积情深”。在人的气与情中，“合于理、本于性”的谓之“天”，此时气平情正；而“违理以自用、汩性以自恣”的谓之“人”，此时气失情失，或毗阳或毗阴，气宕、激、骄，情流、溺、偏。十分值得我们注意的是：这里所谓的“天”，与客观无涉，而和所谓的“人”一样，都是指人的思想、观点、情绪②，也就是说，章学诚通篇没有谈到史家心理之外的东西，只是在谈论史家内心活动中的“自律”，他根本没有提史家叙述和历史事实“符合度”的问题，而是提出一个史家内心情感的“快适度”问题。他写道：

---

① 《文史通义·说林》一篇开头便说：“道，公也。学，私也。君子学以致其道，将尽人以达於天也。人者何？聪明才力，分於形气之私者也。天者何？中正平直，本於自然之公者也。故曰道公而学私。”这里说“尽人以达於天”，初看措辞与“尽其天而不益以人”倒了个个，然中国古文的用词是很不严谨的，以上两句话其实说的是一个意思。《史德》这一句的“人”是“人为的附加物”，《说林》这一句的人则就是指学者本人。所以“尽人以达于天”说的也是：人彻底地穷尽、发挥自己的天性，也就到达了完美圆满大正至公的治学境界。我们已经说过，这种“内在超越”式的成学路径是章学诚的一贯主张。这里，我们要注意的是这一段文字中提出的，内向的治学方法，必然带来“道公而学私”的协调问题。

② 饶展雄、高国抗在《章学诚“史德”论辨析》一文中最早指出了这一点，尽管该文的结论和我们完全不同，但这一点是对“客观主义”说最重要的反证。参见饶展雄、高国抗：《章学诚“史德”论辨析》，《暨南学报》，1983年第2期。

> 夫文非气不立，而气贵于平。人之气，燕居莫不平也。因事生感，而气失则宕，气失则激，气失则骄，毗于阳矣。文非情不深，而情贵于正。人之情，虚置无不正也。因事生感，而情失则流，情失则溺，情失则偏，毗于阴矣。

此处所涉及的情感“快适度”问题，中国学术传统中有过不少的讨论。《论语·八佾》曰：“乐而不淫，哀而不伤”，就表达了一种以“中和”为美的观念。一方面，气和情都是不可或缺的，另一方面，气和情又是不稳定的，需要节制。人的情感经验，存在从弱到强的级别差异，“快乐可以从适意到狂喜，愤怒可以从微愠到暴怒，哀伤可以从惋惜到悲怆”①。对于写作者而言，“不及”和“过”都不好，“不及”的话，“气和情”达不到激活状态，人的创作动力不够，所以“文非气不立”“文非情不深”；但情绪的强度“过”大，整个自我被情绪卷入的程度越深，自我为情绪所支配的倾向也就越大，这时候人处于一种无法抑制的高度紧张、激烈状态中，这时的发泄只是单纯的动物性发泄，人为自我支配，“气失情失”，反而下不了笔。因此，创作者既需要一定的情感激发，也需要保持情感强度在一定的“快适度”之内。最好是在一定时间间隔之后，让激烈的情感冷却下来，在凝心沉思中反观自己的情感经历，才能在创作中把自我放在恰当的位置。所以，情感“快适度”

---

① 参考童庆炳：《寻找艺术情感的快适度》《情感的二度审美转换》，见《中国古代心理诗学与美学》，北京：中华书局，1992年。

问题其实也就是史家自我在创作中的介入程度问题①,这也便是章学诚所谓的"天"和"人"的差别所在。

其实这个问题在今日史学界,已经得到了充分的讨论,同属于史家个人的因素,但是史家的主体性并不等于历史认识的主观性②。史家的主体意识并不必然破坏认识的客观性,相反,部分史家已经认为:所谓的历史客观性,都是带有史家个性的客观性,就是史家"主体观念中有关历史事实的信息的客观性"③,甚至有学者下狠话:"越是伟大的历史著作,其中主观性的参与也就越强烈,主观色彩也越浓郁。"④考虑到这一点,章学诚所谓的"天"与"人"的区别,正如"主体性"和"主观性"的区别,"尽其天而不益以人"在如上文解释成"贯彻天性,不增加人为的附加物"的基础上,可以进一步对译成"贯彻主体性、避免主观性"。

关于史家主体性对历史认识的介入,柯林武德、克罗齐等等都有论说,篇幅所限,加上这些人的观点史学界也比较熟悉,我们这里,还是顺手拿波兰尼说事,看看科学家们、科学哲学家们的看法。波兰尼在讨论科学的时候研究中的个体性因素,也特别指出个体知识不是主观知识,他强调科学研究中的个体性介入,不是要将科学知识主观化。个体知识不是主观知

① 一般学者都认为,《文史通义》中《文德》篇可以拿来与《史德》对照理解。我们可以看到,《文德》中曾提出"主敬"使得"气摄而不纵",以保证作者对自己文气情感的操控力,而不超越"快适度":"主敬则心平,而气有所摄,自能变化从容以合度也。"郭绍虞解释此句:"此意若亦以现在用语释之,即是所谓精神的集中,如何擒住此感兴而已,盖敛而又敛,则粗心浮气,自然蠲除,修辞也自能合度了。"(《文气的辨析》,见《说文论》,上海:上海古籍出版社,2000年,第35页)《文德》一篇中还有一点值得注意:章学诚对"文德"的定义是"知临文之不可无敬恕",他同时解释说"临文必敬,非修德之谓也……敬非修德之谓者,气摄而不纵,纵必不能中节也"。也就是说,"文德"非道德修养,而是指"摄气中节",这可以成为我们在同样意义上理解"史德"的一个重要证据。

② 张耕华:《试论历史认识的主体性》,《探索与争鸣》,1992年第3期。

③ 张耕华:《关于历史认识论的几点思考》,《历史研究》,1995年第4期;于沛:《史学的科学认识功能和理论思维》,《史学理论研究》,1992年第3期。另有些学者如台湾地区的黄俊杰等有"合法主观"是说法,用词有异而意思大体类同。

④ 陈新:《西方历史叙述学》,北京:社会科学文献出版社,2005年,第188页。

识，个体知识是个体的东西与普遍的东西、客观的东西的统一，它是认识者以高度的责任心，带着普遍的意图（universal intent），在接触外界实在的基础上获得的知识①。章学诚主张"天性"参与知识生产，并不是说他把知识诉诸主观而取消了知识的客观标准，"其中有天有人，不可不辨"，区别了"天"与"人"，才有虽然"学私"但仍然可以达到"道公"的保证。写史时不能掺入"气失情失"的"主观"因素，但"合于理、本于性"的"主体"因素，则不仅应当有，而且必须"尽"，这样方能"气积而文昌，情深而文挚；气昌而情挚，天下之至文也"，成为一个"良史"。

波兰尼曾说，激情有私人的和公共的区分。肉体的欲望、冲动等属于前者，而科学研究中的理智的激情则属于后者，"欲望是由私下满足的标准所引导的，而追求理智之卓越的激情则相信自己在实现普遍的义务"。从而科学中的激情是一种"理智的激情"，对情感有一个合适的"度"的要求，正可与章学诚要求"气昌情挚"，但同时又要"气平情正"的说法互训。

我们看到，在《史德》篇最后一段文字中，章学诚竭力反对把《史记》称为谤书，认为像司马迁那样的高手作史，其心理冲动力出于天赋性情，从心所欲而不逾矩，而不是出于怨气激发。上文所引对"史德"持第二种解释的论者以此段文字是要求史家以封建伦理道德指导著作，而不能"怨诽""讪上"，这个说法，似乎恰恰与章学诚南辕北辙。章学诚讲《史记》不是为了表达具体化的怨诽情绪，当然也就不会同意把《史记》主旨归于具体化的某些条封建伦理道德戒律。"成一家之言"的《史记》，并不像彻底的"客观主义"者主张的那样，完全鄙弃了个人因素，只让所谓的"历史事实"自个儿出来说话。相反，《史记》与司马迁的性情整个陶融成一片，每一件史事，都在他的心血中沉浸滋养过，并由此长了精神、变得生动，《史记》中的段落，有表露着司马迁私断的、有掺杂了司马迁想象的、更有浮动着司马迁不平之气的，我们可以据此说《史记》是贯彻着司马迁的天性至情，但是，我们好像

① 郁振华：《默会知识论视野中的科学主义和人本主义之争》，《复旦学报》，2002年第4期。

并不能因此说《史记》是主观的，正因为此，章学诚反对把《史记》的创作归于“怨诽”“讪上”这种主观性的、私人性的动因。也许《史记》一书最当得“理智的激情”一称。

四、史家“自我——授权”过程中的科学良心

“客观主义”把最后的裁判依据归于历史事实，必会碰到一个有趣的悖论：如果我们已经明了那些史事、终点已经到达，我们还研究历史干吗；而如果我们还不明了那些史事，那么一个我们不知道的东西如何能作为我们的裁判标准呢？这个悖论有多种解决法，其中一种解释，就是把史学的裁断权回收归史家内心。如柯林武德倡导的史界“哥白尼式的革命”，认为历史学家的不应该视历史当事人的记忆和叙述为权威——历史学家就是他自身的权威。历史学家的思想是自律的，是自我—解释、自我—证明为合理的①。有了柯林武德，我们能更好地理解章学诚：“史德”与客观无涉，而只是讨论史家内心“自我—授权”过程中的，史家个人因素的合法性限度。

主体性与主观性，“天与人参”，此间并没有明确的界限，那么，我们得依靠什么保证学者贯彻主体性的时候不滑向主观性呢，波兰尼的解答听来颇有趣：

> 科学探寻的每一步最终都是由科学家自己的判断来决定，他始终得在自己热烈的直觉与他本身对这种直觉的批判性克制（critical restraint）中做出抉择。②

① 柯林武德这一观点是我们可以这般理解章学诚的关键，因篇幅所限制，不展开介绍。可参考柯林武德：《历史的观念》，北京：商务印书馆，1997年，第328~346页。

② 波兰尼：《科学、信仰与社会》，南京：南京大学出版社，2004年，第14页、第43页。

于是,波兰尼把科学发现,解释成一个既发扬激情又克制激情的回环过程,“在科学发现的任何阶段里,我们均能清楚地辨别出两个不同的个人因素”:一方面,科学系于科学家个体的直觉性思考和创造性冲动;另一方面,科学家又需要对这种冲动直觉进行审查、批判。这两方面是相互依赖、缺一不可的,“不加约束的直觉性思考将导致放纵的任性结果,但对批判性规则的严格履行又可能是发现系统的彻底瘫痪”。于是,“唯有由这二者之上的第三方来做出公正的裁决,方能解决这个冲突”,那么,这超越科学家的创造性冲动和批评性谨慎的第三方是什么呢?波兰尼的答案是:科学良心(scientific conscience)。他称:科学的基础里藏着道德的因素,当科学家宣布最终结论的时候,其中必定有科学良心敲出的音符①。波兰尼由此解决科学的“公与私”的问题:知识是个人的,但是科学仍有一致性,因为科学良心维系着科学共同体的公断体系。

回到《文史通义》,我们看到,章学诚也面临着这样一个心理制衡问题,因为他一方面认为治学要“气昌而情挚”,另一方面又要求不能“气胜而情偏”,即一方面要求发扬“天性”“尽其天”,另一方面又要避免滑向“主观”性、“不益以人”。所以,正如波兰尼把“科学良心”当作“个人激情——对这种激情的批判性克制”之间的平衡机制一样,章学诚的“史德”也可以看成一个平衡“阴阳公私”、维持“气平情正”的机制,以达到“仁者情之普、义者气之遂”的境界。有据于此,章学诚使用了“致良知”这样的道德概念来比拟“先本乎性情,后归极大道”致知过程:

> 功力必兼性情,为学之方,不立规矩,但令学者自认资之所近与力能勉者,而施其功力,殆即王氏良知之遗意也。(《博约下》)

作为工具理性之典范形态的科学,其中的最后抉择,最后却要诉诸“良心”之类的道德因素?这确实是很多主张“事实与价值”判然二分的“客观

① 波兰尼:《科学、信仰与社会》,第 14 页、第 43 页。

主义”者所不能接受的。实际上,波兰尼、章学诚之所以用“良心”“良知”① 之类的道德概念,是因为这类措辞虽然是个体道德概念,但其中蕴含着公共性的纬度,恰可和知识中的主体性成分构成一个均衡②。在西方,良心概念的字面含义就是“同知”“共知”。“同”“共”意味着他人、意味着社会,意味着要与他人取得某种一致,普适性是良知的基本属性。如费尔巴哈讲“良心是在我自身中的他我”;弗洛伊德讲良心是个人的“超我”,是社会的要求在个人那里被内在化了等等③。正是“道德”的这种公共纬度,保证了学者避免由个性滑向主观。科学共同体的公断体系,内化到每个科学家心中,就沉积为“史德”“良心”。

最后,需要予以区分的是,波兰尼把“科学良心”作为科学基础中的道德因素,与我们平常所说的那种“反对学术上的浮躁浮夸作风、坚决抵制科技界的腐败、反对学霸作风、正确引用他人的研究成果、发扬科技协作和集体主义精神”之类“科学道德”不是一回事,波兰尼谈的是科学发现过程中的科学家内心的道德因素,而不是在谈科学发现过程之外的科学家的社会道德规范。同时我们也已经详尽阐明了,波兰尼的“科学良心”不是指“实

---

①　余英时说章学诚此处实际上已经把王阳明“德性的良知”置换为智性的良知,此说真是体察入微(《论戴震与章学诚》,第 88 页)。“求道德与求智慧”之所以可以类比,是因为:(1)两个过程都是系于个人的直觉性体悟;(2)两者又都有公共性的一面:一是公德,一是科学共同体的共识。

②　倪梁康:《良知:在“自知”与“共知”之间》(《中国学术》,2004 年第 1 期)中称:良知既有个体道德主义的认同,又有普遍伦理主义的取向。它是处于“自知”与“共知”之间,兼具“自知”与“共知”两重属性的实践律令。

③　何怀宏:《良心论》,上海:上海三联书店,1998 年。这里以《文史通义》中的“史德”“致良知”与波兰尼的“科学良心”并论,只是一个大略的类比。如果要细致的分辨下去:中国传统语境的“致良知”比起西方的“良心”论,更强调直觉性和自足性,强调人的“直觉”倾向。虽然两者都在“公—私”的跷跷板上,但是中国的“致良知”更靠近“私”的一端,而西方的“良心”论更在偏“公”的一头。

事求是，反对弄虚作假”①那种“客观主义”的“科学道德”。该种科学道德观，实际上是在预设科学家已经知道一个客观的结论（或者说它未质疑不同科学家得出“客观结论”能力的差异），因为有了客观结论之后，才谈得上如实说出来、不作伪的道德要求，而波兰尼的“科学良心”起作用的时间是在科学家得出结论之前，他认为科学结论就是要靠“科学良心”来抉择。波兰尼的“科学良心”并非一些可以明确表达出来的道德准则，他认为，科学发现系于一些模糊规则（是 vague rules，而非 strict rules。拿章学诚的语境中讲，是史意而非史法），科学结论不能“通过依据精确规则处理试验数据而得出”（而客观主义就是这样认为的），起初，它是“被猜出来的”！（与此类似，在一些史学理论家看来，历史学的结论，也是史家依据自己的美学偏好选择出来的。）然后，科学家才依据良心作出抉择判断。所以，“科学良心”参与了科学结论的产生。

有了“科学良心”这一参照，我们可以说，“史德”不是指史学家作为一个社会人时候要秉承的道德（尽管“史德”这个构词很容易让人把它解释成广义的史家操守②，但算不上是章的本意），“史德”也不是指“如是直书”的客观主义，章学诚是反对史学研究中掺入“主观”因素的，但他的立足点不是客观主义而恰恰是客观主义的反面——他是站在主张“个体知识”的立场上。“史德”不是以客观史实作为依据的外部检查，而是一种内心的自律，它不是指向已经明知事实而有意作伪那种行为，“天性至情”丰沛的史家滑向“主观性”，往往是无意的，“似天而实蔽于人”，“其人犹不自知也”。章学诚明确说过，“史德”不是在“魏收之矫诬，沈约之阴恶”那个层次上的

① 《中国科学院院士科学道德自律准则》（2001 年 11 月 9 日学部主席团会议通过），中国科学院网站 http://www.casad.ac.cn/2005-4/200542885110.htm，2005 年 4 月 28 日。

② 语言符号的“能指”与“所指”之间存在着索绪尔所讲的“任意原则”，这样使用“史德”这个词，当然没有什么不可以。例如柳诒徵《国史要义・史德》篇，又如《安徽史学》1995 年第 4 期专栏讨论“史德建设”，对“史德”这个词的使用，就不是《文史通义・史德》所能范围了。那些含义不是本文要讨论的。

道德要求——不是已经获知史实之后的道德要求，它是介入认识过程的。①章学诚针对乾嘉学界那种类似“客观主义”的学术主张，鼓吹“性情”在学术研究中的作用，这使他对历史认识过程有了更幽深的思考。他主张“性情自得”（《淮南子洪保辨》）、“学求心得”（《答沈枫墀论学》）、“求惬于心”（《感遇》），但他也没有在这一端上往而不返，他知道如果在“天性张扬”这一路上走得过远，就无法回到知识的公断上来了。所以他强调“主体性”与“主观性”的不同，强调合法自我的限度，“天与人参，其端甚微，非是区区之明所可恃也”，对一位个人色彩浓烈的学者来说，辨别这种不同是困难的，所以“贵平日有所养”。“史德”说的要义，就在于此。这种对历史认识过程中个人因素的把握，比之“客观主义”史学观对个人因素的一味拒斥，要深刻得多，而与西方“批判的历史哲学”对历史认识非客观性、艺术性的阐扬有接近的地方。②

综上所述，我们可以在两个纬度上解释“史德”：一是“贯彻天性，不屈从他人”，一是“贯彻主体性、避免主观性”。这其实是一个硬币的两面，我们画一个简单图式：

主观主义	个体知识	学界风气
（人、主观性、气胜而情偏）	（主体性、天性至情、性灵独致、理智的激情）	（他人、外力压迫或者牵诱）

简言之，章学诚主张“史德”，就是立足于“个体知识”的立场，要在以上三者之间的确立一个史家的自律机制，达到“学私”和“道公”协调。

① 《习固》一篇，可以为此注解。

② 举个例子，章学诚《史德》中称“气失毗於阳”“情失毗於阴”，而在《质性》一篇中，更是分“庄（毗于阳）、骚（毗于阴）”两种质性，一乐至、一忧极，这种学者的质性两分视眼，与海登·怀特《元史学》分史家为“悲剧”（如托克维尔）、“喜剧”（如兰克）两种美学类型的观点，或可相互印证。

结 语

很多学者认为，从中国传统文化整体上讲，是“道德的文化”，同时还是“诗性”的、“艺术性”的文化，体现出“由善进美”的发展路向，与西方文化构成“道德——宗教”“艺术——科学”的两两对立，这一类的概括，在哲学艺文研究中，已经是老生常谈了。然而，虽然我们都认可中国传统文化是个“完整凝一”的整体（钱穆语），有关“传统文化特质”的讨论，与“传统哲学特点”“传统文学、美学特点”的讨论，也往往在“善”“美”两个层面上都能够密合，但对“传统史学特点”的讨论，却在后一个领域内被疏离了：我们经常在“道德的层面”上总结传统史学的“中国特质”，有如“儒家史学”等等的说法，但是传统史学在“美的层面”上的“中国特质”，我们却很少谈论。实际上，纵是“诗可凿空，史需质实”，诗性思维、艺术性思维作为中国文化的整体性特质，终究还是会投射到史学中来的。《史德》篇的文末就提出了一个极为重要的命题：

> 必通六艺比兴之旨，而后可以讲春王正月之书。

这就把史学的认知过程，建立在类似文学、诗歌“比兴”之类的直觉性个人感悟上了。如果我们可以不算太牵强地把“比兴”解释为“比喻和想象”，那么这正可以与西方史学中对史家主体性的研究互证互释①。“史可以兴”这个说法，体现了“善”“美”同样的获得机制，也是对史家主体性最好的概括。

历史学有科学与艺术两重性，而我们一直仅以科学范式研究传统史

---

① 如陈新就把海登·怀特作品的关键词，概括为“历史、想象、比喻”三个。参见陈新：《历史·想象·比喻——海登·怀特历史哲学述评》，《史学理论研究》，2005 年第 2 期。

学。中国传统史学是一种具有前科学性质的诗性史学,若对传统史学这种艺术性思维缺乏理解和体认,那么传统史学体系中有些问题就会脱离其特有的情境而无法进行深入研究,而如果我们的研究方法从科学范式转换到艺术范式,我们对传统史学的一些核心概念可以有全新的解释。本文关于"史德"的讨论,就是在这一思考背景下进行的。

我们对"史德"的解释,与现有的两种主流观点那种更符合章学诚原意呢?想起《文理》中一段很有意思的话,附在文末,借以表个态度。章学诚讲到,读书的时候,有"一己之见,不事穿凿过求,而偶然浏览,有会于心,笔而志之,以自省识,未尝不可资修辞之助也",但是,如果过于固执自己的想法,"而谓天下之人,皆当范我之心手焉,后人或我从矣,起古人而问之,乃曰:'余之所命,不在是矣!'毋乃冤欤?"拿我们这几种对"史德"的解释,起章学诚于地下而问之,不知道他会对谁说"我可不是这个意思"呢?本文提出新的解释,倒并不想完全排斥其他解读,考虑到当前中国史学界对历史学科学性的主流理解,显然"史德"为"科学客观主义"的说法更能为人接受。只是你说得我便也说得,既然可以在"科学"史学的范式下把"史德"理解成"客观主义",或可以在"阶级分析"的范式下把"史德"理解成"封建伦理",那么在史学"人文性、艺术性"的理解下,也可以尝试把"史德"理解成"贯彻主体性、避免主观性"的"科学良心"。章学诚还说过"书有作者甚浅、而观者甚深"(《书教下》),此间的情形是否也是我们穿凿过深了呢?或者是不是倒过来:章学诚甚深,而我们的理解甚浅了呢?正如"天与人""主体与主观"之间一样,诠释与过度诠释之间,界限在哪里呢?这既是章学诚本人讨论过的问题,也是章学诚研究及任何经典诠释都面临的问题。

(原载《学术月刊》,2015年第12期)

隐喻型的章学诚和转喻型的戴震

章益国

近数十年来,西方史学理论经历了所谓的“语言学转向”。“叙事主义”的历史哲学思潮接踵“分析的历史哲学”而起①,其最令人惊叹的成果,就是海登·怀特的“元史学”理论。怀特“借助比喻理论寻找想象与历史之间的合理关系”②,揭示出特定历史学观念赖以构成的语言学基础,从而确定历史作品的诗性本质,结论大胆,引得史学界一时侧目。

怀特理论的关键一步是个归类游戏,他以西方传统诗学和近代语言理论中常称的四种比喻类型引申出四种历史意识模式:隐喻、提喻、转喻和反讽。“转喻型的马克思”“隐喻型的尼采”“反讽型的克罗齐”③这些说法,自然会引起史界“某史家归于某比喻型”的普遍尝试,以验证(或证伪)怀特的理论——虽然这种做法有比附之嫌疑。本文以中国古代最重要的史学理

① 彭刚:《叙事的转向》,北京:北京大学出版社,2009年,第1~2页。

② 陈新:《历史认识》,北京:北京大学出版社,2010年,第115页。

③ 参见[美]海登·怀特:《元史学》,江苏:译林出版社,2004年,第八、九、十章。

论家章学诚为例,并将之与其一时瑜亮的戴震作为参照①,以怀特的比喻类型方法作为分类试纸,探讨怀特理论这个新工具能给我们的研究带来什么新启发。

一、章学诚和戴震的两个早年故事

早年故事蕴含了一个人此后的精神成长,这类故事多为成年后回忆所得。回忆是对自己成长过程的返观和确认,虽混入后来看法而有不再“纯粹”之虞②,但“回忆/遗忘”——这一机制筛选出了对后来的自己“有意义”的往事,并改变之使之“服务于以后的趋势”③。缘此心理史学常常把人们的精神特征追溯至早年④,以完成所谓“倒序制造”(Reverse Engineering)式的“倒果求因”心理分析任务。⑤ 下文我们也想从章学诚、戴震各自的早年

---

① 学术史回顾:“章学诚对抗戴震”这个学术史公案,自余英时《论戴震与章学诚》(北京:三联书店,2000 年)发其蕴意后,仍有反复咀嚼的价值。余本人复有《章学诚对抗戴震》一文(载《人文与理性的中国》,上海:上海古籍出版社,2007 年),另外一位钱穆弟子戴景贤也有《论戴东原章实斋认识论立场之差异及其所形塑学术性格之不同》(台湾《文与哲》第 10 期,2007 年第 6 期)。章学诚的语言观念,可参考山口久和:《章学诚的知识论》第六章(上海:上海古籍出版社,2006 年)。李洪岩有数篇文章:《中国古代史学文本的理论与实践》(《文史哲》,2006 年第 5 期)、《历史文本与历史认识》(《学人》第 8 辑,江苏:江苏文艺出版社,1995 年)等,对传统史学的文本论做了整体的概览。王晴佳有《以史解经:章学诚与现代诠释学》(《思想与文化》,2003 年第 1 期),周建刚有《章学诚的语言哲学观》(《长沙理工大学学报》2009 年第 3 期)。笔者有《也谈章学诚的言意观》,《华东师范大学学报》(社科版),2007 年第 4 期。

② 倪德卫:《章学诚的生平及其思想》,江苏:江苏人民出版社,2007 年,第 16 页。

③ [奥]弗洛伊德:《达芬奇和他童年时代的一个记忆》,载《论艺术与文学》,北京:国际文化出版公司,2007 年,第 120 页。

④ [奥]弗洛伊德:《〈诗与真〉中的童年回忆》,载《论艺术与文学》,第 237 页。

⑤ 参见[美]丹尼尔·夏科特:《记忆的七宗罪》,北京:中国社会科学出版社,海口:海南出版社,2003 年,第 235 页。

时代的故事入手，揭示“戴章对抗”典范意味的某些面向。通过章学诚的自述，我们得知他成学之路上形成“自我认同”的一件关键事件：

> 犹记二十岁时，购得吴注《庾开府集》，有“春水望桃花”句，吴注引《月令章句》云：“三月桃花水下。”祖父（此处指章学诚的父亲）抹去其注而评于下曰：“望桃花于春水之中，神思何其绵邈！”吾彼时便觉有会，回视吴注，意味索然矣。自后观书，遂能别出意见，不为训诂牢笼，虽时有卤莽之弊，而古人大体，乃实有所窥。①

生当乾嘉之世，章学诚一生几乎无时不受到浓厚的考证学风的压力，这件事情可算是章学诚心中对训诂牢笼的第一次冲决，使他摆脱“中无张主”②的状态，恢复心理平衡，形成“自我认同”③。这里，吴兆宜注庾信诗，执着的是“意义”的索求，而使得“意味索然”。而章父（章镳）的解释保存了诗意，使得章学诚明白：训诂牢笼之外，别有天地，而自己的长处在于“神解精识”。且看章学诚回忆自己少时的读书习惯：

> 往仆以读书当得大意，又少年气锐，专务涉猎，四部九流，泛览不见涯，好立议论，高而不切，攻排训诂，驰惊空虚，盖未尝不然自喜，以

---

① 章学诚：《家书三》，《章学诚遗书》，北京：文物出版社，1985 年，第 92 页。山口久和指出章学诚一个记忆疏漏：清代吴兆宜《庾开府集笺注》此句注所引用的不是蔡邕的《月令章句》，而是《韩诗外传》。

② 章学诚：《跋甲乙剩稿》，《章学诚遗书》，第 319 页。

③ 心理史学自从经典之作埃里克森《青年路德》（台湾：台北巨流出版社，1989 年）始，就注意“自我认同”的形成。在埃里克森笔下，青年路德与成年路德决然不同，三十岁以前的路德被他称之为“马丁”，三十岁以后才被称为“路德”。章学诚的成年期大概始于发生本文所引故事的廿岁，《家书六》中自己回忆“乃知吾之廿岁后与廿岁前，不类出于一人，自是吾所独异”，可视为其精神成人的标志。可参见［美］埃里克森：《同一性：青少年与危机》，浙江：浙江教育出版社，1998 年。

为得之。①

这个样子读书，大概不会被戴震许可的。在差不多同样的年纪，戴震便养成了“每一字必求其义”的读书习惯。在花了三年时间研习《说文解字》及《尔雅》《方言》等字书后，17岁的戴震便主张“一字之义，必贯群经本六书以为定诂”②。在戴震的童年，也有一个故事——这个故事比上述章学诚的故事要著名得多，而同样可以看作戴震成学之路上的标志性事件。段玉裁《戴东原先生年谱》记戴震十岁时（1732年）：

> 先生是年乃能言，盖聪明蕴蓄者久矣。就傅读书，过目成诵，日数千言不肯休。授《大学章句》，至“右经一章”以下，问塾师：“此何以知为孔子之言而曾子述之？又何以知为曾子之意而门人记之？”师应之曰：“此朱文公所说。”即问：“朱文公何时人？”曰：“宋朝人。”“孔子、曾子何时人？”曰：“周朝人。”“周朝、宋朝相去几何时矣？”曰：“几二千年矣。”“然则朱文公何以知然？”师无以应，曰：“此非常儿也。”③

作为戴震一生中值得记载的第一个故事，这似乎预示了其后一生的方向。④ 它颇能彰显戴学的方法论风格，进而亦体现清代朴学的基本精神。梁启超有个很好的评价：

> 此一段故事，非惟可以说明戴氏学术之出发点，实可以代表清学派时代精神之全部，盖无论何人之言，决不肯漫然置信，必求其所以然

① 章学诚：《与族孙汝楠论学书》，《章学诚遗书》，第224页。

② 洪榜：《戴先生行状》，《戴震文集》附录，北京：中华书局，1980年，第252页。

③ 段玉裁：《戴东原先生年谱》，《戴震文集》附录，第216页。

④ 有些心理学者认为：所能记忆的头一件事，是了解其人个性的关键。参见[奥]阿德勒：《生命对你意味着什么》，北京：国际文化出版公司，2000年，第56页。

> 之故，常从众人所不注意处觅得间隙，既得间，则层层逼拶，直到尽头处；苟终无足以起其信者，虽圣哲父师之言不信也。此种研究精神，实近世科学所赖以成立，而震以童年具此本能，其能为一代学派完成建设之业固宜。①

将这两个早年故事并观，章戴两人思维风格的差异清晰可辨。章学诚通达、戴东原坚执；章学诚灵动跳跃，而戴东原“层层逼拶”、步步推求、一疏一密。这种差异值得咀嚼。两个故事，说的都是解经释诗的语言活动，下面我们借用语言学的一些基本原理，来发掘一下章戴这两个故事的蕴含。

二、隐喻与转喻

若说两个早年故事的对比，便充分喻示章戴两人治学上的不同路向，显然有点简单化。但由此拈出两人在“语言—思维”观念上的歧异，至少在象征意义上是成立的。如果我们引入一些现代语言学的观点（也就是这些观点后来也影响了历史学，造成所谓“语言学的转向”），也许我们能对这一分歧有着更深层的理解。当代语言学有一个基本思路：语言有两个方面。此最早为索绪尔提出，任何语言系统的活动都是在两个坐标轴上进行的②：

1.是横向的、历时性的句段（组合）关系。我们说一句话，是一个词接着一个词出现，直到最后一个词出现。这是一个时间上的连续性运动，每一个词和在它之前的一个词以及在它之后的一个词都有一种水平横向的相邻性（contiguity）关系。如“僧—敲—月—下—门”③，从“僧”开始，各词依次出现，到“门”结束，该句的完整意思才呈现。

---

① 梁启超：《清代学术概论》，上海：上海古籍出版社，1998年，第34页。

② ［瑞士］索绪尔：《普通语言学教程》，北京：商务印书馆，1980年，第170~176页。

③ 以贾岛此句说明结构语言学理论的文章很多，最早可能是张隆溪。张隆溪：《二十世纪西方文论述评》，北京：三联书店，1986年，第113页。

2.是纵向的、共时性的联想(选择)关系。如上句诗歌中的“推敲”。“推敲”存在相似性(similarity)关系。当我们选择了“敲”字,那么“推”字实际上仍然以“不在场”的方式,和“敲”字垂直排列着。这个未被选中的词(如这里的“推”),亦以自己的空缺,参与了筛选和提炼那个现存的词(如“敲”)的意义。如果我们明白了“推敲”的差别以及如此选择的缘由,我们就能更加明晓原句的意义。

雅各布森①发展了索绪尔这一观点。他认为,语言的这两个方面,分别对应隐喻和转喻:②

1.转喻的构成基于横向的毗邻性原则。在转喻中,一个符号被联系于另外一个符号。这种联系可以是“整体—部分”的,例如“50 张船帆”代表“50 艘船”;也可以是“先—后”的、“因—果”的关系,如“雷吼”这个词中,雷的声音的产生过程被分解成两个现象:一方面是原因(雷),另一方面是结果(吼声)。

2.隐喻的构成是基于纵向的相似性原则。在隐喻中,一个符号因其与另外一个符号的相似而被代替。例如“我的爱人,一朵玫瑰”,这是缘于“爱人”和“玫瑰”的某种相似。③ 所谓“隐喻用法”,通俗地讲,就是意义的“转

---

① [美]雅各布森:《语言的两个方面和两种失语症“紊乱”》,《文学批评理论:从柏拉图到现在》,北京:北京大学出版社,2003 年,第 369~373 页。

② 本文对比喻的分类有必要解释一下。西方的文学理论把修辞手段划分得非常琐细(最多达 250 种。参见韦勒克:《文学理论》,江苏:江苏教育出版社,2005 年,第 220 页),但其中最常见和简明的是索绪尔、雅各布森和列维施特劳斯使用的“隐喻—转喻(提喻)”二分法。海登·怀特的历史比喻型是分成四类的。在《元史学》导论的一个长注中(第 41~43 页),怀特解释了自己“析二为四”的理由(另参见陈新《历史认识》,第 120 页)。对于繁复的比喻理论,本文无意深涉,取列维—施特劳斯说的那种“无需拘泥于语法学家的繁琐”(《野性的思维》,北京:三联书店,1987 年,第 233 页)的态度,把提喻看成转喻的一种(两者都基于相邻性),略去反讽,仍用“隐喻—转喻(提喻)”这最常见的二分。

③ 这里的几个例子,均取自海登·怀特的《元史学》,第 44 页、第 45 页。其中“雷吼”的比喻,则是怀特取自维科。

换”,“以他物之名名此物”,通过另一件事来理解某事,即成“隐喻”。人们一般理解词语在既定规则约束下的意思,但人们又总是容易在不同规则中滑动(即索绪尔所谓“能指”与“所指”之间有随意性),这就导致词语的“隐喻用法”。

在“隐喻/转喻”之分的基础上,雅各布森提出他对诗的理解:人们平常说话的时候,是先从一系列可能的对等词中选择,然后把选择出来的词组合成一个句子。然而,在诗中的情况则变成了这样:诗人把各个词联系起来的过程,也像选择词语的时候一样注意种种对等词,诗就是把语义上、韵律上、语音上或在其他方面能对等的词语组合在一起。由此,雅各布森提出了他关于诗的一个著名定义:诗性活动就是把选择轴上的对等原理投射在组合轴上——也就是说,在诗中,相似性被添加于相邻性上。在平常说话中,种种词语被串在一起组成一句话,是因为他们意义上的连贯,而在诗性活动中,种种词语被串在一起组成一句诗,是因为它们在音响、形式、韵律和意味上的相似(以及对立、平行等等)。

有了以上理论的准备,让我们回头看看章学诚那个早年故事。“春水望桃花”这一句诗中,“春”“水”和“桃”“花”这些字有很多可能组合,如“春水”,如“桃花水”,如“春水中桃花的倒影”等等。以一句诗把它们联系在一起,使得它们成为组合轴上相挨着的东西。但是这多个意象能连撮到一起,并不是它们构成了“因—果”或“整体—部分”之类的逻辑(转喻)关系,而是它们具有相似性。这种相似性的意味我们不好明说出来、不好全部说出来——说出了就限定了诗的意味,而且这些相似性都不是排他的,我们可以多角度多元地发现它们的相似。“春”“水”和“桃”“花”两相对照、相互映射(“望”),相互发掘、相互感应,维系一种毗连而对比的关系。从而使这短短5个字,有足够的天地,容读者的寸心“周游”其间、反复回旋。正因为这种相似性的开放意味,加上“春”“水”和“桃”“花”这些意象本身的朦胧感,给人带来“绵邈”的神思。所以,这些意象之所以能在一句诗中连贯出现(连续轴),是因为它们的关系实际上是在纵轴上(选择轴)

的。章镳的解释有诗意，就是因为他感悟到了“春”“水”和“桃花”这些在一句诗中“并置”的意象具有相似性①，也正核实了上述雅各布森对诗的定义。② 或者拿我们自己的话来说，这些意象“并置”并非因为它们“意义”上的相邻，而是它们“意味”上的相似（见图1）。

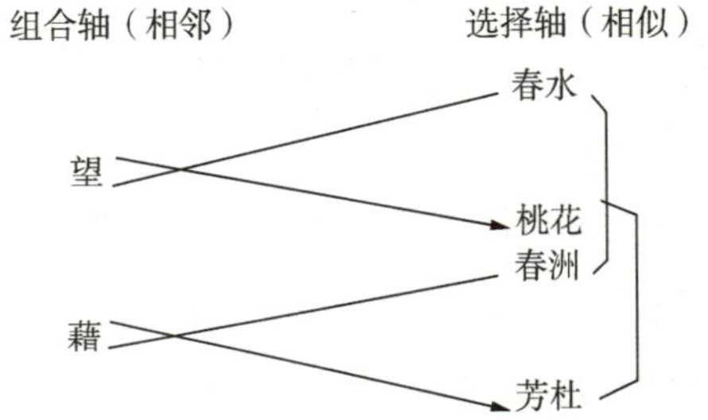

图1

如果说章学诚这个早年故事说明，章在庾信这句诗的解释活动中领悟到了“语言—思维”活动的断续性和相似性，从而悟证了一种隐喻式的诗性思维；那么“戴震难师”的那个故事中，戴震死死抓住的却是思维的时空连续性。童年戴震一连五问，问问环环相扣，他的逻辑是：朱子之言可疑，是因为朱子和孔子、曾子相去几二千年，没有时空上的连续性。梁启超评戴“常从众人所不注意处觅得间隙”，这个“间”，就是戴震容不得的，“既得

① 严格说来，章镳这一解释，仍然只是庾信原诗的意义之一。原诗并无“于……之中”这一限定。介词的省略是中国古诗的一个常见现象（参考程抱一：《中国诗画语言研究》，南京：江苏人民出版社，2006年，第37页），这会使位置状语作为诗句的主语出现，因而庾信诗至少还有一种解读：“春水”作为拟人化的主语，去“望”（对视）桃花，两者自相连缀。章镳的解释是“有我之境、以我观物”，这一种解读则是“无我之境、以物观物”，似更佳。多年后章学诚有诗《庾开府摘句图赞》（《章学诚遗书》，第340页）称庾信“刳剔山骨，琢冰煮泉”，赞的就是其诗“清新”的特点。

② 程抱一曾经以李白的《玉阶怨》来核实雅各布森这个诗的定义。《玉阶怨》的句式为“状语+动词+宾语”，从结构上讲，全诗和庾信这句“春水望桃花、春洲藉芳杜”都是同构的。本文此一节（包括图示）正是参考了程抱一的结构主义方法。参见《中国诗画语言研究》，第108~112页。

间，则层层逼拶，直到尽头处”。我们看到，在戴震的思维中，他接受不了从孔子到朱子的“蒙太奇”，他非要一个连续的“长镜头”①。实际上后来戴震在学术方法论上的一些著名口号，都是建立在延续性基础上的。例如②，“所以明道者其词也，所以成词者字也。由字以通其词，由词以通其道，必有渐”（这句我们下文要详细讨论）；“字书、故训、音声未始相离”（与是仲明论学书）；“所谓十分之见，征之古而靡不条贯，合诸而不留余议。巨细毕竟，本末兼察”③。

这些口号，从动感上说，都以“参密严瑮”④为特征。戴震《猛子字义疏证》的论证，亦采用几何学式的“垒垒交承”“渐次积累”的方法。全书每一章都是先总立界说，然后自设问答，逐次展开。⑤ 戴“绵密”，章“绵邈”，相异若此。

从这两个故事我们可以有些推断，章和戴在思维方式上便是两种人：一个悟于语言的相似性，一个执于思维的连续性。我们的依据是，雅各布森曾经从语言的“隐喻/转喻”之分，引申出两种人的划分：有的人更倾向于使用隐喻，有的人则更多使用转喻。每个人的个人风格和“语言—思维”偏好，或多或少有其中一种倾向。对于戴震和章学诚两人，我们或可做一个推测，戴震的思维方式，更多地关注语言和思维的转喻方面（连续性），而章学诚的思维习惯，关注的是语言和思维的隐喻方面（相似性）。他们左右配剑、各执一端，这也许是他们分歧的源头之一。

---

① 雅各布森以为，转喻对应长镜头，隐喻对应蒙太奇，前揭雅各布森文第 373 页。另参见[法]罗兰·巴尔尔特：《符号学原理》，北京：中国人民大学出版社，2008 年，第 44 页。

② 这几句话无论在当时、还是在近代，都是戴震最受推崇的学术口号。可参考丘为君：《戴震学的诞生》，北京：新星出版社，2006 年。

③ 戴震：《与姚孝廉姬传书》，《戴震文集》，第 141 页。

④ 章太炎：《清儒》，《訄书》，沈阳：辽宁人民出版社，1994 年，第 45 页。

⑤ 杨国荣：《科学的形上之维》，上海：上海人民出版社，1999 年，第 47 页。

三、章学诚的相邻性紊乱

让我们再为这个推测补充些有趣的证据。颇吊诡的是，戴震和章学诚这两位一辈子和文字打交道的人，幼年时期却都经历过一定的阅读和书写障碍。前引戴震年谱已载，戴震这个"文字—音韵"学大师，十岁才会说话。而章学诚也有这样的回忆：

> 二十岁以前，性绝呆滞，读书日不过三二百言，尤不能久识，学为文字，虚字多不当理。①

由于缺乏进一步的材料，我们不可能追溯这一现象的"生理—心理"原因。但若要由此窥见章戴两人思维方式某些特点，或许也不算是空穴来风。因为我们知道，雅各布森提出的"隐喻/转喻"之分，其源在于他对失语症的研究——他实际上是通过对语言交际的失败，来反观人类的正常语言交际：

> 语言研究中基本的二项对立概念是了解失语症二分法的钥匙，这种二分法很明显也就是诸如编码—解码、组合关系—聚合关系、邻近性—相似性等二分体(dyads)。这些概念已经逐步进入高级神经心理学对失语症之谜的研究。邻近性和相似性的对立在语言和诗歌当中有种表现，也可以描绘成换喻和隐喻的对立。②

失语症种类繁多，各不相同，但雅各布森判定这些症状全部介于两种不同的错误之间：要么是"选词"能力的缺失，要么是"造句"能力的缺失。

---

① 章学诚：《家书六》，《章学诚遗书》，第93页。

② [美]雅柯布森：《雅柯布森文集》，长沙：湖南教育出版社，2006年，第147页。

从而失语症可归结为两种类型：

1.相似性紊乱患者丧失了(纵轴上)选择替代词的语言能力。如果把零星的字句提供给这类患者,他们是能够将之连缀成句的。他们也能进行谈话,但是让他们自拣话题进行对话却有困难。当表达越是依赖于语境的时候,他们就能越好地应付表达任务,但像独白这样的封闭性话语,对他们来说却很困难。他们往往也不能理解别人说话中的比喻、隐语等等。

2.相邻性紊乱患者丧失了(横轴上)组合和构造的语言能力。病人首先丧失的是把词语组织成更高级单位的语法规则。病人口中的词序会变得很混乱,往往不存在并列或主从等语法关系。这种失语症病人不会说完整的句子,他们说话会一个词一个词地往外蹦,说出来的话只是一个一个要听者自己去完成联系的词。

也就是说存在着这样的“跷跷板规律”:当一个词越多地依赖于句子的语法关系,它就越容易被相邻性紊乱患者所丢失,而越容易被相似性紊乱患者所保留;反之亦然。例如,相邻性紊乱患者不大会用连词、介词、代词、冠词等只具有语法功能的词语,使他们的说话常常“语法缺失”,句子只是词语的堆砌,呈现“电报式语言”的特点,而在相似性紊乱患者中,这些词是最不易被丢失的;相反,像句子的“核心主语词”,通常被相似性紊乱病人最先丢失,而在相邻性紊乱病人的说话中,“核心主语词”却是最不受影响的。

雅各布森认为,失语症中偏向于语言的某一极而排斥另一极的现象,与“转喻/隐喻”这一语言的两极结构是相关的。具体表现在:相似性紊乱与转喻偏爱相关、与隐喻相悖;相邻性紊乱与隐喻偏爱相关、与转喻相左。两类失语症中对语言两极的畸轻畸重,亦会体现在个人的思维风格中,表现出某一极的优势地位。雅各布森曾经拣出了一个例子:俄国小说家乌斯宾斯基。雅各布森从他晚年饱受言语紊乱精神病折磨的事例分析,这个作家的思维风格是相似性紊乱。而相似性紊乱和转喻偏爱密切相关,所以,乌斯宾斯基所偏好的文学风格便应该是倾向转喻一端。文学研究中对乌斯宾斯基的定评恰恰证明了这一点。

雅各布森对乌斯宾斯基的研究富有启发。他的推论逻辑完全可以移用到本文的主角章学诚身上——不过这种移用是反用：章学诚和乌斯宾斯基刚好相反。乌斯宾斯是“转喻偏好+相似性紊乱”型，而章学诚是“隐喻偏好+相邻型紊乱”型。两人相映成趣、相悦以解。那么何以判断章学诚是“相邻型紊乱”，我们有一个很有意思的论据。这便是上文所引的章学诚对自己童年时代语言障碍的回忆：“学为文字，虚字多不当理。”此句背后有关故事，见于实斋在纪念其少年时代的塾师柯绍庚的《柯先生传》：

> 又编纂春秋家言，戏为纪表志传，自命史才，大言不逊，然于文字承用转辞助语，犹未尝一得当也。①

此处所言“编纂春秋家言”的旧事，有关章父章镳对实斋的另一个教诲。十五六岁时，实斋尝取《左传》删节事实，章镳见了，乃谓编年之书仍用编年删节，无所取裁，不如用纪传体重新分合事实。实斋受父亲启发，才“戏为纪表志传”，经营凡三年后为馆师所觉而中废。此事涉及史事的重新“情节化”，虽为儿戏，但对少年章学诚体会不同史例的短长显然有好处。②而章学诚在这一工作中，发现自己语法方面的缺陷：对虚字掌握不够。虚字有一个特点，也就是于章学诚 9 岁那一年（1746 年）付梓刊刻袁仁林的《虚字说》中说的：

> （虚字）本为语中衬贴之声，离语则不能自立。③

虚字不能单独成句。它的作用在于：句子的语法关系更多地靠虚字来建构，或者反过来说，虚字更多地依赖于一个句子的语法关系，而不是一个

---

① 章学诚：《柯先生传》，《章学诚遗书》，第 168 页。

② 章学诚：《家书三》，《章学诚遗书》，第 92 页。

③ 袁仁林：《虚字说》，北京：中华书局，1989 年，第 132 页。

句子的实质句义，正如前文所引雅各布森的研究表明：一个词越多地依赖于句子的语法关系，就越难被相邻性紊乱病人掌握。童年的章学诚对虚字的迟钝，是不是恰巧说明他习用相似性思维却有一定程度上的相邻性紊乱呢？

当然，本文绝非断定章学诚得了失语症，我们只是想基于失语症理论描述他的某些思维特征。而且我们自知，这种对个人精神成长史的回溯，并非正统史学研究法，是一"危途"①，我们点到为止。下面，让我们转入对章学诚思想的直接分析。

四、章学诚思维的隐喻偏好

《文史通义》第一卷"内篇一"，有《易教》三篇、《书教》三篇、《诗教》两篇和《礼教》②一篇，"五经"中仅缺了《春秋教》③（不过在章学诚著作的其他各处，"春秋教"这个元素仍经常出现）。刘咸炘《文史通义识语》讲"《通义》全书以三教篇为纲"，这是章学诚整个理论的核心，也是章学诚学说中令人费解和歧义较多的部分。我们想通过此部分的分析验证上文对章学诚隐喻型思维模式的判断。先看《易教下》开篇一句话：

> 《易》之象也，《诗》之兴也，变化而不可方物矣；《礼》之官也，《春秋》之例也，谨严而不可假借矣。

---

① 参见余英时：《朱熹的历史世界》，北京：三联书店，2004年，第703页。

② 《礼教》一篇，"大梁本"《文史通义》未收。刘刻本《章氏遗书》始有。

③ 何以《文史通义》没有《春秋教》，是个有趣的学术史话题（参见余英时：《论戴震与章学诚》，第57页）。笔者认为：章学诚看来，春秋是由前四经的不同"教"构成的（书、诗之兴、易之象→春秋之体；礼之官、易之辞→春秋之用），所以春秋不是"原子"级别的，而是第二等的，因而《春秋教》可不写。

表 1

A(谨严的)	B(变化的)
礼之官	
	诗之兴
	易象
春秋之例	

这句话中,章学诚在四经中各自拈出一个要素:易学的象,诗学的兴,春秋的例,周礼的官,并把四经区分为两个系列:以《易》《诗》为一方,以《礼》《春秋》为另一方。这里的划分依据,并非这四个要素在知识内容和主题上有什么逻辑联系,而是这四个要素象征两种知识风格,所带给人不同的“动感”:一类是“变化”的;一类是“谨严”的。这句话可用表 1 表示。

这样把经书分解成在纵轴上“谨严/变化”两种风格上的对立。这个表还可以扩大到全部五经:

1.《尚书》“因事命篇”“无定法”,是“变化”精神的一个极致。

表 2

相邻 / 相似	A(谨严的)	B(变化的)
1	礼之官	
2		尚书
3		诗之兴
4	易辞	易象
5	春秋之例	春秋之义

2. 不仅五经整体上可以分成“变化/谨严”两端,其中《易经》和《春秋》在同一经内部,也呈现着这种对立。此两经内部有两套意义系统。《易》中“蓍/卦”(蓍之德圆而神,卦之德方以智)、“象/辞”;《春秋》中“义和例”“体和用”,都体现出“变化和谨严”的对立。

于是,表2即为表1之升级版。五经呈现出二元结构。可以说,明白了这个结构图,我们就掌握了章学诚思维最基本的元素及其组合。我们可以把章学诚思维模式作一个结构主义的形式分析:每一经之内的两个因素构成横轴上的相邻关系;而经与经之间,则构成纵轴的相似关系。表2中横行为相邻的句段关系,竖列为相似的联想关系。这正如罗兰·巴尔特所说:一个人穿的一套衣裤之间(帽子、衣裤、鞋子从头到脚)是相邻关系,他选穿的鞋与他没选穿的鞋、他选穿的衣服与他没有选穿的衣服之间则是相似关系;一桌依次上来的菜(从冷盘、主菜到点心)之间是相邻关系、选的菜和未选的菜之间则是相似关系。① 对照此图,就是顺着章学诚思维方式切入他的理论核心,他那些以往令学界费解的命题也就豁然开朗。为下文叙述方便,我们为纵横轴编了符号②,这样我们甚至可用符号来表达章学诚的命题。例如,上引《易教下》开篇的那句话,可表达成4B=3B;1A=5A。又如他说过:

> 《易》象通於《诗》之比兴;《易》辞通於《春秋》之例。(4A=3A;4B=3B)

对照表2,此一句讲的就是经与经的不同因素之间的相似关系。“易之象也……变化而不可方物矣”,因此“《易》象通于《诗》之比兴”。“(易辞)一字出入,谨严甚于《春秋》”,因而《易》辞通于《春秋》之例。在这里“《易》辞”与“《春秋》之例”,水平轴上是分属两经的,但因为它们各自在自己一经中的结构性地位是相似性的,所以,在纵轴上就是“通”的。章学诚此一类命题的思维特点,即把水平轴上的相邻关系(如此句中的“《易》辞与

① [法]罗兰·巴尔特:《符号学原理》,北京:中国人民大学出版社,2008年,第45页。

② 类似的符号表,可参见[法]列维—斯特劳斯:《神话学:生食与熟食》,北京:中国人民大学出版社,2006年,第4页。和列维—斯特劳斯一样,这里的符号不用于证明,只用于诠释。

《易》象”“《春秋》之例与《诗》之比兴”),投射到了纵轴上(“《易》辞”与“《春秋》之例”),所以我们可以称之为诗性思维或隐喻性思维。我们再看他一个更著名的命题,《文史通义·易教下》中称:

易象虽包六艺,与《诗》之比兴,尤为表里。(4B=12345;4B=2B)

前半句讲4B和所有12345的关系,后半句突出讲4B和3B的关系。“易象包六艺”,章学诚是这样解释的,他把道的呈现,当作一个拟象。所有知识,都是通过拟象来呈现道。“象”就是道体似要表露又没有完全显现的东西,“故道不可见,人求道而恍若有见者,皆其象也”①。大道恍惚,人不可直接求道,而必须通过象的中介,因而“象”在认识论上具有普遍意义:在“拟象”这个方法上,六艺贯通。实斋所谓“易教”,主要指“以象为教”。《易》中体现了象征隐喻思维,在中国传统文化中是普遍和广泛的。取这个理解,不仅仅六经,战国诸子、乃至外来的佛教②,都为“易象”所包。所以说,“象之所包广矣”。

那么,“象”“兴”如何“为表里”呢?它们都是借形象寄寓义理或情义、意蕴,“深於比兴,即其深於取象者也”。《易》立象尽意,系辞尽言,言辞止乎于是,指陈有限;象意概括无穷,遗味悠远,言有尽而意有余,所以可以成为言意之间的桥梁。而由“以此状彼”、此言及彼意的思维过程,即“比兴”。“象”是贯通所有知识的凭借物,为表;“兴”是贯通所有知识的思维方式,为里。③

---

①　章学诚:《易教下》,《章学诚遗书》,第2页。

②　《易教下》一文中章学诚提出“佛教本源出于易教”的论点,以这种观点方式看待佛教,与现代西方学者用隐喻理论研究基督教,有异曲同工之妙。约翰·希克在《上帝道成肉身的隐喻》(南京:江苏人民出版社,2000年)提出“上帝道成肉身”不是字面真理,而是隐喻真理。这个论点,拿章学诚的话来表达就是:“上帝道成肉身”是“以象教”。

③　此就其相同处而言。其相异处,钱钟书有清楚的辨析。钱钟书:《管锥编》第1卷,北京:中华书局,1986年,第11页、第12页。

于是,我们可以引出章学诚一个重要的命题。这个命题恰当地说明了,章学诚明确提出过隐喻思维是历史思维的基础。只是以往治章学者,似乎未曾留意。在《史德》篇的最后,章学诚讲过一句意味深长的话:

通六艺比兴之旨,而后可以讲春王正月之书。(2B=5)①

"春王正月之书"即《春秋》,此处代指全部史书。章学诚的意思是,"知比兴方可言史"。这是讲5与12345的关系,特别是讲5与2B的关系。这个命题在认识论上把史(5)与诗(2)联系到一起。章学诚把历史和史书的有形部分,整体上当作一个"象",通过这个"象",运用"兴"的意象思维,才可能达到"道"。史为传道之器,即史明道,其间的认识过程是"兴"。同沟通"象/辞"之间的桥梁一样,沟通"《春秋》之例/《春秋》之义"(即沟通历史学形下一端和形上一端)之间的,是类似与"诗"之比兴的史家的整体性直觉。

让我们顺着"知比兴方可言史"的命题转入史学。"五经教"部分"题似说经,而文实论史"②。五经可以抽象出"谨严/变化"两种属性,这一区分可以移而论史。章学诚看来,历史知识内部也呈现一个同样的二元对称:一端是有形的、谨严的,例如史事、史例、史法等等;一端是无形的、变化的,如道、理、意等等。从"经的二分"投射到"史的二分",章学诚的依据有三:

1.《尚书》与《春秋》。五经中这两种史书,分别可成为"变化/谨严"这一二元结构两端的代表:"《尚书》无定法,而《春秋》有成例。"(1B:5A)

2.《周礼》与《尚书》。《周礼》,代表着有序保存典籍和严整收集资料的精神,"《周官》三百六十,具天下之纤析矣,然法具於官,而官守其书",章学诚把《周礼》看作供《尚书》取材的记注之书,因此,《尚书》和《周礼》两者

① 章学诚:《史德》,《章学诚遗书》,第40页。

② 章学诚:《上朱中堂世叔书》,《章学诚遗书》,第315页。

也构成了“变化/谨严”的二元对立。“三代以上，记注有成法，而撰述无定名”，就是分指周礼和尚书而言。对立即统一，“周官之法”和“尚书之教”相互对立也相互依存，去其一则失其二，所以章学诚讲：“《周官》之法亡，而《尚书》之教绝。”（1A:2B）

3.《春秋》的内部，也存在这样的二元结构。《书教上》中：“王者迹息而《诗》亡，见《春秋》之用；《周官》法废而《书》亡，见《春秋》之体也。”（3B=5B；1A=5A）春秋之“体与用”的二分，可以说代表了历史学的“事与理”二分（亦对应“器与道”二分，易之“象与辞”二分，诗之“言与意”二分）。因此，一方面，“事有实据”，故“记注有成法”，是以春秋之体，谨严不可假借，通于易之辞（4A），礼之官，见于周官法废（1A）；另一方面，“理无定形”，故“撰述无定名”，是以春秋之用，变化不可方物，通易之象（4B），诗之兴，见于诗之亡（3B）。

表3

相邻 相似	A（方智、记注）	B（圆神、撰述）
1、2	周礼	尚书
3、4、5	礼之官、易之辞→春秋之例	诗之兴、易之象→春秋之用
6		史记
7	汉书	
8		通鉴记事本末

由此，从五经中抽取的“变化和谨严”二元结构，便构成了章学诚史学的两条线索。在五经中的《尚书》和《春秋》分别代表史学这两种传统的源头。在《春秋》内部，对应这两种传统的则分别是“春秋之义”和“春秋之例”。这两种传统在后世史学史的发展，就是章学诚所区分的“撰述与记注”、“圆而神”与“方以智”、“史记”传统和“汉书”传统的两两对立，正所谓“迁书体圆用神，多得《尚书》之遗，班氏体方应智，多得官礼之意也”（2B→

6B;1A→7A)。以这种风格上的两种传统去理解史学史的流变,是章学诚史学最重要的创见。

为明白起见,我们可以把章学诚版本的史学史之基本编码,用表 3 表示:

章学诚所建构的上古史书"一以贯之"的系谱如《书教上》所述:

《周官》之法废而《书》亡,《书》亡而后《春秋》作……六艺并立,《乐》亡而入於《诗》《礼》,《书》亡而入於《春秋》,皆天时人事,不知其然而然也。《春秋》之事,则齐桓、晋文,而宰孔之命齐侯,王子虎之命晋侯,皆训诰之文也,而左氏附传以翼经;夫子不与《文侯之命》同著於篇,则《书》入《春秋》之明证也。马迁绍法《春秋》,而删润典谟,以入纪传;班固承迁有作,而《禹贡》取冠《地理》,《洪范》特志《五行》,而《书》与《春秋》不得不合为一矣。

这样,"周官 1A→尚书 2B→春秋 5AB→史记 6B→汉书 7A",这个别具一格的章氏史学史谱系,就气势阔大地把上古诸家史学都统在一起了。

可以看出,章学诚的所有论述的基础,都是在纵轴上的某 B 和某 B 相似,某 A 和某 A 相似,即他的思维擅长抓住事物的相似性关系。而他所标举的"象"与"兴",对译到现代史学理论的术语,大约也就是"想象和比喻"。于是,如果我们把章学诚放到了怀特理论的试纸上,那么自然可以得出了"章学诚是隐喻型史家"的结论。这个结论富含启发,既契合了以往章学诚研究的共识,也能解决章学诚研究史上一些聚讼纷纷的问题,或能为章学诚研究别开一生面,篇幅所限,我们略举其大者如下:

1. "史意"概念。章学诚主张"作史贵知其意",这个"史意"不仅仅是通常解释的"历史理论和史学理论",它有"意义"的层面,但还有"意味"的层面;它不仅仅是"主题",而且是"风格"。"意义"对应转喻,由横轴上前后邻接的字词呈现,"理论""观点""主题"等等是通过逻辑推演获得的;而

“意味”“风格”则对应隐喻，“史意（味）”要靠隐喻思维意会。“史意”这个概念集中体现了中国传统史学对历史认识过程中的默会维度的深刻理解。而章学诚自述其与刘知幾的区别：“章言史意/刘言史法”，不是研究对象上的不同（不是章学诚研究叫“史意”的那个知识领域，而刘知幾研究叫“史法”的那个知识领域），亦是思维风格上“隐喻/转喻”的不同。法则建立事实，隐喻勾勒模式①，“法”“意”之别，该从这个层面去找。

2. “文史通义”所谓的“通”，不仅要从转喻、提喻层面理解而还要从隐喻层面理解。不仅仅指的是时间和逻辑上的贯通，不仅仅指与专史和断代史相对的通史，更不是西方“思辨的历史哲学”那样把历史整合进一个意义体系（提喻），而是指历史的某种形上意蕴。

3. “圆神”“方智”这一“史体”划分，不是“体类”之分，而是“体性”之分。这种分类不是“归纳—演绎型”，而是“隐喻型”。这种分类方式把历史著作与史家的主体性挂钩，从而不仅仅限于历史编纂学范畴。从人类思维的不同风格出发，归结出一对二元因素，通过勾勒出它们的此消彼长和分离融合，足以写出一部思想学术的历史。要玩这种把戏最成功和最著名的高手正是怀特谓之为隐喻型的尼采。他的《悲剧的诞生》以日神与酒神的二元性隐喻的对立和融合构建了悲剧生成的历史。章学诚也是在史学史中拈出“圆神”“方智”这一组二元对立，假想某种隐喻的“意”，在史学史中流变。

五、隐喻思维对抗相邻性思维

转喻对应事件，隐喻对应结构。年鉴学派以结构取代事件②，曾造出一

---

① ［德］沃尔夫冈·伊瑟尔：《怎样做理论》，江苏：南京大学出版社，2008 年，第 7 页。

② 一般认为，年鉴学派这一主张，是当时整个结构主义思潮中的一部分。参见罗兰·巴尔特：《符号学原理》，第 13 页。

场史学革命，这是我们熟悉的。在我们这篇思想史文章中，我们以“结构”来取代“主题”，以思想“风格”的研究取代思想“观点”的研究。正如布罗代尔称“事件的历史”是“表面的骚动”，是带泡沫的浪花，“结构”的历史才是根本，是“深海暗流”①。同理，主题、观点是表面的，思维方式在完形上的整体特征是更深层的因素。在《元史学》的结语中，海登·怀特曾经总结，拿比喻范畴描绘史家的风格，可以取代通常用以形容史家观点的如“浪漫主义”“唯心主义”“保守主义”“自由主义”等范畴，还能从认识论、美学和语言学的层面上，揭示后者赖以寄居的作品的结构②。也就是说，风格是在背后决定观点的东西。于是，让我们通过章戴论争中最有代表性的一次“观点”上的交锋，来呈现这种表面冲突背后，两人“语言—思维”模式上转喻型和隐喻型的“结构”差异。我们仍然用戴震对自己的童年回忆（1757年戴震35岁时追忆③）：

> 仆自少时家贫，不获亲师，闻圣人之中有孔子者，定《六经》示后之人，求其一经，启而读之，茫茫然无觉。寻思之久，计于心曰：经之至者道也。所以明道者其词也，所以成词者字也。由字以通其词，由词以通其道，必有渐。④

这一段话可谓是戴震最著名的一个学术方法论口号。少年戴震从茫然无觉而卒有所得，其所领悟的思维技术，说出来倒也十分平常，即所谓的“问题分解”术：每当我们面对一个遥远的、大的、总的目标的时候，可以把它分解成一些子目标，然后再把这些子目标分解成子子目标，如此用递归

① ［法］布罗代尔：《菲利普二世时期的地中海和地中海世界》，北京：商务印书馆，1996年，第9页。

② ［美］海登·怀特：《元史学》，第585页。

③ 此年份据段玉裁《戴震年谱》。钱穆有不同说法。参见钱穆：《中国近三百年学术史》，北京：商务印书馆，1997年，第344页。

④ 戴震：《与是仲明论学书》，《戴震文集》，第140页。

的方式进行下去，最终能得到一些非常简单的目标，于是大问题就被分解成一个个小问题来解决，使得我们可以通过若干步来解决它。例如在这里，大目标是“通其道”，次级目标是理解全文全书，小目标就是理解一字一词。这个“问题分解”的思维技术，其特点是紧扣“相邻性”，即一连串相邻的小目标“组合”成大目标。这种“问题分解”法在人们的思维中运用得十分普遍，有着很朴素的理性力量。早于戴震120年，笛卡尔就把这列为“正确思维和发现科学真理的方法论”的四条基本原则之一：

> 把我所审查的每一个难题按照可能和必要的程度分成若干总分，以便一一妥为解决。①

但是，这种方法也蕴含着一个陷阱。为简便说明之，我们可参考一个著名的例子：芝诺“阿喀琉斯追不上乌龟”的悖论。芝诺称，运动是不可能的。由于运动的物体在到达目的地前必须到达其半路上的中点，若假设空间无限可分则有限距离包括无穷多点，那么运动的物体需要在有限时间内经过无限多点，这是不可能的。芝诺用的其实就是“问题分解”的技术，他把从A到B的总目标，分解成两个子目标：先走一半，然后再走一半。然后，再把这两个子目标，分解成四个子子目标：先走一半的一半，再走一半的一半……这样无限递归下去，你就会得到一个无比巨大的目标群，最终你将寸步难行②。戴震讲过，寻行数墨，要如“必循其阶，而不可以躐等”，走楼梯要一级一级走，但是，多少微量的程度才算楼梯的“一级”呢？这就像芝诺说的，你在从A到B的过程中，总要经过A和B之间的中点，如果固执于“不可以躐等”，这样无限分解，你就永远不可能从A到B了。《庄子·天下篇》中的“一尺之棰，日取其半，万世不竭”就是描绘了这样一个困

---

①　[法]笛卡尔：《谈谈方法》，北京：商务印书馆，2000年，第16页。

②　参考侯世达：《哥德尔·艾舍尔·巴赫——集异璧之大成》，北京：商务印书馆，1997年，第802页。

境，戴震自然知道庄子这句话，却不知自己把整体分解成部分的思路就陷入了这样一个不竭的深窟。

1766年，戴震的上述观点，曾向前来问学的章学诚面陈，给予后者巨大的精神震荡，留下“仆重愧其言……我辈于四书一经，正乃未尝开卷，可为惭惕，可为寒心”①的记录②。多年后，学术上成熟自立的章学诚，对戴震的观点有了系统的反驳。章学诚的论战策略，就是锲入戴震的“相邻性”观念，指出“问题分解”的技术，忽视了机会成本，会导致“无穷递归”，从而使人陷入浩淼的琐碎之中：

> 戴（东原）氏言曰：“诵《尧典》，至乃命羲和，不知恒星七政，则不卒业。诵《周南》《召南》，不知古音则失读。诵古《礼经》，先士冠礼，不知古者宫室衣服等制，则迷其方。”③戴氏深通训诂，长于制数，又得古人之所以然，故因考索而成学问，其言是也。然以此概人，谓必如其所举，始许诵经，则是数端皆出专门绝业，古今寥寥不数人耳，犹复此纠彼讼，未能一定，将遂古今无诵五经之人，岂不诬乎！④

戴震讲，读《尚书》的《尧典》，要想理解文中“乃命羲和”这一句话，这个问题会衍生出一个子问题：你必须知道恒星和七政（日月木火土金水）的天文知识，若非如此，便无法读懂《尚书》；读《诗经》的《周南》《召南》诗篇，如果不解决古音的这个子问题，句读就会有误；读《仪礼》的“士冠礼”，就得先解决古代宫室衣服等各种制度的问题。这样的读法，自然就引出了许许多多的“专门绝业”，如天文学、音韵学、仪礼制度之学，而这些学问的任何一种，都是人们终其一生未必能够穷尽的专门之学：

① 章学诚：《与族孙汝楠论学书》，《章学诚遗书》，第224页。

② 章学诚、戴震初晤的情形，可参考余英时：《戴震与章学诚》，第7～17页。

③ 章引戴震这段话，见于《与是仲明论学书》，《戴震文集》，第140页。

④ 章学诚：《又与正甫论文》，《章学诚遗书》，第337页、第338页。

六书小学，古人童蒙所业，原非奇异。世远失传，非专门名家，具兼人之资，竭毕生之力，莫由得其统贯。然犹此纠彼议，不能画一，后进之士，将何所适从乎？或曰：联文而后成辞，属辞而后著义，六书不明，五经不可得而诵也。然则数千年来，诸儒尚无定论，数千年人不得诵五经乎？①

"此纠彼讼，未能一定"，必须交给专家去处理，一般读经人如果纠缠于这类问题，每一步都追求戴震所谓的"十分之见"，那么过程的自我目的化终将会淹没最终目的②，"步步推进"的计划会变得"寸步难行"，这样下去，章学诚双手一摊道："将遂古今无诵五经之人"——就像芝诺耸耸肩膀：阿基里斯追不上乌龟了。正如戴震的学生段玉裁讲（据段的外孙龚自珍述）："学问门径，自殊远而望之皆一丘一壑耳；深入其中，乃皆成泰山沧海"，于是，我们如何能"以有限之神识、观无涯之注记"（《史通·杂说》）、"以有尽之生，而逐无穷之闻见"（《文史通义·假年》）呢？

西方史家中，柯林武德讨论过历史学中的"量"的问题，可以与章戴这个争论相并观察。他提到，有种意见认为：如果你不了解高卢的台纳文明是怎么样，你就不会知道凯撒征服这片地区时所面临的问题是什么，进而，你就不会理解凯撒生命的主要目标，也就不能理解罗马共和国结束时这个主要人物（这个设问和上引戴震的说法是一样的）——这样说，是不是太苛刻了呢？因为忽略台纳文明而导致对整个罗马史的误解的可能是非常小的，但是，那会有多小呢？在校正误解之前，我们并不知道。这种失误和我们了解台纳文明所需要付出的机会成本，哪个更大呢？事实上，历史学总是会碰到忽略这个还是忽略另一个的"选择"问题。因而，追逐"终极的全面的历史事实"精神可贵，但是这是一个无尽的目标，历史研究不可能在完

① 章学诚：《说文字原课本书后》，《章学诚遗书》，第 73 页、第 74 页。

② 梁启超亦评戴震此法容易"把手段看成目的"（梁启超：《戴东原哲学》，见汪学群编：《清代学问的门径》，北京：中华书局，2009 年，第 350 页）。

成这个目标后才开始，历史学家也不应该把自我限制在历史的细节中：

一个特定的作者，或者特定的一代作者，就某个特定主题占有的只有数量有限的证据；而另一位作者，或者后一代作者成功地开启了新的信息之源，那么，这个过程会在哪里终结呢？在历史研究终结之前，这个过程绝不可能终结。因此，我们的历史学家为了把自己限制在细枝末节中而给出的种种理由都是些糟糕的理由。它等同于：这样的细节需要严格地、科学地对待，而“更大”的问题却不需要。①

戴震是脱不开这样的批评的——他严格地对待了细节，却忘记了更大的问题。而章学诚却抓住了问题的另外一端。以下一段，笔者认为是章学诚对自己认识论最要紧的阐述：

理之初见，毋论智愚与贤不肖，不甚远也；再思之，则恍惚而不可恃矣；三思之，则眩惑而若夺之矣。非再三之力，转不如始也。初见立乎其外，故神全；再三则入乎其中，而身已从其旋折也。必尽其旋折，而后复得初见之至境焉。故学问不可以惮烦也。然当身从旋折之际，神无初见之全，必时时忆其初见，以为恍惚眩惑之指南焉，庶几哉有以复其初也。吾见今之好学者，初非有所见而为也，后亦无所期于至也，发愤攻苦，以谓吾学可以加人而已矣。泛焉不系之舟，虽日驰千里，何适于用乎？②

如果说戴震的方法是“积小以明大”，那么章学诚的方法便是“先立其大”。所以他竭力保持“神全”的精神状态，时时返归“初见之至境”以避免

---

① 柯林武德：《历史的观念（增补版）》，北京：北京大学出版社，2010 年，第 442 页。

② 章学诚：《辨似》，《章学诚遗书》，第 21 页。

“手段—目标”的倒转。戴震的“字→词→道”，三者构成水平轴上的提喻关系，而章学诚的“初见之全”和“再思”“三思”，三者保持了纵轴上的、“相似”的等阶关系，相互比观、构成了诠释的循环。① 和戴震元素主义的组合分解法不同，在习惯隐喻型思维的章学诚心中，整体总是大于部分之和的。戴震的方法论下，三角形要分解成三条直线，一条一条来认识，而章学诚的感觉中，三角形首先是三角“形”。或许，章学诚反对戴震，其观点可以用安克施密特的话一言概之：

> 历史叙述是历史叙述只是在于历史叙述的（隐喻的）意义在其整体性上是超越其单个陈述的总和的（字面的）意义。②

曾几何时，戴震的方法被当作清代朴学“科学精神”的代表，而时至今日，“科学”的发展已经非胡适那代人所能想见。卡西尔等人曾经指出，20世纪以来，自然科学界发生了一场“思维方式上的革命”：机械论基础上的元素主义思维被整体论所取代。如在物理学中，古代的“实体理论”被“场论”取代，所谓“场”，不能被理解为部分递加组合而成的结集，非由“件块”拼组而成，而是一系统、一整体③，生物学、心理学、社会学也均经历“元素→场”的范式变迁，“自然不会跳跃”的观念遭到否定。若就这点而言的话，戴震转成非“科学”，章学诚反而是“科学”的了。舟已行矣，而剑不行！这种移形换位，倒使得我们思考，用西方观念来比照中国思想史研究，如何避免郢人燕说、看朱成碧、相互破坏呢？

---

①　参见［日］山口久和：《章学诚的知识论》，上海：上海古籍出版社，2006年，第253页。

②　［荷兰］安克施密特：《历史与转义：隐喻的兴衰》，北京：文津出版社，2005年，第48页。

③　［德］恩斯特·卡西尔：《人文科学的逻辑》，上海：上海译文出版社，2004年，第147页。另参见［法］列维—施特劳斯：《结构人类学》第1卷，北京：中国人民大学出版社，2006年，第344页。

这是个大的问题,在此,容我们仅就本文做一点小声明。像戴震、章学诚这样的学者,不可能化约为一种思维类型。海登·怀特的比喻理论含混处很多,如果拘执于比喻类型上的对号入座的话,那就成"粗野的"和"荒诞不经的"——即使怀特本人,在判类划分上也是力求灵活的,例如他把马克思划归"以转喻模式为史学进行辩护"之后,仍然说"无论马克思分析什么",都倾向于将研究对象对应为四种比喻。① 因而在本文中,虽然我们有中西互参的企图在内,但对我们的中心论旨而言,海登·怀特的比喻理论只是借力,我们无意奉其为金科玉律,我们只是消费它。我们的问题全从本土研究的语境而来,我们对章学诚学说的新解释,即使摒去对"西方"隐喻理论的借用,也是成立的。我们完全有可能纯用传统史学的术语,表达同样的解释,只是那些术语涵义混沌且已为人熟用,敏感度不够。因此这只是一个学术传播策略的问题。因此,不管是叙事主义的史学理论,还是结构主义形式分析②,以及心理史学的方法,于本文只是一个参照系统。房子盖好后,脚手架是可以拆除的。

(原载《山东社会科学》,2012 年第 1 期)

① [美]海登·怀特:《元史学》,第 432 页。

② 海登·怀特本人的态度就颇堪寻味,《元史学》中译本前言的第一句,便说该著作是"结构主义"时代的产物,要是在今天,他不会这样写了。他本人如此说,我们自然不必对他的理论过泥过执了。

梁启超民族主义史学的建构及其意义

——对梁启超新史学的再认识

徐国利

有关梁启超新史学的本质、基本特征及其在中国现代史学建立和发展中的作用,以往史学界主要是从其反封建的民主性和科学性(进化史观和科学研究方法)的角度来探讨的,这有其合理性。然而,如果从梁启超新史学理论来源的西方史学主流思想话语和梁启超建构新史学所处的中国近代发展的历史主题来看,上述观点亦有值得再探讨之处。众所周知,建立近代民族国家是近现代世界历史发展的潮流。因此,十九世纪西方史学界乃至文化思想界的主流话语无不以民族的、进化的历史观念和政治观念来解释西方历史和世界历史。受此影响,西方民族主义成为中国近代社会各领域变革的重要思想资源和动力。中国近代以来的种种变革(包括改革和革命)或称之为近代化的过程,实际上就是借助和运用近代民族主义思想资源以建立现代民族国家的过程,其中,史学界在传播和运用民族主义方面发挥了极其重要的作用。梁启超是近代中国变革的理论和实践上的先锋和代表人物,民族主义不仅在其政治思想中占有根本性地位,亦是其新史学思想建构的支柱之一。他的新史学实质上是一种建立在民族进化史观上的民族主义史学。这种新史学范式的建立对整个中国现代史学的发展产生了广泛和深远的影响。学术界对此作过一些讨论,但不够深入。①本文拟就梁启超民族主义新史学的建构及其对中国现代新史学建立的意义发展进行探讨。

一、民族主义史学思想的萌生

19世纪末(维新变法前)梁启超的民族主义史学思想开始萌生。甲午战后,中国面临的深重民族危机是梁启超萌生民族主义史学思想的社会现实根源。而严复和康有为等人宣扬的西方种族论和进化论,尤其是社会达尔文主义,则是梁氏民族主义史学思想形成的初步理论来源。同时,从梁的《西学书目表》等文章可以看出,这一时期他接触了《泰西新史揽要》之类的史地著述,这些著述所描绘的近百年西方民族国家迅速崛起和相互争雄的历史,使他对近代民族主义及其对中国变革自强的意义有了直接和初步的认识。

梁启超民族主义史学思想的萌生主要表现在:一是提出进化论意义的"变"的思想;二是宣扬竞争进化性的种族竞争论;三是提出了民族国家性的"群"和"国群"的概念。

关于"变"的思想。梁启超说,天地间没有不变的,"故夫变者,古今之公理也"②。具体到历史观上,就是继承和发展康有为的历史观,宣扬糅合

---

① 关于民族主义与梁启超史学思想的研究,海外有 Xiaobing Tang(唐小兵), *Global Space and the National Discourse: the Historical thinking of Liang Qichao*, Stanford, CA.: Stanford University Press, 1996(《全球空间与国族主义者论述:梁启超的史学思想》)。此书主要研讨了梁启超晚年否定原先的民族主义的"后民族主义"史学思想。(转见王晴佳、古伟瀛:《后现代与历史学——中西比较》,济南:山东大学出版社,2003年)杜赞奇的《从民族国家拯救历史:民族主义话语与中国现代史研究》(北京:社会科学文献出版社,2003年)在探讨近代民族主义与中国现代史学关系时,谈及梁启超的史学思想。葛志毅的《梁启超文化史观及其所受西方史学思想的影响》(《学习与探索》,1995年第5期)后半部分就民族主义史学思想对梁启超的影响作了介绍和分析。

② 梁启超:《变法通议》,"自序",北京:华夏出版社,2002年。

儒家今文经学的“三世说”和西方历史进化论的三世进化观。他说：“春秋立三世之义，以明往古来今天地万物递变递进之理，为孔子范围万世之精意。”“《春秋》者，所以治万世之天下也。凡天下万物之不能不变也，天理也；变而日进于善也，天理而加以人事者也。……要之，天地万物之情状虽繁虽赜，而惟三世可以驭之。”①在 1898 年流亡日本后，梁的这种思想仍然没有发生根本性的改变，他依然用今文经学的三世说来阐释历史进化论，说泰西学者分世界人类为野蛮人、半开化人和文明人三级，“其在《春秋》之义，即谓之据乱世，升平世，太平世。皆有阶级，顺序而升，此进化之理，而世界人民所公认也”②。

那么，历史怎样进化的呢？受严复《天演论》的直接影响③，梁启超接受了社会达尔文主义的种族竞争进化论，将人类历史视为种族竞争、优胜劣败的历史。其《变法通议》说：自大地生物形成至今的历史，“一言以蔽之曰：‘争种族而已。’……此生存相竞之公例，虽圣人无如之何者也”。那么，各种族如何才能在竞争中制胜呢？首要之事便是“合种”。他说，种族出现时同是劣种，而后才有战胜劣种的优种，“何也？数种相合，而种之改良起焉，所合愈广，则其改良愈盛。而优劣遂不可同年而语矣”。要而论之，“大抵其种愈大者，则其战愈大，而其胜败愈有关系。善为战者，知非合种不能与他种敌，故专务沟而通之”。他还以中国史作论证，说：“自汉以后，支那之所以渐进于文明成为优种人者，则以诸种之相合也，惟其相合故能并存。”④因此，黄种人要想在与白种人的竞争中取得胜利，就必须合黄种之内

① 梁启超：《读〈春秋〉界说》，葛懋春、蒋俊编选：《梁启超哲学思想论文选》，北京：北京大学出版社，1984 年，第 25 页，第 25~26 页。

② 梁启超：《自由书·文野三界别》，李华兴、吴嘉勋编：《梁启超选集》，上海：上海人民出版社，1984 年，第 94 页。

③ 严复在 1896 年曾将《天演论》原稿给梁启超看，见王栻编：《严复集》第 3 册，北京：中华书局，1986 年，第 514 页。关于严复天演论中的社会达尔文主义的内涵及其对梁启超的影响，可参看张灏：《梁启超与中国思想的过渡》，南京：江苏人民出版社，1995 年，第 46~48 页。

④ 梁启超：《变法通议》，第 162 页、第 163 页、第 171 页、第 163 页。

的各种族。主张合种、特别是合国内各民族参与国际竞争，显然是近代民族历史进化观。

关于"群"和"国群"的思想①。梁启超说："群者，天下之公理也。""群者万物之公性也。""物之以群相竞，斯固然矣，至其势逼而率相近者，则其相竞也尤甚。"②他进而论述了"群术"的重要，提出了"国群"概念，论证了"群"与国家的必然关系。他说，所以能有千万人群而成的国和亿兆京垓人群而成的天下，"则岂不能群乎哉？以群术治群，群乃成，以独术治群，群乃败……抑吾闻之，有国群，有天下群，泰西之治，其以施之国群则至矣"，"欲灭人之国者，灭其国之群可矣"。③ 强调"群术"和"国群"的重要，并以西方"施之国群则至矣"作为价值论断，表明梁启超已意识到要以"群术"将中国人凝聚为近代民族国家。故张灏先生指出："带着'群'的思想，梁正从儒家合乎道德自发产生的有机社会关系的文化理想向一个早期的民族共同体的思想迈进。"④"国群"论是梁启超"合种"论的发展，亦是其民族主义国家观形成的基础。梁的这一思想是对严复《天演论》有关思想的进一步阐发。他说："启超问治天下之道于南海先生。先生曰：'以群为体，以变为用。斯二义立，虽治千万年之天下可已。'启超既略述所闻，作《变法通议》。又思发明群义，则理奥例赜，苦不克达。既乃得侯官严君复之治功《天演论》，浏

---

① 在19世纪末和20世纪初，中国学术文化思想界所使用的"群"的概念其内涵是不同的，作为专门的术语，它既可以指民族、种族，也可以指国家、社会。如严复译斯宾塞的《群学肄言》，此"群学"即指社会(学)。但有一点是共同的，也就是这一时期的思想家所阐释的"群"的内涵和价值取向基本是近代西方意义的，目的在于反对中国传统的家族和宗法组织及其体现的所谓自私自利的个人主义、家族主义。梁启超这一时期对"群"的涵义的阐释往往也是多重的。梁启超这里所论主要是指民族及其与国家的关系。

② 梁启超：《说群》，葛懋春、蒋俊编选：《梁启超哲学思想论文选》，第12页、第13页。

③ 梁启超：《说群》，葛懋春、蒋俊编选：《梁启超哲学思想论文选》，第10页、第14页。

④ 张灏：《梁启超与中国思想的过渡》，第71页。

阳谭君嗣同之《仁学》,读之犁然有当于其心……乃内演师说,外依两书,发以浅言,证以实事,作《说群》十篇。"①

不过,此间梁启超的民族主义史学思想还不明确和系统,并带有浓厚的儒家传统色彩。他讲进化史观,是以今文三世说来比附和诠释的。他提出蕴含民族国家性质的"国群"观,也只是向儒家大同世界(天下群)终极目标过渡的中介,他说:"春秋曰:'太平之世,天下远近大小若一。'记曰:'大道之行也,天下为公……是谓大同。'其斯为天下群者哉!"②

二、民族主义史学思想的全面建构

1898年变法失败流亡日本后,梁启超大量接触了西方思想文化,思想出现重大转变。③ 西方近代民族主义及其史学思潮对他产生了直接而深刻的影响,宣扬近代民族主义和寻求在中国建立近代民族国家成为他著述的主题,他的近代民族观及其史学思想最终形成。

梁启超接受了卢梭、伯伦知、斯宾塞和布伦奇利等思想家的民族和民族主义思想,主张在中国建立近代民族国家,以实现国家和民族的强盛。他说:"故夫民族者,有同一之言语风俗,有同一之精神性质,其公同心因以发达,是固建国之阶梯也。"④又说:"民族主义者,世界最光明正大公平之主义也,不使他族侵我之自由,我亦毋侵他族之自由。其在于本国也,人之独立;其在于世界也,国之独立。""十八十九两世纪之交,民族主义飞跃之

① 梁启超:《说群》,葛懋春、蒋俊编选:《梁启超哲学思想论文选》,第10页。按:严复的《天演论》中专门论及"群"的有"蜂群""人群""善群"和"群治"四篇。

② 梁启超:《说群》,葛懋春、蒋俊编选:《梁启超哲学思想论文选》,第11页。

③ 梁启超在《三十自述》中说,在1898年变法失败流亡日本后,"自此居日本东京者一年,稍能读日文,思想为之一变"。(转见丁文江、赵丰田编:《梁启超年谱长编》,上海:上海人民出版社,1983年,第171页。)

④ 梁启超:《政治学大家伯伦知理之学说》,梁启超:《饮冰室合集》第2册,文集之13,北京:中华书局,1989年,第72页。

时代也。……此一大主义,以万丈之气焰,磅礴冲激于全世界人人之脑中,顺之者兴,逆之者亡。”[①]民族国家思想“使国民皆以爱国为第一之义务,而强盛之国乃立。19世纪末世界之政治则是也。而自今以往,此义愈益为各国之原力,无可疑也”[②]。近代欧洲的进步完全得力于民族主义,“民族主义者实制造近世国家之原动力也”。“故今日欲救中国,无他术焉,亦先建设一民族主义之国家而已”,“有之则莫强,无之则竟亡,间不容发,而悉听我辈之自择”。[③]

那么,如何培养民众的民族主义思想和爱国精神呢?梁启超认为,根本途径在于史学教育。《新史学》开宗明义提出:“史学者,学问之最博大而最切要者也,国民之明镜也,爱国心之源泉也。今日欧洲民族主义所以发达,列国所以日进文明,史学之功居其半焉。然则但患其国之无兹学耳,苟其有之,则国民安有不团结,群治安有不进化者。”中国旧史学虽很发达,但因存在四蔽二病及三恶果,“虽尽读全史,而曾无有足以激励其爱国之心,团结其合群之力,以应今日之时势而立于万国者。然则吾中国史学外貌虽发达,而不能如欧美各国民之实受其益,职此之由”。故此,要实行民族主义,就要在中国进行一场“史学革命”,“今日欲提倡民族主义,使我四万万同胞强立于此优胜劣败之世界乎?则本国史学一科,实为无老、无幼、无男、无女、无智、无愚、无贤、无不肖所皆当从事,视之如渴饮饥食,一刻不容缓者也……呜呼,史界革命不起,则吾国遂不可救。悠悠万事,惟此为大”。[④]

---

① 梁启超:《国家思想变迁异同论》,梁启超:《饮冰室合集》第1册,文集之6,北京:中华书局,1989年,第20页、第19页。

② 梁启超:《论学术之势力左右世界》,梁启超:《饮冰室合集》第1册,文集之6,第114页。

③ 梁启超:《论民族竞争之大势》,梁启超:《饮冰室合集》第1册,文集之10,第11页、第35页。

④ 梁启超:《新史学》,梁启超:《饮冰室合集》第1册,文集之9,第1页,第6~7页、第7页。

梁启超在《中国史叙论》《新史学》和《新民说》等论著中全面深入地阐述以民族进化史观为理论基础的新史学的性质、任务、基本内容和功能，建构起了民族主义史学思想体系。

关于新史学的性质，梁启超说："历史者，叙述人群进化之现象而求得其公理公例者也。"①梁启超所谓的人群进化即是种族（民族）进化。他说："民族为历史之主脑。"②又说："历史者何？叙人种之发达与其竞争而已。舍人种则无历史。何以故？历史生于人群，而人之所以能群，必其于内焉有所结，于外焉有所排，是即种界之所由起也。""故夫叙述数千年来各种族盛衰兴亡之迹者，是历史之性质也。叙述数千年来各种族所以盛衰兴亡之故者，是历史之精神也。"③也就是说，无人种或种族即无历史，人种或种族进化即是历史。史学便是叙述以种族为单位的人群进化并探求其演化规律的学科。以种族指民族，将两者等同，是当时思想界一普遍现象。④ 梁启超的上述论述，表明新史学本质上是以民族进化史观为基础的史学。

梁启超以此为基础描述了人类历史民族竞争演化的图景。他把人种分为历史的与非历史的，说："能自结者，为历史的；不能自结者，为非历史的。何以故？能自结者，则排人；不能自结者，则排于人。排人者，则能扩张本种以侵蚀他种，骎骎焉垄断世界历史之舞台。排于人者则本种日以陵夷衰微，非惟不能扩张于外，而且澌灭于内，寻至失其历史上本有之地位。"⑤历史的人种又有世界史的与非世界史的。所谓世界史的人种，是指文化武力扩充于外，影响到世界人类历史发展的种族，即在世界文明发展

---

① 梁启超：《新史学》，梁启超：《饮冰室合集》第1册，文集之9，第10页。

② 梁启超：《中国史叙论》，梁启超：《饮冰室合集》第1册，文集之6，第6页。

③ 梁启超：《新史学》，梁启超：《饮冰室合集》第1册，文集之9，第11页、第12页。

④ 梁启超后来意识到种族和民族的区分。1922年，他说，民族与种族不同，种族是人种学研究的对象，而"民族成立之惟一的要素在民族意识之发现与确立"。（梁启超：《中国历史上民族之研究》，梁启超：《饮冰室合集》专集之42，北京：中华书局，1989年，第1页。）

⑤ 梁启超：《新史学》，梁启超：《饮冰室合集》第1册，文集之9，第12页。

史中先后居主导地位的各个民族。梁启超认为，历史上只有白种人才称得上是世界史的人种。白种人民族在世界史上依次发挥着主导作用，他们的此伏彼起、迭兴迭衰构成了世界文明发展史。因此，“欧罗巴文明实为今日全世界一切文明之母”①；“今世之著世界史者，必以泰西各国为中心点……盖以过去、现在之间，能推衍文明之力以左右世界者，实惟泰西民族，而他族莫能与争也”②。促成西方民族历史发展的根本动力是民族间的生存竞争。“竞争为进化之母”，竞争与进化相倚，竞争为社会、民族进步的原动力。近代西方之所以进步神速，“皆竞争之明效也。夫列国并立，不竞争则无以自存”。中国历史上只有春秋战国数百年间分立最久，而群治之进为极点。自秦一统局面形成后，“而为退化之状者，千余年于今矣，岂有他哉，竞争力销乏使然也”③。

在梁启超看来，民族国家的历史从内部来说则是一部“民史”。他说：“前者史家，不过记述人间一二有权力者兴亡隆替之事，虽名为史，实不过一人一家之谱牒；近世史家，必探察人间全体之运动进步，即国民全部之经历，及其相互之关系。”④也就是说，现代史家应当写探察国民全部经历及其相互关系的“民史”。他批判中国传统史学的“正统论”只言“君统”，不言“民统”，与西方史学正好相反，“泰西之良史，皆以叙述一国国民系统之所由来，及其发达、进步、盛衰、兴亡之原因结果为主，诚以民有统而君无统也”⑤。中国史学以国统属于君，实是视全国人民为无物，从而使国人永远丧失国民资格而为奴隶。

为什么民族国家史是“民史”呢？或者说，近代民族国家与国民及民主有什么必然的关系呢？梁启超接受了西方的民约论等政治思想，指出近代民族国家由国民构成，国民是国家的主体。他说：“国民者，以国为人民公

---

① 梁启超：《新史学》，梁启超：《饮冰室合集》第1册，文集之9，第15页。

② 梁启超：《中国史叙论》，梁启超：《饮冰室合集》第1册，文集之6，第2页。

③ 梁启超：《新民说》，郑州：中州古籍出版社，1998年，第119页。

④ 梁启超：《中国史叙论》，梁启超：《饮冰室合集》第1册，文集之6，第1页。

⑤ 梁启超：《新史学》，梁启超：《饮冰室合集》第1册，文集之9，第21页。

产之称也。国者积民而成，舍民之外，则无有国。以一国之民，治一国之事，定一国之法，谋一国之利，捍一国之患，其民不可得而侮，其国不可得而亡，是之谓国民。"[①]"质而言之，则主权者，邦国之所有；邦国者，众人之所有。"[②]因此，近代国家竞争实际是民族间的竞争，归根到底又是国民间的竞争。他说："今日世界之竞争国民之竞争也。"[③]"在民族主义立国之今日，民弱者国弱，民强者国强"；"欲实行民族主义于中国，舍新民未由"。[④] 由此可见，所谓的"民史"即是民族国家历史的内在形式，一国民众对外而言，为民族，对内而言，是国民。进而言之，在梁启超看来，近代民族国家形成的历史，也就是民主国家形成的历史，这是近代国家历史形成和发展的两个方面，或者说，这两方面的历史发展进程是合一的。

新史学的根本任务就是要向国民揭示历史竞争演化的规律和真相，培养他们的民族精神和爱国心。梁启超说："历史者，以过去之进化，导未来之进化者也。……而史家所以尽此义务之道，即求得前此进化之公理公例，而使后人循其理，率其例以增幸福于无疆也。"又说："史也者，非纪一人一姓之事也，将以述民族之运动、变迁、进化、堕落，而明其原因结果也。"而中国传统书法只在褒贬和专科功罪一二人，只知有一私人之善恶功罪，不知有一团体之善恶功罪，"以此牖民，此群治所以终不进也"。真正的书法（按：即历史编撰原则和精神）应当培养与激励民族全体精神，"吾以为书法者，当如吉朋之《罗马史》，以伟大高尚之理想，褒贬一民族全体之性质，若者为优，若者为劣，某时代以何原因而获强盛，某时代以何原因而致衰亡。

① 梁启超：《论近世国民竞争之大势及中国前途》，梁启超：《饮冰室合集》第1册，文集之4，第56页。

② 梁启超：《卢梭学案》，葛懋春、蒋俊编选：《梁启超哲学思想论文选》，第63页。

③ 梁启超：《论近世国民竞争之大势及中国前途》，梁启超：《饮冰室合集》第1册，文集之4，第59页。

④ 梁启超：《新民说》，第56页、第51页。

使后起之民族读焉,而因以自鉴曰:吾侪宜尔,吾侪宜毋尔”。①

总之,梁启超对新史学的性质、任务、内容和功能的阐述,对中西史学的赞否,无一不贯穿和体现着民族进化史观和民族国家思想;他对中西方历史所作的价值评判,对中国历史未来发展的期待,也是以此立论的。新史学的奠基作《新史学》通篇贯穿着民族进化史观的主线。所以说,他所构建的新史学本质上是建基于民族进化史观上的民族主义史学。因此,以往从史学的民主性(反封建和主张研究国民的历史)和科学性(进化论史观和近代科学方法论)角度来定性和评价梁启超新史学对中国现代史学建立的意义,似可商讨。因为,所谓新史学的科学性和民主性都不过是民族主义史学新范式的两个基本特征。

三、梁启超民族主义史学构建的意义

如果从民族主义史学是西方近代史学发展的主题和中国近现代新思潮是中西文化冲突与融和的产物这两个大历史背景看,梁启超民族主义新史学既是对西方近代民族主义史学理论的直接运用和推广,也是对儒家文化民族观和历史观的继承和发扬。

有学者指出,西方现代史学本质上是一个建构世界性民族主义国家历史的史学。它始于西方启蒙运动以来理性和进步的历史观,西方史家和哲学家认为,世界存在着普遍的理性,它是建立在同一时间观念之上的。民族国家的历史是这种普遍性的世界史进步发展的顶峰或终结。西方在这种历史发展中最快最先,为此,“民族—国家的兴起在当时不仅是衡量一个文明是否进步的标志之一,而且本身也成为历史研究、著述的中心”。西方现代历史编撰学“正是民族—国家史学的天下,其著述的重点是西方民族—国家的形成及其在历史上的意义”。这一历史思想模式,直接影响到

① 梁启超:《新史学》,梁启超:《饮冰室合集》第1册,文集之9,第11页、第27页、第27页、第29页。

以后非西方国家史学的发展，“事实上，在几乎所有的非西方地区，所谓现代史学的诞生和发展，都不可避免地以民族—国家为中心。当然，非西方地区和国家的民族主义史学，常常是以反抗西方的侵略为目的的，但从史学史的观点来看，这一反抗还是在西方史学观念的模式中完成的”。如中国20世纪初的梁启超、章太炎等人的民族主义史学论述，显然是西方现代历史编撰学的寸步延伸和扩展。① 海外的中国近代民族史研究专家杜赞奇则指出，20世纪初，现代民族主义已在中国扎下根来，启蒙历史的叙述结构以及一套相关的词汇，主要通过日语而进入中文，“这些新的语言资源，包括词汇和叙述结构，把民族建构为历史主体，改变了人们对于过去以及现在民族和世界的意义的看法”。② 他又说：“一个大体相当于社会达尔文主义的话语已经在中国知识分子中生根。这个话语的循环推理涉及种族、民族、历史三项要素。”③也就是说，近代民族主义为中国新史学提供了理论根源，直接促成了近代中国的民族主义史学。国内学者对此也作过一定研究，如俞旦初先生以爱国主义史学来概括20世纪初中国史学发展的主题，称20世纪初中国史学的爱国主义史学思潮，是与新史学思潮并起奔腾、交相辉映的两大思潮。④ 只不过，这两股思潮实质上是合二为一的，新史学思潮本质上即是近代民族主义史学思潮。

不过，梁启超的民族主义新史学对中国传统儒家文化作了某些继承和发展，绝非西方民族主义史学的简单翻版。综观梁启超一生对新文化的构建，从未以彻底的反传统作为前提和基础。1896年，他曾对中国在进行变革时应当如何处理中西学的关系作过这样的论述：“要之，舍西学而言中学

---

① 王晴佳、古伟瀛：《后现代与历史学——中西比较》，济南：山东大学出版社，2003年，第4~5页。

② 杜赞奇：《从民族国家拯救历史：民族主义话语与中国现代史研究》“导论”，第3页。

③ 杜赞奇：《从民族国家拯救历史：民族主义话语与中国现代史研究》，第36页。

④ 俞旦初：《二十世纪初年中国的爱国主义史学思潮》，俞旦初：《爱国主义与中国近代史学》，北京：中国社会科学出版社，1996年。

者,其中学必为无用,舍中学而言西学者,其西学必为无本。无用无本,皆不足以治天下,虽庠序如林,逢掖如鲫,适以蠹国,无救危亡。"①这里,梁启超是将中学视为本根的。1898 年流亡到日本后,他说自己的思想为之一变。综合考察他流亡日本期间的著述,可以说是梁在文化观最激进的时期,其言论有明显的西方历史文化中心论和优越论色彩。但是,他仍然没有走向全盘反传统。他在 1902 年说过这样的话:"今日之世界,民族主义之世界也。凡一国之能立于天地,必有其固有之特性,感之于地理,受之于历史,胎之于思想,播之于风俗。此等特性,有良者焉,有否者焉。良者务保存之,不徒保存之而已,而必采他人之可以补助我者,吸为己有而增殖之。否者务刮去之,不徒刮去之而已,而必求他人之可以匡救我者,勇猛自克而代易之。"②后来,他又转向了主张保存和发扬儒家文化的保守立场。他在 1915 年说:"若夫孔子教义,其所以育成人格者,诸百周备,放诸四海而皆准,由之终身而不能尽,以校泰西古今群哲,得其一体而加粹者,盖有之矣,若孟子所谓集大成者,庄生所谓大小精粗其运无乎不备,则固未有加于孔子者。孔子虽可毁,斯真虽欲自绝,其何伤于日月也。且试思我国历史,若将孔子夺去,则暗然复何颜色,且使中国而无孔子,则能否搏捖此民族以为一体,盖未可知。"③

梁启超对中西文化的这种态度决定了他在构建民族主义新史学时,对中国传统儒家文化,特别是春秋公羊学的历史三世说和文化民族观,作了不同程度的吸收和保留。关于公羊三世说对梁启超民族进化史观形成的影响文章第一部分已作分析,此不再论。同样,公羊学派的民族文化观对梁启超民族主义及其史学思想也产生了重要影响。梁启超民族主义的根本主张之一是提倡"大民族主义",主张中华各民族平等的民族史观。他

---

① 梁启超:《西学书目表后序》,李华兴、吴嘉勋编:《梁启超选集》,第 38 页。

② 梁启超:《论教育当定宗旨》(1902),梁启超:《饮冰室合集》第 2 册,文集之 10,第 60 页。

③ 梁启超:《复古思潮平议》,葛懋春、蒋俊编选:《梁启超哲学思想论文选》,第 243~244 页。

说:“吾中国言民族者,当于小民族主义之外,更提倡大民族主义。小民族主义者何？汉族对于国内他族是也。大民族主义者何？合国内本部属部之诸族,以对于国外之诸族是也。”①从理论上说,它直接源于伯伦知的民族国家学说。然而,西方近代民族主义,有主张大民族主义的,也有主张小民族主义的。梁启超之所以接受大民族主义,一方面是出于民族救亡斗争的现实需要,以批判满清的民族压迫政策和革命派盲目反满的种族革命论,在国民中树立平等的民族观,更好地团结各民族进行民族救亡斗争。另一方面,与他赞同公羊学派的文化民族史观有关。他说,宋儒以来持攘夷之说日盛,不符合孔子《春秋》之大义。孔子《春秋》是治天下而非治一国的。它首张三世之义:“所传闻世……则内其国而外诸夏。所闻世……则内诸夏而外彝狄。所见世……则天下远近大小若一,彝狄进至于爵。故曰有教无类。又曰洋溢乎中国。”②公羊学派的文化民族观,既是对中国古代华夏民族由内向外逐步扩大融合历史进程的描述,也体现了儒家以文化高低而非血缘(宗法)远近区分夷夏和以文化融和周边落后民族(夷狄)的中国文化特征。③ 这种思想和西方民族主义中强调民族单一性和排斥性的理论是不同的,它更看重民族融和以及以文化的交流和教化而非赤裸裸政治和军事强力来处理民族关系。

20世纪初,以梁启超和夏曾佑等为代表的新史学派、以章太炎和刘师培等为代表的国粹学派、以孙中山等为代表的民主革命派均对中国近代民族主义新史学的建立做出了重要贡献,然而,率先为中国现代民族主义史学的发展构建理论模式和提供系统方法论的则属梁启超。不仅如此,梁启

① 梁启超:《政治学大家伯伦知理之学说》,梁启超:《饮冰室合集》第2册,文集之13,第75~76页。

② 梁启超:《春秋中国夷狄辨序》,梁启超:《饮冰室合集》第1册,文集之2,第48页。

③ 钱穆先生对儒家这种民族观与西方民族观的本质区别(民族特征)及其文化历史意义作过深入的阐述。参见徐国利:《钱穆史学思想研究》,台北:台湾商务印书馆,2004年,第99~103页。

超还运用民族主义史学理论来撰写中国历史著作，为中国现代民族通史的编撰树立了典范。1901年，他在中国近代史学上首次用民族进化史观来构建中国民族发展史，将其分为上世史、中世史、近世史三个时期：上世史“自黄帝以迄秦之一统。是为中国之中国，即中国民族自发达自争竞自团结之时代也”；中世史“自秦一统后至清代乾隆之末年，是为亚洲之中国，即中国民族与亚洲各民族交涉繁赜竞争最烈之时代也”；近世史“自乾隆末年以至于今日。是为世界之中国，即中国民族合同全亚洲民族，与西人交涉竞争之时代也”。① 正如杜赞奇所说，“历史学家梁启超也许是第一个用启蒙的叙述结构来写中国历史的”，“从那时起，一部线性的、进化的中国史迅速地发展起来”。②

此后，运用民族主义史学理论和方法来考察和撰写中国历史开始成为一种潮流。如，横阳翼天氏（曾鲲化）的《中国历史》（1903年），涉园主人的《中国历史教科书》（1903年），陈庆年的《中国历史》（1904年），夏曾佑的《最新中学中国历史教科书》（1904年），刘师培的《中国历史教科书》（1905年），徐念慈的《中国历史讲义》（1908年）等。其中，以梁启超的挚友夏曾佑的著作影响最为广泛和深远，后来的史家称它为中国近代“第一部有名的新式通史”③。此后，民族主义的历史研究和写作模式成为中国现代史学的基本模式。20世纪二三十年代以后，虽然有唯物史观等其他西方历史观的传入，但是，以民族进化史观为理论和方法的史学撰述仍是历史研究和撰述的主要模式之一。这从夏曾佑的《最新中学中国历史教科书》被商务印书馆改名为《中国古代史》，在1933年被国民政府列为大学历史丛书可见一斑。而且，即便是那些反对进化论史观的史学流派或史家，也都认同中华民族史是一部各民族不断融和与发展壮大的历史，都从各自的角度来

① 梁启超：《中国史序论》，梁启超：《饮冰室合集》第1册，文集之6，第11~12页。

② 杜赞奇：《从民族国家拯救历史：民族主义话语与中国现代史研究》，第21页。

③ 齐思和：《近百年来中国史学的发展》，《燕京社会科学》，1949年10月第2卷。转见《二十世纪中国史学名著叙录》，石家庄：河北教育出版社，2002年，第29页。

撰述民族史或近代民族意义的中国通史。马克思主义史学对中国通史民族性的激烈张扬不用多说了，文化保守主义的史家，如钱穆的《国史大纲》和柳诒徵的《中国文化史》同样饱含着强烈的民族主义情结和精神，他们在坚守中国历史文化本位和精神的基础上，也不同程度地吸收了民族进化观的思想，并以之解释中华民族的历史发展。而持相对主义史学思想的史家，如常乃德和雷海宗等，或以民族国家观（国族观），或以民族意义的文化形态学，来解释中国历史的发展，将史学完全视为民族复兴的工具。即使是在中国现代史学界盛极一时，反对理论建构和历史宏大叙事的新考据派（亦称实证派）史家，如顾颉刚和傅斯年等，他们所研讨的问题，如"古史辨"与"夷夏东西说"中所讨论的中华民族起源和形成一类的问题，仍不出民族主义史学范畴，所用的亦多为民族主义史学的话语。可以这样说，在相当程度上，现代中国史学的发展实际上就是民族主义史学不断发展的过程。只是，中国现代民族主义史学的理论基础和方法不再只限于梁启超当时所宣扬的民族进化史观，还有其他的各种民族进化或发展史观。

概而论之，梁启超构建的新史学本质上是以西方近代民族主义史学理论为基础、并吸收了中国传统儒家民族文化观和历史观的民族主义史学。这种新史学不仅对20世纪初的中国新史学，而且对整个中国现代新史学范式的建立和发展都具有奠基性和开创性的意义。对于后一点，我们以往重视不够。在当代，史学界出现了解构和重估西方近代民族主义史学及其意义的后现代性史学思潮，在这一新的历史文化语境下，如何再评介梁启超民族主义新史学对中国现代史学的意义，是另一值得研讨的重要问题，这里不作讨论了。

（原载《史学理论与史学史学刊》，2004—2005年卷）

钱穆的历史本体"心性论"初探

——钱穆的民族文化生命史观疏论

徐国利

在中国近现代史学家中,以传统文化为根基和本位建立了一套系统和完整的史学思想体系的,钱穆是最重要的史学家。他的史学思想及其实践代表了中国近现代史学发展的一个重要路向。而他的历史观"民族文化生命史观"既是其整个史学思想的基石,又是其研究中国历史文化的方法论原则。因此,深入系统地研究钱穆的历史观是研究其史学思想和史学实践的出发点和立足点。钱穆的民族文化生命史观的内容很丰富,本文不拟进行全面的疏解和析论,仅就其历史观何以称为"民族文化生命史观"及其历史本体思想,作一初步的疏论。文中不当和错误之处,祈望先辈和同仁指正。

一

钱穆的历史观是一种民族文化生命史观,而非一般的文化生命史观。为什么这么说呢?让我们先来看看钱穆眼中的历史是什么。

钱穆在《中国历史精神》中,对历史有较详细的定义性阐释。他说:"历史便是人生,历史是我们全部的人生,就是全部人生的经验。"又说:"历史是一种经验,是一个生命。更透彻一点讲,历史就是我们的生命。"又说:"历史是我们人生的经验,人生的事业。"①在其他地方亦有此类说法,如:

---

① 钱穆:《中国历史精神》,香港:邓镜波学校印刷,1964年,第1页、第4页、第4页。

"历史正为一大事业,一大生命。""历史实为人类事业之不断改进,而决非命定。"①在《国史大纲》"引论"中又说:"我民族国家已往全部之活动,是为历史。"②

但钱穆不是就历史说历史。他常把历史和文化与民族联系在一起探讨。他在《中国历史精神》中说:"我们该了解,民族、文化、历史,这三个名词,却是同一个实质。……我们可以说,没有一个有文化的民族会没有历史的,也没有一个有历史的民族会没有文化的。同时,也没有一段有文化的历史而不是由一个民族所产生的。因此,没有历史,即证其没有文化,没有文化,也不可能有历史。因为历史与文化就是一个民族精神的表现。所以没有历史,没有文化,也不可能有民族之成立与存在。"③为此,有必要知道钱穆眼中文化和民族是什么?

钱穆对文化的定义性解释颇多,大致可分为以下四种:一是,文化是人类集体、全体生活或民族生活之总称、总体或各部门、各方面之融合,如:"文化只是人类集体生活之总称。"④"文化是指集体的大群的人类生活而言。在某一地区,某一集团,某一社会,或某一民族之集合的大群的人生,指其生活之各部门各方面综合的全体性而言,始得目之为文化。……文化是指的时空凝合的某一大群的生活之各部门各方面的整一全体。"⑤"文化乃一个民族生活的总体,把每一个民族的一切生活包括起来称之为文化。"⑥"人群大全体生活有各部门、各方面,如宗教、艺术、政治、经济、文

---

① 钱穆:《中国今日所需要之新史学与新史学家》,蒋大椿主编:《史学探渊》,长春:吉林教育出版社,1991年,第1050页、第1051页。

② 钱穆:《国史大纲》(修订本),"引论",北京:商务印书馆,1997年,第1页。

③ 钱穆:《中国历史精神》,第5~6页。

④ 钱穆:《民族与文化》,香港:新亚书院,1962年,第43页。

⑤ 钱穆:《文化学大义》,台北:正中书局,1952年,第4~6页。

⑥ 钱穆:《从中国历史来看中国民族性及中国文化》,台北:联经出版事业公司,1979年,第13页。

学、工业等,各各配合,融凝成一,即是文化。”①二是,文化即是人生,是大群之人生或人生之总体,如:“文化是人生的总体相,分言之,构成此文化的也有许多体配合,如宗教、教育、政治、文学、艺术等,而政治方面又要加上军事、法律等,这一文化体系是由各方面配合而成。”②“文化即是人生,此所谓人生,非指各个人之分别人生,乃指大群体之全人生,即由大群所集合而成的人生,此当包括人生之各方面各部门,无论是物质的、精神的均在内,此始为大群人生的总全体。”③在上述两种解释中,钱穆也把人生视为人类的生活,“我认为文化只是人生,只是人类的生活。唯此所谓人生,并不指个人人生而言。每一个人的生活,也可以说是人生,却不可说是文化”④。三是,文化是一个生命,一个大生命,如:“文化乃群体大生命,与个己小生命不同。”“中国古人谓之‘人文化成’,今则称之曰文化。此皆一大生命之表现,非拘限于物质条件者之所能知。”⑤“文化是一个生命,这是一个大生命……同时是一长生命……因此文化定有个大体系。”⑥四是,文化是一种精神共业,如:“应该说文化是人类中大群集体人生之一种精神共业。”“既说文化是人们一种精神的共业,有其传统性,因此也可说文化有生命性。”⑦这些解释并不矛盾,钱穆只是从不同的角度和层面对文化作了定义性解释。第一和第二种解释是从文化所包含内容的整体性来说的,第三种解释是从文化的本质特征来说的,第四种解释是从文化的精神终极性来说的。

---

① 钱穆:《中国历史研究法》,香港:孟氏教育基金会,1961 年,第 109 页。

② 钱穆:《中国文化之成长与发展》,钱穆:《中国文化丛谈》(1),台北:三民书局,1984 年,第 66~67 页。

③ 钱穆:《中国历史研究法》,第 108 页。

④ 钱穆:《文化学大义》,第 4 页。

⑤ 钱穆:《晚学盲言》(上),台北:东大图书股份有限公司,1987 年 7 月初版,第 185 页。

⑥ 钱穆:《中国文化精神》,台北:三民书局,1973 年 1 月再版,第 51 页。

⑦ 钱穆:《中国文化之成长与发展》,钱穆:《中国文化丛谈》(1),第 51 页、第 52 页。

钱穆对民族所作的定义性解释较简单。他说:“怎样叫做民族呢?我们很简单的可以说,只要他们的生活习惯、信仰对象、艺术爱好、思想方式,各有不同,就可以叫做异民族。”①他说,民族这个观念中国古代没有,是近代从西方移译过来的,中西文化的民族观有很大不同,“中国人注重在文化上,西方人注重在血统上”。近代讲民族的都注重血统的分别,而中国古人似乎并不重血统的分别,“由中国古人看来,似乎民族界线就在文化上。这是中国古人一个极大的创见,中国古人似乎早已看到将来世界人类演变,必然会有不拿血统做界线而拿文化做界线的新时代出现”。② 在这里,钱穆突出了文化在民族定义中的决定作用。

从钱穆对历史、文化和民族这三个范畴的定义性解释来看,他用来解释历史与文化的这些概念有着本质的内在联系。他用了人生、生命、经验、事业、活动五个概念来解释历史,用了人生、生命、生活、业四个概念来解释文化,在对民族的解释中,没有用较基本的概念,而是以文化来界定民族。其中,人生、生命两个概念是其共同运用的,也是其历史观中的基本概念。其他的概念是对人生和生命的规定和说明。那么,人生和生命及其关系是什么呢?他说:“人生只是一个向往,我们不能想象一个没有向往的人生。”“向往必有对象。那些对象,则常是超我而外在。”人类生命与其他生物生命不同的最大特征是,在求生目的之外,还有其他更重要的目的之存在;人生只是一串不断有目的的事情之连续,“人生正为此许多目的而始有其意义”。“有目的有意义的人生,我们将称之为人文的人生,或文化的人生,以示别于自然的人生,即只以求生为唯一目的之人生。”③人生有物质的与精神的,在精神人生中,又分为艺术的、科学的、文学的、宗教的和道德的。他说:“人生始终是一个进展,向外面某种对象闯进而发现,而获得,而创新。……生命之实在,在于其向前闯进之对象中。向艺术闯进,艺术便是生命

① 钱穆:《民族与文化》,第35~36页。

② 钱穆:《民族与文化》,第46页、第45页。

③ 钱穆:《人生十论》,九龙:人生出版社,1963年,第20页。

之真实。向科学闯进，科学便是生命之真实。若只有闯进，便是扑空，没有对象，便没有生命之真实性。照理闯进本身，便该是有对象的。人生最先闯进之途，只求生命之延续，其次闯进愈深，才始有求美求真与求善的种种对象。"①由此可见，人生就是生命，没有无生命的人生；但生命却不等于人生，必得是有意义和价值的人的生命才是人生。而人生和生命必有一番经验、活动、生活和事业，尤其是精神上的经验、活动、生活和事业，即人生和生命的文化意义，这样，人生和生命的意义和价值才可以体现，不然便是无意义、无价值的人生和生命。他用来解释历史的经验、活动、事业与用来解释文化的生活、业这五个概念，如上所述，人生与生活的基本涵义是一致的，其余四个概念的基本内涵亦是相同或基本一致的。业即事业，他说："业是一番事，这番事，不限在平面上、指当前的，而是推上去，推下去，有因有果，有一种传统性的历史在内，这是我们人类一个共同的作业。这种作业，不仅表现在外面，而有其一种内在的精神性。这个业，不仅是由它造出，乃是前有所承，由它再造。而这个业又是永不终止，复有此后的不断再造。因此业字之涵义，就深富有时间性。深富有精神性。"②事业和活动都有一番时间性的经历和过程，给人生和生命留下影响和意义，就可以说是人生的经验。从根本上说，它们都是指人的有目的、有意义的物质和精神的一番行为实践及其在历史和文化中造成和遗留下的种种成果。它们实是对文化人生和生命内涵的规定和说明。质言之，文化的人生才是真实的生命，真正的人生是文化生命。文化生命是人生的决定性本体。

同时，从钱穆对这三者间相互的关系更具体和明确的阐释中，亦可看出其文化生命本体的思想，即他同样强调文化在三者中的质与体的地位和决定作用。

首先，关于历史和文化的关系。他认为，历史与文化互为作用，缺一不

① 钱穆：《湖上闲思录》，台北：东大图书股份有限公司，1984 年，第 113 页。

② 钱穆：《中国文化之成长与发展》，钱穆：《中国文化丛谈》(1)，第 51 页。

可;但文化是体,历史只是该体之相,即体之种种表现。他说:“可以说文化是全部历史之整体,我们须在历史之整全体内来寻求历史之大进程,这才是文化的真正意义。”由于文化是人群大全体生活,“可见文化即是历史,惟范围当更扩大”。① 历史与文化“实际是一而二,二而一的”。有历史,才有文化;有文化就有历史。但是,“文化是体,历史是此体所表现的相。或说是现象,在现象背后则必有一体。看着种种相,自能接触到这个体。可是我们也该明白须有了这个体,才能发生种种相”。“我们可以说历史不同,就是文化不同。”所谓历史不同者,不是几个人名、地名或几件事情之不同,而是指长、短、大、小、繁复、简单、安定、变动、深、浅等历史诸相的不同,“在这种种异相之后,便可讲到质之不同。我们也可说因为文化相异,所以产生出历史面相不同。……我们只看历史的种种相,也就可以懂得它的文化精神”。②

其次,关于文化和民族的关系,钱穆认为,文化与民族亦是一而二,二而一的,文化创造了民族和国家,民族是文化的载体;民族亦创造了文化。他说:“文化必有一体,主体即民族。如果我们说民族创造了文化,但民族亦由文化而融成。照此说来,亦可谓文化与民族,是一而二,二而一的。”③不过,说民族创造了文化,这仅是从人在历史文化中的主体活动性方面来说的;至于众多个人的主体如何活动才能形成民族,还要靠文化来指导,文化创造了民族,是从精神观念在民族形成中的决定性来说的。因此,“民族之抟成,国家之创建,胥皆‘文化’演进中之一阶程也。故民族与国家者,皆人类文化之产物也。举世民族、国家之形形色色,皆代表其背后文化之形形色色,如影随形,莫能违者。人类苟负有某一种文化演进之使命,则必抟成一民族焉,夫而后其背后之文化,始得有所凭依而发扬光大。若其所负

① 钱穆:《中国历史研究法》,第108页,第109页。
② 钱穆:《历史地理与文化》,钱穆:《中国文化丛谈》(1),第29页、第32~33页。
③ 钱穆:《民族与文化》,第43页。

文化演进之使命既中辍，则国家可以消失，民族可以离散”。① “我们可以说文化是民族的生命，没有文化，就没有民族。”②他特别强调中国传统文化观中以文化来分别民族的特点和重要价值，说中国的民族文化历史正是中国古人“人文化成，以化成天下”这一“有体有用”的文化观的产物。③

可见，他说民族、历史、文化同一实质，实是从三者相互作用、互不可缺的关系来说的，并非是从三者的本末和体相关系说的。三者中，文化是本与体，历史与民族是末与相。当然，作为本体的文化是指精神和观念层面的文化。钱穆十分强调文化的终极精神性，虽然他把文化看成是物质和精神两个方面，却说：“文化本身是精神的，仅存在着一堆物质，到底不成为文化。”④文化是大群人生的一种“精神共业”。钱穆说，是观念创造了人类的一切，“当知人类一切进步，决定在其最先的观念上。观念不同，便出发点变了。出发点变了，便一切都变了。人类的一切创造，主要在其观念上，其他的进程很简单，自然会水到渠成”⑤。

而这一文化人生、即文化生命又不能是“个人”“各人之分别”“个己”“小我”“小”的，钱穆在解释历史、文化、民族时，用“我们（全部）”“大群”“人类集体”“（大）全体”“大我”“总体”“大”“共”等词对人生和生命作了一系列的规定。这些词所要表达的终极意义就是指民族。脱离民族、社会和历史的个人人生和生命不是文化的人生和生命，因此，是没有意义的，不能存在的。他说：“当知每一个人根本不可能独立完成为一个人的。我们是在某一个民族、某一个文化系统之下而完成其为一人的，我们是在某一社会、某一家庭之下完成其为一人的，我们又可以说是在某一段历史进程

① 钱穆：《国史大纲》（修订本）“引论”，第31~32页。

② 钱穆：《从中国历史来看中国民族性及中国文化》，台北：联经出版事业公司，1979年，第13页。

③ 钱穆：《民族与文化》，第48页。

④ 钱穆：《中国历史研究法》，第120页。

⑤ 钱穆：《民族与文化》，第51页。

中、在某一个时代的共同背景中而完成其为一人的。”①故他用民族来限定文化人生、即文化生命的意义，最主要的在于它强调和突出了特殊性在文化人生、即文化生命存在中的决定性作用和意义。“研究历史首先要注意的便是其特殊性。没有特殊性就不成为历史。如果世界上一切国家民族，都没有其相互间的个别特殊性，只是混同一色，那就只需要亦只可能有一部人类史便概括尽了。更不须也不能再有中国史美国史之分。”②“各个群体人生，都有它们的相同处，这是文化的共相。然而各个群体人生亦有它们的互异不同处，这是文化的别相。所谓各个群体人生之不同，也可说是一种民族性的不同。由于民族性之不同而产生了文化之别相。”③故他说，“文化乃一个民族生活的总体”，“我民族国家已往全部之活动，是为历史”。由此可见，在钱穆看来，撇开文化生命历史的民族性，单讲历史文化生命历史是空泛的、没有意义的，只有“民族”的文化生命历史才是实际存在和有意义的。他看到了文化生命历史的特殊性的根本意义。

综上所述，钱穆认为民族文化生命是历史的本体，在历史演进中起决定作用。所以说，钱穆的历史观不是一般的文化生命史观，而是一种民族文化生命史观。

二

那么，钱穆的民族文化生命史的本质，即本体又是什么呢？是“心性”。

历史学家的历史观从根本上说，是建立在其世界观的基础上的。钱穆的民族文化生命史观也是建立在其宇宙和自然大生命论的基础上的。他认为，从宇宙间天地万物到人生家国都是有生命的，“宇宙即不啻一生命，人类生命亦包涵在此宇宙大自然大生命中。物理神化，皆是宇宙大生命之

① 钱穆：《民族与文化》，第 41 页。

② 钱穆：《中国历史研究法》，第 2 页。

③ 钱穆：《中国文化之成长与发展》，钱穆：《中国文化丛谈》(1)，第 52 页。

所表现"①。从宇宙自然到历史人生之所以是一大生命体,在于它们是彼此依存的,"方其生,即依其他生命为养。及其熟,则还以养其他之生命。故生命乃一大共体,绝无不赖他生而能成其为生者。……则不仅一家一国一民族为群生,人之与禽兽草木同此天地同此会合而相聚,亦不啻相互为群生。此生命乃为一大总体"②。

"心性"则是其宇宙和自然大生命的主宰,即本体。从宇宙和自然大生命走向文化历史生命,心性之体贯穿其间,万古永存。

关于心,钱穆说,有生之物皆有心,人心源于自然,却又是一种文化心,但仍与天心相通,"而此共通之广大心,乃人类之文化心,则是后天生长的。此一个心世界,亦可称之为精神界。我们不可说此宇宙则只是物质的,更无精神存在。而此一精神界,则还是从宇宙自然界之一切物质中展演而来。故此人类文化大心,我们亦可说此乃心与天交心通于天之心。唯此由人类所创造出的精神界,即心世界,实则依然仍在宇宙自然界,物质界中,相互融为一体,而不能跳出此自然宇宙,而独立存在"③。心本一体,但若要像西方人作"智情意三分说"的话,则"意志应作最先一分看。人类有求生意志,此是天所命,而为人之性。心作用之最先表现在此"。"其次是情感,亦是与生俱来。此乃对生命过程之真实体认与真实享受。""人类由自然人进入文化人,比较上,欲日淡,情日深,此是人生一大进步。""理智应属最后起。应由情感来领导理智,由理智来辅成情感。即从知的认识言,情感所知,乃最直接而真实的。理智所知,既属间接,又在皮外。"④他又说:"心亦有其生长,亦可谓心亦有生命",人类所创造的新的物质世界,亦是一种心的生长;人类的心生命,乃寄存于外面之物质

---

① 钱穆:《晚学盲言》(上),第55页。

② 钱穆:《晚学盲言》(上),第427~428页。

③ 钱穆:《中国人之宇宙信仰及其人生修养》,钱穆:《中国文化丛谈》(2),台北:三民书局,1984年,第216页。

④ 钱穆:《双溪独语》,台北:学生书局,1981年,第171~172页。

世界而获得其生命之进展者，均在此宇宙界。凡寓人类所创造之新的物质世界中，则莫不有人类心的生命之存在。”①这即是说，人心创造了物质世界，物质世界之本是人心。

关于性，钱穆说，决定宇宙自然界和由大宇宙展演而来的心世界的成立、存在和变化之最高主宰和最高真理，中国人称之曰性。“中国人极重此性字，认为不仅生物有性，无生物亦有性。”万物原于天地，万物之间有一大共通，“此一大共通即是天，故曰天命之谓性”。“好生求生，此乃生命界共同之性。”“生命是一大共通，生命界之心与性，亦有一大共通。人类生命又是此生命大共通圈中一小共通。人性乃由天赋，故曰天性。人心最灵最能表现出此性，即是最能表现出此天。故曰人性善。”②由此说来，性是原于天、即自然的，但人性又超越了自然之求生、好生的本性。他说，中国人为要表示其生命与禽兽草木一切生命之不同，牵连着说性命，即用心生命两字来代替生命，这便包涵着极深的思想结晶和生命的意义与价值，即：“一、人性既是禀赋于天，因此在人性之中即具有天。二、天既赋此性与人，则在天之外又别有了人。……人之所谓代表天者即在人之性，而天之所以高出于人之上者，则在天之命。”③所以说，“性即是一个天人合一。排除了人，于何见性，亦于何见天。欲知生命真谛，先须知此小我之小生命。此一小我之小生命，乃自外面大自然大生命中来。但仍必回到外面大自然大生命中求持续、求发展、求完成。……而大自然大生命，亦待此小我小生命为之发皇滋长。天人内外，所当合一以求”④。

心与性，钱穆认为性是更自然化的，属于天，由性展演出心；心则倾重于人文化的，属于人，它们各有功用。“心固由性展演而来，但性只属天，而

---

① 钱穆：《中国人之宇宙信仰及其人生修养》，钱穆：《中国文化丛谈》(2)，第215~216页。

② 钱穆：《中国人之宇宙信仰及其人生修养》，钱穆：《中国文化丛谈》(2)，第219页。

③ 钱穆：《中国思想通俗讲话》，九龙：求精印务公司，1962年，第18~19页。

④ 钱穆：《双溪独语》，第4页。

心则属于人。由性展演，乃是自然天道。由心展演，乃有文化人道。即论科学艺术亦如此。……至于人类以心交心，创出一套真善美合一调整之理想人类文化，而天地变色，宇宙翻新，其事更值重视。"[1]但他说心与性，即人文与自然实是融通合一的，"中国人言性又言心。心由性来，性相通始见心，心相通始见性"[2]。人生文化理想，不能有外无内或有内无外，贵能内外合一，"换言之，即是心性合一，亦即是天人合一。亦即是心与物，人文与自然之合一。人类生活在自然界之中，不能离物以为生。但人类同时亦生活在人文界之中，此人文界，乃从人群相处，即由心与心之相交，从其心之融和合一而演出。故天与物，若在人与心之外部，实亦在人与心之内部"[3]。正是心和性的融通与合一，才使宇宙自然和历史人生能融通和合为大生命。他说："孟子曰：'尽心知性，尽性知天。'天由性见，性由心见，此心有明德，明明德于天下，此即由小生命扩大而为大生命。"[4]因此，心和性虽有别，但却不可分开看，心性实是一体的，一体的心性方是贯通宇宙自然和历史文化生命体的主宰和本体。

"心性"之体在文化历史演化中的"用"，便是心性决定论和动力论。具体说，心性对历史文化的这种"用"表现为：

首先，历史文化由心性发源和展演。钱穆说，心是广大悠久，超个体而外在的，"一切人文演进，皆由这个心发源"[5]。"人文界一切，皆从人性展演而来。"[6]"情感的背后便是性。唯由天赋，故称天性。情从性来，性从天来，一切人文都从自然来。"[7]"人生大道，人类文化，必从各个人之自性内

---

① 钱穆：《中国人之宇宙信仰及其人生修养》，钱穆：《中国文化丛谈》(2)，第221页。

② 钱穆：《晚学盲言》(下)，第648页。

③ 钱穆：《双溪独语》，台北：学生书局，1981年，第234页。

④ 钱穆：《晚学盲言》(上)，第194页。

⑤ 钱穆：《湖上闲思录》，第8页。

⑥ 钱穆：《双溪独语》，第27页。

⑦ 钱穆：《晚学盲言》(下)，第641页。

心人格动力为起步。”①又说：“万世太平之基，须在此一二人方寸之地之心上建筑起。……因此发扬至善之性，便可创立太平之运。”②孔孟立教，似乎把仁义礼智看成是人类的原始本心，“此等原始本心，乃得自天赋，由自然界来，却可由于演出人文界种种事为，而发荣滋长，迄于无穷”③。

其次，心性是历史文化演进的领导精神。钱穆说，长时期历史演进中一切事都像是偶然地、突然地、意外地产生的，然而实在有一种精神在指导，“所谓历史精神，就是指导这部历史不断向前的一种精神，也就是所谓领导精神”④。“历史文化之演进，其背后常有一抉择取舍之指针，此指针即人心。”“人心之长期指向，即是文化精神。”⑤中国历史文化的领导精神就是走向善的心性，“而这个心和性，是确实会向着善而前进的，因此历史也确实会向着善而前进，文化也确实向着善而前进……这套理论与信仰放到政治上、社会上、经济、教育一切上，来完成以后的历史，这就是我们所谓中国文化传统的一个领导精神了”⑥。

再次，心性是社会、历史和文化演化的推动力和机括。他说，讲宗教、政治、军事、经济是一个社会背后的推动力，这是把社会的推动力看成是外在的了，“中国传统文化则认为推动一切的力量在于我，在于我的心，各人是一我，各人可以推动他四围而成为一中心”⑦。又说，各民族文化体系不同，其文化力量之发现与其运使，有重外和重内、重上和重下、重大群和重个人之别；中国文化极注重人文精神，而人文精神的重心在人心，心转则时代亦随而转，“所以各人之正心诚意，成为治国平天下之基本。……因此历代文化之进退升沉，虽其最显著的迹象必归宿到政治经济军事之基层，但

① 钱穆：《双溪独语》，第 105 页。

② 钱穆：《中国思想通俗讲话》，第 72 页。

③ 钱穆：《双溪独语》，第 200 页。

④ 钱穆：《民族与文化》，第 71 页。

⑤ 钱穆：《历史与文化论丛》，台北：东大图书股份有限公司，1985 年，第 58 页。

⑥ 钱穆：《民族与文化》，第 87 页。

⑦ 钱穆：《中国文化丛谈》(1)，第 106 页。

求其渊源,最主要的还是在学术思想,信仰风俗,深著于人心内部之一面”。“中国人认为经济军事须由政治来领导,而政治则须由教育来领导,故道统高出于政统,而富强则不甚受重视。故在中国人说,文化之进退升沉,则只是道之进退升沉而已。今人所谓之文化,中国古人则只谓之道体。明白到此,则文化之进退升沉,其权其机括,乃在个人身上,个人心中,可以不言而喻。”①钱穆之所以写《中国思想史》,是因他认为“此(指文化观念——引者注)乃指导历史前进最后最主要的动力”②。

要说心性是钱穆历史文化生命之本体,固然不错,但仍未说到尽头。在钱穆看来,心性的人文意义在于其道德性的“仁”。仁是心性之本和终极归宿;说心性创造了历史文化,实即是仁创造了历史文化。钱穆说,仁乃孔子思想之本,儒道即是仁道;孟子对仁的阐释最精到:“一曰仁,人也。二曰仁,人心。三曰仁者爱人。仁为人心之同然,人心必皆仁,故仁即是人之特性之标帜。其心不有仁,即不得谓之人。心具此仁,则必爱人。”③宇宙造化之本体——心性,即是仁,“要之天地之道即是一个仁道,以其能生万物,又能生生不绝。既是仁,故又谓之心。人生天地间,故能具此仁心”④。仁虽是普存于天地万物之间的,但仁的作用主要则体现在历史文化生命的演进上,他说:“孔子当时有礼乐射御书数六艺。孔子曰:‘人而不仁如礼何,人而不仁如乐何。’则礼乐之本皆在人心之仁。周公修礼制乐,治平天下。顺一家之心斯家齐,顺一国之心斯国治,顺天下之人心斯天下平,其本亦在仁。”⑤“故朱子曰:仁是天地之生气,又曰:仁是天地生物之心。此心藏在人性中,则作用更大,人之可以赞天地之化育者正在此。”“人文生命,发展完成于心之仁。此心之仁,则广及古今中外

① 钱穆:《中华文化十二讲》,台北:东大图书股份有限公司,1985年,第64~65页。

② 钱穆:《国史新论》“自序”,台北:东大图书股份有限公司,1981年,第1页。

③ 钱穆:《双溪独语》,第32~33页。

④ 钱穆:《朱子新学案》(上),成都:巴蜀书社,1986年,第245页。

⑤ 钱穆:《晚学盲言》(下),第933页。

之全人类而不可死。若仁心死灭,则人道亦绝。回同于禽兽。亦将不获如禽兽。"①

由此可见,从最根本上说,钱穆的民族文化生命史观的本体论,是一种以道德性的仁为核心和本质特征的心性本体论。简言之,即是仁的心性本体论,亦可说是仁之本体论。

三

钱穆提出这一仁的心性本体论,并在这一基础上建立了其民族文化生命史观,是有其时代意义、文化意义和学术意义的。同时,亦有其很大的局限与不足。

钱穆生活在中国社会大变动和大转型的时代(他生于 1895 年,1990 年故去),其一生几乎经历和目睹了中国社会在本世纪的种种风云变幻。一个世纪以来中华民族面临的最根本问题就是:走什么样的民族救亡和复兴道路?钱穆要回答的正是这一最根本的问题。他提出的心性本体论的民族文化生命史观则是回答这一问题的理论立足点。

中国近代以来的知识界、文化思想界对中华民族救亡和文化复兴的回答是各种各样的,但总的说来其道路不外这么几种:一是完全拒斥西方文化,固守中国传统文化;二是以中国传统文化为本,吸收西方文化;三是以西方文化为本,又不放弃中国文化;四是全盘西化,彻底否定中国传统文化。后两种民族救亡和文化复兴道路,即西化道路,在本世纪的前五十年成为主流。而且这一文化价值取向此后也没有根本改变。这种救亡复兴的道路及其文化价值取向在本世纪初乃至三四十年代的中国,是有其存在的历史必然性和文化价值意义的,它肯定了各民族历史文化的普遍性和各民族历史文化生长发展中相互交流融和的必要性,为中国社会的变革和中华民族文化的创新做出了贡献。但这种救亡和复兴的道路和价值取向,有

① 钱穆:《双溪独语》,第 52 页、第 37 页。

着致命的缺陷和不足。它忽视了各民族文化的特殊性和不同文化的不可替代性,看不到各民族文化自身的生命力和长处及其在民族文化更新中的作用。它实在是西方文化中心论的翻版。这条道路在实际上是走不通的。百余年中国社会变革和民族文化复兴的历史实践和世界各民族国家在近现代变革的历史已经充分证明了这点。

钱穆却一反近代以来中国知识界、文化思想界的主流,提出中国民族文化的复兴要走“据旧开新”的道路。他说:“求变趋新,不该反历史。若把以往历史一刀切断,都是死灭,非新,亦非变。变与新仍须一根底,此根底即是历史,即是文化传统,即是民族之本身。只有从历史中求变,从文化传统中求新,从民族本身求新生命,仍在与古人通气之中救今人之再造。”①这是一种以中国传统文化为本,吸纳和融和以西方文化为主的外来文化的道路。而史学则被他视为民族文化的根本,要复兴民族文化,就要复兴史学。他说,史学是中国学术一大主流,“我们甚至可以说中国学术,主要均不出史学范围。……也可以说后来中国儒学传统,大体不出经学与史学两大部门。而就经学即史学言,便见儒学也即是史学了”②。又说:“欲治一民族一国家之文化,主要即在其历史,昧忽其历史实迹,则一切皆于虚谈。尤其中国史学,乃更易见我所谓中国学术之独特性所在。”③中国今天正处于积衰积病之中,如何起衰治病,应该有一套办法,“我们今天发挥史学,正该发挥出一套当前辅衰起病之方。识时务者为俊杰,史学可以教人识时务。史学复兴,则中国必然有一个由衰转兴之机运”④。中国要复兴的史学则是一种有中国民族文化精神和生命的史学。他说:“历史是一种把握我们生命的学问,是认识我们生命的学问。”“研究历史,就是研究此历史背后的民族精神和文化精神的。我们要把握这

---

① 钱穆:《中国文化与国运》,《中国文化丛谈》(1),第173页。

② 钱穆:《中国历史研究法》,第74页、第75页。

③ 钱穆:《中国学术通义》“序”,台北:台湾学生书局,1976年3月再版,第6页。

④ 钱穆:《史学导言》,钱穆:《中国史学发微》,台北:东大图书股份有限公司,1989年,第64页。

文化的生命，就得要在它的历史上去下工夫。”①他又说：“写国史者，必确切晓了其国家民族文化发展‘个性’之所在，而后能把握其特殊之‘环境’与‘事业’，而写出其特殊之‘精神’与‘面相’。然反言之，亦惟于其特殊之环境与事业中，乃可识其个性之特殊点。”“治国史之第一任务，在能于国家民族之内部自身，求得其独特精神之所在。”②由此可见，这种史学观显然是建立在其具有中国民族文化精神和特征的历史观——以仁为核心的心性本体论的民族文化生命史观的基础上的。换言之，是其心性本体论的民族文化生命史观决定了其史学观乃至文化观。因此，心性本体论的民族文化生命史观具有批判走西方模式现代化道路的意义；它看到了一个民族历史文化特殊性的意义和其自身的生命力在一个民族文化存在和更新中的作用和不可替代性。这在今天看来，确有其重要历史意义和历史文化上的理论价值。

不仅如此，钱穆的心性本体论的民族文化生命史观还有重要的学术意义。在近现代文化思潮的大背景下，中国近代以来的史学同样带有“西化”的色彩。它们或者根本反对探讨历史观和历史本体问题，如各种实证性的史学。它们将史学看成是可以完全排除人的主观意志和情感的纯科学化的学科，认为史学的客体——逝去的历史是绝对独立和外在于史学主体的。那些承认历史观及其本体存在在历史学中的地位和意义的史学派别，则大多基本肯定和接受西方的历史唯物论或历史唯心论思想，并以西方历史哲学的思维方式对中国传统历史观及其本体思想进行评判。它们未能对如何将西方历史本体思想和科学的历史观与中国传统史学的有关思想加以融合，以创造出有中国民族文化特色的史学理论真正作冷静、深入的理性思考。这两者的一个共同点是：在对中国传统史学有关历史观及其本体思想的态度和做法上是，“批”和“破”重于“承”和“立”。这在当时的历史条件下是有其输入和吸收外来优秀文化之功的，对中国史学和历史理论

① 钱穆：《中国历史精神》，第5页、第6页。
② 钱穆：《国史大纲》“引论”，第11页。

如何适应社会变革,由传统走向现代是有理论贡献的。

但中国史学由传统到现代的变革之路,是无法抛离传统史学的。中国传统哲学的心物一原论、心性本体论和天人合一的大生命观,和中国史学的历史观及其历史本体论是融通为一的。中国传统史学的一个特点是:经史一体,六经皆史;经以论道,史以载道。钱穆充分认识到这一点,其以心性为本体的民族文化生命史观对此作了全面的继承和发展。一方面,他反对心物两分的本体论,说:“西方有唯心论与唯物论之别。而中国则谓心物同体,心物一原。凡物各有其德其性,即其心。宇宙同体,则互显己德以为他用。非毁他德以供己用。”①如上所述,他认为,历史就是生命,是民族文化之生命。心性,即文化精神是历史的本体和主宰,历史只是心性之展演及其表现与成果。但“体相不二”,无历史,亦无民族文化精神。两者是一而二,二而一的关系。这种思想看到了在历史演进过程中,主观内在的心与客观外在的物只有合一,外在的物——客体对内在的心——主体才有意义和存在的价值。他主要是想强调心性在历史进程的决定性地位和作用,并要解决心物的两分和对立。同时,他反对把历史看成是历史研究主体的“心”的演绎,如他说:“当然像马克斯讲历史,他也是主张有一种指导力量的,只是此项力量是惟物的。赫格尔讲历史,则是惟心的。他们都先立定下一种哲学理论,再拿历史来证明。我们现在所讲,则要根据历史本身来寻求有没有这一种指导这全部历史进程向前的精神。”②他对马克思唯物史观的认识固然是错误的,但他的话却说明,他是在历史进程本身去寻找历史的本体。他还说人文从心性来,而心性从自然来,人文只是自然的产物,历史人物是自然与历史环境的产物。他说:“故地不同,人不同,因此历史演变亦不同。”孔子、释迦牟尼和耶稣之所以分别出生在中国、印度和耶路撒冷,是因“此有地理和历史的双重限制在内”。③ 另一方面,其民族文化

① 钱穆:《晚学盲言》(上),第153~154页。

② 钱穆:《民族与文化》,第71页。

③ 钱穆:《中国历史研究法》,第94页。

生命史观及其心性本体论又决定了他的史学观。他认为，史学是生命之学，史家在接触和研究已往的历史时，不仅要有史家的主体意识来体验与通达古今，还要有史家的是非褒贬和爱憎情感融入其间。史学主体也必须对历史客体有“心”的投入，才能体验和认识历史。这即是说，史学主体须要和历史主体的心相融通，史学主体的生命要融入历史的大生命之中去，历史大生命才能被我们认识和把握。不然，历史便无法被我们认识，史学也成了死学问，于我们的大生命毫无意义。这既把史学主体的小生命和历史文化的大生命融为一体，又指出了史学存在的前提——为民族文化的生长演进服务。史学不再是一堆“断烂朝报”，也不是任人随便摆弄的“大钱”，亦不是少数政治集团的“玩偶”和政治“婢女”。钱穆的这些思想在近现代史学理论中是独树一帜的，为中国近现代史学有关这一理论探索提供了重要的参考和启示。

钱穆的心性本体论的民族文化生命史观，亦有着很大的局限和不足。首先，他的这一理论体现出其强烈的民族文化本位主义和历史文化思想保守性的一面。他虽然说西方历史文化和中国历史文化是两大体系，各有所长，但他常常贬低西方历史文化，对中国历史文化褒扬赞誉有加。他喜欢对中西历史文化作比较，但由于种种原因，他对西方历史文化并无亲身的感受体验和深入研究，却情绪化地认为中国历史文化从根本上比西方历史文化好，中国历史文化的路向就是西方乃至世界文化的路向。这类言论充斥他的著作之中，此不赘引。这种中国文化优越论和至上论是不可取的。其次，由于他的上述思想和为学中过分强化人的主体意志和情感，使他在探讨历史观及其历史本体论的问题时，只重在继承和发扬传统历史学中这方面的积极与合理的东西，很少考虑吸收西方的东西。同时，他对西方历史观及其本体思想的认识及批判常作一种主观臆断的说法。这便使其思想表现出极大的片面性。这实际也是他整个思想的一个特征。再者，他的心性本体论的民族文化生命史观亦有其内在的矛盾和没有解决的问题。他既说人文原于自然，承认自然和历史环境对人的制约作用；又说心性、精神文化和观念之类的东西是历史文化的本源、推动力和决定力量等。他虽对心物一体、人文和自然合一作了大量阐述，但他基本是从“心”这一主体方面来统摄物，以图说明两者的统一和合，他也没有探讨在历史演进过程中主体实践活动与“心”和“物”的明确关系。因此，他并未根本解决两者存在的对立。

（原载《史学理论研究》，2000年第4期）

新儒学视野下中国传统史学的阐释与建构

——柳诒徵的中国传统史学观述评

徐国利

一、序言

柳诒徵(1880—1956)是中国现代史学大师。有学者称:“解放前,我国北方最有声誉的历史学家是陈垣先生和陈寅恪先生,号称‘二陈’。南方最有声誉的历史学家是柳诒征先生,有‘南柳北陈’之称。”①近代以来的中国传统文化遭受西方文化的强力冲击,“盖晚清以来,积腐襮着,综他人所诟病,与吾国人自省其阙失,几若无文化可言”;但是,柳诒徵反对这种文化虚无主义,指出“欲知中国历史之真相及其文化之得失,首宜虚心探索,勿遽为之判断”②。要做到这一点,就要树立正确的史学观,因为,史学是认识历史和文化的工具。他认为,以儒家思想为指导的中国传统史学是有生命力的,只有建立以之为本位的中国现代新史学,才能为国人提供认识中国历史文化真相的工具。为此,他从现代新儒学视野出发,结合中国历史文化

① 卞孝萱:《柳诒征评传序》,载自孙永如《柳诒征评传》,南昌:百花洲文艺出版社,1993年。这种赞誉也得到现代史学大师钱穆的认同。台湾学者罗时实在《柳翼谋先生及其〈学衡〉诸友》一文中说:“前些时我和钱宾四(穆)先生谈到战前中国几位史学家,我提出陈寅恪、陈援庵和柳翼谋三先生。钱先生肯定地说,柳先生的学问可说是充实而有光辉。”(转见乔衍管:《柳翼谋先生文录编后记》,柳曾符、柳佳编:《劬堂学记》,上海:上海书店出版社,2002年,第309页。)按,柳诒徵的“徵”,多数用繁体。也有一些著述和学者用简化字“征”,本文中引用这些学者著述的引文或著述题名时用“柳诒征”,其他处则用繁体。

② 柳诒徵:《中国文化史》“绪论”,上海:东方出版中心,1988年,第1页。

的特征和精神，对比西方历史文化，对中国传统史学及其精神做了新的阐释和建构，成就卓著。学术界对柳氏史学思想研究取得了诸多成果，但多是从史学思想着眼，从现代新儒学和传统史学角度所做的探讨不够。[①] 故，本文拟从该角度，从史学本体论、方法论和价值论的层面，对柳诒徵现代新儒学视野下的中国传统史学观择要加以述评。

二、在史学本体论层面

在史学本体论层面，柳诒徵充分肯定中国传统史学的价值，着力弘扬其儒家精神。他以“礼”为核心探讨中国传统史学的起源和本质，阐明了其鲜明的政治性特征；他以进化和退化相兼的历史演化观考察中国历史，认为政教和道德文明未必进化；他对儒家民本史观加以发展，突出了人民的历史地位和重要作用。

第一，“言史一本之礼”的根本主张。

柳诒徵从中国史学的起源及与史官制度的关系，指出中国史学起源时便记载政事以赞治，而礼是施政的根本和工具，故，史之载事要本于礼。

中国史学产生伊始即重治世，“经籍论文字历数之用，旨重在施政教民”[②]。确立史官制度记事赞治，使中国史学富有浓厚的政治性。柳诒徵说：“民之所仰，职有所专，由是官必有史。而吾国之有史官乃特殊于他族。

---

① 张文建《传统史学的反思——柳诒征和〈国史要义〉》（《学术月刊》，1988 年第 4 期）初步探讨了柳诒徵《国史要义》反思中国传统史学的思想。王家范《柳诒征〈国史要义〉探津》（《史林》，2006 年第 6 期）从人本主义立场发掘此书文化观和史学思想。向燕南《关于柳诒征的〈国史要义〉》（《史学史研究》，2011 年第 4 期）分析了此书的史学思想和特征。郑先兴《论柳诒徵的史学思想》（《南阳师范学院学报》，2012 年第 4 期）梳理和分析了柳诒徵的史学思想。田亮《柳诒征的民族主义史学思想》（《史学史研究》，2004 年第 2 期）从民族主义角度探讨了柳诒徵的史学思想。孙永如《柳诒征评传》、张文建《学衡派的史学研究》（《史学史研究》，1994 年第 2 期）论及柳诒徵的史学思想。但是，上述研究均未从传统史学与文化的角度来加以考察和分析。

② 柳诒徵：《国史要义·史原》，上海：华东师范大学出版社，2000 年，第 1 页。

……《周官》释史曰：'史掌官书以赞治。'此为吾史专有之义。由赞治而有官书，由官书而有国史。视他国之史起于诗人，学者得之传闻，述其轶事者不同。世谓吾民族富于政治性，观吾史之特详政治及史之起原，可以知其故矣。"①有学者说，柳诒徵探究了中国史学重政治的根源在于上古史官制度，"而明确将上古史官制度的政治性与中国史学的政治性挂钩，用上古史官制度的政治性来解释中国史学何以有政治性，则是他的一大发明。这一发明，为阐明中国史学的政治特点提供了言之有理的理论依据，并且奠定了他的以史官制度为中心的史学理论的基础"②。

柳诒徵从中国史学的这一特性出发，提出了"言史一本之礼"的观点。他说，《周官》称五史皆属春官宗伯，而春官为典礼之官，"礼由史掌"必然导致"史出于礼"，"总五史之职，详析其性质，盖有八类。……归纳于一则曰礼"③。即，"执礼"是史官的根本职责。而"礼"的内容是不断丰富的，"最古之礼，专重祭祀，历世演进，则兼括凡百事为"④。通过考察中国古代政制与史官制度的关系，便可看出中国史学本源于"礼"，礼成为史法和史例的依据所在。他说："古制既明，史原乃有可考。史官掌全国乃至累世相传之政书，故后世之史，皆述一代全国之政事。而尤有一中心主干，为史法、史例所出，即礼是也。"⑤"故礼者，吾国数千年全史之核心也。"⑥

那么，礼是什么呢？柳诒徵认为包括两方面内容。一、礼即"理"。他说，"为国以礼，为史以礼。礼者理也"⑦。理即伦理，为礼之本，"故伦理者、礼之本也，仪节者、礼之文也。观秩叙之发明，而古史能述此要义"⑧。

---

① 柳诒徵：《国史要义·史原》，第2页。
② 孙永如：《柳诒征评传》，第167页。
③ 柳诒徵：《国史要义·史原》，第6页。
④ 柳诒徵：《国史要义·史原》，第8页。
⑤ 柳诒徵：《国史要义·史原》，第9页。
⑥ 柳诒徵：《国史要义·史原》，第12页。
⑦ 柳诒徵：《国史要义·史化》，第341页。
⑧ 柳诒徵：《国史要义·史原》，第15页。

二、礼即“名分”。他说,《春秋》以道名分,“名分者何?礼也。礼者,史之所掌。天子、诸侯、卿大夫、士之于君臣、父子、夫妇、兄弟及国际友朋之礼,胥有典法,示人遵守。故《春秋》依其名分,辨其是非,以求治人之道”①。总之,礼,即伦理、即名分,两者本质上是一致的;儒家的礼,即是以“正名分”为中心和内容的纲常伦理。以礼为核心的史观,即是以伦理为核心的史观。

柳诒徵还将中西方历史和史学加以比较,阐明了中国史学言史本于礼的人本主义精神。他说,西方的史观可以随时代变化而变化,而中国以礼为核心的史观历久不变,“以故他族史籍,注重英雄宗教物质社会,第依时代演变,而各有其史观,不必有遁遁相承之中心思想。而吾国以礼为核心之史,则凡英雄宗教物质社会依时代之演变者,一切皆有以御之,而归之于人之理性,非苟然为史已也”②。正是由于以礼义名教而非功利治国,使得中华民族能绵延数千年,所以,要研究中国历史,就必须认识中国史学本于礼的特质。他说:“由此可知名者人治之大。古人运之于礼,礼失而赖史以助其治。而名教之用,以之为约束联系人群之柄者,亘数千年而未替。以他族之政术本不基于礼义名教,而惟崇功利之史籍较之,宜其凿枘而不相入矣。夫人群至涣也,各民族之先哲,固皆有其约束联系其群之枢纽。或以武功,或以宗教,或以法律,或以物资,亦皆擅有其功效。吾民族之兴,非无武功,非无宗教,非无法律,亦非匮于物资,顾独不偏重于他民族史迹所趋,而兢兢然持空名以致力于人伦日用。吾人治史,得不极其源流而熟衡其利弊得失之所在乎!”③

“言史一本于礼”是柳诒徵传统史学观的核心,是他立足中国史学和历史文化发展所得出的精辟和独到之论,而非以西方史学模式套解中国史学之见。儒学大师熊十力称赞此书“博而能约,密而不碎,真不朽之作也。公

---

① 柳诒徵:《国史要义·史原》,第18页。

② 柳诒徵:《国史要义·史原》,第13页。

③ 柳诒徵:《国史要义·史原》,第25页。

精于礼，言史一本之礼，是独到处”①。

第二，进化与退化相兼的历史演化观。

柳诒徵对近代进化史观的认识比较复杂。他承认历史存在进化，“进化”一词在其史著中频频出现；不过，他又认为历史的进化与退化往往交替并存；物质经济可以无穷进化，而道德精神未必会进化，甚至会退化。关于中国历史的演化，他认为中国的政教规模和文明在周代已达到高峰，体现了崇尚上古三代的复古色彩。

首先，历史既有进化，亦有退化，历史发展规律往往是盛衰相替。他说：“近人治史，多本进化论，盖缘西哲就生物之演变测人群之进步，而得此基本观念。治吾史者，准此以求，亦可以益人神智。然梁启超论研究文化史之问题，对历史现象是否进化，即生疑问。刘咸炘论美人彻尼所举史律，谓道德常进亦常退，若以大概言之，宁谓智进而德退。章炳麟著《俱分进化论》，谓善恶相缘并进，其说尤懿。故吾人治中国史，仍宜就中国圣哲推求人群之原理，以求史事之公律。”又说：“否泰治乱，消长往复，其迹象有纵横，其范围有大小，而赅括史事，驯至近今，此义尚未能破。盖人类心灵，同此消长，不能有消而无长，亦不能有长而无消。论进化者，但就长之一面言之耳。（一治一乱，并非循环，惟适应消息之公律耳）。”②他认为，历史有进化，亦有退化，“盖历史现象，变化繁赜，有退化者，有进化者，有蝉嫣不绝者，有中断或突兴者，固不可以一概而论也”③。中国历史便是盛衰相替，渐进渐退。中国政教在秦汉时达到高峰，此后某些方面虽有进化，但不出秦汉以前的范围。他说：“自太古至秦、汉，为吾国人创造文化及继续发达之时期。自汉以降，则为吾国文化中衰之时期。虽政治教育，仍多沿古代之法而继续演进，且社会事物，亦时有创造发明，足以证人民之进化者。然自全体现之，则政教大纲，不能出古代之范围，种族衰弱，时呈扰乱纷割之状。

---

① 《熊十力函》，柳诒徵：《国史要义》，第 1 页。

② 柳诒徵：《国史要义·史识》，第 193～194 页、第 194 页。

③ 柳诒徵：《中国文化史》（上卷），第 391～392 页。

虽吾民亦能以固有之文化，使异族同化于吾，要其发荣滋长之精神，较之太古及三代、秦、汉，相去远矣。"①这种中国历史演化观体现了浓厚的尚古色彩。

其次，中西历史进化的途径和特点不同。《国史要义》最后概括中国历史的进化及其特征时说："任何国族之心习，皆其历史所陶铸，惟所因于天地人物者有殊，故演进各循其轨辙。吾之立国，以农业，以家族，以士大夫之文化，以大一统之国家，与他族以牧猎，以海商，以武士，以教宗，以都市演为各国并立者孔殊。而其探本以为化，亦各有其独至。骤观之，若因循而不进，若陈腐而无当，又若广漠而不得要领；深察之，则其进境实多。（如疆域之推广，种族之溶化，物产之精制，文艺之深造等。）而其本原不二。近世承之宋明，宋明承之汉唐，汉唐承之周秦。……吾之人本主义，即王氏（按，指王国维）所谓合全国为一道德之团体者。过去之化若斯，未来之望无既。"②可见，中西历史进化走着不同道路，中国历史进化有自己的特征，体现了以道德进化为中心的人本主义精神。他说："近世研究社会学者，谓社会之进化，当由宗法而进于军国。吾国数千年皆在宗法社会中，故进步迟滞。不知吾国进化，实由古昔圣哲提倡孝道。孝之为义，初不限于经营家族。"③

再者，物质经济是不断进化的，人心世风等则可亘古不变。他说，近代中国自五口通商后，海陆商埠逐年增辟，而交通之进步和机械之勃兴使中国经济与世界各国息息相通，"昔之荒陬僻壤，可变为最重要之都市，昔之家给人足者，多变为不平均之发展。语物力之开发，则为远轶于前；论财政之困难，又觉迥殊于古。而国民之思想道德，根于经济之变迁而变迁者，尤为治史者所当深究矣"④。然而，道德和世风人心却可以永久不变。他说：

---

① 柳诒徵：《中国文化史》（上卷），第 345 页。

② 柳诒徵：《国史要义 · 史化》，第 371～372 页。

③ 柳诒徵：《中国文化史》（上卷），第 81～82 页。

④ 柳诒徵：《中国文化史》（下卷），第 845 页。

“国体既更，世风不变，有议削除秦汉至明之史事不必读者，有斥诸史为帝王家谱无当于民物社会者。是亦持之有故，所惜未窥其通。……然人心之同，古今一也。专制时代之能统制全国，未必易于方今。其分合久促之机，可供今之参证者伙矣。”①又说：“有古有是事而今人袭之而不自觉者，亦有古已垂为大戒，今人明知而故蹈之，且讳其失而饰之者。盖物质演进而人情大抵相同，读史者能察其同异而通其邮，始为真善读书。”②又说：“不知一切的物质，是时刻变化进步的，惟有人类，依然还是古来的耳目心思，并未变化，也不见得有何等进步。不过倚赖物质的进化，将人事的形式扩大了或是加紧了。至于内容，依然是没有改变。”③

综上所述，柳诒徵的历史演化观有着矛盾性，不仅对历史是进化还是退化没有明确看法，而且对历史演化的原因缺乏统一认识。他既说“国民之思想道德根于经济变迁而变迁”（这是唯物的历史进化观），又说“物质演进而人情大抵相同”，这又否认了物质进化是道德情感的根源。柳氏力求揭示中国历史演化的特征，反对以西方历史进化作比附是合理的；然而，他因此美化中国三代所谓以德治世的尚德史观，这种中国历史演化论无疑又是片面的。

第三，“生民之本”为史之要义。

柳诒徵继承和发展了儒家民本思想，称“生民之本”为中国史学之要义。他对圣贤史观做出新阐释，强调人民的历史地位和作用；认为中国古代、尤其是三代已经有了民权和民治。

柳诒徵称，孔孟提出史之三要素为事、文、义，“明史学所重者在义也。

---

①　柳诒徵：《史学概论》，柳曾符、柳定生选编：《柳诒徵史学论文集》，上海：上海古籍出版社，1991年，第105页。

②　柳诒徵：《与青年论读史》，柳曾符、柳定生选编：《柳诒徵史学论文集》，第559页。

③　柳诒徵：《讲国学宜先讲史学》，柳曾符、柳定生选编：《柳诒徵史学论文集》，第495页。

徒骛事迹,或精究文辞,皆未得治史之究竟”①。仁义是判断史事的根本标准,“人道以仁义而立……以判天下事,即以此判断史事”②。他说,“孔子之重正名、《春秋》之道名分,皆此义也”,不仅如此,“春秋贤者之治史,皆注重史义”。③ 而史之要义,即“生民之本”,“《诗》《书》礼乐先王法志皆历史也。当时之讲历史,重在能知德义之府,生民之本,不徒以诵述其事、研阅其文为尚也,故孔子治《春秋》,窃取其义,亦以示生民之本,使人不忘百姓耳。不知生民之本,德义之府,治史果何为乎?”④君臣关系的根本亦在以民为主,“学者读中国史籍,必先明吾国古代君臣之义,而后于秦汉以降君主制度演变之得失,始有一正确之权衡。其主要之语曰:天生民而立之君,使司牧之。故曰:民为贵。得乎丘民而为天子。其他以民为主之精言,不可缕举”⑤。

柳诒徵对民本史观作了发展,强调了民众的历史地位和作用。他说,黄帝时诸圣勃兴,宫室、衣裳、舟车、弓矢、文书、图画、律历、算术并作,“然黄帝时之制作,或恃前人之经验,或赖多士之分工,万物并兴,实非一手一足之烈。故知社会之开明,必基于民族之自力,非可徒责望于少数智能之士。而研究历史,尤当涤除旧念,着眼于人民之进化。勿认开物成务,为一人一家之绩也”⑥。这是对“圣人创化论”和“圣人创制说”的现代性解释,指出历史上许多发明和制度创设要建基于民力,故历史研究应以民众进化为出发点。他称大禹治水实合人民之力,“虽其勤苦异于常人,而以大多数之人民之功,悉归于禹,则未知事实之真相耳”⑦。万里长城的修筑经营百

① 柳诒徵:《国史要义·史义》,第199页。

② 柳诒徵:《国史要义·史义》,第200页。

③ 柳诒徵:《国史要义·史义》,第201页、第201页。

④ 柳诒徵:《国史要义·史义》,第201~202页。

⑤ 柳诒徵:《国史要义·史义》,第225页。

⑥ 柳诒徵:《中国文化史》(上卷),第14页。

⑦ 柳诒徵:《中国文化史》(上卷),第59页。

数十年之久,“而吾民能为国家任此重役,成此宏功,亦世界所仅见矣”①。两汉开拓亦有人民之功,“故吾谓汉代人民,最能尽国民之义务。汉之国威膨胀,因亦迥绝古今,不可第归美于一二帝王将相也”②。中国文化发展,“固由少数圣哲所创垂,要亦经多数人民所选择”③。总之,中国文化的发展成就,既有帝王将相之功,更有人民之功。其史著常提及“人民之进化”及其历史功绩。晚年,他立志写中国奴隶史和人民生活史等,所存遗书“《人民生活史》《奴隶史资料》《清实录类钞》等数十巨册”④。

柳诒徵对民本史观的新解释还表现在称上古和三代已有民治和民权。他说,唐虞政教,“其尤重要者,则敬天爱民之义为后世立国根本。虽有专制之君、暴虐之主,刚愎自用之大臣,间亦违反此信条,而自恣其意,然大多数之人诵习典谟,认为立国惟一要义,反复引申,以制暴君污吏之毒焰。于是柄政者,贤固益以自勉,不肖亦有所惩。即异族入主中国,亦不能不本斯义,以临吾民。故制度可变,方法可变,而此立国之根本不可变。……此尤治史者所当深考者也”⑤。他称颂三代的民权和民治,说夏商之时,“人民得尽言于天子之前。天子有疑,且谋及于庶人。初非徒尊皇极而夺民权也。以今日投票权例之,当时国事分为五权:天子一人一权,卿士若干人一权,庶民若干人一权,龟一权,筮一权。五权之中,三可二否,皆可行事。庶民之权,等于天子。……此尤民主国家之法也”⑥。西周“共和”是贵族执政,“周时虽无民主,而有民权。人民之钤制帝王,隐然具有一种伟大的势力,盖周代相传之训,以为天降下民,而后为之作君作师。故为君者,恒以畏天保民为主。……礼之若匹敌,亲之若朋友,是实君主对于人民最要之

---

① 柳诒徵:《中国文化史》(上卷),第 331 页。

② 柳诒徵:《中国文化史》(上卷),第 305 页。

③ 柳诒徵:《国史要义·史化》,第 371~372 页。

④ 谢稚柳:《柳翼谋先生霞墅检书图记》,镇江市文史资料研究委员会编:《柳翼谋先生纪念文集》,第 169 页。

⑤ 柳诒徵:《中国文化史》(上卷),第 69~70 页。

⑥ 柳诒徵:《中国文化史》(上卷),第 87~88 页

义。故周之立国,虽重礼而上文;等威之辨,严若天泽。而百工士庶,咸可尽言于王朝"①。故此说,"吾国先哲立国要义,以民为主,其立等威,辨上下,亦以为民,而非为帝王一人或少数武人、贵族纵欲肆虐而设。故虽未有民主立宪之制度,而实有民治之精神"②。秦汉以后也不乏民治。如,秦汉时,"人民言论甚自由,而地方之事,多由人民自主,民治且盛于官治也。呜呼!秦以专制,为世诟病,而其时人民转有自治之权"③。又如明代,"明初甚重耆民,其粮长至京者,得朝见。其老人得听断乡间狱讼,其儒者莅官,亦有以乡约辅官治者。盖虽官治极盛之时,亦时时思以民治为基本,第未能一切决于民治,而使之荡然平等耳"。④ 他说,中国无民治始于清代,顺治时颁卧碑禁士人结社立盟以劫制官吏,"而后官权日尊,惟所欲为,为士者一言建白,即以违制论,无知小民,更不敢自陈其利病矣。故吾国无民治,自清始;清之挫民治,自士始"⑤。

柳诒徵视民本为中国史学要义所在,并对中国古代民权和民治予以新解释,与历史事实并不尽相符,有理想化和现代化的色彩,但是,不失其理论价值,亦非完全有悖史实。在中国历史上,一些时代的宗族和士人在地方社会治理中发挥着重要作用,体现出一定的民治性,亦为今天的学者所肯定。再者,民本思想固然没有在中国历史上完全付诸实施,但被一些清明统治者所推崇和部分实施,一些封建盛世的出现和中国历史悠久不绝,是与此密切相关的。

三、在史学方法论层面

在史学方法论层面,柳诒徵认为传统史学强调治史必本于德,强调注

① 柳诒徵:《中国文化史》(上卷),第 201 页。
② 柳诒徵:《中国文化史》(上卷),第 203 页。
③ 柳诒徵:《中国文化史》(上卷),第 294 页。
④ 柳诒徵:《中国文化史》(下卷),第 643~644 页。
⑤ 柳诒徵:《中国文化史》(下卷),第 673 页。

重史事联系的表述方式，视道德合法性为国史书写的准则。柳诒徵对传统史学治史原则和方法的阐述包含着儒家以德为本的思想，体现出鲜明的儒学精神。

第一，“治史之必本于德”。

柳诒徵对传统的史德论的内涵做了独到阐释，认为史德表现在史尚忠实和存疑、强调实录的笔法和精神、历史记载要全面反映社会生活等方面。传统史学重史德是中国文化以德为本在治史上的反映和体现。

他比较了刘知幾与章学诚的史德论，批评刘知幾“多讥往哲，喜述前非”，肯定章学诚从“敬恕”的角度将史德定义为“著书者之心术”①。他认同梁启超治史应心术端正的观点，但称其并未穷尽史德之义，“我认为史家第一件道德，莫过于忠实”，因此，史家应摒除夸大、附会和武断诸病，“史家道德应如鉴空衡平”。② 据此，他对三位史家的史德论做了评判，章氏论德仅强调“临文必敬”，未能言及“修德”的重要性，易使学者误认为平时不必修德；而刘、梁仅“就史言德”，没有彰显“修德”的普适性。他认为，“治史”与“修德”是相互促进的，“则学者之先务，不当专求执德以驭史，而惟宜治史以畜德矣”；而且，这是中国史学的传统，“言德不专为治史，而治史之必本于德，则自古已然”。③

讲史德的首要表现是史尚忠实。他说：“至于史尚忠实，尤必推原古史。饰伪萌生，伊古已然。积其经验，则政教必重信，信者忠实之征也。……故治吾国史书，必先知吾自古史官之重信而不敢为非，而后世史家之重视心术，实其源远流长之验也。”④其次，体现为实录和存疑的精神。他说：“自史迁以降，史家所重，尤在实录。”⑤然而，史实会有可疑之处，要真正做到“实录”，还须秉承《春秋》“信以传信，疑以传疑”的态度，“而史家秉

① 柳诒徵：《国史要义·史德》，第 125 页。

② 柳诒徵：《国史要义·史德》，第 126 页。

③ 柳诒徵：《国史要义·史德》，第 126 页、第 131 页。

④ 柳诒徵：《国史要义·史德》，第 132 页。

⑤ 柳诒徵：《国史要义·史德》，第 134 页。

笔，又必慎重考订。存信阙疑，乃得勒成一代之史”①。再者，讲求史德还体现在集史家群力修史，使历史记载囊括历史的方方面面，他说：“史之信也，基于群德，百为之征。匪第关于君主之记注。故吾先民之为史，必大集全体之所为书。三皇五帝之书，与四方之志并重。人民财用九谷六畜数要利害，地域广轮之数，山林川泽之阻，咸有专官，详为记录。”②所以说，中国史籍自古相承，“昭信核实，以示群德……则知吾国史德，正由后先补益，而益进于忠实。治史者正不可以偏概全也”③。

中国传统史学重视史德是与中国传统文化主张以德为本的理念和传统社会以德治世的原则密切相关的。他说，伦理道德是中国古代立国之本，“然人类皆具兽性，吾族先民，知兽性之不可以立国，则自勉于正义人道，以为殊族之倡，此其所以为大国民也”④。中国传统史学因此有了“以道德观念为主”的精神，“治历史者各有其主观，吾国之群经诸史，皆以道德观念为主。……实则《易》《书》《诗》《礼》亦无非以正伦纪明礼义，后世史书高下得失虽不齐，其根本亦不外是”⑤。儒学真义即在于重视人格修养，“孔子所学，首重者曰成己，曰成人，曰克己，曰修身，曰尽己”。“自孔子立此标准，于是人生正义之价值，乃超越于经济势力之上。服其教者，力争人格，则不为经济势力所屈，此孔子之学之最有功于人类者也。今世之弊，皆坐此耳。……儒教真义，惟此而已。”⑥

柳诒徵主张“治史之必本于德”，将史德放在史家四长的首位，突出了史德在治史中的中心地位。他对传统史德论内涵所作的概括和阐述极大丰富了史德论。他认为治史要以德为本，是中国儒家以德治世思想的体

---

① 柳诒徵：《国史要义・史德》，第142页。

② 柳诒徵：《国史要义・史德》，第136页。

③ 柳诒徵：《国史要义・史德》，第148页。

④ 柳诒徵：《中国文化史》(上卷)，第35页。

⑤ 柳诒徵：《史学概论》，柳曾符、柳定生选编：《柳诒徵史学论文集》，第100~101页。

⑥ 柳诒徵：《中国文化史》(上卷)，第234页、第234~235页。

现，这就将史德论上升到中国文化的高度来加以认识。这些思想无疑是对中国传统治史原则和史德论的重要发展。

第二，注重史事联系的史学载述。

柳诒徵认为中国古代史官制度记事皆有联的制度和特点，决定了中国传统史书体裁、尤其是纪传体（柳氏亦称之为纪传表志体）注重和善于载述史事间的联系，使之全面反映社会历史生活的风貌。

柳诒徵认为中国史书编纂之所以注重载述各种史事及其相互间的联系，源于上古史官制度载事方法和制度化的要求。他说，“《周官》：小宰以官府之六联合邦治。……凡小事皆有联”；《周官》联六事之事，不特六职，“惟联而后骨理相凑，脉络相通，而合天下为一家之气象可见矣。……故在《周官》之书，有分有联，已具史法，交互错综，各视其性质之特重者分之，又视其平衡或主从者著之”。① 这种制度规定的“联事”方法被纪传表志体史书综合发展了，“且官之有联，仅同时间之行事也。史之所纪，则若干时间，若干地域，若干人物，皆有联带关系，非具有区分联贯之妙用，不足以胪举全国之多方面，而又各显其特质。故纪传表志之体之纵横经纬者，乃吾大国积年各方发展各方联贯之特征，非大其心以包举万流，又细其心以厘析特质，不能为史，即亦不能读史”②。质言之，“史之有联出于官之有联”③。可见，中国史学早已认识到历史发展的普遍联系性，故载述时特别注重反映史事间的联系。他又说，中国古代史职所统的广博又决定了史书记载内容浩博、规模宏大，这是西方史学难以媲美的，“故周之史官，为最高之档案库，为实施之礼制馆，为美备之图书府。冢宰之僚属不之逮也。由是论之，后世史籍所以广志礼乐、兵刑、职官、选举、食货、艺文、河渠、地理，以及诸侯世家、列国载记、四裔藩封，非好为浩博无涯矣。自古史职所统，不备不足以明吾史之体系。……他族之国，无此规模，文人学者，自为诗文，或述

① 柳诒徵：《国史要义·史联》，第101~102页、第102页。

② 柳诒徵：《国史要义·史联》，第102页。

③ 柳诒徵：《国史要义·史联》，第123页。

宗教,或颂英雄,或但矜武力而为相斫书,或杂记民俗而为社会志,其体系本与吾史异趣。或且病吾史之方板简略,不能如其活动周详。是则政宗史体,各有渊源,必知吾国政治之纲维,始能明吾史之系统也”①。

柳诒徵认为,纪传体载述历史的优点并没有为古代史家所认识。刘知幾说:“寻《史记》疆宇辽阔,年月遐长,而分以纪传,散以书表。每论家国一政,而胡、越相悬,叙君臣一时,而参、商是隔。此其为体之失者也。”②章学诚虽未贬低纪传体,亦说:“纪传之书,类例易求而大势难贯。”③柳诒徵批评他们均未看到纪传体特色,“不知表志即所以联合,纪传即所以分著。又其分合均所以为联,乃纪传体之特色。徒曰纪传区之以类,事有适从,寻求便易,故相沿不废。盖犹未能深求史之起源,乃吾族立国行政与史义、史法一贯之故也”④。指出纪传体能将史事和相关内容联成一体的内在依据是“官联”,即政治和管理之职相联,便揭示了纪传体具有史联特点的历史依据和文化根源。他认为,纪传体是一种完美体裁,“而人事之有联属者,必各就其特质分著于某篇某体之中。纵横交错,乃有以观其全,而又有以显其别。……《易》曰:君子以类族辨物。史体之区分综合,即由先哲类族辨物之精心也”⑤。纪传体妙在纵横贯通,纪、传、表、志相互关联,相得益彰,“史之为义,人必有联,事必有联,空间有联,时间有联。纪传表志体之善,在于人事时空在在可以表著其联络”⑥。可见,史联并非杂乱和无内在关系的,而必须是同类相联。中国史书体裁的形成旨在更好地记载历史,纪传体能成为正史的根本原因即在于此。

总之,中国史学创造了纪传体这一综合性体裁,能够揭示诸多史事间的关联和演进原委。柳诒徵有关“史联”的阐述是对中国传统史学编纂体

---

① 柳诒徵:《国史要义·史权》,第37页。
② (唐)刘知幾:《史通·六体》,上海:上海古籍出版社,2008年,第14页。
③ (清)章学诚:《文史通义新编》,上海:上海古籍出版社,1993年,第314页。
④ 柳诒徵:《国史要义·史联》,第101页。
⑤ 柳诒徵:《国史要义·史联》,第103页。
⑥ 柳诒徵:《国史要义·史联》,第113页。

裁和方法深刻独到的认识，也在实际上驳斥了近代以来片面推崇西方的章节体，否定中国史学体裁及其表述的极端化思想。

第三，道德合法性为国史书写的根本准则。

柳诒徵十分强调中国史学书写的道德评判问题，称："史之所重在持正义。"①他通过对历史上各种"正史"论与"正统"论的辨析，提出传统史学实际是以史之正义为统来书写国史的，从而将道德合法性视为国史书写的根本准则。

正统或闰统，是中国历史上对汉族与少数民族，或中央与地方政权统治合法性的认识。20世纪初，梁启超全盘否定了"正统"论，"一言以蔽之曰：自为奴隶根性所束缚，而复以煽后人之奴隶根性而已"②。柳诒徵却对此做了新阐释，称它并非是强调"一家传统"，而在于持义之正。他说，梁、隋提出"正史"后，历代对此概念缺乏准确界定或合理解释，章学诚辨《四库提要》正史类例，"亦未陈正史之定义"，梁启超视官书为正史，"义亦未谛"。③ 他说，随着帝制被推翻和民主共和制的建立，历史上的各种正伪杂霸之辨可存而不论，但正统论有其合理性，"然民族主义及政权统一，皆今之所最重，亦即吾史相承之义有以启之。故由正史之名，推其义之从来，则三统五德及后世正统之辨，固今日所当理董，不必为清人隐讳之辞及前哲辨析未精者所囿矣"④。《公羊传》以大一统释"正"是合理的，"一统与居正，实贯上下千古而言，故董仲舒《对策》曰：春秋大一统者，天地之常经，古今之通谊也。炎黄以来，吾史虽有封建郡县之殊，禅让世及之制，而群经诸子以迨秦汉记载，述吾政教所及之区域，赢缩不同，地望互异，要必骈举东西南朔所届，以示政权之早归于一"⑤。

---

① 柳诒徵：《国史要义·史统》，第73页。

② 梁启超：《新史学》，梁启超：《梁启超文集》，北京：线装书局，2009年，第117页。

③ 柳诒徵：《国史要义·史统》，第73页。

④ 柳诒徵：《国史要义·史统》，第76页。

⑤ 柳诒徵：《国史要义·史统》，第76页。

柳诒徵从儒家“天下观”出发探讨了国史书写的道德合法性，赋予正统论新的内涵：“由天下之观念，而有天下非一人之天下也天下之天下也之观念；又有天下非一家之有也有道者之有也之观念。故曰垂三统，列三正，去无道，开有德，不私一姓。此实吾民族持以衡史最大之义。其衡统一之时代，必以道德断。三统五德，不必拘于一姓之私。而无道者虽霸有九洲，不得列之正统。”①可见，正统论本质上要求以统治者的道德作为衡量标准。他说，汉代以来的史家就有判断政权是否合法的“正闰之辨”。秦、新失德，故史家均不认其为正统；曹魏篡逆失德于天下，故史书皆斥魏而正蜀；宋代以来，持正统论和不持正统论者迭作。然而，究其实质并无本质差异，“而传授之正，疆域之正，种族之正，道义之正，诸观念恒似凿枘而不能相通。使四者皆备，则固人无异词，而史实所限，则必一一精析而后得当。骤视之似持论不同，切究之则固皆以正义为鹄也”②。所谓“皆以正义为鹄”，即均强调国史书写的道德合法性。通过辨析，他得出这一结论：“既知不持正统论者之同一尚统一、尚正义，其所持之正义，同一去无道开有德，不私一姓，是实吾国传统之史义。即亦可以明于持正统论者之基本观念，亦无异于不持正统论者也。”③可见，国史书写不论是否持正统论，均以正义为史统的内涵。

以正义为史统是中国史学得以发展和有生命力的体现。柳诒徵说：“华夏之人，服习名教，文儒治史，不能禁世之无乱，而必思持名义拨乱世而反之正。国统之屡绝屡续者恃此也。缘此而强暴者虽专恃力征经营，而欲其服吾民族之心，则虽据有其实，犹必力争于名。”④又说：“吾族由大一统而后有所谓正史，由正史而后有所谓通史、集史。……虽史才之高下不同，而必持义之正，始足以经世而行远。当时之以偏私为正者，后史又从而正

① 柳诒徵：《国史要义·史统》，第78页。

② 柳诒徵：《国史要义·史统》，第82页。

③ 柳诒徵：《国史要义·史统》，第88页。

④ 柳诒徵：《国史要义·史统》，第95页。

之。是即梁氏所谓统在国在众人也。明于三统、五德之义，则天下为公，不私一姓，而前史之断断于一家传统者，非第今不必争，亦为昔所不取。而疆域之正，民族之正，道义之正，则治史者必先识前贤之论断，而后可以得治乱之总因。"①重视国史书写的道德评判，是由于柳诒徵视道德与礼为国家的本质。他说："王国维《殷周制度论》有精言曰：周之所以纲纪天下，其旨则在纳上下于道德，而合天子诸侯卿大夫士庶民以成一道德之团体。又曰：古之所谓国家者，非徒政治之枢机，亦道德之枢机也。……故天子诸侯卿大夫士者，民之表也；制度典礼者，道德之器也。周人为政之精髓实存于此。……故千古共同之鹄的，惟此道德之团体。"②

柳诒徵对正统论的新解未必合其原义，但颇具理论价值和现实意义。他结合中国历史文化、特别是儒家文化，指出史统的内涵包括三方面：疆域之正、民族之正、道义之正，历史上能得疆域和民族之正者，即能"持义之正"，才符合"史统"。所谓义正，即是指疆域之正、民族之正，也就是说，没有丧失领土，同时，国内各民族是平等关系，汉民族没有受到外来奴役做亡国奴。这是对史统论的发展，体现了近代民族国家观和爱国主义精神。孙永如说，在抗日民族危难之际，"柳诒征从积极意义上对'正统'说进行发挥，强调持义之正，强调激励民族，不甘偏居，不甘为奴，自在情理之中"③。

四、在史学价值论层面

柳诒徵说："史术即史学，犹之经学亦曰经术，儒家之学亦曰儒术也。吾意史术通贯经术，为儒术之正宗，故以史术名篇。术即道也，为古今人所共由之道。"④视"术"为"学"，表明他继承了中国传统以学为术、以史学致

① 柳诒徵：《国史要义·史统》，第 96~97 页。

② 柳诒徵：《国史要义·史化》，第 340~341 页。

③ 孙永如：《柳诒征评传》，第 177 页。

④ 柳诒徵：《国史要义·史术》，第 298 页。

用经世的儒学精神。他宣扬中国史学重视道德功用的价值观,认为史学所以有益于人生、家国和社会,是因读史能获取史识以发挥史学的资鉴作用。在近代以来国难沉重的形势下,史学应充分发挥培养国民民族爱国主义的功用。

第一,以儒学为核心价值取向的史学功能论。

儒学化的史学强调史学的道德功用,柳诒徵继承此传统,强调中国史学有蓄德和明德的功用,其培养人的道德功用是其他学科无法相比的。

柳诒徵从儒家心性论出发,阐明了史学的首务是蓄德和明德。他说,学史之先务"惟宜治史以畜德",因为,"人类之道德,禀于天赋之灵明,所谓天生蒸民、有物有则、民之秉彝,好是懿德也。而其灵明所由启发而养成,则基于积世之经验,必经历若干之得失利害,又推阐其因果之关系,灼然有以见其自植于群有必然之定则,决不可背。爰以前事为后事之师,始可免于尝试之劳,及蹈覆辙而犹不悟之苦。……故以前人之经验,启发后人之秉彝,惟史之功用最大。吾国古代教育,首以《诗》《书》《礼》《乐》为植德之具。……所谓耸善抑恶、昭明废幽、广德明志、疏秽镇浮、戒惧休劝者,皆以史为工具而求成其德也"①。此言既秉承了儒家道德天赋说,又主张道德经验论,认为道德灵明需要积世经验加以启发和培育,而史学正是汇集积世经验的最重要学科。故此说,"吾国圣哲深于史学,故以立德为一切基本。必明于此,然后知吾国历代史家所以重视心术端正之故"②。他特别重视传记的蓄德功用,"我以为最切于人生日用的,是先看一个人的传记。……凡人能够多读各种有名的人物的传记或年谱等,胸中有了许多好榜样,自然就可以做成顶天立地的大人物。《易经》上说:'君子以多识前言往行以畜其德。'就是这个道理。"③

① 柳诒徵:《国史要义·史德》,第126~127页。

② 柳诒徵:《国史要义·史德》,第129页。

③ 柳诒徵:《讲国学宜先讲史学》,柳曾符、柳定生选编:《柳诒徵史学论文集》,第497~498页。

要发挥史学的道德功用必须心正。他说:“故史籍之用,亦视学者之用心何如。用之当则可为人类谋幸福,为国家臻治平;用之不当,则可以启乱饰奸……而骛博溺心、哗众取宠者,更无论矣。”①可见,史学经世须以儒家明德之术为准绳,史学致用的高下之分亦在于此,他说:“秦汉以来有国者亦知鉴于前事,惟未能彻底率循儒术,而略取其一部分之制度,或微师其一二端之精神。故其鉴往史而植国基者,亦不无高下差等。……由是可知鉴于前史,而精神意量之中,微有等差,其得失即悬绝。而不知鉴戒肆无忌惮者,更无论矣。”②

柳诒徵反对以史学空谈心性道德,指出儒学要义在于心性修养与获取事功兼济,“孔门讲学,根据六艺……未尝离家国天下而言学。惟其术本末始终一贯相承,必自身心推暨事物,无所畸轻畸重。故空言心性、偏尚事功,亦不可谓非儒术,特非其全耳”③。将修养与事功相济,是中国史学与其他国家史学的根本差异所在,也是中国历史能历久不衰的根源所在,他说:“读殖民史,则驰心于远略;读战争史,则极意于争雄;读外交史,则务夸纵横捭阖之能;读商业史,则醉心经济侵略之策。史能转人,而人不能转史,世界之祸,遂穷惨极酷、几于不可收拾矣。惟吾国史不然,其中固不乏拓地殖民、耀兵奋武、纵横钩钜、轻重贸迁之术,而以儒术为之主宰,乃以开发建树此东亚数千年之世界。”④

柳诒徵视史学的蓄德和明德为史学的首要功用,指出史学是培养人的道德的最主要工具,这是对儒家道德性史学功用观的弘扬。同时,他又强调以史致用要心正,主张将以史学言心性与言事功相结合,这就避免了中国历史上出现的空谈心性道德误国误民的学术弊病。

第二,史学贵能见盛观衰、察往知来。

---

① 柳诒徵:《国史要义·史术》,第318页。

② 柳诒徵:《国史要义·史术》,第326页。

③ 柳诒徵:《国史要义·史术》,第312页。

④ 柳诒徵:《国史要义·史术》,第298页。

柳诒徵秉承传统史学致用观，指出史学有用于个人、国家和社会，“史学之益，自持身涉世谋国用兵，为术多而且精”①。他深刻阐明了治史和读史旨在获取史识，进而见盛观衰，察往以知来；而史学所以具有如此功用，在于其能“知类通达”和历史发展存在因果规律。

柳诒徵认为，传统史学对社会历史各个方面予以记载，因此治史和读史使人们能获取史识。他提出了“史为识之钥”的要论，“识生于心，而史为之钥。积若干年祀之纪述，与若干方面之事迹，乃有圣哲启示观察研究及撰着之津涂。后贤承之，益穷其变，综合推求，而饷遗吾人以此知识之宝库”②。质言之，史学是获取史识的惟一途径。史识的最高形态即历史哲学，“治史之识，非第欲明撰著之义法，尤须积之以求人群之原则。由历史而求人群之原理，近人谓之历史哲学。……故吾人治中国史，仍宜就中国圣哲推求人群之原理，以求史事之公律”③。可见，史识是对历史规律和原理的认识，即历史哲学。因此，如能掌握历史哲学，便可原始察终和察往知来。

首先，史学可让人原始察终，见盛观衰，以为资鉴。他说：“史术之正，在以道济天下，参赞位育，礼乐兵刑，经纬万端……第人事之对待，安危存亡祸福利害，亦演变而无穷。治史者必求其类例，以资鉴戒。则原始察终，见盛观衰，又为史术所最重者也。”④又说：“故周之国史，明于得失之迹。而师氏掌国中失之事，以教国子弟。史之专重鉴戒，遂垂为数千年定法。……盖最古之史记足资鉴戒者多矣，戎夫撷其要以儆危亡，读之可以使人懔然耸惧。”⑤其次，史识能使人预知史事发展和预测未来。他说：“观风之变，于其已成，则知将来之厌恶；于其方始，则知异时之滋长，是曰知几。故

① 柳诒徵：《国史要义·史统》，第304页。
② 柳诒徵：《国史要义·史识》，第193页。
③ 柳诒徵：《国史要义·史识》，第193~194页。
④ 柳诒徵：《国史要义·史术》，第320页。
⑤ 柳诒徵：《国史要义·史术》，第323页。

治史所得，在能知几，非惟就已往之事，陈述其变已也。"①"几"，是指历史发展中即将出现的倾向和趋势。史学还能使人推知未来，"顾人事万变，岂能悉经？读史则事变纷纭，比例昭著。读史而能精通其意，虽前所未有，亦可推知。……读史则知识之丰，可赅千百国千万年，自等大知大年矣"②。

史学所以能见盛观衰和察往知来，一是它能"知类通达"。他称知类通达为史之要术，"荀子之学，尤尚伦类，开卷即言伦类不通，仁义不一，不足谓善学。其称大儒，则曰法先王，统礼义，一制度，以浅持博，以古持今，以一持万。……先王之礼义制度举有统类以应万事，非史术乎？……唐李翰之序《通典》，亦曰：不出户，知天下；未从政，达人情；罕更事，知时变。翰与杜佑之境地，未知视荀子何如，要其由史迹而知类通达，则一术也"③。他认为"知类通达"之术源于《易经·同人卦·象》的"君子以类族辨物"，"故先王之道，仁义之统，将为天下生民之属长虑顾后而保万世，而偷生浅知之属不之知也。秦汉以降，圣哲政教陵迟衰微矣，然励志笃学者，犹往往为天下长虑顾后。……此又读后世之史当与古之经传通观而类择者也"④。二是历史发展是有因果规律的。他说："历史之学，最重因果。人事不能有因而无果，亦不能有果而无因。治历史者，职在综合人类过去时代复杂之事实，推求其因果而为之解析，以诏示来兹，舍此无所谓史学也。"⑤

故此，柳诒徵反对"为学问而学问"的考据学风，说："所以只讲考据和疑古辨伪，都是不肯将史学求得实用，避免政治关系，再进一步说是为学问而学问，换句话就是说讲学问不要有用的。"⑥他说，乾嘉考据之风的盛行，是因文人志士迫于文字狱"不敢讲有用的学问"，现在已将清朝推翻，"应该

---

① 柳诒徵：《国史要义·史识》，第 197 页。

② 柳诒徵：《国史要义·史术》，第 306 页。

③ 柳诒徵：《国史要义·史术》，第 314~315 页。

④ 柳诒徵：《国史要义·史术》，第 317~318 页。

⑤ 柳诒徵：《中国文化史》"绪论"，第 1 页。

⑥ 柳诒徵：《讲国学宜先讲史学》，柳曾符、柳定生选编：《柳诒征史学论文集》，第 502 页。

将历史和政治连合起来,发见史学的功效了"①。

第三,以史学揭示民族精神和振兴国家。

柳诒徵和中国近现代许多史家一样,特别强调史学要有用于国家和民族。他说,清初诸儒治学途术不同,"要皆明于学问之非专为学问,必有益于社会国家"②。又说:"我们研究历史的最后目的,就在乎应用。不但用此以处理一己之事,且可因此以推之各方面。如国与国之关系,种族与种族间之关系等等。"③其史学功用观体现了鲜明的民族主义和爱国主义精神。

史学功用从大处说是为复兴民族,振兴国家。他称史学含有二义:"一以求人类演进之通则,一以明吾民独造之真际。"④所谓"明吾民独造之真际",即是从中国历史中寻求民族变迁之状况,发掘中华文化的精髓,增强国人的民族自信心和爱国情怀。他说读中国史可以做到这一点,"我们看了中国的史书,再将他国的史书比较研究,才可以知道中国的伟大,中国民族的伟大,非任何国家任何民族可比"。国人不知国史是可耻的,因为,"外国人都知道我们某省某县的历史地理,我们自己反转不知道,那不是最大的耻辱吗?"⑤又说,"我们要复兴民族,我们要唤起民族精神,将古时有名的人物传记来做国民读本,或是将一种文化史的史料来教学生,那是复兴民族很要紧的一件事"⑥。

为了让国民了解中国悠久灿烂的历史,其《中国文化史》详细介绍了中国文化的特点和成就。此书"绪论"将中国文化的优长和特点概括为三方

---

① 柳诒徵:《讲国学宜先讲史学》,柳曾符、柳定生选编:《柳诒徵史学论文集》,第501页。

② 柳诒徵:《中国文化史》(下卷),第720页。

③ 柳诒徵:《历史之知识》,柳曾符、柳定生选编:《柳诒徵史学论文集》,第83页。

④ 柳诒徵:《中国文化史》"绪论",第1页。

⑤ 柳诒徵:《讲国学宜先讲史学》,《柳诒徵史学论文集》,第497页、第498~499页。

⑥ 柳诒徵:《讲国学宜先讲史学》,《柳诒徵史学论文集》,第500页。

面：幅员之广袤，世罕其匹也；种族之复杂，至可惊异也；年祀之久远，相承勿替也。他批驳新史学派妄自菲薄中国史学的言论，称中国史学记载中国文化的方方面面，“世病吾国史书为皇帝家谱，不能表示民族社会变迁进步之状况，实则民族社会之史料，触处皆是，徒以浩穰无纪，读者不能博观而约取，遂疑吾国所谓史者，不过如坊肆纲鉴之类，止有帝王嬗代及武人相斫之事，举凡教学、文艺、社会、风俗以至经济、生活、物产、建筑、图画、雕刻之类，举无可稽。吾书欲祛此惑，故于帝王朝代，国家战伐，多从删略，惟就民族全体之精神所表现者，广搜而列举之”①。

质言之，他撰写《中国文化史》就是要纠正人们对国史的误读，表彰中国悠久灿烂的文化，驳斥近代以来的民族文化虚无主义，充分发挥史学在弘扬民族精神和培育爱国情感上的功用。现代史家缪凤林称：“此书以六经诸史为经而纬以百家，举凡典章、政治、教育、文艺、社会、风俗，以至经济生活、物产建筑、图画雕刻之类，皆就民族全体之精神所表现者，广搜列举，以求人类演进之通则，以明吾民族独造之真际。”②当代学者卞孝萱说：“柳先生怀着爱国主义的热情，根据他对中国历史的研究心得，有针对性地写成《中国文化史》这部七十多万字的巨著。”③

五、柳诒徵传统史学的本质特征和意义

柳诒徵对中国传统史学的阐释和建构，是立足于现代新儒学视野做出的，具有现代新儒学的鲜明特征。那么，何谓“现代新儒学的视野”呢？

---

①　柳诒徵：《中国文化史》“绪论”，第7页。

②　梁漱溟等：《评〈中国文化史〉》，柳曾符、柳佳编：《劬堂学记》，第224页。

③　卞孝萱：《柳诒征先生与〈中国文化史〉》，镇江市文史资料研究委员会编：《柳翼谋先生纪念文集》，第180页。

学术界关于现代新儒学及新儒家有不同的看法。① 我认为,现代新儒学及新儒家有广义和狭义之分。广义的现代新儒学,包括一切现代新儒学,其基本内涵和本质特征是:认为儒学不是已死的学术和学问,而是中华民族的生命本根和文化主干,它既是历史生成的,又依旧具有生命力;只有以儒家文化为本位来吸收西方文化,实现儒家文化的现代复兴,才能实现中国文化的现代复兴;以儒家文化为主干的中国传统文化是道德本位的人文主义或人本主义,具有普世价值,它不仅是中国文化的特点和优长,亦是人类文化发展的历史正道和终极走向。现代新儒学不仅对儒学和中国文化有事实层面的深入学理研究,还必须对其有信仰层面的坚定价值认同。柳诒徵的思想文化主张与现代新儒学无疑是相符的。他认同孔子和儒家是中国传统文化的中心和主体,说:“孔子者,中国文化之中心也。无孔子则无中国文化。自孔子以前数千年之文化,赖孔子而传;自孔子以后数千年之文化,赖孔子而开。即使自今以后,吾国国民同化于世界各国之新文化,然过去时代之与孔子之关系,要为历史上不可磨灭之事实。”②他声称:“青年学者读中国史,首宜认识孔子。”因为,“吾人今日能知孔子以前之史,实赖孔子之传。……一玩史目,即可知论中国史而欲撇去儒家别开生面,犹之论西洋史,欲撇开耶教,为不可能之事”。③

现代新儒学主要有哲学的进路和史学的进路。目前大多是认同哲学的进路,即把在哲学(义理)上对儒学心性论和宋明理学加以现代诠释和发展的学术文化思想视为新儒学。这实为狭义的新儒学,按余英时的说法,

① 如,余英时认为海内外学术界关于20世纪新儒家有三种用法,一是涵义最广者,指20世纪凡是对儒学不存偏见,并认真加以研究者,都可以被视为“新儒家”;二是只有在哲学上对儒学有新的阐释和发展的人,才有资格被称为“新儒家”;三是海外流行的本义,即熊十力学派中的人才是真正的“新儒家”。(余英时:《钱穆与新儒家》,余英时:《现代儒学论》,上海:上海人民出版社,2010年,第154~155页。)

② 柳诒徵:《中国文化史》(上卷),第231页。

③ 柳诒徵:《与青年论读史》,柳曾符、柳定生选编:《柳诒徵史学论文集》,第549页、第553页。

有学术上的门户之见。实际上,现代新儒学还有史学的进路,即在史学上对儒家文化和思想加以现代诠释和发展的学术文化思想。其基本内涵和特点是:视史学为中国学术文化的根本,主张经史同一性,强调经学即史学,认为儒家的心性道德只能载诸史学,中国文化的复兴要以史学为本位。其代表性史家是钱穆与柳诒徵。

现代新儒学的史家代表钱穆说,"自然科学基本在数学,人文学基本则在史学"①,因为,"对人文界之研究,须从人类的生活过程着手,故人文科学以历史为基础"②。他认为,中国文化及其史学最得此精义,中国文化以人文精神为中心,讲求道德心性,践行修齐治平之道。而这种人文大道只能从历史和社会中来探求,"若要真在修齐治平上作真贡献,总须对过去历史有一了解,更贵能穷源竟委,窥其变道,然后才能针对现实有所作为。我们甚至可说中国学术,主要均不出史学范围"③。故,"中国史学,实乃一种超出寻常的人生哲学,亦是一种超出寻常的人生科学。一切学问尽包在史学之内,而史学乃超乎一切学问之上"④。余英时说,钱穆治学的归宿在史学。"我们可以说'史学立场'为钱先生提供了一个超越观点,使他能够打通经、史、子、集各种学问的千门万户。"⑤钱穆为此提出了以史学为进路的"守旧开新"的新儒学。⑥

柳诒徵也持类似的思想。他认为史学无所不包,史部诸书只是狭义之狭义的历史(史学),"其实经史子集,以至小说报章,佛道耶回各教诸书,凡

---

①　钱穆:《史学导言》,钱穆:《中国史学发微》,台北:东大图书有限公司,1989 年再版,第 51 页。

②　钱穆:《中国史学之精神》,钱穆:《中国史学发微》,第 27 页。

③　钱穆:《中国历史研究法》,香港:香港孟氏教育基金,1961 年,第 74 页。

④　钱穆:《中国民族性与中国文化之特长处》,钱穆:《中国史学发微》,第 181 页。

⑤　余英时:《钱穆与新儒家》,余英时:《现代儒学论》,上海:上海人民出版社,2010 年,第 139 页。

⑥　关于钱穆以史学为路径的"据旧开新"新儒学思想的基本内涵及其与以哲学为路径的现代新学的区别,详见徐国利:《钱穆先生"守旧开新"学术思想和文化复兴论》,《鹅湖》(台湾),2010 年第 10 期。

属人类过去之思想言论事实纪载，皆在历史范围之中。广言之，充满宇宙皆历史；约言之，一切文字皆历史也”①。他赋予中国史学崇高的地位，称其是足以与文学、科学相鼎立的学科，“史非文学，非科学，自有其封域。古之学者治六艺，皆治史耳。故汉志有六艺，不专立史目。刘宋以史俪文、儒、玄三学，似张史学，而乙部益以滋大。故儒学即史学，而玄又出于史，似四学之并立未谛。近世学校史隶文科，业此而隽其曹者称文学博士，名实诡矣。西国史籍之萌芽，多出文人，故以隶文科，与吾国邃古以来史为政宗异趣”②。中国史学所以具有如此崇高地位，不仅由于中国史学最发达，“中国的小学、经学、理学、文学等等比较他国特别发达，但是最初发达的，无过于史学，后来逐渐进步，尤其完备，所以我说讲国学宜先讲史学”③。不过，更主要的原因还是由于人伦道德载诸史学，亦需以史学以求之和明之，他说：“吾国之群经诸史，皆以道德观念为主。……实则《易》《书》《诗》《礼》亦无非以正伦纪明礼义，后世史书高下得失虽不齐，其根本亦不外是。”④又说：“故以前人之经验，启发后人之秉彝，惟史之功用最大。吾国古代教育，首以《诗》《书》《礼》《乐》为植德之具。《诗》《书》《礼》《乐》，皆史也。”⑤质言之，史学即儒学、即经学。

从现代新儒学的视野出发来阐释和建构中国传统史学，我认为应当具备两个充分和必要条件：一是，必须从儒学的立场来阐发儒家道德人伦和人文精神对传统史学的发展和建构所起的决定作用。柳诒徵对中国传统史学的阐释和建构，特别是其《国史要义》便充分彰显了这种学术特色。有

---

① 柳诒徵：《史学概论》，柳曾符、柳定生选编：《柳诒徵史学论文集》，第 98 页。

② 柳诒徵：《中国文化史》，“弁言”，上海：东方出版中心，1988 年。

③ 柳诒徵：《讲国学宜先讲史学》，柳曾符、柳定生选编：《柳诒徵史学论文集》，第 492 页。

④ 柳诒徵：《史学概论》，柳曾符、柳定生选编：《柳诒徵史学论文集》，第 100～101 页。

⑤ 柳诒徵：《国史要义·史德》，第 126～127 页。

学者说，“以儒家文化为主体的史学精神为主干”①是其《国史要义》的鲜明特色之一。通过本文前三部分的述评，我们能清楚地看到，在史学本体论、方法论和价值论三个层面，柳诒徵都对中国传统史学的基本问题做了儒学性的阐释，建构起富有儒学精神的中国传统史学体系，彰显出中国传统史学的儒家特质和人本精神。近代以来，自梁启超运用西方史学来全面考察和批判中国传统史学后，许多史家在考察和阐释中国传统史学时沿用这个思路和模式，其弊病是所阐释和建构的中国传统史学离其原貌和精神往往相差甚远。柳诒徵则力图从中国史学起源与发展的实际出发，而非从某种现代史学理论框架或图式出发，来着力发掘传统史学的儒家精神和内涵，故，其阐释与建构更接近中国史学发展的原貌。二是，必须吸收西方文化思想对儒学思想予以现代阐释，使儒学和中国文化的现代化具有现代活力和特征，这也是新儒学的“新”之所在。具体到史学层面，就是要吸收西方文化和史学思想来阐释中国传统史学，为中国史学的现代发展做到中西兼容。柳诒徵对此亦有强烈的自觉意识，十分重视对西方文化和史学的吸收借鉴。《国史要义》“题辞”谈到撰述宗旨时说：“钩稽群言，穿穴二民，根核六艺，渊源《官》《礼》。发皇迁、固，踵蹑刘、章，下逮明清，旁览域外。抉摘政术，评骘学林，返溯古初，推暨来叶。”所谓“旁览域外”，既包括对西方史学和文化的传播，也包括用它来评骘中国史学。他在向读者推荐史学书籍时，最重视“多能沟通中西之学说”②的史书。

柳诒徵吸收西方史学思想来解释中国传统史学表现在诸多方面。如，关于史学的定义，他称“一切文字皆历史也”，这种广义的史学观显然是受到近代史学观的影响，将自然与社会的一切历史都视为史学研究的范围。其名著《中国文化史》的撰述就是这种史学观的产物，它包罗了中国历史的各个方面，亦可谓是现代文化视野下的中国历史。他固然强调中国史学富有政治性，但是，他所说的政治是广义的政治，是指国家和社会各领域的生

---

① 孙永如：《柳诒征评传》，第 164 页。

② 柳诒徵：《史学概论》，柳曾符、柳定生选编：《柳诒徵史学论文集》，第 117 页。

活及其管理制度，并非是指帝王和君主政治。他既指出了中国传统史学以“礼为本”的政治性和道德性特征，又吸收西方史学观，将史学研究的内容扩大到人类社会的各个方面。他从中国史官制度记事之联说明中国正史体裁纪传表志体具有“史联”性，亦是他运用现代史学关于历史的普遍联系性理论对中国传统史学记载和表述方式的一种诠释。对于西方的进化史观他予以肯定，并在一定程度上加以运用。他高度肯定了人民群众的重要历史地位和历史创造作用，远远突破了传统的民本史观。他对史学正统论的解释体现了近代的民族观，他主张通过史学来揭示民族精神以振兴国家，更是近代以来民族主义史学精神的反映。

现代各派新儒学有着共同的思想局限性，即过于推崇儒家文化而将儒家文化理想化，对西方文化肯定不足，多有中国文化中心论或儒家文化中心论的色彩。其次，现代新儒学强调“开新”，主张学习和融合西方文化思想来建构中国现代文化，然而却是“返本”和“据旧”有余，“开新”不足，对西方文化思想的理解和吸收不够。再者，对于如何融合中西文化、特别是儒家的人文道德理性文化与西方的科学工具理性文化往往没有找到好的切合点，以致其思想体系存在诸多难以圆融和矛盾之处。柳诒徵从现代新儒学的视野对中国传统史学所做的阐释和建构亦存在类似的理论局限。如，他既认同进化史观，又提出历史演化有进有退，有盛有衰；他把儒家“三代史观”理想化，好古颂古，甚至有“三代至上”的观念。他认为物质和经济现象可以不断进化，道德人心却未必有进化，实际是儒家的道德超越论和决定论。他宣扬人民的历史地位和创造作用，却又不脱离传统民本论的藩篱，说中国古代已有民治和民权。他虽然力求学习和融通西方文化和史学来阐释中国传统史学，但是，其著述及其思想对西方文化和史学的吸收还是相当不够的。

总之，柳诒徵从新儒学视野出发对中国传统史学所做的阐释和建构，较集中地反映出20世纪上半叶文化保守派史家对中国传统史学的本质特征、治史方法、史学价值的认识。柳诒徵以重新阐释儒学作为治史出发点，弘扬儒家精神,体现了鲜明的文化保守主义色彩,是史学界新儒学的代表人物。他对中国传统史学独到而深刻的见解以及存在的思想局限,对于今天客观和全面认识中国传统史学以建设当代新史学,仍有重要的借鉴意义。

(原载[韩国]《中国史研究》第93辑,2014年12月)

第四编

西方史学思想

"蛮族的希罗多德"

——格雷戈里的历史叙事伦理探析

汪丽红

都尔主教格雷戈里以一部《法兰克人史》留名西方史学史，20 世纪 80 年代中国史学界将其翻译成中文，使国人得窥 6 世纪动荡高卢的现状①，其价值对中世纪早期研究不言而喻，然而截至目前学界对该书的研究与讨论寥寥无几。

格雷戈里（Gregory of Tours），原名格罗吉乌斯·弗洛伦提乌斯（Gerogius Florentius），后为纪念外祖父朗格勒主教格雷戈里而更名。538 年（还存 539 年一说），格雷戈里生于阿文丁的高卢罗马人家庭，幼年丧父后随伯父一起生活，其间曾大病一场，奄奄一息之际却奇迹般地康复了，这件事对格雷戈里震动很大，将之归功于神的恩典，从而坚定了投身宗教事业的决心。554 年，伯父去世，16 岁的他被母亲留在克莱蒙教士阿维图斯（Avitus）处，在其指导下，学会读经，并成为克莱蒙的副主祭，这段经历为他后来写史立传奠定了坚实基础。573 年都尔主教优弗罗尼乌斯（Euphronius）去世，主教位置空缺，当时控制奥斯特利亚地区的西吉伯特一世（Sigebert 1）一再邀请格雷戈里赴任，从而揭开了其生命中最辉煌的篇章。

大约此时，格雷戈里着手酝酿撰写《法兰克人史》，直至 593 年去世，历

① 格雷戈里著，寿纪瑜、戚国淦译：《法兰克人史》，北京：商务印书馆，1996 年。

时20余载。① 作为一部历史著作,以现代的眼光审视,《法兰克人史》有太多不符合"规范"的地方,算不得严肃的历史学著作。其较为原生性的撰史方法、另类的叙事方式,特别是通篇的"神迹"、"征兆",使它的"编史理念"在史学界备受冷遇,前有塔西佗、西塞罗、李维,后有比德、艾因哈德等,与这些光彩照人的名字以及紧随其后汗牛充栋的研究成果相比,都尔的格雷戈里似乎成了被遗忘的那个人。

然而细察《法兰克人史》,神光笼罩下的格雷戈里叙事伦理有其特别之处,尤其在"后现代"史学映照下,更显出别样的意义。

一、以基督教的时间和逻辑推进历史叙事

20世纪初各种资料集辈出,格雷戈里的《法兰克人史》也趁机突破历史尘封②,出现在现代读者面前,然而关于该书的专门研究,特别是对其"史学思想"研究非常缺乏,长期以来学术界对《法兰克人史》的认识基本停留在两个方面:一、史料价值无可估量;二、泥沙俱下,迷信充斥,史学史的价值不高。

到底应当如何理解《法兰克人史》中大量的"迷信"叙述?第一个将之译介到英文世界的布雷浩特认为:"《法兰克人史》不应当看作一部世俗历史。其原始名称,《法兰克教会史》这个名字表达得更贴切。它不是出于一

---

① 这期间,格雷戈里勤耕不辍,575年著《圣马丁传》,587年始著《教父列传》,此外还有《诗篇》注释,《教会祈祷仪式》等,这在加洛林文艺复兴之前混乱而野蛮的高卢非常罕见。

② 中世纪图书馆里保存下来的《法兰克人史》目前有各种手抄本,其中有些版本只有6卷,仅写至584年奇尔派瑞克死,而另外一些,尤其是Casinesis 275却保留了全本10卷,不管后4卷是否为增补,但有一点确信无疑,10卷全是格雷戈里亲手所写。1916年美国哥伦比亚大学出版的布雷浩特(Earnest Brehaut)译本是最早的英译本,可惜为节译本。1927年英国牛津大学出版了道尔顿(Ormonde Maddock Dalton)的2卷本,1980年寿纪瑜和戚国淦的中文翻译主要依据道尔顿英译本。

个高卢罗马人或者法兰克人，而是出自一个教会信徒、一个主教之手。……字里行间，我们到处都能看到格雷戈里一心一意奉献教会，以及超越一切之上的圣马丁崇拜。""他的迷信直接受到父母和整个社会环境影响。"①布雷浩特对此难以理解，于是提供了一个在我们今天看来有些荒诞的建议："这些看上去矛盾的叙述也许是因为我们的文化传统很难对宗教和道德现象不抱有偏见。如果我们把法兰克人和高卢罗马人看作远离我们，例如南太平洋小岛上的居民，在他们的环境里实践信仰，这样理解法兰克人史也许就会容易些。这确实是一个原始社会对生活和宇宙的原始阐释，我们又不得不去理解。"②这样把法兰克人早期历史与欧洲传统文明割裂开来，使之成为异质文明的做法显然是受当时流行的人类学影响，但不能为大多数史家接受。

另一史家S·迪尔在论及格雷戈里这本书中关于宗教迷信的记载时指出："假如他不这样做，那就会违背自己最深挚的信仰，也会为它的时代留下一副残缺不全，使人误解的画面。"③瓦伦斯-哈迪尔（J. M. Wallace-Hadrill）则认为不能孤立地阅读《法兰克人史》，应当"结合其他作品全面理解法兰克人史"④，这一"结合情境""设身处地"的基本态度被后世史学研究者不断实践和深化，《法兰克人史》中向来被认为是有损作品质量的"迷信"描写部分，逐渐被重新发现，挖掘出新的社会学和思想史上的涵义，人们开始有意识地弥合两个格雷戈里——一个勤奋而有价值的历史记录者与一个不可信的、记史方法拙劣的宗教信徒之间的裂缝。⑤

---

① Gregory of Tours (539—594), *History of the Franks*, trans. Earnest Brehaut, New York: Columbia University Press, 1916, Introduction.

② Gregory of Tours (539—594), *History of the Franks*, trans. Earnest Brehaut, New York: Columbia University Press, 1916, Introduction.

③ S.迪尔：《莫洛温时期高卢的罗马社会》，伦敦：1926年，第395页。

④ J.M.Wallace-Hadrill, '*The Work of Gregory of Tours in the Light of Modern Reseach*', Transaction of the Royal Historical Society, 5th Ser., Vol.1.(1951) 25-45.

⑤ Walter Goffart, *The Narrators of Barbarian History* (*A. D.* 550—800): *Jordanes, Gregory of Tours, Bede, and Paul the Deacon*. Princeton: Princeton University Press, 1988.

除此以外,《法兰克人史》的叙事风格也屡遭批判。该书原系拉丁文写成,在那个甚少有人会使用拉丁文的年代,即便作者本人在前言里面自谦“不甚精通”文法,我们也不能怀疑格雷戈里的语文功底。布雷浩特、普菲斯特和艾里希·奥尔巴赫都肯定《法兰克人史》的生动传神。但人们争论的恰恰是其生动传神中表现出的“逻辑混乱”,从而为格雷戈里贴上写作技巧拙劣的标签。

道尔顿英译本出版后不久就有人评论说:“这本书对研究6世纪莫洛温社会不可或缺。然而以今天严格的历史标准来看,格雷戈里本人是一个蹩脚的历史学家……他毫不节制地轻信;他认为所有的历史事件皆服从于某个超级存在的干涉;他的文笔往往很乏味;将琐事与重大历史事件并举。”①这既指责了他的迷信描述,又批评了其叙事逻辑。直到20世纪80年代吉赛尔·德·尼厄(Giselle de Nie)等人提出从认知学的角度出发理解《法兰克人史》片段式、场景式的不连贯叙事方式,人们才基本停止了对《法兰克人史》叙事风格的粗暴指责,尼厄认为格雷戈里以《圣经》为样本进行思考和写作,所以应当从隐喻和象征的角度去阐释,这为我们理解格雷戈里和公元6世纪的高卢提供了深入途径。② 刘建军先生也认为“这种逻辑混乱、叙事不清的毛病恰恰是中世纪黑暗时代混乱氛围的不自觉体现”。③

前人的研究为我们重新理解这位“蛮族的希罗多德”作出了铺垫。《法兰克人史》共十卷,上起上帝创世,下止公元591年,其中前两卷引用大量的编年史、年代记、传记、信札等记录了上帝创世以来基督教传播和法兰克人征服高卢的历史直至511年克洛维去世,从第三卷开始格雷戈里记录自己生活的年代,从第五卷开始记录担任都尔主教以来所见所闻。本文拟仅

---

① Shirley Jackson Case, '*An Ancient History*', *The Journal of Religion*, Vol. 8.1 (Jan., 1928) 139.

② Giselle de Nie: *Views from a Many-Windowed Tower: studies of imagination in the works of Gregory of Tours*, 1987.

③ 刘建军:《蛮族习气和宗教的胜利时代的真实记述——都尔主教格雷戈里〈法兰克人史〉的文学分析》,《外国文学研究》,2004年第6期。

从历史角度讨论阐释这十卷呈现出的叙事特征。

叙事秩序紊乱一直是《法兰克人史》研究者所要面对的难题，也是造成我们的阅读体验并不愉悦之根本原因。其总体时间框架继承奥古斯丁奠定的圣统，即抛弃古罗马史家以国家为主线的叙史方式，在基督教普世永恒、国家是短暂的现实观念基础上，采用犹太——基督教的历史时间序列。比之奥罗西乌斯在《反异教史》中采用罗马、犹太——基督教两线并举的方式，①格雷戈里可以说将中世纪史学向前推进了一步，从上帝创世、亚当夏娃、诺亚方舟、出埃及一直到作者生活的年代，有条不紊，略古而详今，《法兰克人史》因此在历史编纂学上应占一席之地。

然而落实到具体历史叙事，格雷戈里作为一个历史学家对时序的敏感性这一点令人遗憾，往往用"此时""在这些日子里""正在此事发生之际""这以后"等十分模糊的词语或语句来衔接两个事件，推进叙述。这一方面固然是因为中世纪史学萌生时的艰涩与粗陋，话语的时间是线性的，而故事的时间是多维的，多个历史事件同时发生，要通过话语将多个故事一个接一个地叙述出来，必然打破故事的自然时序，格雷戈里在重排时序时显得经验不足。

然而另一方面，如果继续深入分析其行文粗陋之处，则会发现作者的"粗陋"与他看待生活、解释生活的方式密切相关，特殊的叙史方式总是作者编史理念的自然流露。以第五卷为例，开篇讲述西吉贝特被杀以后，希尔佩里克同儿子墨洛维之间的矛盾和争斗，在讲到一半时他突然笔锋一转，说"我还愿意记载一下那些在这一年被上帝召唤去的人的姓名和德操，因为我认为他们是伟大的，是上帝所乐于接受的，由于他们具有的美德，上帝把他们从我们的尘世带走，安置在他的天堂里"，或者"既然我们的上帝总是俯赐天恩，给他的众主教以光荣，我愿意讲一讲这一年在克莱蒙的犹太人身上所发生的事情"。在讲述了诸多主教、隐士的德行与奇迹之后，直

---

① 参见 Ernest Breisach, *Historiography: Ancient, Medieval and Modern* (The University of Chicago Press, 1994).

到十三节格雷戈里才“言归正传”，接叙希尔佩里克对儿子墨洛维的处罚。插叙所占篇幅之巨，大大冲淡了现代读者对正文的理解，读者甚至不得不翻阅前文才能继续，历史事件的叙述在这里显然发生了断裂，因此凯斯(Shirley Jackson Case)才有“将琐事与重大历史事件并举”的批评之语。①这一评价在今天看来有失偏颇，站在格雷戈里本人立场，这些主教和隐士的事迹绝非琐事，“绝不使那些邪恶的人和正直的人之间的斗争湮没无闻”。主教和隐士行迹正是这乱世之中的道德标杆，可正视听，不可不说，不得不说，因此完全有必要暂时中断政治史对之进行插叙，以基督教道德为核心的编史理念正是《法兰克人史》中历史叙述“断裂”的原因。大量神兆或天灾描写也应作如是观。

即便正在讲述某一“正史”事件过程中，格雷戈里也常常宕开一笔，在第五卷第三节，第一自然段讲述希尔佩里克因墨洛维的缘故与香巴尼人交战，在第二段突然说“这场战争的真正的罪魁祸首和起因却是戈丁”。接下来他这样解释：“这个人曾经抛弃对西吉贝尔特的效忠义务，跑来投效希尔佩里克。希尔佩里克曾经慨赠他许多礼物。但是在战场上失败降临到那个国王头上的时候，他却头一个逃跑”。接着他继续说：“不久以后，戈丁猝死，他的寡妇同劳辛结了婚。劳辛是个集虚荣自负于一身、踌躇满志、盛气凌人的人。对身份比他低的人，他的行为毫无人道可言”云云，第三节接下来三分之二的篇幅都是讲述劳辛如何虐待农奴的故事。第一自然段与第二自然段之间，以“因果”推进叙事，只是格雷戈里的这个“因”与现代意义上的“因”有相当差距，格雷戈里的“因”显然与事件本身并没有直接联系，而是此事相关人员平素道德败坏所致，因与果之间完全不符合近代以来形成的逻辑分析套路，且因果并重，所以给我们留下的阅读印象是因果平行，互不相干，这就使我们惯于“科学化”思考的大脑立即发生逻辑混乱。这件事的叙述本当到此结束，但格雷戈里以一句“他的寡妇同劳辛结了婚”轻松

① Shirley Jackson Case, '*An Ancient History*', The Journal of Religion, Vol. 8.1 (Jan., 1928) 139.

置换，又一次回到自己喜欢的话题，令恶行昭彰。也许这就是戈特兹所谓的类型学方法，即用同类并列的方式替代了前后的逻辑关系，“这种类型学的思考方式能够使得编年史家们发现（或者构建）在时间和空间上广泛散落的事件之间的相互联系，然而这种构建并不是随意性的，而是完全有意识的”①。因此，阅读《法兰克人史》时体验到断裂感只是现代人自身的问题，对于与格雷戈里同时代的信徒，它的叙事逻辑是理所当然的，②至少是有迹可循，它所遵循的是以基督教信仰为核心的叙事秩序。

二、以叙述个体命运的方式解读历史

德国艾里希·奥尔巴赫曾经评价格雷戈里，说他“所讲述的大部分事件都是他亲眼目睹的或取自事件参加者的口头报道，这很符合他的天性，因为他想直接了解人们的所作所为。这些生活在他周围的人才使他感兴趣，他并不考虑更大范围中的政治问题，即便在作品中涉及到政治，也仅仅是从人性的——传奇疑问的角度去处理，因此他的作品更具有一种个人回忆录的性质，而不是一位罗马历史学家所具备的其他东西”③。艾里希·奥尔巴赫在这里似乎有影射格雷戈里的史才远逊罗马作家之意，然而不论如何，斗转星移，时移事迁，中世纪的编史理念早非罗马史学的天下。

早在帝国晚期，奥古斯丁就在《上帝之城》④中否决了史学应以阐释共和国或者帝国光荣为己任的观念，他指出应借助基督教普世的眼光而不是站在罗马帝国的立场上来认识世界、进行历史诠释，奥古斯丁的伟大正在

① Hans-werner Gotez, *The Concept of Time in the Historiography of the Eleventh and Twelfth Century*, From: Medieval Concepts of the Past, p.157.

② J.M.Wallace-Hadrill, '*The Work of Gregory of Tours in the Light of Modern Reseach*', Transaction of the Royal Historical Society, 5th Ser., Vol.1.(1951) 25-45.

③ 艾里希·奥尔巴赫著，吴麟绶等译：《模仿论——西方文学中所描绘的现实》，百花文艺出版社，2002年，第93页。

④ 奥古斯丁著，吴飞译：《上帝之城，驳异教徒》（上），上海：三联书店，2007年。

于他的基督教认识论彻底扭转了人们关于生命感觉的一般法则和人的生活应遵循的基本道德观念。遗憾的是奥古斯丁的基督教神学史观基本停留在理论层面①,具体实践还要留待格雷戈里这样的后世史家。

格雷戈里所面对的既不是一个统一的帝国,也不是文明的罗马,而是一个政权林立、战火频仍、野蛮盛行的混乱世界。以当时的都尔为例。中世纪的都尔是位于卢瓦尔河畔的大城,西经昂热、南特直通大西洋,又因拥有中世纪著名圣徒马丁的墓穴,历来为兵家必争之地。561 年洛塔尔(Clotaire)死后由长子卡里贝尔特(Charibert)继承,他死后又落入弟弟奥斯特利亚国王西吉贝尔特(Sigebert)手里。573 年,纽斯特利亚的国王希尔佩里克(Chilperic)一度取得该城的控制权(同年格雷戈里接任该城主教),但是直到 576 年希尔佩里克派人暗杀西吉贝尔特,希尔佩里克才成为该城唯一的主人直至 584 年。在他统治期间,格雷戈里从 38 岁直到 46 岁,整整 8 年。仅这 8 年,都尔地区也不太平。575 年,据说是杀害西吉贝尔特的凶手贡特拉姆·伯索藏身圣马丁教堂,洛克伦奉希尔佩里克之命带兵一路朝都尔进发,沿途拆毁教堂,捣毁庄稼,并威胁格雷戈里说:“你要是不把贡特拉姆公爵抛出教堂,我就把城市周围的绿色植物践踏干净,使得那块地方什么用场也派不上,只能用犁来耕。”②577 年,都尔因被迫庇护希尔佩里克反叛的儿子莫洛维遭到国王派兵攻打的威胁③,不久都尔的伊泽和巴鲁两地又遭到贝鲁尔夫公爵的残酷蹂躏等等。④ 格雷戈里自上任以来,都尔三度易手,多次遭遇兵临城下的武力威胁,这一事实从一个侧面反映出当时高卢社会秩序混乱。混乱的政局意味着当时的高卢没有一个相对稳定的政治支撑系统;教皇此时自身尚且难保,力有未逮,主教任免主要取决于国王;地区

① 从《上帝之城》来看,以论代史之处比比皆是(当然奥古斯丁本意也并非撰写一部史书),即便写史,宏观思维使其更关心史实背后的基本伦理命题,无暇顾及深陷历史河流中个体生命的挣扎。

② 格雷戈里著,寿纪瑜、戚国淦译:《法兰克人史》,第 207~208 页。

③ 格雷戈里著,寿纪瑜、戚国淦译:《法兰克人史》,第 217~223 页。

④ 格雷戈里著,寿纪瑜、戚国淦译:《法兰克人史》,第 296~297 页。

宗教会议也没有形成惯例，其决议不具备绝对法律效力；一切势力都处于整合进程中。

王室之外的民间同样混乱不堪，仅以第九卷的四十四节为例，其中就有8处专门论及个人非正常死亡，比如仇杀等，还不包括大量的死于灾荒、瘟疫以及大规模战争或大规模屠杀，民主、共和或者公共议政，甚至较为一致的其他公共仪式等原先古希腊或者罗马所谓的文明教化悉数淹没于动乱。

使格雷戈里倍感威胁的是信仰危机。西欧蛮族最早接受的不是正统基督教，而是被325年尼西亚会议裁定为异端的阿利乌派，到6世纪格雷戈里生活的年代，除了法兰克人之外，阿利乌在西班牙等地仍然势力雄厚。在法兰克人生活区域内，信仰不坚者大有人在，他们考虑世俗的东西远在真诚信仰之上。“格雷戈里之所以成为历史学家是因为他感到高卢的基督教信仰处于危险的边缘，糟糕的时局需要一个解释：他的教会，都尔教会都需要。”①

鉴于此，格雷戈里在写《法兰克人史》过程中时刻有一种深重的危机感，他在前言中谈到：“当我叙述那些使法兰克人的种族及其统治如此令人痛心逐渐衰萎下去的种种内战时，我的内心是悲伤的。甚至到了现在我们似乎还是从这些内战当中看到上帝所预言的悲痛年代的开始，这是一种最糟糕的征兆。”出于焦虑而非荣耀，《法兰克人史》在创作初衷上就与罗马史家大相径庭，个体命运在这样一个时代背景烘托下突显得悲壮跌宕，更易引起共鸣，因此格雷戈里自觉或不自觉地选择了以解读个体命运的方式讲述历史，以实现澄清、教化的目的。

他对高卢政局很少有高屋建瓴式的概括，但格雷戈里擅长情节布局、悬念设置，其细节描写栩栩如生，几乎每一次纷争都通过戏剧性的场景描述获得表达。比如广为人知的苏瓦松广口瓶的故事，例如希尔佩里克同儿

① J.M.Wallace-Hadrill, ‘*The Work of Gregory of Tours in the Light of Modern Re-seach*’, Transaction of the Royal Historical Society, 5th Ser., Vol.1.(1951) 25-45.

子墨洛维的冲突,格雷戈里对造成事故的原因三言两语带过之后,重点描写了希尔佩里克威逼躲在鲁昂圣马丁教堂的儿子出来的场面,教堂是如何做成的,国王如何发誓不拆散他们,墨洛维如何不相信,几次三番最后走出教堂,怎样逃脱来到都尔,与格雷戈里碰面的场景等等。“哪一位古典时代的作家会做这样细致的描述！可以看到,为了生动传神,格里高里会情不自禁的完全靠自己的想象杜撰这类事情——他自己并不在场！他尽其所能把事情讲述得有鼻子有眼,使各种感官都能感受到他们。”①

与其用现代严格的历史学标准衡量,毋宁说格雷戈里在讲述当时高卢一些人物的个体经历的生命故事。作家用身体写作,试图借助对历史人物和历史事件细致的叙事来表达基督教伦理之下的生命感觉,营建具体的道德意识和伦理诉求,即信仰的义,而这正弥补了奥古斯丁宏观框架间的空白;听众用身体阅读,场景描写表现的紧张冲突使读者或教众感同身受,枯燥的史学变得饶富趣味,他们亦顺理成章接受故事背后所暗藏的道德逻辑,并跟随作者,以这样的逻辑去思考评判所发生的一切事件。因此,为了“生动”,格雷戈里并不惜采用一些虚构的想象,甚至可以说合理的想象帮助格雷戈里表达了主旨。

格雷戈里在史学创作过程中展开并实践了奥古斯丁的理论伦理,从这一个意义上说,格雷戈里作为基督教历史学家值得尊重。

三、用基督教伦理重构历史认知

缺乏对历史的宏观把握并不意味着格雷戈里在选择历史材料、运用语言等方面缺乏考虑而随心所欲,相反他通过触摸历史事件和历史个体的生命感觉,重新厘定混乱时代的时间和空间观念,给混乱以秩序,化蛮族道德为基督教道德,整饬统一皇权(罗马帝国)灭亡之后处于权力真空、道德真

① 艾里希·奥尔巴赫著,吴麟绶等译:《模仿论——西方文学中所描绘的现实》,第96页。

空下的西方历史经纬。

格雷戈里对高卢的政治现状多有微词:“前辈诸王由于分崩离析,结果遭到了敌人的杀戮,这种前车之鉴本是应该使他们恐惧的。曾有多少次,众城中最大的城市和世界的巨首由于内乱而失陷,但是内乱终止之后,他却好似是从地上生长出来似的再次矗立起来!国王们啊!愿你们熟悉你们的先辈们辛苦流汗所从事的那种战争,从而使各族的人由于惧怕你们而团结一致,因而被你们的威力所征服!要把你们胜利的肇始者克罗维的一切事迹铭记于心。……你们做了什么事业?你们怀着什么欲望?你们的东西那样不丰富?因为你们家里可供享乐的东西太多了,你们的仓廪里谷物、酒、油堆积得太满了,你们的宝库里金银聚成了堆。但是你们确实少一样东西:因为你们不保持和平,你们得不到上帝的恩宠。”①在文中他呼吁:“战士们啊,停止这桩罪恶勾当,别再迫害无辜的人,不要为一个人而交战,也不要破坏我们国家的实力。”②圣经脚本投射到格雷戈里观察到的社会现实便构成他别具一格的历史叙述,他的宗教情绪、他对“恶”的现实的忧虑、激愤表露无遗。

在这样的原则之下,格雷戈里对高卢所发生的政治事件都怀抱评判。他厌恶希尔佩里克,《法兰克人史》中记录着希尔佩里克发动战争、铺张奢侈、威胁利诱、诸子死亡、偶尔写作等等,就日耳曼风俗而言,希尔佩里克勇猛而慷慨,算得上一个标准的法兰克贵胄。但格雷戈里认为:“他把许多地区弄得荒凉不堪,一再放火加以烧毁。他对这种情况并不感到难过,倒还觉得高兴,就像从前尼禄在宫殿的火焰之中还唱着剧本里的诗句一样。他好几次不公正地处罚别人,以便没收他们的财物。在他统治期间,没有几个神父被提升为主教。他恣纵于大吃大喝,他的天神就是他的肚子。他经常宣称没有人比他聪明。”

格雷戈里写史从不讳言自己的观感和意见,并努力通过自己的规劝改

① 格雷戈里著,寿纪瑜、戚国淦译:《法兰克人史》,第168~169页。

② 格雷戈里著,寿纪瑜、戚国淦译:《法兰克人史》,第280页。

变高卢混战的政局，恢复上帝的和平，他告诉希尔佩里克："国王啊，我们当中若是有任何人越出公正之道，您有权力加以纠正；但是如果您犯了罪，谁人可以谴责您呢？因为我们确实可以同您谈话，您要是愿意听，您就会听；可是您要是不愿意听，那么除了表明自己代表真正公道的那位上帝而外，谁会责备您呢？"①"……您有法律，又有教规，您应该勤奋的加以探求；而且，要是您不遵守其中的训示，那您可要知道上帝的审判就悬在您的头上。"②《法兰克人史》的语言织体编织出基督教的道德体系，通过类似的批判、褒扬、规劝在其中为各历史事件找到相应位置，实际上提供了有别于古典史家的新的历史解释模式。作者并不十分关心战场上的你来我往，甚至也不去为战争、政局追因溯果，因为在中世纪"真正的因果关系并不存在于处于同一世俗层面的各种事件之间"。③ 不论是出于有意识还是身为基督徒的下意识，他通过历史讲述编织基督教的认知秩序，帮助处于认知混乱中的信徒理清视线。

这一特点在作者对社会风尚的叙述中有更鲜明体现。法兰克民族在不断地扩张发展中，财富不断增加，社会也脱离部落时期的质朴单纯而日益复杂化，出现许多新的情况需要面对，某些蛮族风尚显然不能适应较大范围内的社会治理。贡特拉姆的王后病死杀人殉葬④；希尔佩里克把女儿嫁给西哥特国王，陪嫁中包括许多奴隶和出身高贵的人士，造成众多家庭妻离子散⑤，格雷戈里都予以细节描写，"他们当中许多人哭泣着，不愿意走。……据说，在这个痛苦的时刻为数不少的人自缢而死……儿子从父亲身旁被扯开，母亲从女儿身边被扯开，他们在呻吟和诅咒声中分了手。巴黎城中一片哀声，其悲痛程度可以与埃及人的哀号相比拟"。随嫁部队沿

---

① 格雷戈里著，寿纪瑜、戚国淦译：《法兰克人史》，第 226~234 页。

② 格雷戈里著，寿纪瑜、戚国淦译：《法兰克人史》上，第 250 页。

③ 赵立行：《西欧中世纪认知过去的方式：以史学编纂为视角》，复旦大学历史系编：《史与诗：世界诸文明的历史书写》第二辑，复旦大学出版社，2007 年。

④ 格雷戈里著，寿纪瑜、戚国淦译：《法兰克人史》，第 150 页。

⑤ 格雷戈里著，寿纪瑜、戚国淦译：《法兰克人史》，第 330~332 页。

途抢劫，“他们掠夺穷人的茅舍，砍掉果实累累的葡萄枝，毁坏葡萄园，赶走畜群，凡是能够捞到手的其他东西，一概抢来。这就应了先知约珥的话：‘蝗虫剩下的，锈菌来吃。锈菌剩下的，尺蠖来吃。尺蠖剩下的，蚜虫来吃。’那时候所干下的一切，就好比白霜剩下的，暴风雨给夷平了，暴风雨剩下的，干旱给烧光了，干旱剩下的，敌人又给抢走了”。而塔西佗在《日耳曼尼亚志》中记载：“这些恩典的财源都是从战争和劫掠中得来的。要想劝他们向敌人挑战和赢得创伤那样的去耕种土地和等待一年的收成，那是很困难的。而且，他们还觉得：可以用流血的方式获取的东西，如果以流汗的方式得之，未免太文弱无能了。”①日耳曼人引以为豪的风俗遭遇格雷戈里的基督教道德标尺衡量，产生激烈碰撞势在必然。

通文看来，格雷戈里在谴责“不义”的同时，通过历史叙事努力将蛮族风尚驯化为基督教道德风尚。他关注三种类型人物，第一类是主教，通过具体事件表现道德败坏的主教和堪称道德楷模的主教，树立道德风向标。第二类是专事修行的修道士（包括修道院院长），同样也注重细节描写，例如幻觉、梦境、圣徒圣物征兆等，提升信众宗教气质。第三类是俗人中间发生的有违基督教道德之事，以帮助重新确立日常生活的道德标准。这其间穿插的大量征兆描写实际帮助了格雷戈里渲染氛围。

叙事是一种具有特殊作用的散漫的意义生产系统②，格雷戈里以坚定的神学信仰进行细致生动的叙事，更加强了叙事的这一特殊功能。从这个意义上来说，格雷戈里所从事的历史写作更多的是一个创造过程，因此笔者赞同海泽曼③的看法，格雷戈里不仅仅是一个对道德全面滑坡的社会进行讽刺的作家，更是一个为人类历史提供道德经纬的历史学家。也就是说，他是编织基督教历史语体的先行者，一个创造者，而不能仅仅把他看作

① 塔西佗：《阿古利可拉传日耳曼尼亚志》，北京：商务印书馆，1985 年，第 61 页。

② 海登·怀特著，董立河译：《形式的内容：叙事话语与历史再现》“前言”，北京：文津出版社，2005 年。

③ Martin Heinzelmann, *Gregory of Tours*, Cambridge University Press, 2001.

一个蹩脚的编史者。当然,我们不能过于强调作者在重构历史认知方面的主动性,作为一位乱世之中信仰坚定的主教,格雷戈里更多地出于自发而非自觉。

格雷戈里在写史中从不遮掩本人对正在书写的历史事件或人物的看法,这与古典史学产生了分野。“史学之父”希罗多德在叙事命题的选择上分为三个层次,最核心的部分是他自己的经历,其次是各种道听途说的东西,最后一层则是猜测①,他说“我的职责是记录我所听到的一切”。希罗多德在“探询”历史过程中更多表现出历史诞生之初的好奇心,虽然他想把希腊人和异邦人“发生纷争的原因给记载下来”,但“如是我闻”的旁观者态度使他更重视历史叙事的形式粘合。修昔底德开创了西方现实主义史学的传统,战败被流放的经历使“他回忆这些并不是如诗人般的宁静形式,而是以极端痛苦的流放形式来重新回忆这些事件”。② 可能正因如此,修昔底德才如此刻意求真,将叙事的焦点落在战争分析上,专重历史叙事的内在因果逻辑,极少旁骛。这两位伟大的历史学家史才各有千秋,但都缺乏对人的整体关怀,而这正是基督教赋予史学的新内容。

基督教信仰即对神的关切包含了对人类的普遍关切,因此格雷戈里除了是一个“记史拙劣”的宗教信徒,更是一位现实主义的历史学家。他记录了王室纷争,也记录了普通民众;既有宗教圣徒,也有巴黎农妇;王后丧子亦如普通人一样哀伤,穷修士德行高洁亦得盛誉。“天道远,人道迩”这句话在格雷戈里看来如此荒谬:天道恰恰通过人道得以体现,因此神学与现实主义史学以这样吊诡的方式融合一体。这也是他与古典晚期的基督教史家的不同之处。无论尤西比乌斯、塞尔维乌斯还是奥罗西乌斯,他们关注的重心是教会、殉道,他们的历史视线完全是朝向天国的。格雷戈里虽

① Detlev Fehling, *Die Quellenangaben bei Herodot*. Studien zur Erzählkunst Herodots, Berlin/New York, 1971.

② Francis M. Cornford, *Thucydides Mythistoricus*, Indiana University Press, 1992, p.76.

然也有强烈的末世情结，但其落笔却处处体现出对现实政局、高卢社会、上帝牧民的真切关怀。

相应的，以圣经为脚本的格雷戈里的历史批判意识更强烈。作为虔诚的宗教信徒，格雷戈里对现实所发生的一切忧伤、焦虑感同身受，因此写史过程中他不能如希罗多德那样做个旁观者，他同样也“经历”(experience-as)自己笔下所发生的一切，所以有时他忍不住跳出来进行批判、规劝、哀叹。① 这使得格雷戈里的现实主义关怀沉实厚重，即便在神学外衣下，亦然熠熠生辉。

（原载《复旦学报》，2010 年第 4 期）

① 修昔底德的痛苦，他的困顿不得不通过追因溯果寻求解决之道，而格雷戈里的困顿有着深厚的神学体系支撑，所以他的困顿是一种通透的困顿。

兰克史学风格新释

汪丽红

中国传统画法中有两种泾渭分明的技法：一种是写实，即描绘事物的真实面貌，讲究的是形似；另一种是写意，重在勾勒事物的神态，讲究的是意到，它更多地是表现画家所得到的主观映像。历史当然是建立在真实的基础上，然而许多伟大的历史学家早就认识到见诸文字的历史往往是作者主观构造的结果，即实际上是写意。这种历史观念在今天早已成为人们的共识。当我们回过头再来看生活在十九世纪的史学大师兰克，尤其是他那句名言"事实是怎样就怎样叙述"，自是别有一番滋味。

一、毁誉交加的历史学家

1824年，《拉丁和条顿民族史》出版，使兰克这个默默无闻的法兰克福高级中学教师异军突起，一举成名，从此一发不可收，连续创作，这其中包括使他屹立于史林的《教皇史》，为他赢得"普鲁士国家史官"头衔的《宗教改革》，以一个外国人客观、冷静态度书写的《法国史》和《英国史》，被批评为阿谀奉承的《哈登贝格》以及他在80岁高龄之下的沥血之作《世界史》8卷。这些著作虽然给他带来了历史学上不可动摇的"大师"地位，然而也给他带来了许多纷争和批评。有人敬佩他，也有人厌倦他。他的学生阿克顿愤愤不平地提到兰克的同代人厌恶兰克的中立和不加臧否①。在这些批评

① 阿克顿：《历史研究讲演录》，摘自何兆武：《历史理论与史学理论》，北京：商务印书馆，1999年，第358页。

当中最能体现兰克特点的是格雷戈罗维的说法：兰克走过历史舞台，就像走过画廊一样，一边走，一边敏捷地记笔记。这种说法一方面展现了兰克的勤奋，虽然不无嘲讽，另一方面也指责了兰克写史时那种局外人冷漠的态度，像一个正在临摹的艺术学院的学生，即照葫芦画样，彻底的写实主义。①

1886年兰克去世，时至今日，整整一个世纪过去了，兰克一直是史学史上不朽的话题。迈纳克说他是历史这一行当中最伟大的导师，直觉与理性兼具。而克罗齐则讽刺兰克及其追随者们"以一种明知的怀疑论或不可知论把它们全部加以中和，并以一种主席做总结的口吻的形式来冲淡它们，仔细听取双方的意见，对各方都有礼貌，这当中有外交的手腕"。② 斯宾格勒则批评兰克的历史类比是一种用普鲁塔克式的通俗传奇式的笔触作出的。③ 不管评价如何，他们都从他那里得到了启发。例如，反叛兰克的布克哈特在他的讨论班(seminar)里接受了整整四年的教育(1839—1843年)。

20世纪初对中国史坛产生革命性影响的有两个学派：一个是兰克学派，另一个是由兰克学派发展来的新史学派。伯恩海姆的《历史研究方法论手册》早已被介绍到中国旧史学界。梁启超首倡"史界革命"，其许多理论未尝不是来自兰克学派。④ 傅斯年把兰克的史料批判抬高到至高无上的地位，他著名的口号是"史料即史学"。⑤ 至于其对吴于廑等史学泰斗的影

---

① 乔治·皮博迪·古奇著，耿淡如译：《十九世纪的历史学和历史学家》，北京：商务印书馆，1987年，第213页。

② 徐浩、侯建新：《当代西方史学流派》，北京：中国人民大学出版社，1996年，第28页。

③ 奥斯瓦尔德·斯宾格勒著，齐世荣等译：《西方的没落》，北京：商务印书馆，1991年，第15页。

④ 梁启超：《中国历史研究法》，上海：上海古籍出版社，1987年。梁不满中国旧史学为目的而牺牲事实，呼吁"史料以求真为尚"，他的史料甄别方法与兰克如出一辙。虽然没有直接材料说明梁是受兰克的影响，但是他基本接受了兰克学派的精髓。

⑤ 1923年，傅斯年在柏林大学学习历史语言考据学，其创始人就是兰克；他还曾将集兰克史学方法之大成的伯因海姆的《史学方法论》翻烂，以至于不得不重新装订。

响,这里就不多加赘述。学界近来讨论兰克的文章也不在少数。兰克及其学派影响之深远,由此可见一斑。

著史冷静、客观,看似木讷的兰克被这些批评或者赞誉蒙上了斑驳绚丽的色彩,然而我们无须揭去这些批评的面纱来看兰克,因为兰克本来就是这样一个复杂矛盾的历史学家。

二、浪漫主义的实践者和背叛者

从以上简略的介绍可以看出,人们对于兰克的批评多集中在他“阴阳怪气的不正常的超然态度”(德罗伊语)。西方近代以来的传统历来重视实践主体——人的能动性。莎士比亚在《哈姆雷特》一剧中指出人是宇宙的精华,万物的灵长,他深深服膺于人的力量,一往情深地说“人乃天地之心”。几乎与兰克同时代的约翰·斯图亚特·穆勒通过与中国的对比证明:拥有个性是人类的福祉。即使拉·梅耶特耸人听闻地高呼“人是一部机器”,然而这部机器处处充满感激、爱戴、热情和憎恶。而这正是兰克著作中所缺乏的,因此招致了感情直露、罗曼蒂克的欧洲人的恼怒。

兰克生活的时代正是浪漫主义作为一种普遍情绪为人们接受的年代,兰克受到了它的影响,然而却也是他宣告了浪漫主义的终结。浪漫主义发端于十八世纪七十年代,以德国的狂飙运动为典型,针对的目标是冷冰冰的理性原则。启蒙时代的理性主义在此时已经走向了极端。普罗泰戈拉的名言“人是万物的尺度”,不知不觉地被理性主义者篡改成了“理性是万物的尺度”。这样抽象的、冷冰冰的理性压倒了人的天性,甚至淹没了人本身,代替宗教成为新的偶像。然而人是复杂的动物,除了理性的一面外,还有非理性的一面,例如直觉、冲动、热情……所以,作为理性主义的反对者,浪漫主义者开始重新认识人的价值,抬高感觉的地位。波德莱尔一语中的,“浪漫主义所处的地位恰恰正是既不在于题材的选择,也不在于确切的真理，而是一种感觉方式”①。

赫尔德是浪漫主义的先师。然而在他的《人类历史哲学观念》一文中，我们发现了“兰克”。该文开篇说人的能动力量是历史的起源，并大胆指出：“我们发现没有任何东西高于人性；因为我们即使想到天使、神，我们也是把他们设想为理想的、高超的人。”②在结尾处，他含蓄地指出：各国历史是因为人性而统一起来，历史是为人性而作。就在这同一篇文章中，赫尔德也指出：历史基于不同的环境（时代、地点、条件、民族……）而具有不同的特点，历史是关于事实的科学，而非可能性的科学，因此历史学家不能把自己的假设套到具体的历史事实头上去，而必须认识到历史的多样性和关注历史与其环境之间的关联，为了达到这样的目的，“人类历史学家的眼光必须如人类的创造者或者世界的守护神一样公正，他的判断必须完全不受感情的影响”③。与此同时，还要具备敏感和细致的特质。

许多人因为兰克重视布满灰尘、已成为历史残骸的史料，及其超然的历史态度④，认为兰克忽略人物描写，这实在违背兰克的初衷。“但一个高尚的理想确实存在：表现了人类的聪明才智、统一性、多样性的事件是必须要写进的。我知道我自己在什么程度上没有实现我的目标。有人尝试了，努力了，但最终却没有成功，这不应该使人垂头丧气，最为重要的，像雅可比说的那样，是我们永远在探究那本来面目的人性，无论是可说明的，还是不可说明的；这就是个体的生活，一代代人的生活，各民族的生活，有时是在他们之上的上帝之手。”（《拉丁和条顿民族史·前言》）

---

① 转引自阿伦·布洛克著，董乐山译：《西方人文主义传统》，北京：三联书店，1997年，第113页。

② 赫尔德：《人类历史哲学观念》，摘自何兆武：《历史理论与史学理论》，第192页。

③ 赫尔德：《人类历史哲学观念》，摘自何兆武：《历史理论与史学理论》，第192页。

④ 或者因为其弟子的观点而误解兰克。参见梅义征：《被误解的思想——兰克是怎样成为科学历史学之父的》，《史学理论研究》，1998年第1期。

兰克不但敢于展现人的生活,甚至试图通过描绘人的生活去展现人的精神世界。“如果仅从兽性的力量的活动出发看待历史上的各种力量的斗争,抓住这一现象的次要因素,那么我们便大错特错了,因为没有一个国家可在缺乏精神基础、物质的情况下生存。力量本身就是一种精神的物质,一种创造性的才能……”(《论十九世纪》)

兰克对于阐释人及人性有着异乎寻常的痴迷:“在我读世界历史的时候,知识和视野天天都在扩大。但是谁又能揭示出个人的内在实质、本性和生命的冲动呢?”迈纳克说:“就人们有可能对人类的灵魂有同情的洞见,从而揭示出这种内在本质而言,兰克的成功超过了他的任何一位前人。”①

从兰克对描写人性的诚挚的渴求中,我们看到的是一个热情、充满浪漫理想的兰克。舒伯特在《自传》中提到这位年轻教授的动人风度,说他愉快,机敏开朗,是一个讨人喜欢的伙伴。或许这是舒伯特的恭维之辞,但我们丝毫不能怀疑兰克对历史的满腔热情。1825年,他因完成了《拉丁和条顿民族史》这一著作被邀请到柏林大学去授课,他满怀激情和希望地说:“仿佛通向我真正生活的大门终于打开了,仿佛我终于能够展开我的双翼了。”写史能激起兰克极大的兴奋,使他“得以享受历代的财富,会见往日的英雄豪杰,重过昔日的种种生活,人生快事,莫过于此”②。正是这种浪漫主义的情绪支持着他笔耕不辍,直至90岁高龄。

正是这一点决定了兰克不可能像人们批评的那样冷漠无情,也不可能如自己说的那样做到毫无偏见。“兰克的历史哲学引诱他原谅一切不可宽恕之事。……但是在兰克科学客观主义的帷幕之后,兰克还是有明确的政治偏好的。相比德国社会主义运动来说,兰克更偏好德国的王权政治。……在兰克看来,俾斯麦(Bismack)要比蓓蓓尔(Bebel)更符合上帝的旨

---

① 这是迈纳克1936年1月23日在普鲁士科学院纪念会上演说时所讲,摘自何兆武:《历史理论与史学理论》,第180页。

② 转引自乔治·皮博迪·古奇著,耿淡如译:《十九世纪的历史学和历史学家》,第215页。

意。”①汤普逊骂他是“普鲁士的忠诚奴仆，教会和国家的辩护士；他写的一切都是思想偏见和利害的反映”。②

兰克受浪漫主义的影响还体现在他具有浪漫主义的核心特征——直觉。他的这项特殊才能得到了汤因比、费弗尔、波普尔、克罗齐等人的大力赞赏。在分析事物之间的关联时，他充分运用了直觉。浪漫主义者重新关注中世纪，注意到了历史的连续性和整体性。兰克更敏锐地指出：“地球上没有一个国家是完全封闭的，正是那种依赖与该民族的特性的外部交往才使一个民族登上世界历史舞台。通史必须以此为中心。”“过去发生的事物，与现在正在发生的事物联系在一起。”“整体史不是以特定的关系和趋向，而是以完整性，总体性，理解人类历史。”因此在把握历史与其环境的关系时，兰克展现了他的直觉和才能。这在其著作里随处可见。兰克自己也认为直觉是好的历史学家应具备的特质：“获得人类事物知识的方法只有两种：通过特殊性的感知或通过抽象。后者是哲学的方法，前者是历史的方法。”“惟有广泛的研究和组合，才会把我们提高到对生命深处流行着的精神法则有一种直觉的方式。”所以布洛塞赫说：“很多人都把兰克看作一个准实证主义者，而忽略了兰克和形而上（metaphysics）的关联，而这正是兰克史学方法论的基础”。③

但是古奇认为浪漫主义只是引起了对早期德意志文学与传说的兴趣，对于历史它却没有写出几本动人的著作来。感觉的夸张、情绪的泛滥、理性的排斥阻碍了他们将浪漫主义的核心原则运用于历史。真正将浪漫主义原则运用于历史写作实践的，反而是这位历史客观主义的创始人。没有人能比兰克更深刻地认识到人的因素在历史中发挥的作用；在他卷帙浩繁的著作中，没有一本不是突现人的作用，描写“既善良又邪恶；既高贵又兽

---

① Peter Gay, *Style in History*, New York: McGraw-Hill Book Company, 1974, p.91.

② J·W·汤普森著，孙秉莹、谢德风译：《历史著作史》下卷，第三分册，北京：商务印书馆，1988年，第252~253页。

③ Breisach, *Historiography*, Chicago: University of Chicago Press, 1983, P.233.

性;既有教养又粗野;既企求永恒又沉湎于一时的欢乐;既幸福又悲苦的人”。他把人物放到具体的历史环境中去,从不认为人的理性可以使他超越环境,得到一切想得到的东西。在《教皇史》中,他对席克斯特五世的分析眼光独到。“这些精微的隐喻,这些各个不同的叙述线索的交织和分离,都被一种极端敏锐的观察和一种高度精确的匠心独运所驾驭着。”①(迈纳克语,在这一方面没有人能比迈纳克更深刻地理解兰克。)

兰克一面在历史领域里实践浪漫主义,一面敲响浪漫主义史学的丧钟。兰克在实践浪漫主义原则的过程中,采取了非常不浪漫的方法。兰克满腔热忱,一心渴望展现真实人生的丰富多彩,但是他发现要实现这一崇高理想,他就必须舍弃自己的情感,因为“没有精确的研究,整体的概念只能是一个幻想”,“对事实进行精确的陈述,虽然可能会枯燥及不具备逻辑必须性,但它无疑是最高原则”(《拉丁和条顿民族史·前言》),所以“兰克的史学风格就如同他的宗教观一样是平和(serene)的”②。他因此也就提出了那句著名的口号:“历史指定给本书的任务是:评判过去,教导现在,以利于未来。可是本书并不敢期望完成这样崇高的任务。它的目的只不过是说明事情的真实情况而已。”③

另外一方面兰克对史料的研究方法更增加了他的实证主义色彩。他最重视历史当事人的日记、信函、笔记等等,因为它们最接近历史的真实,所以他经常出没在各国的档案馆和私人藏书库中。对这些材料,兰克都要严格考证。笔者的政治背景、知识结构、心理状态、写作环境……都在他考察的范围之内。他用放大镜十二万分小心地观察人类的历史,这时他更像一个客观公正的自然科学家。因此在踏出实践浪漫主义原则的第一步,兰克就在同时违背了浪漫主义。

---

① 这是迈纳克1936年1月23日在普鲁士科学院纪念会上演说时所讲,摘自何兆武:《历史理论与史学理论》,第180页。

② Peter Gay, *Style in History*, New York: McGraw-Hill Book Company, 1974, p.79.

③ Es will bloss zeigen wie es eigentlich gewesen. 乔治·皮博迪·古奇著,耿淡如译:《十九世纪的历史学和历史学家》,北京:商务印书馆,1987年,第178页。

在运用史料写作时，兰克小心翼翼，不妄下断语。阿克顿勋爵总结老师谨慎的态度为："最高限度的缄默，大量的自我克制，及时和审慎的超然的态度，对生杀问题的保密，超越争议，造就一个可以为人接受的法庭，对所有的人一视同仁。"①这与浪漫主义者温克尔曼写希腊时那样狂喜的语言，皮拉纳齐对罗马遗址的夸张以及对崇高事物的钦佩相当格格不入。兰克将崇高的理想、浪漫的热情埋藏在心里，反复咀嚼，最后吐出来的却是温和、冷静甚至是冷漠的语言。

浪漫主义并非全部的兰克，他同时兼具客观主义，忽视任何一方面都不是完整的兰克。也就是说"我们不能将兰克同客观主义史学完全等同起来"。②

兰克丰富的著作，以及他的遍布欧洲和美国的学生，都使兰克客观主义的叙事态度和实证主义的治史方法得到极大的宣扬，但是他的热情和个性作为一种心灵深处的东西在这一过程中却被忽略掉了。从社会思潮来看，浪漫主义也暴露出自身的弱点：科学的发展使 19 世纪成为一个"尊重事实的世纪"，而浪漫主义者泛滥的情感不适宜从事脚踏实地的工作，他们易于为情感所左右，浪漫主义逐渐失去市场。兰克的历史客观主义因此得到突显，再加上兰克的著作和学生的宣扬和夸大，兰克学派一举抢占了市场。兰克也因此被时代的潮流推到了反叛浪漫主义的前沿，这一点他本人是绝对没有预料到的。另一方面，历史这门学科也被夹带着卷到人们的面前，人们第一次发现它是一门挣扎着独立的学科或者说是科学。

三、历史的两个两难困境

兰克对历史的热情，以及他卓有成效的研究方法，都使他深信"历史

① 阿克顿就任剑桥讲座教授时的讲演，摘自何兆武：《历史理论与史学理论》，第355~336 页。

② 张广智：《西方史学史》，上海：复旦大学出版社，2000 年，第 212 页。

学——在最高点上——本身需要，也能够按照自己的方式，将对特殊事件的研究和观察升华成对事件的普遍性的观念，升华成一门客观实在的，相关的知识”(《论十九世纪》)。在此以前，历史仅仅是作为统治者的顾问，人民的道德说教者，它从属于伦理学、政治学、哲学、神学……就是从来没有成为过自己。兰克使它成立了自己的王国，有一套法规制度运行操作。当然这也是占主流的科学主义趋势使然。

兰克的弟子阿克顿让历史承担了更多的重任，人们“不能承认什么是理所当然的东西，而是要力图认识他们是站在什么基础上，他们前进的道路是什么，以及何以如此的理由。因此，对于他们，历史学家就具有日益增长的优势……它迫使我们分担比我们的社会更广阔的那些社会存在……”这固然抬高了历史作为一门独立学科的地位，但也将历史的作用夸大到了无限。在全部“资料都可以获得”“一切问题都变得可以解决”的阿克顿看来，历史学与其说是一门关于人类社会发展的科学，毋宁说就是文献学。他说：“我们还是一个文献时代的开始，它将历史学从历史学家那里独立出来，以牺牲写作为代价而发展学术。并且同样在其他学科中也要完成一场革命。”①浪漫主义彻底消失。在他的阐释下，历史不但成为一门独立而且无比重要的学科，而且只有经过专门训练的技术人员才能承担这门科学的研究。历史学家在某种程度上垄断了这门科学。

新史学虽然反对阿克顿的历史主义，但是却都无一例外地接受了兰克学派对史料的重视和不放过细小问题的认真态度。这些可以从新史学的一些名著当中得到反映，例如皮埃尔·古贝尔的《1600—1730 年的博韦和博韦人》，那是对博韦地区 100 年间有关家庭和个人的全部教区记录所进行的分析；埃马纽埃尔·勒鲁瓦·拉迪里的《1294—1324 年间的奥克语地区的蒙塔尤村》；保罗·维纳的《面包和杂技团——一种多元政治的历史社会学》，但是他们往往走过头。1972 年卡尔·布里登博在美国历史学会芝

---

① 巴勒克拉夫著，杨豫译：《当代史学主要趋势》，上海：上海译文出版社，1987 年，第 9 页。

加哥年会上的主席发言,更深刻地指明了这一趋势:“系主任不再要求年轻地博士去研究 1783 年以后的全部美国史,他们要求初学者接受的训练,仅限于一个狭窄的课题或一段很短时期的问题……我们的年会为铁路史研究项目留出了讨论时间,我估计再过一年,这个题目会进一步分为若干个,先是关于铁路窄轨史的研究,然后是关于气刹史的研究。”①从兰克对宏伟历史画面的展现到对一个郡的人口出生与死亡的琐碎研究,我们发现历史在碎化,她被历史学家们分割得支离破碎;作为一门独立学科,它的路似乎越走越窄。如此的“专业化”远远超出了兰克的期望。

一方面史料范围无限扩大,新史学研究的史料五花八门,包括公私账簿、物价和工资方面的史料,教区档案中有关教民婚丧嫁娶、生老病死的记录,族谱、征兵征税记录、选举和投票记录、法庭记录、遗嘱、公私藏书目录等等。另一方面每个具体的课题越来越狭窄和琐屑,这迫使历史学家们必须借鉴其他学科的方法,曾经勒高夫在《新史学》当中欣喜地看到史学与人类学、经济学、地理学、心理学和语言学、数学、生命科学的对话,认为这丰富了史学的内容和方法,然而噩梦在后。而今历史著作很少再出现让人产生“阅读快感”的叙事风格,而是福格尔式的数学方程和计量图表,或者是经济学家的专业名词,或者是心理学家的精神分析,或者是各种各样、奇奇怪怪的结构,而结构当中剥离了兰克所重视的“人”及人性。历史学家纠缠于一小块土地的价格、一个教堂、一个账簿、一份登记表的同时,丧失了兰克的“直觉”——一个历史学家所必须具备的特质。结果等他们清醒过来时,发现自己引狼入室:这些其他学科抛开了历史学家,直接与史料相结合,自己的专业领域被瓜分掉了!难怪布里登博要惊呼:历史学作为一门独立的学科还存在吗?

1956 年哈耶克在美国芝加哥社会科学研究大楼成立时,发表题为《专业化的困境》(The Dilemma of Specialization)演讲,指出了过分专业化的危

① 摘自王建华译:《现代史学的挑战——美国历史协会主席演说集(1961—1988)》,上海:上海人民出版社,1990 年,第 29 页。

险。历史当然要进行跨学科的研究,然而也应当提防另一面的危险:历史学一旦失去了自己的个性,就可能被其他学科淹没。

应该说历史科学的独立兰克居功阙伟,然而又是他档案馆式的史料研究方法让史学的独立产生了危机。如果兰克在世的话,会发现自己处于一个十分尴尬的境地。然而,还有另外一个问题会使他更觉尴尬,那是他的那句名言"事实是怎样就怎样叙述"所引发的,因为这遭到他所有后辈们的反对。

这里我想汪震宇对纪实片的一段论述也能很精彩地反驳兰克的名言:"然而进一步的探究却向我们揭示了一个蕴义更深的层面,即恰恰是在当前盛行的纪实片那里,叙事者,这个冷漠、客观、不对眼前发生的事轻置一词,放弃了判断、评价,而致力于让生活自己呈现。'讲述老百姓自己的故事'的叙述者却更为鲜明强烈地让我们感受到他自身的存在。随着每一个视角的切换,进深的展开,每一个声音的发生,每一道光线的投注,每一张脸的趋近和每一个背影的消失,以及每一个城市生活空间的打开,我们分明意识到这一道指引我们前行的目光,在沉默中阐释着对于生活经验的细致丰富的理解和感受。……"①

人们发现兰克坚信的"写实"原来就是"写意",两者之间的界限模糊掉了。

然而我们应该知道,兰克是生活在十九世纪的人,历史学到了他的时代才独立出来,而他的这句名言是历史学这个王国立国的基础。没有"如实直书"的原则,历史上发生的事情可以被任意歪曲、篡改,甚至使它消失或者杜撰,那么历史将不成为历史矣!更不用说历史学科了。他的那句名言是今天每位历史学家的座右铭,或潜藏的原则。但是正如上面引文所提到的那样:还原真实是不可能的。兰克的"事实是怎样就怎样叙述"这句名言同时是正确的又是错误的。兰克早已去世,他本人深信这句话是铁一般

---

① 汪震宇:《我们时代的叙事风格》,张颐武等编:《今日先锋》,天津:天津社会科学院出版社,1999年。

的事实,却让今天的历史学家在这正确和错误当中摇摆。这是历史的尴尬。

还原历史的真实是不可能的,但是现象学大师埃德蒙·胡塞尔也有一句名言“走向事情本身”。这句话可与兰克的名言相映成趣。科拉夫斯基解释说:“我不得不承认,尽管最终的确然性是一个在理性主义范围内无法达到的目标,但如果没有那些不断努力试图达到这个目标的人们(例如兰克,作者按),我们的文化就将会是贫乏而可怜的;而且如果我们的文化完全落入怀疑主义者们的手中,那么它将是几乎无法继续生存下去。”①所以我们虽然达不到事情本身,但可以走向事情本身。

总之,兰克是一个矛盾而充满争议的历史学家。戴上“历史的讲解员”②头衔后对他的评价始终一面倒,造成了他平淡无趣、冷静公正的形象。而事实证明他是一个热情四溢、非常具有想象力的历史学家。他所遗留下来的问题则将困惑历史学界很久,更谈不上平淡。

(原载香港中文大学中国文化研究所的“世纪中国”网站[www.cc.org.cn],上网日期2003年04月02日)

---

① 转引自德蒙·胡塞尔著,倪梁康译:《哲学作为严格的科学》,北京:商务印书馆,1999年,前言v-vi。

② Breisach, *Historiography*, Chicago: University of Chicago Press, 1983, P.225.

当代西方元历史学本体论辨析

韩 炯

20世纪70年代初，与历史研究实践中微观史学和新文化史研究的兴起大抵呈同步推进之势，西方历史哲学领域出现了一个重要变化，以往学者在谈及这一转变时多依据历史叙事来认识，即所谓从“分析的历史哲学”转向“叙事的历史哲学”。再者，国内外学者对这一转变的关注也多缘于美国学者海登·怀特的奠基性著作《元史学——十九世纪欧洲历史的想象》(*Metahistory*: *The Historical Imagination in Nineteenth-Century Europe*)。① 但“元历史学”(metahistory)一词歧义纷呈，学界聚讼纷纭。笔者试图从分析哲学视阈中“元历史学”涵义流变及其理解方面打开一条认识当代西方历史哲学转变的通道，并揭示出其语言本体论的实质和困境，进而表明唯物史观在当代史学革命中的本体论意义和价值不容否定。

一、“元历史学”的分析哲学缘起与逻辑预设

“元历史学(metahistory)”一词并非海登·怀特首创，但这一称谓的确

① Hayden white *Metahistory*: *The Historical Imagination in Nineteenth - Century Europe*, Baltimore, MD: Johns Hopkins University Press, 1973. 中译本见陈新译:《元史学——19世纪欧洲的历史想象》，南京:译林出版社，2004年。文中除用《元史学》特指这一译本外，其余都采用“元历史学”表示metahistory。

因其 1973 年问世的同名著作的影响才广为人知。① 该书基于对 19 世纪思想史的分析研究，认为一切历史书写中都包含某种“元历史学”要素，历史著作背后都藏有某种主导的历史哲学观念。在这一点上，黑格尔、马克思、尼采、克罗齐等史学名家创作的历史哲学作品概莫能外。学界一般认为，怀特以其对传统“元历史学”观念的发挥，开启了继分析历史哲学之后的叙事主义历史哲学的理论新平台。甚至有学者认为“元历史学”研究也推进了关于“元历史哲学”的研究。② 但全面评估“元历史学”的含义，必须追溯其分析哲学的起源。

Metahistory 系英文 metaphysics（形而上学）的仿造。按照词源学的解释，meta-在希腊文中相当于“后”，或为“元（原）”，海德格尔把它解释为

---

① 《史学理论研究》2012 年第 1 期刊发的“metahistory 的翻译及对海登·怀特思想的理解”一文指出，“怀特将‘meta’与‘history’联用一起，取名为 Metahistory，不仅仅是对历史的研究和记录，而且还是作为历史哲学，对 19 世纪历史学方法、目的、规律的研究和探讨”（第 151 页）。似乎这种用法源出怀特著作中。其实，历史学中 metahistory 用法由来已久，详见下文。

② 国外观点可以概括为：第一，开启了“历史哲学”的新阶段；第二，“元历史学”包括跨学科批判的含义，实现了历史学、文学、美学甚至政治学学科的新综合，进一步发展了或可称为“历史诗学”的“新科学”；第三，元史学摧毁了传统历史学的史学根基。国外最新研究详见 F. Ankersmit, Ewa Domanska , and Hans Kellner , Eds, *Re-figuring Hayden White*, Standford University Press , California, 2009. 国内学者对于怀特 metahistory 的理解首先凸显在对该词的翻译上。最早译为“元历史学”，此后出现“元史学”“元历史”“玄史学”，台湾版译名为《史元》（刘世安），也有“后设历史学”（汪荣祖）。国内学者观点大体也可分为三类：第一，元历史学是一种新的历史哲学，它不同于以往的思辨的历史哲学和分析的历史哲学，可以归入叙事主义历史哲学中。具体对叙事主义历史哲学贡献和发展前景看法，由于切入角度不同，差别较大；第二，元历史学是思辨的历史哲学；第三，承认元历史学的语言学特征，但不给出明确的历史哲学归类。各位学者关于“元历史学”的见解都有一定道理。笔者看来，把元历史学等同于玄史学和形而上学加以抛弃，无疑过于武断、简单化，其根源在于混淆广义和狭义的“思辨的历史哲学”的含义。毕竟怀特苦心孤诣的论证并非没有哲学基础，而且其中的跨学科特色虽有杂糅之嫌，换个角度看也是可贵创新。要正确认识怀特“元历史学”研究的本质，首先必须认识到 20 世纪 50—60 年代分析的语言哲学的新发展，尤其是在美国出现的分析哲学与实用主义结合所带来的“语用学”转向。

“超越”。Metaphysics 中的 meta 揭示的是一种与“physics”的关系，希腊文转译为中文“形而上学”。① 西方哲学中的“形而上学”主要回答宇宙起源、世界本源、人的本质、生命的绝对价值和终极意义等问题，具有浓厚的思辨色彩，系思辨哲学的代名词。按照《方塔纳现代思想辞典》的界说，形而上学是“对世界的研究，或对什么是真实存在的研究……形而上学的主要内涵是本体论”。② 早在 1903 年第七届德国史家学术会议上，经济学家弗里德里克·冯·哥特-奥托菲尔德（Fredrich von Gottl-Ottilienfeld）反对史学家兰普勒希特（Karl Lamprecht）倡议的史学，特别把兰氏的史学称为 Metageschichte（德语，相当于英语的 metahistory），克罗齐认为这种用法是取自古代的“形而上学”（metaphysics）。③ 而按照史密斯说法，metahistory 一词语出汤因比，用以指黑格尔所谓“哲学式历史”（philosophical History），斯宾格勒、汤因比等就曾被称为“元历史学家（metahistorian）”。④ 认为 metahistory 是对 metaphysics 的仿造，借指具有思辨色彩的历史研究或者历史哲学，不无理由。

20 世纪初，英语世界中 Meta-与学科名词相连的用法，其含义已经不止于此，而是强调用批判审视态度反思该学科的性质、结构以及其他种种表现，它意指一种更高级的逻辑形式。它的先声是元数学

---

① 亚里士多德著、关寿彭译：《形而上学》，商务印书馆 1959 年版，第 329 页；彭克宏主编：《社会科学大辞典》，中国国际广播出版社 1989 年版，第 52 页。就中国古代传统而言，凡“属地”的都为“形”，是“完成”了的，“完形”了。所以“形而上”对应指“物理学之外的世界”，很是贴切。叶秀山：《世纪的困惑——中西哲学对“本体”问题之思考》，《中国哲学史研究》，2007 年第 1 期。

② *The Fontana Dictionary of Modern Thought*, fifth impression, 1982, p.386.

③ Benedetto Croce, *History as the Story of Liberty*, trans. Sylvia Sprigge (New York, Meridian Books, 1955), p.290. 克里斯托弗·道森（Christopher Dawson）也持此论。参见 Christopher Dawson, “The Problem of Metahistory” (1951) in *History Today* 1 (June, 1951): pp9-12.

④ Page Smith, *The Historian and History* (New York: Vintage Books, 1964), p103, 200-201, 261.

(metamathematics)。元数学是德国著名数学家希尔伯特(D.Hilbert)在其"希尔伯特方案"中提出来的,他试图用有穷的形式主义方法来证明无穷的数学系统的完备性和相容性,借此为数学寻找到一个可靠的第一基础学科做支撑。在此基础上发展起来的元逻辑学(metalogic),把形式化、符号化的思想向着普遍有效的方向推进。① 元数学和元逻辑学的兴起推动了哲学领域把语言当成研究对象。作为现代数理逻辑的创始人弗雷格,他始创的数理逻辑成为大多数分析哲学家的主要研究手段。在分析哲学建立过程中,罗素最先强调要把形式分析或逻辑分析当作哲学的固有方法,并加以广泛应用,他本人也是分析哲学的奠基人。此后,摩尔、维特根斯坦、卡尔纳普等一批分析哲学家相继出现。总体上看,分析哲学把一切哲学问题都归结为语言问题,通过对各门学科的概念、术语和命题的分析,达到澄清问题。受此影响,形成一系列"元学科",如元伦理学、元社会学等。

20世纪中期前后,元历史学(metahistory)开始作为"元学科理论"(theory of meta-disciplines)的一支呈现出来。天主教史学家克里斯托弗·道森(Christopher Dawson)1951年在*History today*六月号上撰文,专门论述元历史学的问题:metahistory一词含义丰富,它所关切的是"历史之本质、历史之意义以及历史变迁之原因与重要性"。道森相信,优秀的"元历史学"并非史学之敌,而是史学的导引与友人。② 1957年,约尔东(Yolton)首先开始采用"元学科理论"(theory of meta-disciplines)意义上的"元历史学",用以指代"考察某类科学的前提、方法论和概念"的某种学科。③ 总体上看,分析哲学影响下的"元历史学",拥有"元学科理论"下述共同的逻辑预设:

---

① 狭义的元逻辑学是指对逻辑理论的整体性质的研究,研究的关键在于逻辑的形式化。广义的元逻辑学是指对于一般形式系统的研究。

② Christopher Dawson, "The Problem of Metahistory" (1951) in *History Today* 1 (June, 1951): pp9-12.后来重印在*The Dynamics of World History*, ed. John J. Mulloy (New York: Sheed & World, Inc., 1957), pp287-293.

③ John W.Yolton "History and metahistory "1955, *Philosophy and Phenomenological Research* 15: 477-492.

第一，外部反思和跨学科性是元学科理论的突出特征。

任何一门学科确立后，都会逐步澄明自身的学科研究对象和研究方法，此后也会对学科内的一些问题进行反思。但元学科理论提出了有关学科系统性理论反思的任务。它要跳出本学科范式的基本前提和方法论，在跨学科的视野下重新反思本学科的合法性，为本学科在人类知识的地图上划定属于自己的地盘，体现出学术领域“自我意识”的萌动和“自我建构”的渴求。传统的Metaphysics（形而上学）中的“元”表达的是“超越”“终极”或者“源泉”的含义，而分析哲学背景下，“元学科”与关于该学科自身研究之间存在的是二阶关系，从某种意义上，可以认为“元学科”不属于该学科，而更多地属于跨学科门类。例如，伦理学表达的是对于道德实践的认识，而元伦理学则是对道德语词和道德陈述的意义和功能进行分析，它不制定是非善恶标准和行为准则，不告诉人们哪种生活方式更可取，和传统的规范伦理学有很大不同，是在另一层次上研究伦理学中的问题。①

就历史学而言，在分析哲学影响到历史学的学科理论之前，早在19世纪后期，狄尔泰、李凯尔特、温德尔班等新康德主义者就力图指出，历史学科有别于实证主义研究方法确立的自然科学，兰克学派奉行“秉笔直书”原则力图借档案馆一手史料奠定历史学学科基础是不可靠的。② 历史学界习惯于称这种对历史学的批判性反思为“批判的历史哲学”。其时分析哲学尚处于襁褓中，更谈不上对历史学的影响。直到1942年逻辑实证主义者亨普尔抛出“普遍规律在历史学中的应用”这一问题引发巨大争论后，分析哲学视阈中的历史学反思才走向深入。如上所述，“元历史学”的用法陆续见诸学界刊物。到1973年怀特的《元历史学》问世，其间已经相隔二十多年，把怀特视为“元历史学”的首倡者实在是极大误解。

---

① 这方面的代表作有摩尔的《伦理学原理》(北京：商务印书馆，1983)，斯蒂文森的《伦理学与语言》(北京：中国社会科学出版社，1991)，赫尔的《道德语言》(The Language of Morals, Oxford at the Claredon Press，1952)。

② 关于狄尔泰的最新研究参见张一兵：《关联与境：狄尔泰历史哲学》，《中国社会科学》，2011年第11期。

元学科具有超越本学科的外部反思特征，这与元学科和学科本身的二阶关系密切关联，也有学者认为这种二阶区分植根于类型理论（the theory of types，或译为“原型学”），但确定的是，学科与元学科各自所运用语言陈述方式不同，这便涉及元语言学的问题。

第二，语言世界具有相对现象世界的优先性。对象语言和元语言的区分构成语言哲学基础，也是元学科理论的基础。

元语言学是研究用来描写自然语言的元语言的理论学科，最初由逻辑经验主义者（语言哲学）塔尔斯基在 20 世纪 40 年代基于对象语言和元语言区分而提出，①其最早可以追溯到奥卡姆关于语言词的分类，后来又引发了生活语言与人工语言或理想语言的区分。② 传统意义上的学科以现象领域为研究对象，它是对现象进行陈述，陈述采用的是经验事实的语言，属于对象语言；而当研究对象指向该学科自身时，比如对于该学科研究内容、研究方法、研究意义等的设定和探究，实际进行的工作就是分析对象语言，据此所做的有关语言的陈述，就变成了“关于语言的语言”，即元语言。例如，元伦理学只是把已有的道德论断作为分析批判的对象，分析道德语词和道德命题，不偏袒某一特定的道德学说和体系，宣称价值中立。

就历史学的命题而言，例如，“法国大革命爆发于 1789 年”，这是对象语言表达法，而“‘法国大革命爆发于 1789 年’是真的”则是元语言表达法。由此产生了对于事实和命题的真假的不同判断标准。如果说，“法国大革命爆发于 1789 年”这句描述与事实相符，它被认为是真理，而这只是符合

---

① 塔尔斯基（A lfred Tarski），波兰逻辑学家，著有《形式化语言中的真概念》（1931）和《真理的语义学概念和语义学基础》（1944）。他提出了关于“真”（truth）的语义学定义，对当时的逻辑经验主义和后来的分析哲学的意义理论产生了深刻的影响。参见蒋正峰《塔尔斯基真定义的特征及其哲学实质》，《湖南科技大学学报（社会科学版）》，2009 年第 2 期。另见涂纪亮：《分析哲学在美国的传播和发展》，《美国研究》，1988 年第 2 期，第 11 页。

② 徐友渔、陈嘉映：《语言与哲学：当代英美与法德传统比较研究》，三联书店，1996 年，第 22~23 页、第 29~30 页。

论的真理观。在塔尔斯基看来，这种真理观虽然正确，但并不严密。他试图从数理逻辑的角度给出一个“内容上适当、形式上正确”的定义。以此为例，他的定义则是：“‘法国大革命爆发于1789年’是真的，当且仅当法国大革命发生于1789年。”这样的定义中（塔尔斯基称之为“约定等式”），左边是元语言，右边是对象语言。（语义真理观的表述看似更严谨，但客观上将事实的真伪问题转换为话语的真伪。当然在语言哲学看来，话语的真伪包含事实的真伪。）鉴于任何学科知识最终都必然诉诸于某些概念、命题或陈述等语言形式才能呈现出来，语言分析在元理论研究中的作用不可或缺。一时之间，涌现出《道德的语言》（*The Languge of Morals*）、《生物学与语言》（*Biology and Language*）以及《心的概念》等一批相关成果。

元语言学的提出开掘了学科理解的新境界。对此，约尔东在《历史学与元历史学》中指出：“鉴于元理论在语义学（semantie systems）中已经得到广泛运用，元学科的多数（研究）活动都采取对既定学科的语言和书写采用语言学分析的方式。”[①]元语言引入到学科研究中，绕开对作为学科研究对象的现象世界本身的直接研究，从某种意义上确立了语言世界（话语体系）相对于现象世界的优先地位。

第三，历史学没有专门的学科语言，它采用的是日常生活语言，充其量是日常有教养语言（ordinary educated language）。

元学科理论既包括基于科学语言（人工语言）分析的学科理论，也包括基于日常生活语言分析的学科理论，这主要是由分析哲学发展的不同阶段影响所致。最初借助于数理逻辑方法使得哲学研究发生根本性的变革，其始作俑者是罗素，到20世纪30年代，塔尔斯基以及奎因等将逻辑分析扩展为声势浩大的运动。不过这一时期的语言分析偏重于科学语言（另一说法为理想语言，或人工语言）。而几乎与罗素同时开创语言分析方法的还有摩尔（G.E.Moore），他通过耐心、细致地推敲语句的微妙差别开日常语言分

---

① John W.Yolton “History and metahistory ”, *Philosophy and Phenomenological Research*, 1955(15):477-492.

析的先河。到二战前后，赖尔（G.Ryle）、奥斯汀（J.L.Austin）和斯特劳森（P.F.Strawson）为代表的日常语言分析已成语言哲学的主流，而维特根斯坦的后期名著《哲学研究》堪称代表了日常语言分析学派的发展顶峰。

就语言学的任务而论，它是要研究涵盖所有自然语言的本质特征的普通语法理论。元学科关于学科概念的语言分析澄清了其准确含义，有助于厘清本学科的问题意识。“这类对学科语言的分析不可避免地就该学科自身的活动做出论断，或者得出相关结论：这正是对科学、伦理或者历史学等等进行批评性考察的功能，阐发的结论在本质上不仅是描述性的，而且是规范性的。”“元学科揭示出潜在的前提，将它们置于对它们既定含义的批判性挑战之下，而且暗示出要达到精确性中可能的矛盾。”①但是，对学科合法性的研究毕竟不能代替学科自身的研究内容，结果元学科与具体学科面临的理论和现实问题渐趋分离。实质性的问题，尤其是道德、政治和历史等领域的问题，有着社会的、文化的和理论的根源，简单完全归结为语言问题，或者“存而不论”，并不能抹杀它的事实上的存在。纯分析哲学因放弃追求关于外部世界（相对于语言世界构成的“自成一体”的内部世界）的知识的任务而沦为闲聊。20世纪60年代以后，科学哲学和政治哲学在英美发展成为显学，其影响力超过分析哲学的纯理论。② 其中历史社会学派的库恩和证伪主义学派的波普尔对于历史学研究的冲击较大。科学哲学在成为显学的同时带动了以探究科学与社会关系为主的科学学或“元科学”（metascience）的出现。③ 狭义的“元科学”是指用逻辑分析的方法对一般科学理论的概念和逻辑结构进行分析。广义的“元科学”是把科学作为一种

① Ibid，p.477. descriptive language，描写语言的（描述语言的使用实况而不规定使用规则的），prescriptive language，（在指导语言运用方面）规定性的，规范性的。

② 赵敦华：《现代西方哲学新编》，北京：北京大学出版社，2001年，第196页。

③ 科学学是与科学哲学相近的学科分支，它由波兰社会学家兹纳涅茨基（F.Znaniecki）1925年首创，它使科学的自我反思从科学自身扩展到与社会的关系上。由此产生的“科学社会学”，几乎成为“科学学”的代名词。参见王兴成、徐耀宗著：《科学学五十年》，沈阳：辽宁人民出版社，1986年。

社会现象全面地进行研究。① 此后出现了主要探讨社会学知识的科学性、研究对象和社会学研究规则等问题的元社会学(metasociology)②,以及重在研究心理学范围内科学哲学所考察的典型议题的元心理学(metapsychology)。③

基于上述认识,元学科可以分为两类:一类是20世纪较早出现大体到20世纪60年代为止兴起的元数学、元逻辑学、元伦理学以及后来狭义的元科学等,偏重于理想语言的分析;另一类是大体在20世纪60年代以后兴起的元社会学、元心理学等学科,偏重于日常语言分析。

20世纪分析哲学影响下的"元历史学"发展同时跨越了上述两个阶段。20世纪三四十年代到70年代,受数理逻辑分析方法影响,一些历史学者在阐释自己的史学理论观念时多效法逻辑实证主义,采用形式化的语言来进行论证,比如,亨普尔的CLA模式(覆盖率模式),波普尔的猜测和反驳图式(P_1-TT-EE-P_2),柯林伍德和阿兰·唐纳冈、冯·赖特等发挥的LCA模式(逻辑关联论证模式),德雷的合理解释模式等。④ 虽然他们中部分论者实际上可能不承认"历史规律""历史中的因果关系"的存在,但他们对语言本身的表现力并不怀疑,只是力图将历史学的语言和表达尽可能地精准

① 齐曼著,刘珺珺等译:《元科学导论》,长沙:湖南人民出版社,1988年,第2页。

② 1953年,费非(P. Furfey)首次提出。1970年古尔德纳(Gouldner)把元社会学称为"社会学的社会学(sociology of sociology)"。后来乔治·瑞泽尔(G. Ritzer)提出"社会学的元理论"概念。参见G. Ritzer ,*Metatheorizing in Sociology*,1990, Lexington, MA: Lexington Books , p5.

③ 雷科弗(S. Rakover)认为元心理学是比心理哲学更宽泛的概念。见S. Rakover,*Metapsychology: Missing Links in Behavour, Mind and Science*,1990,New York: U.S.A. Paragon House。转引自唐莹、瞿葆奎的《元理论与元教育学引论》,瞿葆奎主编:《元教育学研究》,杭州:浙江教育出版社,1999年版。

④ F. R. Ankersmit "The Dilemma of Contemporary Anglo-Saxon Philosophy of History" *History and Theory*, Vol. 25, No. 4, Beiheft 25: Knowing and Telling History: The Anglo-Saxon Debate, (Dec., 1986)。何兆武、陈启能主编:《当代西方史学理论》,北京:中国社会科学出版社,1996年。

化。他们围绕“历史规律”“因果解释”“历史必然性”“历史理解”等概念的争论展开的批判性分析而形成的“元历史学”理论,被称为“分析的历史哲学”①,亨普尔、波普尔、柯林伍德、威廉·德雷、奥克肖特、早期的阿瑟·丹图②等都是此类“元历史学”学者。正是围绕上述问题的激烈争论,历史哲学逐渐形成为具有自己的研究队伍和明确研究对象的独立学科。

而20世纪60年代以后,日常语言分析学派传到美国,与实用主义哲学传统相融合。部分美国学者认为历史学科缺乏自己的专业语言,历史学家在历史书写中所运用的充其量只是“日常有教养语言(ordinary educated language)”③。加上受后结构主义文法理论影响,对历史学书写语言的语义分析转向语用分析和文本整体叙事情节的形式主义分析,70年代初出现的怀特的《元历史学》就是这方面的奠基性著作。该书通常被认为推动了当代西方历史哲学转型,从“分析的历史哲学”转向“叙事主义历史哲学”。这类“元历史学者”除了海登·怀特外,还包括汉斯·凯尔纳、安克斯密特、基斯·詹金斯、后期的阿瑟·丹图等。④

---

①　韩震:《关于分析的历史哲学的衰落》,《哲学研究》,2000年第1期。韩文并不认同阿瑟·丹图对分析历史哲学起始的框定,丹图认为,分析的历史哲学始于亨普尔,因为亨普尔坚持历史解释在形式上等同于自然科学的解释,因此基于这个原则对历史认识进行分析的哲学自然属于分析的历史哲学。而韩文认为分析的历史哲学始于狄尔泰和柯林伍德,他们坚持历史认识和历史理解与自然科学在形式上有所不同。在笔者看来,二位都未曾注意到语言形式分析(包括语法逻辑分析、语义分析和语境分析)在“分析的历史哲学”中的重要性。

②　Arthur C. Danto, *Analytical Philosophy of History*, 1965.后期著作有 *Narration and Knowledge*, Columbia University Press, New York ,2007.

③　Hayden White, "An Old Question Raised Again: Is Historiography Art or Science? (Response to Iggers)." *Rethinking History*, Vol. 4, no 3, December 2000, pp. 391-406.

④　陈新:《20世纪60年代转向语言学的西方历史哲学研究》,《求是学刊》,2002年第2期。彭刚:《叙事、虚构与历史——海登怀特的当代西方历史哲学的转型》,《历史研究》,2006年第3期。

不过,“元历史学”理论的上述转换①并非单单受到分析哲学本身的影响,就历史学发展实践而论,它与战后一段时期陷入徘徊不前的“新史学”内部反思发出的“复兴叙事史”的呼唤相关。从“分析的历史哲学”内部看,奉行科学主义本体论的“实证派”与坚持人本主义的“唯心派”围绕历史规律问题各执一词、难以分晓后发生的分化有关。② 这便涉及史学本体论问题。

无论是冠以“分析的历史哲学”之名的20世纪70年代前的“元历史学”理论(其拥护者我们或可称为“元历史学”的“分析派”),还是之后被称为“叙事主义历史哲学”的“元历史学”理论(其拥护者我们或可称为元历史学的“叙事派”),他们都似乎坚定地批判那种思辨的、带有历史目的论和命定论特征、与现实的历史进程严重不相符的历史理论,把它作为“形而上学”的学说加以弃绝。但是,在他们苦心孤诣地寻找和构建一种堪称“历史学的导引和友人”的牢不可破的史学理论的同时,却走向了另一种超历史、非历史乃至反历史的形而上学。另外,按照其构建的理论逻辑,历史学或者沦为科学性很弱、不能揭示出规律的“精神科学”或“人文科学”,或者干脆降到历史发现与历史想象参半的“历史诗学”境地,历史学在人类知识的地盘上合理性存在和“真实”信誉最后仅仅依赖于其作为数千年发展累积的知识“技艺”。另一方面,20世纪的历史学实践显示,各种各样的“新史学”层出不穷:经济社会史、人口史、计量史学、性别史、马克思主义史学、日常生活史、生态环境史、新文化史、医疗史……恰好与当代西方历史哲学预测的观念相悖。笔者以为,造成上述理论困境以及与历史学发展实践严重背离的关键在于,基于其语言哲学的逻辑预设,更深层地说,在于当代西方的“元历史学”回避并放弃了对科学的史学本体论的探求。

---

① 这种转换并非完全的取代或者覆盖关系,其实是一种不同范式之间的“对抗与对话”(波考克语)。

② 庞卓恒:《唯物史观与历史科学》,北京:高等教育出版社,2004年,第265~287页。

二、被遮蔽的"元历史学"本体论：从观念本体论到语言本体论

史学本体论，是指历史学研究中关于历史现象存在的本源和性质的观点和理论。如果说哲学中的本体论是关于世界或存在的世界观，那么史学本体论中最基本的就是社会历史观。它涉及对历史存在、历史发展动力、历史发展规律、历史进步性、历史必然性和偶然性、历史过程中人的主观能动性与客观限定性等的认识。① "元历史学"理论想要摆脱形而上学的史学本体论（其理论表现形态就是沃尔什所说的"思辨的历史哲学"，它总是试图寻求历史发展终极动力、普遍规律、终极解释或终极判断）的困扰和纠缠，但是史学本体论如同历史学的幽灵，它从门口被踢出去，又从窗户钻进来。史学本体论是无法回避的。受 20 世纪分析哲学逻辑预设影响，"元历史学"在历史学本体论方面表现出下述特征：

首先，悬置乃至否定真实的历史存在，用史学家心中观念的历史世界或者历史编纂文本世界来置换现实的历史世界。

元历史学的这种主张与它关于"外部反思"不介入历史世界本身的逻辑预设相关。就"元历史学"的"分析派"而言，他们对历史事实的悬置是从对兰克秉笔直书的历史学方法的批判开始的。在"分析派"看来，兰克倚重的历史事实不是真实的历史，这并非仅仅因为作为历史学研究对象的世界一去不返难以在现实中触及，还在于每一位历史研究者开展研究时总要遭遇到他本人的时代局限和认识能力局限，更在于作为"史实"判定重要依据的史料不可避免地会带有记录者自身的价值倾向、情感偏好和主体选择（档案馆中的卷宗也不例外）。标榜"秉笔直书"的兰克史学本身就体现出浓厚的普鲁士专制主义意识形态。那种相信历史实在静静地躺在档案馆

---

① 庞卓恒：《历史学的本体论、认识论和方法论》，《历史研究》，1988 年第 1 期，第 3~7 页；另见《什么是哲学，什么是历史哲学》，《史学理论研究》，2000 年第 4 期，第 8~9 页。

内等待历史学者去“发现”，或者认为可以排除“询问者”的个人偏见让“历史事实”“开口说话”，只是一种幼稚的、朴素的“历史实在论”。历史研究工作是在“缄默的知识”(tacit knowledge)基础上展开的，历史学家很少能明确意识到这一点。

按照《分析的历史哲学》一书作者阿瑟·丹图的看法，一些公认的“历史事实”产生之初并非作为事实而存在。例如，作为特定概念的“三十年战争”，其实在1648年之前并未采用，因为这场宗教性质的战争在1618年开始之时没有人知道会持续多久，而作为所谓“历史事实”的“三十年战争”其实只是关于它的言辞上概括后而成。同样，“工业革命”的概念并非与18世纪工业化进程相伴而生，而是直到1884年前后老汤因比(《历史研究》作者阿诺德·汤因比的叔父)的使用才推广开来。类似地，“文艺复兴”“启蒙运动”等一般人认为的所谓“历史事实”，只是后来历史学家的观念“建构”，而且它们很可能会随着后来历史学认识的变化而改变。再如，关于中国封建社会的“停滞说”“唐宋变革说”“江南农业革命说”等等所谓的“事实”，并非“不可改变”。学界耳熟能详的命题“一切历史都是思想史”“一切真历史都是当代史”共同表达的正是这个道理。而上述命题的提出者柯林伍德、克罗齐之所以被誉为“新黑格尔主义者”①，在笔者看来，正在于他们延续着黑格尔相同的理论思路和范式：用历史学家偏爱的、臆造的“观念”来化约乃至取代现实中的真正的历史现象。

同样，元历史学的“叙事派”不承认有作为历史事实的“过去”存在。叙事派认为，不存在作为具有解释性的整体意义上的历史事实(historical fact)，通常说的“历史事实”已经包含了作者的一种判断，即认为它为真或为假(true 或者 false)。当提到“事实是……”或“事实上”的时候，这只能是言说者的主观认识，其他言说者认为未必如此。因此，关于历史事实的存在的讨论只有放在语言的范围内才有意义。如果一定要找出某种历史存在，它只能是作为单个的历史事件(historical accident)，它涉及的是“实在”

① 何兆武、陈启能主编：《当代西方史学理论》，中国社会科学出版社，1996年。

还是“虚构”问题(real 或者 fictional)。但是,单个的历史事件在历史解释中毫无用处,因为历史研究就是要说明许多事件之间的复杂关系,孤单的一个事件显然无法履行这种认识功能。① 怀特认为,所谓“历史事实”始终是某种被想象出来的东西。历史只不过充当研究过去的假设模型而已。一切形式的历史编纂都包含有叙事的成分,而叙事之中离不开作者虚构。即使是在纯粹的编年体性质的历史编纂中也不例外。一个简单的连词,甚至一个标点符号,都可能表达出作者的某种态度。例如,《圣加尔年代记》记录中的一条“1065 年亨利皇帝去世了;然后他的儿子亨利继位”。其中“然后”一词把两件事情连接起来。表面上作者未曾显示出对于人类道德和法律制度的关心。但是,作者已经想当然地接受一种法则(即家族继承法)和一种观念(即把它当成是一种正当地支配着权威从一代过渡到下一代的原则)。正是这种法则和观念使得这两个事件发生了联系,由此构成了一个包括开头和结尾的简短叙事。这种观念往往是不易为读者所觉察的。即使是历史研究者本人,有时也未必认识到他进行解释所依赖的前提假设,或者隐含的假设。而怀特认为,必须揭示出这些支配着历史研究者的暗含的原则,这也是对于历史研究的“高度反思”(hyperreflective)。在索斯盖特(Beverley Southgate)看来,历史学家试图彻底澄清事实、通过资料获取真相的做法是在自欺欺人。根据他的观点,历史事实不过是主体建构的产物,无异于历史学家的一种虚构或发明。②

其次,否定历史现象之间的内在因果关联,倡导用“经验”“人性”“常理”的逻辑或叙事逻辑来把握历史现象间的复杂关系。“元历史学”悬置真

① 拙著:《在现代与后现代之间——从<邂逅:后现代主义之后的历史哲学>谈起》,《史学理论研究》,2009 年第 1 期,第 28~35 页。

② Beverley Southgate *History: What and Why? Ancient, Modern and Postmodern Perspectives*[M]. London, 1996. 另见 History and Metahistory: Marwick versus White”; Wulf Kansteiner, “Searching for an Audience: The Historical Profession in the Media Age – A Comment on Arthur Marwick and Hayden White”; Geoffrey Roberts, “Narrative History as a Way of Life”, in: *Journal of Contemporary History*, Vol. 31, no 1, January 1996.

实历史世界的必然结果就是不再关注历史现象的现实来源，放弃对于历史进程中各种复杂现象共生关系的因果探讨。

“元历史学”的“分析派”提出一个康德式的问题，即“历史认识何以可能”，强调在关于历史现象研究之前先澄清历史命题的基本含义，比问题的解决更有意义。没有对历史学中“因果关系”的充分认识，历史学家是不可能发现历史因果联系的。历史现象间的关联把握其实就是靠运用“经验规则”“常理”，或者借助“人性”设身处地、移情式地体验。在因果关系问题上，“分析派”的理论态度可以概括为实证主义理论模式和反实证主义理论模式。实证主义理论模式包括亨普尔的普遍规律模式、斯克里文的“常理模式”和波普尔的证伪模式。实证主义总体上接受了休谟因果观的潜在前提，认为原因与结果是可以分离、单独描述的，否则原因和结果间的联系就不会是偶然的，也不会是以经验为根据的。因果解释不仅揭示出为什么如此，而且解释为什么没有如此，或者说必须排除可能发生的情形，恰好满足事件发生的充分而必要条件。“对一个历史事件原因的完全令人满意的解释必须规定此事件发生的必然且充分的条件。这一原则实际上纳入了概括律模式。”由于实证主义因果观不能提出严格的、普遍的解释，最后退却到“覆盖率模式”，这就为否定因果联系的可能性留下了漏洞。另一方面，“分析派”的反实证主义因果观包括柯林伍德的思想重演模式、德雷的合理解释模式、唐纳冈（Alan Donagan）的逻辑关联论证模式和冯·赖特的准原因解释模式。柯林伍德把历史现象间的因果关系归为作为个人的历史行为者的动机与其行为之间和他的行为及其后果之间的关系，这种解释存在明显的局限，第一，对于解释众多个人和群体、阶层和阶级参与的历史事件和过程中的因果关系勉为其难。第二，对于解释制度兴废、人口迁移、价格波动等中长期的历史现象无能为力。第三，有将一切想法、动机、意图泛化为“思想”的嫌疑，促成有些“意想不到的事件”（unintended result）发生的动机或意图，可能连历史当事人自己都无法准确把握，作为局外人的历史学家如何能够单凭“思想”就能捕捉到呢？第四，历史活动者本身的思想的产生及其演变过程不得而知，也就是说，对于制约历史研究对象的思想生成变化的因素，存在解释的盲点。其他几位学者也像柯林伍德那样，不同程度地把因果解释纳入到历史活动者的意识活动作用中，其实质是坚持历史现象的非因果解释，放弃对历史现象的科学的因果解释。

分析哲学代表人物之一加登纳列举了四项理由来论证不可解开的因果之谜。首先，“陈述事实间的联系”未必能够确证被陈述事实之间确实存在的联系，而且并不能肯定二者之间的联系就是因果联系；简单地说，因果联系并非是历史现象之间的唯一联系。其次，支撑因果关系的根据，有时仅仅是生活中的常识，无法或者不必进行清晰地阐释，只能靠理解。最重要的是第三点，即在历史解释中，常常存在一种简单化的认定。即认为两种现象间的因果关系的推理或认定是不言自明的，或者诉诸直觉就可得出的。由此以比喻或者类比来认定两种现象间的因果关系，不具有足够的可靠性。第四项理由是，历史学家寻求的是“真实世界中的潜在联系”，其中的因果关系，与历史事件本身一样，不具有普遍性，对因果关系的规律性解释在历史中是不恰当的。① 基于这四大困难，加登纳干脆主张部分程度地拒绝因果解释。作者虽然并不赞成用非因果的方式去解释历史中的一切现象，也不承认支配非因果方式的是什么神秘莫测的东西，但是至少承认它在解释人类行为方面是有用的。② 但历史解释的关键恰恰在于不应混淆这两类不同的解释。

而元历史学的“叙事派”认为，历史现象之间逻辑关系的推定依靠文本的形式主义分析，进而言之，更多地借助修辞和想象。历史学家在开始工作之前，更重要的是要明白究竟“历史地思考是什么”。如前所述，在“叙事派”看来，一旦寻求解释，就离不开一定的方式来连接相关的系列事件。不同的解释者往往会选择不同的连接方式来加以解释，这种连接方式代表了

① (英)帕特里克·加登纳著，江怡译：《历史解释的性质》，北京：文津出版社，第84页。

② (英)帕特里克·加登纳著，江怡译：《历史解释的性质》，第89页。

一定的主观倾向性。由于过去不复存在,历史事件不可重复,无法用经验的方法研究,只能依靠历史解释,而且对历史事件的解释本身因其无法证明而无所谓高下之分。因而,说一种解释是事实,另一种解释不是事实,这种说法本身就不可靠。鉴于过去不复存在,历史一去不返,人们可资依赖的达至这个过去的历史世界的唯一工具就是文本,而人们将其历史研究的终端成果付诸表现的载体也是文本。因此,文本分析构成了我们历史研究的根本所在。文本中体现出的"历史思考"方式,从浅层次上看,把历史描绘为包括"开端—发展—高潮—结局"不同类型的悲喜剧、浪漫剧或者讽刺剧,本质上是一种文学式思考;从深层上看,其中揭示的历史构图的逻辑其实就是"隐喻—转喻—提喻—反讽"的修辞(文学中的另一说法称为转义)逻辑,本质上是一种语言学的思考。总体上看,它是文本的叙事逻辑。因此,不仅历史事实是"叙"出来的,历史意义的全部内容和奥秘都在于"叙"的方法和"叙"的技巧,构成所谓历史事实要素的"历史事件"本身无关紧要。这在关于人类普遍历史之类的"宏大叙事"结构中表现尤为明显。

另一方面,在严格的因果关系论证不再可能的情况下,可以借助修辞逻辑来把握历史现象间的关系。从三段论的逻辑形式上看,进行任何历史解释之前,必然包含一个作为大前提的最初"逻辑预设",而这个逻辑预设未经证明,其有效性是不存在的,由此必然引起历史解释中的"无穷追溯"。怀特认为,可以借助修辞逻辑来把握历史现象间的关系,以避免对"终极预设"形而上的追问。虽然修辞学的逻辑也很模糊,但是它提供了"即兴话语"的理论。"即兴话语"借助唤起读者的联想,通过整体与部分关系的转换(转义),可以把陌生的现象纳入到读者熟悉的范围之内,由此成为一种有效的认识手段。如上所述,修辞逻辑预先决定了历史学家利用史料的方式,并且预示了历史叙事的情节编制、论证方式和意识形态的层面。就元语言的特性而言,一切比喻都是隐喻,而且一切历史书写都具有隐喻特征。[①] 由于历史学没有类似于科学中所用的术语，它只能采用日常生活语言，而且历史语言是通过隐喻的方式运作的。从这种意义上说，所有致力于再现历史事件和事实的叙事话语都具有一种先在的比喻性质。因此，这种深层的比喻结构决定了历史理解的诗学性质，而不是科学性质，即历史意识具有一种不可还原的想象纬度。怀特就这样从语言学上证明了历史学不是科学，并将他设定的“什么是历史地思考”命题的答案锁定在修辞和文本分析方面。

“叙事派”的另一位学者，荷兰历史哲学家安克斯密特对历史学家的书写语言做语义分析，受莱布尼茨“整体主义”本体论影响。在他看来，单个的历史陈述(historical statement)因为其具有特定的指涉对象，其陈述可以辨别为真或者为假。但是，作为整体的历史记述(historical account)，即叙事实体(narrative substance)，它的意义来源于其相互之间的指示，它不与外部世界相对应，而只是与外部世界“相关”而已。[②] 叙事实体是对于消失在过去中的实在本身的替代物，如同艺术品是对于实在中的某物的替代一样，无所谓真伪。此后，伴随实践领域内微观史学的兴起和对“叙事史复兴”的呼唤，加上这两位理论家的推波助澜，一度出现历史学的所谓“叙事的转向”。[③] 安克斯密特在回应对手批判时声明，如果能够将叙事语言、文本作为历史本体看待，发展相关的一套哲学逻辑，那么，依照“现代主义”的观念，它同样具有正当性。例如，历史文本是对于不在场的过去的替代；就叙事涉及内容而言，文本是自足的，绝非指向它外部的实在世界。[④] 由此，

---

① Hayden White, *Metahistory: The Historical Imagination in Nineteenth-Century Europe*, Baltimore, 1973, p.29.

② Frank Ankersmit *Historical Representation*, Stanford University Press, 2001, p.41.

③ 历史学实践中“复兴叙事史”的“叙事”含义与理论界“叙事主义历史哲学”中的叙事含义并不一致，斯通在时隔20年后告诫指出“叙事主义”理论带来的危害是“历史学已经到了濒临灭绝的危险”。Lawren Stone “History and Postmodernism”, *The Postmodern History Reader*, ed. Keith Jenkins, London & New York: Routledge 1997, p.258.

④ Ankersmit, F. R., “Reply to Professor Zagorin.” *History and Theory* 29 (1990), pp295-296.

叙事语言、历史文本、话语研究遮蔽了作为实在的历史进程及其动力、发展规律和特征的研究。不难发现,叙事实体论的本质就是为叙事在历史学中确立本体的地位。固然,历史叙事语言作为形式可能包含一定的内容,但如果抽掉其指涉的内容,语言本身也失去了意义。更重要的是,语言作为一种表意符号,它的产生、发展、变化无不源于数千年来现实中人们生产生活的创造。语言和语言学本身的发展总体上伴随客观历史的发展变化,而加强语言学研究正是要充分认识语言的特性和特定情势下的不同功能,以便更好地认识语言和思维、语言和存在的关系。历史本体的地位只能赋予给作为客观进程的、实在的历史,而不是作为历史认识和历史书写语言中的历史。围绕历史进程的动力、发展的规律性等等的认识才是历史本体论的核心内容。

表面上看,"语言实体"史学本体论提醒读者更贴近地阅读历史文本,洞穿历史话语背后的内容,展示出不同于语言指涉对象本身的更多的"剩余意义",但这种认识只能是零碎的,表面启发性的。对历史学进行文本分析,虽然有利于纠正历史客观主义的缺陷,但借此只能透过语言缝隙瞥见克里奥女神裙裾一角,永远无法欣赏到她的真实全貌。更关键的是,基于这种语言实体本体论构建的历史学,只是怀特和部分历史学家的"掌控幻象"(illusion of mastery)①,与现实的世界实际上关系不大。因此,"元历史学从自身的角度来看是一个很迷人的主题,它被看作是语言学认识论的一个分支,但是,它与实际历史学家的活动没有什么关系"②。带有后现代主义倾向的"叙事主义历史哲学"热闹一阵之后终于走向式微。③

综上所述,"元历史学"的"分析派"和"叙事派"在放逐了历史存在和

---

① Simmon Gunn *History and cultural Theory* , Pearson Education Limited, 2006, p.46.中文版参见西蒙·冈恩著,韩炯译:《历史学与文化理论》,北京:北京大学出版社,2012年,第52页。

② B. Tierney, *Religion*, *Law*, *and the Growth of Constitutional Thought*, 1150 ~ 1650, New York: Cambridge University Press, 1982, p.vii ~ viii.

③ 《"后现代主义与历史思潮"专题》,《史学理论研究》,2010年第1期。

历史事实、抛弃了历史现象间的科学的因果关系以及“终极解释”之后，也放逐了历史真理和历史规律。“元历史学”的“分析派”奉行的其实是一种历史学家的“观念本体论”，而“叙事派”奉行的是一种语言本体论，或称为“文本主义”本体论。它们转化成历史认识论，就是否定历史认识的真理性和历史发展的规律性，转化成方法论，必然是多元折中的相对主义方法论，以及虚无主义的价值观。应该说元历史学超越西方形而上学的本体论努力并不成功。

20世纪90年代，德国历史学家吕森也展开了新的元历史学研究。吕森同样是出于历史学学科的“自我建构”目标，即寻找“一个关于一般历史思维和具体学术思想的所有相关原则的系统规则”。① 不过，他的研究基础是德罗伊森的“Historik”概念。与怀特把历史学的学科基础消融在更广泛的文化批评理论中进而否定历史学的科学地位的做法不同，吕森认为，“元历史学”是要通过摆脱其他学科研究范式对历史学的干扰，以融贯一致的方式来确立历史学特有的规则、规范、前提假设以及研究目标。吕森在《元历史学领域的研究》(Studies in Metahistory)一书中，论述了历史思维的规则。在吕森看来，元历史学与其说是一种理论或者方法，倒不如说是一种知识框架，即植根于实际的学术研究工作和史学编撰记录中的历史知识的总规则。为此，吕森把历史知识框架概括成包括五项基本内容的总体系：第一，人类对过去的普遍兴趣；第二，历史意识在为人类在时间中的定位的作用；第三，我们对过去的观念；第四，经验研究的方法；第五，经验研究的成果被呈现出来的形式。前两者属于生活实践的部分内容，它会根据特定的时空情势而变化；后三者属于作为专门性学科的历史，它受制于证实的原则，其有效性和自明性如同自然科学和社会科学一样。② 吕森的研究受

① 陈新：《对历史与历史研究的思考：约恩·吕森教授访谈录》，《史学理论研究》，2004年第3期，第68页。

② Jorn Rusen, *Studies in Metahistory*, Human Sciences Research Council, Pretoria, 1993.pi-ii.

到哈贝马斯的影响，既关注于历史学成为“生活史”（living history），又关注于历史学成为规范性学科和科学。后来，吕森进一步发展其前期的思考，从认知心理和情感的角度将历史思维概括为包括历史认知、政治意图和历史审美的三层次的体系。面对20世纪90年代学界的情形，吕森认为，历史知识或“元历史学”（Historik or metahistory）的任务在于，针对政治科学、经济学、人类学和人口学等新学科的侵入，重申历史学科的地位和性质：“一门为有目的和有组织地记住过去以便理解现在和预知未来的认同形成过程”的学科。要成为一门科学，历史知识必须符合通行的科学标准，而不应该被另一种科学的特定标准所同化。但是，又一个20年过去了，“元历史学”的这一抱负似乎远未实现。

三、唯物史观本体论革命的启示与当代意义

对马克思的存在论颇多微词的海德格尔曾经指出：“因为马克思在体会到异化的时候，深入到历史的本质性的一度中去了，所以马克思主义关于历史的观点比其余的历史学优越。但因为胡塞尔没有，据我看萨特也没有在存在中认识到历史事物的本质性，所以现象学没有、存在主义也没有达到这样的一度中，在此一度中才有可能有资格和马克思主义交谈。”①无独有偶，《元历史学》出版五年后的1978年，巴勒克拉夫指出，只有热衷神学的历史学家才会偏爱“元历史学”，摒弃历史哲学构成当代历史研究趋势中一个最突出的特征。但是巴氏仍然指出，马克思主义“对历史学家的思想产生了明显的影响”，是“今天仍保持生命力和内在潜力的唯一的‘历史

① 海德格尔著，孙周兴选编：《海德格尔选集》上卷，上海：上海三联书店，1996年，第383页。

哲学'"。①上述评论都充分肯定了马克思历史观在当代西方哲学史和历史哲学中的重要意义和价值。回顾唯物史观创立时期马克思关于黑格尔哲学本体论扬弃以及关于语言的批判或许可以给今日历史哲学发展带来一些重要启示。

马克思不仅从方法论上扬弃了黑格尔的唯心辩证法,而且从本体论上超越和扬弃了黑格尔为代表的思辨的历史哲学观念,发动了当时的史学本体论革命。在社会历史观上,主要表现为以下几点:

第一,历史的本质性就是社会现实性,即在社会现实中生成而后通过社会现实得以显现出来的人的实践活动及其进程和结果(表现为现象、事件以及人物本身)。

朴素的历史实在论者往往把凡是过去发生的一切都当作"历史","元历史学"的"分析派"认为只有那些为历史学家所发现和记载下来的过去的事实才堪称历史,因此历史学家的"观念"比事实本身更重要。而按照"元历史学"的"叙事派"的观点,用不同的形式和情节对以往发生的碎片性的事件进行组合,由此产生的话语及其汇聚成的各种"文本"才是历史,也就是说历史是形式主义的、多版本的,历史书写方式本身才是决定"历史"面貌的关键所在。②"元历史学"理论对历史本质性的阐释与诸多的西方历史哲学一样,都从绝对的时间、空间前提出发,恰好暴露出其社会历史观的局限与偏颇。

---

① 巴勒克拉夫著,杨豫译:《当代史学主要趋势》,上海:上海译文出版社,1987年(该书根据 Mouton Publishers,1978 版译出),第259页。以赛亚·柏林也有类似表达,参见该书261~262页。Geoffrey Barraclough, *Main Trends in History*, expanded and updated by Michael Burns (New York: Holmes & Meier Publishers, Inc.1991), p.163.

② 这三派的观点可参见基斯·詹金斯:《论历史是什么——从卡尔和艾尔顿到罗蒂和怀特》(On"What is History"—From Carr and Elton to Rorty and White),商务印书馆,2008年1月。亦可参见彭刚"什么是历史学——彭刚教授在中国人民大学的讲演",作者把20世纪西方史学理论中的三类认识历史的路径概括为重构论、建构论、解构论,并剖析了这三类历史观的局限。另见彭刚:《叙事的转向:当代西方史学理论的考察》,北京:北京大学出版社,2009年。

海德格尔上述所谓历史的“本质性一度”就是社会的现实，而从现代形而上学的范围看，对社会现实的本体作用的首次发现，最初是与黑格尔哲学相联系的。黑格尔第一次明确把理解社会现实作为一项科学（wissenschaft）的任务标举出来，并使这一任务的实现成为可能。① 但是，黑格尔只是以他思辨的唯心主义的方式完成这一任务。他把市民社会现象的矛盾直接归入到“本质中的理念中的统一”，对作为理念的国家的本质的揭示变成了对现存事物的哲学辩护，另一方面使实存仅仅表现为这些理念的化身。为此，马克思把这样一种哲学的状况概括为“非批判的实证主义和同样非批判的唯心主义”②。尽管黑格尔试图在社会现实的内容中为历史运动找到一种深刻的表达，但他“只是作为历史的运动找到抽象的、逻辑的思辨的表达”，而且，由于这种表达本身的“非批判性”，黑格尔历史哲学中揭示的历史还不是“作为一个当作前提的主体的人的现实历史”。③ 相反，正是这种抽象的思想将作为本质内容的社会现实彻底遮蔽。马克思超越黑格尔的地方正在于，重新强调历史哲学应当是“有前提”的哲学，历史哲学的主体应当是“有前提”的“现实的人”。

一方面，在人类社会的历史起源问题上，马克思把基于旧本体论所提出的最初的人和自然的创造者问题斥为一种“抽象的产物”。“请你问一下自己，你是怎样想到这个问题的；请你问一下自己，你的问题是不是来自一个因为荒谬而使我无法回答的观点。请你问一下自己，那个无限的过程本身对理性的思维说来是否存在。既然你提出自然界和人的创造问题，那么你也就把人和自然界抽象掉了。你假定它们是不存在的，然而你却希望我向你证明它们是存在的。那我就对你说：放弃你的抽象，那么你也就会放弃你的问题，或者，你要坚持自己的抽象，那么你就要贯彻到底，如果你设

---

① 吴晓明：《作为历史科学方法论的历史唯物主义》，《中国社会科学》，2008 年第 1 期，第 24 页；另见《哲学之思与社会现实》，武汉：武汉大学出版社，2010 年，第 174～176 页。

② 《马克思恩格斯全集》第 3 卷，北京：人民出版社，2002 年，第 318 页。

③ 《马克思恩格斯全集》第 3 卷，第 316 页。

想人和自然界是不存在的，那么你就要设想你自己也是不存在的，因为你自己也是自然界和人。不要那样想，也不要那样向我提问，因为一旦你那样想，那样提问，你就会把自然界和人的存在抽象掉，这是没有任何意义的。”①绝对唯心主义所设想的那种本质，说到底乃是与人和自然界的一切现实规定性毫不相关地生成的本质，因而真正说来乃是“非现实的本质”。② 马克思在《1844 年经济学哲学手稿》中特别详尽地阐发了这个观点。他说：“任何一个存在物只有当它用自己的双脚站立的时候，才认为自己是独立的，而且只有当它依靠自己而存在的时候，它才是用自己的双脚站立的。”因此，人的实践活动是人类历史发展自身的原因，或者说构成了人类历史的“终极原因”和“终极动力”。人类只有首先从理论上把自己作为自身的原因来看待，才能达到其本质和实存的现实的统一。“终极原因”所倚重的“最初”社会事实就是“人类首先必须吃喝住穿，然后才能从事生产劳动”。至此，一切形而上学的关于历史发展的“终极原因”和“终极动力”的相关“无穷追溯”问题在这一自明事实中得到解决。

另一方面，马克思牢固确立了“现实的个人”或“现实的人”这个唯物史观的出发点，强调在“现实的人的劳动”中找到了“社会历史发展的锁钥”。“现实的人”首先是具有生命活动特性、“从事生产活动的、进行物质生产的”人；其次，还是处于一定的社会关系中、具有一定阶级属性的人。马克思后来的政治哲学也是从这一点出发；再者，还是依靠自身实践活动不断推动着自己从低级向高级发展，进而不断推动着人类社会不断发展的人，而不是具有抽象的“爱”“自由”“人性”的人。③ 马克思和恩格斯在《德意志意识形态》中为我们提供了一幅“现实的个人”依靠自身劳动推动自我和人

---

① 马克思：《1844 年经济学哲学手稿》，北京：人民出版社，1985 年，第 86 页、第 87 页。

② 《马克思恩格斯全集》第 3 卷，北京：人民出版社，2002 年，第 317 页、第 332～333 页、第 335 页。

③ 庞卓恒：《唯物史观与历史科学》，北京：高等教育出版社，1999 年，第 24～30 页。

类社会不断进步的历史构图。

历史事实只是在社会现实中构成并通过社会现实而显现出来，历史事实的客观性归根结底不过是社会现实的客观性。如果我们持这样的“历史观”，那么“历史现实—历史事实”的非对应和非均衡关系就能够破解。持历史学“观念本体论”者或“语言本体论”者的一个基本理由就是，作为可感的“经验现实”的东西，并非总是完全对应于历史事实。给定现代的信息技术手段能够全息记录当下所发生的一切，毕竟我们现在所知道的“历史事实”，无论是通过历史学家构想出来的，还是通过文本表达出来的，只能是“过去事实”或者“过去现实”微不足道的一部分。一旦“现在”驶入“过去”黑洞之中，只有些微的部分有机会成为“历史事实”。按照唯物史观观点，“过去”不等于全部“历史”。只有重新嵌入或者与当下人们的现实生产生活、思考劳作等实践活动发生一定的“现实的联系”、打上人的烙印之后，才成为“历史事实”。典型的事例是，清末内阁多达数袋的档案，曾被醇亲王下令销毁，正是有了罗振玉、陈垣等的抢救性保护，其中记录的部分事实才有机会成为“历史事实”。正是这种“现实的联系”使得“现实”并未完全消散在过去之中，而是部分地存在于现实的人的记忆中，或者在现实中留下若干印迹，与“现实”发生这样那样的联系。因此，历史科学的真正任务就在于切中并把握社会的现实，并从而揭示历史事实本身的客观意义。

第二，历史现象之间的联系本质上是“现实的人的联系”，历史学的本质就在于揭示出不同历史现象之间联系生成和变化的因果关系。

历史事实的另一规定性在于历史现象之间的社会联系。单个的事实不成其为历史事实，只有社会性的事实才可能成为历史事实。“黑人天生不是奴隶”，只有在进入特定的社会关系中才成为奴隶。同样，抛开“查理一世”所处的社会关系来看待他本人，可以认为他本身不构成历史事实，“查理一世被送上断头台”才构成历史事实。历史学的功能不是单纯去描绘一种生物性的事实或者存在，更在于揭示出这种存在发生变化的动力和机理，透过“现实的人”的多样联系去寻找到一种本质性的联系。套用海德格尔的观念，历史“存在”不是“存在者”本身，而在于不同历史存在者之间的关系。当然，这里的“现实的人”的联系并不只是人与人之间的联系，不只是处于一定社会关系中的人，同时也是指处于自然界中人与自然发生的联系。同时，历史学揭示的联系是“现实的”本质联系，不是抽象的神秘的天意的联系：“在这里，历史哲学、法哲学、宗教哲学等等也都是以哲学家头脑中臆造的联系来代替应当在事变中指出的现实的联系，把历史（其全部和各个部分）看做观念的逐渐实现，而且当然始终只是哲学家本人所喜爱的那些观念的逐渐实现。这样看来，历史是不自觉地、但必然是为了实现某种预定的理想目的而努力，例如在黑格尔那里，是为了实现他的绝对观念而努力，而达到这个绝对观念的坚定不移的意向就构成了历史事变中的内在联系。这样，人们就用一种新的——不自觉的或逐渐自觉的——神秘的天意来代替现实的、尚未知道的联系。因此，在这里也完全像在自然领域里一样，应该发现现实的联系，从而清除这种臆造的人为的联系；这一任务，归根到底，就是要发现那些作为支配规律在人类社会的历史上为自己开辟道路的一般运动规律。”①

黑格尔认为现实就是绝对精神的外化和自我实现，而马克思将它归于人的劳动和劳动推动下的人类社会的实存与本质的统一，历史发展也即人类社会发展的本质是人的活动推动下人的能力的发展，以及人与人的社会关系统摄下的人与自然关系的改善和进步。黑格尔的“绝对精神”、现象学的“本质直观”都是非现实的本质，只有唯物史观坚持的是“现实的本质”，即人的活动和活动中增长的能力的变化，决定社会生产方式的变化。当然这种生产方式不是单纯的劳动工具、劳动技术，而是劳动过程中人与人的分工协作方式。这种本质性的联系同时也是“现实的规律”。唯物史观是本质的现实与现实的本质的统一。

第三，唯物史观揭示了人类社会发展规律的历史必然性和世界历史实

---

①　恩格斯：《路德维希·费尔巴哈和德国古典哲学的终结》（1888 年）。《马克思恩格斯选集》第 4 卷，北京：人民出版社，1995 年，第 242~243 页。

现的可能性。

唯物史观从“现实”出发，并且置换了历史学本体论的问题域，也就是说，将对于史学本体的追求与对于史学功能的思考结合起来。唯物史观认为，对历史本体的追求只有结合历史研究的目的才能得到合理的说明。“从前的一切哲学家只知道解释世界，而问题在于改变世界”。马克思正是抱着彻底改变现实世界的目的去研究哲学，去揭示出人类社会的发展规律和资本运行的规律，从而论证了资本主义必然灭亡、世界历史实现的可能性和历史必然性。

马克思的历史理论过去往往被误解成机械的教条式的“五种生产方式”，或者误解成命定的规律。这种误解严重背离了马克思的历史观和方法论。马克思揭示的人类社会的规律不是即成的规律，而是随着人们永不停息的活动而变动、并不断丰富人类社会历史内涵的规律。规律覆盖的内容在扩展，规律本身的解释力也在扩展。但是，这是对于原来规律的更高层次的超越，不是一种否定和取代，是对规律中“终极事实”的深层追问，同时也因为规律的覆盖范围的扩大而将覆盖层推进到更高一级。① 马克思在世界历史理论上凸显了他对于历史发展规律的限定性和作为历史发展主体的人实践能动性的认识。这种观念是对于黑格尔和康德—费尔巴哈思想的科学继承和理性扬弃。有一位西方学者曾经指出：“马克思把以下两方面结合了起来，一方面是他以自然主义方式从黑格尔的思辨历史观中吸收过来的对发展过程之必然性的理论理解，另一方面是更能让人想起康德哲学的对于历史的实践取向。”②

可见，唯物史观确立的历史观（准确地说，是历史—现实观），不同于“分析派”关于“一切历史都是思想史”的观念本体论的唯心主义史观；也有别于“叙事派”关于历史学就是“叙事性散文话语为形式的一种言辞结构”

① 庞卓恒：《唯物史观与历史科学》，北京：高等教育出版社，1998 年，第 59~62 页。

② 托马斯·麦卡锡：《对康德以来普遍历史观念的评论》，《哲学分析》，2010 年第 4 期，第 90~91 页。

的文本主义和虚无主义历史观。

那么，唯物史观如何看待作为“元历史学”前提和重要逻辑预设的“语言是一个不透明的自足世界”命题呢？

首先，从语言本身的历史性的角度阐明，语言是实践的产物，是现实中活动的人们与他人交往的迫切需要所产生的。“语言和意识具有同样长久的历史；语言是一种实践的、既为别人存在并仅仅因此也为我自己存在的、现实的意识。”①20 世纪以前的本体论主要是围绕世界观和宇宙观问题，基本上将世界的本体归为各种各样的物质“实体”或精神“实体”，如“火”“原子”“气”“道”“人性”“理念”等。② 20 世纪以来，随着语言逐渐成为哲学重要研究对象之一③，出现了一批像石里克、索绪尔、奥斯汀、维特根斯坦、奎因等颇有成就的语言哲学家，他们认为，由不透明的语言所构成的世界自成一体，它独立于现实世界之外。就历史学而论，语言能否构成历史学研究的本体，值得更审慎地思索。抽象地看，作为历史研究的对象似乎“以其消逝在过去中”而不复存在，历史留下的遗迹只能是语言、符号为表现工具的各类“文本”，似乎唯有透过文本的分析才能了解以往的历史构图，而且在作为历史研究终端的历史作品的语言表述中，少不了历史研究者本身的主观认识和见解。但是，“文本之外别无他物”的历史观显然割断了语言与指涉对象（无论是对应指涉关系，还是所谓的“相关”关系）、过去与现实、现实与遗迹之间的联系。经典作家虽然没有专门给出关于语言的系统论述，但对黑格尔本体论进行哲学批判时所做的语言批判能给我们带来一定的

---

① 马克思和恩格斯：《费尔巴哈》（1845—1846 年）。《马克思恩格斯全集》第 3 卷，第 34~35 页。

② 叶秀山：《世纪的困惑——中西哲学对“本体”问题之思考》，《中国哲学史研究》，1997 年第 1 期。叶先生认为，学科的困惑，来自其思考“对象”（问题、题目、课题）之困惑。“本体”“本质”“物自体”的困惑，是西方哲学的“世纪”的“困惑”，而扩大开来看，又可能是我们人类的持久的困惑。

③ 俞吾金：“哲学思维的四个触角”，转引自中国社会科学网 http://www.cssn.cn/news/380145.htm。哲学思维触及的另外三个世界分别是外部世界、内部世界以及镜像世界。原刊于《解放日报》，2010 年 2 月 28 日。

启示。

马克思主义经典作家指出，“意识在任何时候都只能是被意识到了的存在，而人们的存在就是他们的现实生活过程”①。语言意义的丰富性、多样性，特定语境下的语用功能的复杂性，归根到底，要诉诸于现实世界才能得到恰当的理解。再者，语言本身的形成、发展变化的规律也受制于现实世界演进规律的影响。当然并不否认，语言形成发展过程中也逐渐形成其自身的表达规律。特定语言的形成也会“塑造”出一些历史概念和历史事实。比如，上述提到的“工业革命”“文艺复兴”等概念，更多是在人们一种特定认识基础上形成了一种“历史事实”或“历史实在”。表面上看，似乎这是语言“创造”历史的证据，但关键在于，这种创造出来的“历史实在”在多大程度上能够与真实的历史进程相符合，否则，纵然有无数历史学家无数次塑造，这也并不能成为真正意义上的“历史事实”。“工业革命”的概念并不是伴随 18—19 世纪欧洲的实际历史进程同步产生的。尽管有像沃勒斯坦这样的学者也曾质疑它内涵的模糊性，但据此认为它只是一个“为理解过去而提出的一个解释工具”，“并非历史实在中一个巨大的与人无关的力量”，可能仍然有悖事实，因为该词的所指当中包含一个相对固定的核心②，而这个核心的确指向了这一时期欧洲经济社会生活的巨大变化。而该词之所以被继续运用而不是被淘汰，正因为其本身所指含义的不容否定性。

语言本身不能成为一个独立的意义王国。语言只是一种感性的、实践的因而始终是“现实的意识”，这个王国本身建筑在“现实王国”之上，尽管它与现实表现出这样那样的背离。“正像哲学家们把思维变成一种独立的力量那样，他们也一定要把语言变成某种独立的特殊的王国。这就是哲学语言的秘密，在哲学语言里，思想通过词的形式具有自己本身的内容。从

① 马克思、恩格斯：《费尔巴哈》（1845—1846 年），《马克思恩格斯选集》第 1 卷，北京：人民出版社，1995 年，第 72 页。

② 彭刚：《安克斯密特与西方史学理论的新趋向》，《史学理论研究》，2011 年第 3 期。

思想世界降到现实世界的问题，变成了从语言降到生活中的问题。”①我们从唯心主义哲学家和历史学家那里看到的是：思想摆脱现实成为自足的王国，而语言又摆脱思想成为自足的王国。而真实的情形应当是，现实世界孕育了思想——思想诉诸语言表达形式化、具体化形成语言世界。那么，为什么以往的哲学家要把语言变成“特殊的王国”呢？其“哲学语言的秘密”在于为了借助哲学语言的另类运用得以更方便地表达自己的思想内容。“哲学家们只要把自己的语言还原为它从中抽象出来的普通语言，就可以认清他们的语言是被歪曲了的现实世界的语言，就可以懂得，无论思想或语言都不能独自组成特殊的王国，它们只是现实生活的表现。”②这样我们就看到，“哲学语言的秘密”其实正是对于普通语言的含义的新运用或者新发挥（马克思针对当时唯心主义哲学家的做法贬之为曲解），而这种背离普通语言规则或者语法规则的新用法带来的新含义，其实就是语言哲学家所说的“能指”与“所指”的差别。马克思在这里揭示的“哲学语言的秘密”其实就是语言本体论的秘密，它不过是传统“实体”本体论的另类表现。

引申一步而论，在唯物史观看来，从历史书写者的语言风格角度去把握历史的内容和意义，是把历史消融在历史书写者“自我意识”中的做法。马克思没有探讨整体的语言形式（文本主义）与语言内容和语言意义之间的关系。一方面是因为当时形式主义的确尚未发展到这一步③，另一方面是因为在马克思看来，唯物史观表明，“历史不是产生于‘精神的精神’而消融在‘自我意识’中，历史的每一阶段都遇到有一定的物质成果，一定数量

① 马克思、恩格斯：《德意志意识形态》（1845—1846年），《马克思恩格斯全集》第3卷，第525页。

② 马克思、恩格斯：《德意志意识形态》（1845—1846年），《马克思恩格斯全集》第3卷，第525页。

③ 关于形式主义的发展阶段，参见刘万勇：《西方形式主义溯源》，北京：昆仑出版社，2006年。

的生产力的总和”①,也就是说,从每一阶段物质生产力的基础及其发展变化这一根本出发,对人类历史生成发展变化总体规律的认识和把握,远比从意识、精神或者语言等出发来得更为合理、更为科学。理念终究是现实的反映形式,语言则是这种理念的表达形式。从历史作品的书写风格角度去抽象语言内容本身,无疑是“形式的形式”。依照怀特的观点,历史(鉴于其所作的思想史研究)的确是作为“产生于精神的精神”而消融在历史书写者的“自我意识”中,更确切地说,是消融在关于修辞或者关于情节结构的“自我意识”中。怀特及其辩护者可能会说,历史书写者笔下作品的形式本身已经包含了内容,是作为形式的内容而存在的,按照赫克斯特的说法,修辞陷于历史书写内容之中正如奶油已经深深地沁入蛋糕的糕体中一样。但是这种形式的内容始终只是“关于”内容的一些无关紧要的部分,绝非内容指涉对象本身或者全部。所以这些作为历史书写语言形式的“内容”告诉我们的并非是确切的认知,而是文本解读者自己的“自我意识”。如果说诠释学的本质直观是透过作为内容的本质象征的形式去洞察现象的本质,不再设立现象/本质的两分法,或者形式/内容的两分法,那么怀特的直观则是完全抛弃了内容的直观,是从“形式的形式”去直观内容,去直观本质。结果只剩下历史的悲喜剧,只剩下历史的论证方法,只剩下修辞本身。这种直观告诉了我们什么呢?从心理学的元认知角度看,似乎揭示出这些历史学原型有助于理解文本的主旨和作者的意图,但是没有这种原型意识的读者同样具备这方面的理解力。如同没有文学原型概念的人,读到“黎明、春天”同样会产生关于“希望”的联想。这些原型意识或者常识,只是叙述的一种形式载体,而非叙述内容本身。

可见,那种以语言世界取代或者置换社会现实世界的语言本体论,不符合唯物史观所揭示的科学的历史观。

---

① 马克思、恩格斯:《费尔巴哈》(1845—1846年),《马克思恩格斯选集》第1卷,第43页。

余　论

近年来,“元历史学”的“叙事派”质疑语言本身在“驯服过去”的表现力,有放弃语言本体论倾向。怀特在努力寻求“中性的”书写语言未果的情况下,提出“实践的历史”的概念。① 而安克斯密特提出“历史经验”范畴来取代“叙事实体”的观念,将历史学的关注点引导到历史书写语言所难以到达或者为其所摒弃的过去世界。在这个世界中,历史书写者自我浸淫于史料所带来的极端陌生的感受,通常借助语言依靠逻辑、理性和认知建构的历史只是这个世界当中的一小部分,而更多的情感体验的成分存在于历史研究者的书写语言之外。这个世界或可称为“历史经验的世界”。有学者已经批评这个“历史经验”本体“带有自闭症倾向和神秘主义色彩”,并质疑它是否足以支撑起新的理论范型。② 只要不能本质地切中社会现实,这种史学本体论的价值和意义就很有限。

概括说来,与现代西方的“元历史学”理论相比,唯物史观包含的史学本体论,同样表现出对思辨历史哲学抽象本体论的批判,同样表现出共有的极致性和超越性,即都试图探寻影响历史判断、历史认识和历史价值背后的深层的理论和支配性要素,都试图探寻某种或可称为“终极事实”“终极解释”和“终极价值”,甚至可以说都有建构历史学“第一根基”的宏伟抱负。但是,在对新本体论探索方面,唯物史观与“元历史学”迥然有别。这表现在:

---

① Hayden White “Writing in the Middle Voice.” *Stanford Literature Review*, Vol. 9, No 2, Fall 1992, pp. 179–187.F. Ankersmit “Hayden White's Appeal to the Historians” *History and Theory*, Vol. 37, No. 2, (1998) pp182–183.陈新:《实验史学:后现代主义在史学领域的诉求》,《北京师范大学学报》(社科版),2004 年第 5 期。

② 彭刚:《叙事的转向:当代西方史学理论的考察》,北京:北京大学出版社,2009 年,第 75~76 页。另见彭刚:《当代西方史学理论中的安克斯密特》,《史学理论研究》,2011 年第 3 期,第 9 页。

唯物史观将历史学的本体归结为带有“现实性”的本体，即“现实的活动的人”或者说“现实的人的活动”，它不同于西方其他一切非马克思主义历史哲学中关于绝对抽象的本体的设定，相反，其他历史哲学关于“本体”的一切叙述只能从唯物史观“现实的人的活动及其历史发展”这一本体中得到说明和认定。传统的西方历史哲学或者将史学本体归为天命、神意，例如研究历史被认为是“寻找命运打击不到的地方”，教父哲学家奥古斯汀认为历史就是上帝意志在尘世之城和天国之城的展现；或者归结为“善”“恶”“经济人”等人性，或者如“自由”“理性”之类抽象的特性或属性。休谟更是以不可知论的形式质疑了追寻本体论的可能性。而康德对传统客体中心主义的本体论的突破，也是对旧有的自然本体论、物质本体论和心灵本体论的深刻革命。黑格尔则按照“实体即主体”的原则，以其“绝对理念”使得传统本体论在遭受康德重创之后再度崛起，并且一度达到思辨历史哲学的极致。总体上看，黑格尔以前的史学本体论是将某种单一化、凝固化的实体或观念当作追求目标，并用这种实体终极地解释和说明人类社会历史进程中的一切，究其实质而言，就是“实体中心主义”，或“实体本体论”。在这一点上，唯物史观有着明显的不同。唯物史观将“现实的人的活动及其发展”视为人类历史的出发点和归宿点，正是由于人自身的活动推动着人类生产能力的不断提升进而推动人类从“依附性”状态向“物的依赖基础上人的独立性”状态乃至“人的多方面自由和全面发展”的人的解放状态迈进。正是由于人的活动特性推动着人类社会的发展和自身的发展，人类历史才得以绵延不止。现阶段作为推动人类历史发展的“终极动力”是：“现实的人的活动及其推动下不断增长的生产能力”。唯物史观探究的人类历史的“终极价值”是：“人的自由的全面发展”。因此，唯物史观本身体现了作为历史学的“终极事实”判断、“终极成因”判断、“终极价值”判断三方面的统一。它不是以某种固定的、单一的实体作为历史学的本体，而是以处于一定关系的“现实的人”的实践活动作为本体，唯物史观确立一种

"新的史学本体论"①,实现了对传统和近代的历史学中的实体本体论的真正扬弃。

反观当代西方历史哲学,它们在弃绝形而上的本体理论的同时,仍然无法掩盖其隐含的历史本体论:它们或者秉持历史研究者的观念本体论,专注于"历史规律""历史解释""历史客观性"的分析;或者秉持叙事本体论,试图从语用分析的角度"发掘作为整体的历史文本所具备而为其构成成分所阙如的诸种特性"②,总体上将历史文本的"叙事性"这类更为超历史性的语言实体作为本体,这就进一步偏离了"现实的人的活动"本身。唯物史观正是从"人的实践以及对这个实践的理解"来理解和说明历史,并将其理论视域锁定于"资本批判",才真正在哲学史上实现了明确历史界限的历史哲学变革。

"元历史学"如何才能成为历史学的"导引和友人"?针对这个困扰20世纪后半期多数历史学家的问题,唯物史观在一个世纪以前给出的答案从根本上来说不仅远未被超越,而且理应成为真正科学的历史学实际开展研究的开端。

(原载《国际史学研究论丛》[第1辑],北京:社会科学文献出版社,2015年)

---

① 关于哲学界围绕马克思哲学"实践本体论"的争论可参见《中国哲学年鉴》(1995),北京:哲学研究杂志社,1996年。

② 彭刚:《当代西方史学理论中的安克斯密特》,《史学理论研究》,2011年第3期,第5页。

克里奥无从回避真理

韩　炯

本文打算从三个方面谈谈历史学研究无法回避真理:第一,后现代历史哲学研究主题的转变;第二,后现代历史哲学式微的原因分析;第三,后现代历史哲学新动向的思考。

20 世纪 90 年代初,劳伦斯·斯通在评价后现代史学发起的争论时曾言,后现代主义"狂暴的新时代正向我们袭来"的预言不会实现就将过去。① 如果说当时作此结论尚早,如今看来,倒不失为一个先见。近来,无论是后现代主义史学的赞成者还是反对者,都开始悄然谈论起后现代史学的转变。似乎不是现代史学,而是后现代史学提前进入"知秋时节"。

作为后现代史学的主要奠基者,海登·怀特极力从转义、叙事、文本、话语等语言学层面解析历史理解和历史书写的多样性。虽然他反复辩称,从不怀疑曾经存在一个真实不妄的过去,甚至也不怀疑历史知识是可以认识的。但是,依照他的历史理论,真实的过去完全退到历史研究的幕后,甚至隐而不见,而历史真相也在诡秘莫测的历史书写语言含义的遮蔽下渐行渐远,最终消失。一方面,按照怀特的转义和叙事理论,理解大屠杀现象似乎完全是个体化的问题,对大屠杀的理解固然受到认知因素的影响,但决定"大屠杀"故事模样的毋宁是意识形态因素和研究者的审美倾向。如此说来,修正主义史学对于大屠杀的否定似乎也合情合理。另一方面,怀特又清醒地意识到,人类基本的共同伦理价值和道德观念必须得到捍卫,大

① Lawren Stone, History and Postmodernism, *The Postmodern History Reader*, ed.Keith Jenkins, London & New York: Routledge 1997, p.258.

屠杀问题上如果不能坚持历史真相和真理观念，必然会导致人类共同价值的毁灭。理论自省以及外界批判共同推动怀特逐渐放弃对于转义、叙事、话语等的热忱，重新关注历史、过去、事件、实在等问题。他近年陆续撰写《历史的事件》《实用的过去》《历史研究的公共适用性》《诠释的目的在于面对实在时制造困惑》等文①，认为历史研究应选择"实用的过去"为研究对象，以实践的方式联系现在，服务"当前"。不同于职业历史学家构建的、存在于书本和学术论文中的"历史的过去"，②怀特重新强调历史实在性、事件与事实的区分、历史知识的社会功能，以及对待"进步的"历史的态度，倡导以"实用的过去"为研究对象、旨在"教化"公众的"实用的"历史学（the practical history）。③ 怀特以其"历史的过去"的提法隐约其词地承认关于"历史的过去"的认识可以具有客观性。这些问题在怀特以前的作品中虽有涉及，多只是在理论论述无法退却时一掠而过。

海登·怀特昔日因其激进的文化批判曾获"新文化守护神"之誉。与其理论立场颇为接近的是历史学"文化转向"的领军人物林恩·亨特。21世纪初，出于对新文化史研究种种问题的深度反思，亨特首倡"超越文化转向"。如今，在被认为颇能代表后现代史学在实践领域表现形态的新文化史研究，也在悄然转变之中。④

从不讳言自己后现代主义者身份的安克斯密特，他的理论研究主题经

---

① Hayden White, The Public Relevance of Historical Studies, *History and Theory*, 44 (October 2005), p. 73. The Historical Event, Differences, *A Journal of Feminist Cultural Studies*, Vol 19, No 2, 2008. The Aim of Interpretation Is to Create Perplexity in the Face of the Real: Hayden White in conversation with Erlend Rogne, *History and Theory*, 48 (Feb 2009).

② 关于"实用的过去"和"历史的过去"的区分最早见于迈克尔·奥克肖特。

③ Ewa Domanska, A conversation with Hayden White, *Rethinking History*, Vol.12, No. 1, 2008, pp.3-21.

④ Victoria E. Bonnell & Lynn Hunt, eds., *Beyond the Cultural Turn: New Directions in the Study of Society and Culture*, California: University of California Press, 1999. 另见蒋竹山：《"文化转向"的转向或超越——介绍四本论欧美新文化史的著作》，台湾《新史学》第12卷第1期（2001.3）。

历了从“叙事实体”到“历史再现”的转变,近来更转向“历史经验”问题的探究。安克斯密特最初试图依据语言的自足性和文本作为过去不在场的替代物,赋予叙事语言以历史本体地位。但叙事作为一种陈述语言,具有一切语言所具有的缺陷,它在处理实在,使之进入人们熟悉的、可认识、可理解领域的过程中,或者如同怀特所说在“驯化过去”中,肯定不能完全准确地传达其含义,结果造成“对于实在的客观性的损害”。更重要的是,由于只对文本感兴趣,所再现的历史实在最后完全从视野中消失不见。用后现代主义语言哲学的方式把现代主义从束缚中解放出来代价太高,为此,他开始探索“历史经验”以及与之相关的崇高、记忆、意识等问题,希望穿越“现代主义的真理和后现代主义的再现,到达后后现代主义的经验”。① 这种“历史经验”包括复原失去的“过去”时所经历的情感体验,其中交织着“失去”和“热爱”、“痛苦”和“快乐”,等等。“历史经验”由此更多地带有心理学和美学含义。不过,怀特认为,按照术语,“过去”已经结束,此刻不再,拥有“过去存在的”或者“过去现象的”经验已不可能,安克斯密特表达的只是想拥有关于“经验过去的现象”的想象。②

在笔者看来,上述史学理论家和历史学家,其研究主题转换显示的共同特点是,都从致力于揭示历史“本真性(authenticity)”幻象、消除历史实在的激进立场退却,转向有条件地承认历史过去“本真性”的存在,这较之于从前完全回避历史实在、在纯粹语言学领域内兜圈子无疑是一个进步。

较之于20世纪中期分析的历史哲学内部围绕历史解释模式的论争,后现代主义史学挑起的争论更加关系到历史学的学科地位。概括说来,“后现代派”与“现代派”的分歧主要集中在以下几个问题上:历史书写语言

---

① Ankersmit, The Three Levels of “Sinnbildung” in Historical Writing, Language and Historical Experience, *Meaning and Representation in History*. Edited by Jorn Rüsen. New York & Oxford: Berghahn Books, 2006. p.122.

② Hayden White, Erlend Rogne, The aim of interpretation is to create perplexity in the face of the real: Hayden White in conversation with Erlend Rogne, *History and Theory*, 48 (2009), p.73.

能否反映历史书写者的意图;叙事在历史研究中的作用和地位;历史审美是否作为历史思维的独立层面发生作用。单从史学方法和史学认识方面看,双方的见解都不同程度地触及真理的一面。后现代史学甚至也不乏深刻之语,其影响才因之一度扩大。例如,后现代派认为,古典修辞传统中存在的、与转义密切相关的叙事法同样是一种研究历史的方法,尽管它有别于史料考辨、逻辑论证的历史研究法,19 世纪历史学家德罗伊森就曾有过类似见解。而且,文本中的每一项陈述为真,并不能保证整篇文本的结论为真。再如,后现代派警告历史研究者对于历史语言的复杂性保持警惕,认为历史语言能够真实不二地表达书写者的意图,完整地到达读者的心灵,只是朴素实在论者把历史语言视为一面镜子的误解。客观而论,拓宽史学视野和历史学领域是后现代史学的最重要贡献。

后现代史学在争论中虽一度占据优势,但能量很快耗尽,根本原因在于它的核心历史观的局限。一方面,它们在历史实在问题上态度模糊。海登·怀特等人虽然不像某些极端的后现代主义者那样,否认曾经存在一个真实不妄的过去,但是,对于历史过去究竟为何物,“后现代派”闪烁其词,他们总体上将它“加括号”,拒绝讨论。在“后现代派”看来,鉴于过去本身一去不返(当下的不在场),对于它的触及,只能依靠研究者在现有历史遗迹基础上进行想象和虚构。而且对于给定的同一组历史事件,要把它描绘成历史“事实”,需要研究者从情节结构、论证方式以及道德蕴涵方面进行不同的编织。另一方面,后现代史家否定启蒙运动的真理观念。他们认为,启蒙运动者关于真理与虚构、科学与神话的区分机械而僵硬,抹杀了神话、虚构的写实作用。在史学方法范畴上把真理与虚构加以对立,与在心理学上把理性与想象对立同样片面。实际上在真实与虚构之间存在一种可称为“半真理(half truth)”的历史知识,它同样具有积极的认识作用。沿用传统的实在与想象、真实与虚构标准来区分史学与文学已经过时。[1]

---

① Hayden White, Tropics of Discourse: *Essays in Cultural Criticism*. Baltimore, MD: Johns Hopkins University Press, 1978, pp.133-134.

在抛弃历史实在和真理的同时,"后现代派"极力争取历史叙事语言的历史本体地位。在他们看来,叙事语言作为自我指涉的不透明的一套符号体系,有自己独立的本体地位。海登·怀特受列维·斯特劳斯启发,认为人类认识中的主客观二分法无法解释语言的特殊性质。因为语言就其符号形式而言似乎是客观存在的,而就其符号意义而言又是主观的。安克斯密特在回应扎格林的批判中声明,如果能够将叙事语言、文本作为历史本体看待,发展相关的一套哲学逻辑,那么,依照"现代主义"的观念,它同样具有正当性。例如,历史文本是对于不在场的过去的替代;就叙事涉及内容而言,文本是自足的,绝非指向它外部的实在世界。① 由此,叙事语言、历史文本、话语研究遮蔽了作为实在的历史进程及其动力、发展规律和特征的研究。固然,历史叙事语言作为形式可能包含一定的内容,但如果抽掉其指涉的内容,语言本身也失去了意义。更重要的是,语言作为一种表意符号,它的产生、发展、变化无不源于数千年来现实中人们生产生活的创造。语言和语言学本身的发展总体上伴随客观历史的发展变化,而加强语言学研究正是要充分认识语言的特性和特定情势下的不同功能,以便更好地认识语言和思维、语言和存在的关系。历史本体的地位只能赋予作为客观进程的、实在的历史,而不是作为历史认识和历史书写语言中的历史。围绕历史进程的动力、发展的规律性等的认识才是历史本体论的核心内容。对历史学进行文本分析,虽然有利于纠正现代主义史学范式在客观性观念上的缺陷,但借此只能透过语言缝隙瞥见克里奥女神裙子一角,永远无法欣赏到她的真实全貌。

后现代派对历史实在和历史客观性的否定在史学史上本无新意,历史哲学的新康德主义诸公和新黑格尔主义者都曾有过类似批判,甚至他们在当今"现代派"中仍然具有一定影响。只不过这次"后现代派"借助语言哲学的声威,来势更加凶猛。但它终究未能取得史学主流的地位,根本原因

① Ankersmit, F.R., "Reply to Professor Zagorin", *History and Theory*, 29 (1990), pp.295-296.

即在于它秉持虚无主义和文本主义。因此,真正捍卫历史学的学科地位,还必须从史学本体论上进行彻底反思。

第一,史学研究的前提预设。如同任何一门自然科学一样,历史学也必然离不开特定的理论预设。历史学的发展进程中曾经有"天命—神学"为前提的史学,更有以普遍人性为前提的史学,还有以人的理性为前提的史学。后现代历史哲学攻击的正是以往历史学研究中预设前提的可靠性。在他们看来,既然任何理论体系都离不开一项赖以展开的预设,而作为终极预设的"元预设",它的科学性难以保证。基于同样理由,他们质疑逻辑三段论的有效性和因果解释在历史学中的适用性,认为因果解释终会陷入"无穷后退"导致的"终极原因"无法证明的困境中。怀特等人试图应用语言哲学的成果,将历史研究的终端产品当成整体文本,借助隐喻和转义来解读,寻求历史认识的模糊一致,以此取代对历史现象的科学解释。

在历史学理论前提的追问上,后现代历史哲学陷入一个误区,即完全局限在历史认识的抽象层面上,具体而言,建立在历史书写语言的语用分析上,没有认识到历史学是研究"现实的人及其发展"的学问。"现实的人及其发展",作为历史学研究的根本前提和"元预设",具有合理性和自明性,它也是唯物史观的出发点和立足点。后现代历史哲学从一开始就悬置历史实在,拒绝探讨客观的历史进程。相反,它把文本当成历史学研究的起点和归宿,这使得它虽然在某些方法论和认识论上不失一些深刻的见解,但对于历史哲学的贡献终究有限。

第二,历史研究中的真实与虚构。后现代历史哲学对于现代历史学的颠覆就是从文学和史学中同时包含真实和虚构这一立论开始。当然,怀特意义上的"虚构"不是像有些批判者认为的那样,凭空捏造、向壁虚构,而是指属于"想象的"但不一定是"虚假的"。它可能是具体内容方面的无中生有,但却有其合情合理之处,最重要的是,它是关于连句成文、连段成篇的组织材料方式的设想和预构。比如为了使要叙述的"故事"结构完整,融贯一致,历史学家或隐或显地预先构建某些论证模式、伦理模式和审美模式。

在怀特看来,历史学家在书写模式选择中表现出的理论预构,与文学家、艺术家的“虚构”没有二致。

的确,随着现代数字技术的应用,出现许多新的历史作品形式,如历史影视剧、历史图片展、文献纪录片、口述史等,它们是对人类广泛而多样的生产生活的反映,呈现出历史学和文学表现形式的双重面相,如何界定它们的学科属性,这是一个值得思考的问题。在此我们不妨重温经典作家的某些观点。对于真实历史事件的描述和加工问题,经典作家曾论述指出,普鲁东、雨果关于法国路易·波拿巴政变的描述同样包含真实的历史事件,但展现在读者面前的绝不可能是同一个模样,其认识价值也各不相同:雨果要攻击“个人的暴力行为”反而把小人物变成了伟人;普鲁东本意是对政变的历史说明,结果变成了为政变辩护。① 这固然与书写者的修养和技艺有关,归根到底在于各自历史观的差异。不同的历史观促使他们选择不同的书写方式,站在不同的阶级立场,捍卫不同的价值观念。普鲁东看重社会制度环境在历史进程中的决定作用,而雨果更重视精英人物的思想意志动机的决定作用,而这两种历史观主导下的解释都不能真正揭开法国爆发革命的秘密,提供令人信服的答案。相比之下,大约同一时期,同样是关于路易·波拿巴雾月十八日政变的分析,马克思站在唯物史观的立场上,从阶级力量对比变化的角度表明特定环境下个人力量的作用,揭示出法国革命的历史必然性。本来,怀特已经认识到历史书写中存在多种多样的模式,而且这种多样性的背后有一个更具决定性的因素,但他显然被语言学迷住了,他把这个因素归之为转义修辞法,而不是归之于个人实践经验中发展起来的历史观,结果与真理失之交臂。

经典作家还曾注意到,某类文学作品确实能够提供一部“卓越的现实主义历史”。巴尔扎克用编年史的方式几乎逐年地把上升的资产阶级在1816—1848 年这一时期对贵族社会日甚一日的冲击描写出来,“汇集了法

① 指的是维克多·雨果著《小拿破仑》和蒲鲁东著《从十二月二日政变看社会革命》。参见《马克思恩格斯选集》第 1 卷,北京:人民出版社,1995 年,第 580 页。

国社会的全部历史”。①《人间喜剧》的艺术成就得益于它深刻而生动地展现了该时段内法国新兴资产阶级取代封建贵族阶级统治地位的历史必然性，这使得它兼具历史学的科学品格，但它终究不是历史作品。因为：首先，历史作品中的人物和事件不仅要求“类型之真”，还要求“个别意义上的真实”。文学作品中的人物只具有“类的真实”，多数情况下，单个人物特定时空下的活动很难确定为真。“每个人都是典型，但同时又是一定的单个人，正如老黑格尔所说的，是一个‘这个’，而且应当如此”②；其次，历史学是一门经验的学科，它依赖研究者运用一套历史同行们公认的程序和家法，通过严格细密地论证来揭示历史过程的复杂性和产生某种结果的必然性，而不仅仅是通过一群各自具有独特个性的人物形象显示那种历史必然性；再次，历史学的认知功能具有较之审美功能的优先性，但文学作品不受此方面的严格限制。

可见，史料真实构成史学研究的严格限定条件，但它不是确保历史研究结论为真的唯一条件。历史研究始终无法离开研究者主观能动性的发挥，这突出反映在历史书写和历史解释过程中对历史事实的组织加工上。面对同样的事实，历史书写和历史解释固然方法多样，结论各异，但其史学价值高低不等，很大程度上源于它们所持历史观的差异。

第三，历史真理问题。真理问题与上述历史真实问题相关，但不是一回事。后现代历史哲学悬置客观实在，反对实在论，否定存在真理，自然也就谈不上能够认识真理。后现代历史哲学持这种观点的主要理由与西方哲学界盛行的符合论和融贯论这两种真理观有关。符合论是指主观认识与客观实在相一致。而融贯论是指认识内容融贯一致能够达到广泛共识。后现代历史哲学认为这两种真理观都有缺陷。符合论实际上是“幼稚的”实在论，因为实在本身不是固定不变的，相反，它随着历史学家的解释而流动不居。就算历史学家澄清了历史事实，但那并不一定就是真理，还存在

---

① 参见《马克思恩格斯选集》第 4 卷，北京：人民出版社，1995 年，第 683~684 页。

② 《马克思恩格斯选集》第 4 卷，第 673 页。

着与历史意义解释相关的真假问题。兰克史学的缺陷正在于此。融贯论中,历史认识的真值依靠的是历史学“行会”中少数历史学家同行们的认可,而历史学家无不受到特定的意识形态和伦理价值观念的影响,历史认识的真理性也很难获得保障。结果,在后现代历史哲学看来,历史学仍然无法揭示出真理,只能是一门利用一些互不关联的历史素材构建出的首尾连贯的历史构图的艺术。

历史实在确实不是像任何实物一样,静静地躺在历史博物馆里等待人们去发现,它一经发现和解释,就会打上历史学家个人的烙印。再者,舍弃了科学前提预设的历史认识,就算其解释非常融贯一致,甚至一度为多数人认可,但也很难最终证明它是真理。比如天命—神学主导下的中世纪历史学。但就此认为,历史学中“不再有真理”,未免走得太远。因为该命题类似“克里特人说克里特人都是说谎者”一样有自毁性。写历史绝不是单纯的“讲故事”:历史故事进一步的特征在于追索真理,这一点连被认为有后现代倾向的观念史家昆廷·斯金纳也不否认。① 再者,历史实践研究中放弃真理,也会导致史学功能的滥用。但要从学理上解决历史学是否包含真理的争论,首先必须界定科学的真理观的内涵。一种不具有终结性的观点认为,只有那些遵循科学的研究程序、真正能够揭示出研究对象的发展变化规律的知识才能称得上真理。后现代历史哲学从“沛然莫能御之”之势到逐渐式微,在我看来,这与后现代历史哲学的“阿基里斯足踵”不无关系。后现代历史哲学一直搁置历史本体问题,但历史本体论在历史哲学研究中无法回避。用怀特自己的话说,“真理问题无从回避”。②

(原载《史学理论研究》,2010 年第 1 期)

---

① Maurice Mandelbaum. “A Note on History as Narrative”, *History and Theory*, 6 (1967), pp.413-419; Quentin Skinner, *Regarding Method*, *Visions of Politics*, Vol.I(2002), Cambridge, pp.57-89.

② Ewa Domanska, Encounters: *Philosophy of History after Postmodernism*, Charlottesville and London: The University of Virginia Press, 1998. pp.23-24.

在现代与后现代之间

——从《邂逅：后现代主义之后的历史哲学》谈起

韩 炯

20 世纪 70 年代以来，文化领域出现了一股强劲的思潮，这股思潮率先出现在建筑、电影、美术等领域，后来侵入到哲学、文学和学术领域中。历史学被认为是最后一个被卷入的学科。人们对这个庞杂而充满不确定性的理论，冠之以"后现代主义"的名称。受此影响，西方史学在研究方向、历史思想和方法论乃至历史实践方面都出现了不少新的变化。后现代史学理论①在一系列理论问题上给出了更为深刻的反思，也对 19 世纪以来的史学观念发起了前所未有的挑战。

由波兰学者埃娃·多曼斯卡编著的《邂逅：后现代主义之后的历史哲学》②一书，正是提供了关于后现代主义历史哲学问题思索和探讨的一本访谈文集。作者在书中将后现代主义置于历史的框架之内，也就是说，既探讨它自身的价值，又宣布它的终结的必然性，并且要勾勒出它之后的历史思想的新方向。该书为一切关心当今历史学发展状况的读者、研究人员和历史爱好者提供了一幅关于今日历史哲学议题的总观。

该书的总体结构显示出两个特征。第一，采用对话体的表现形式。提问、回答、读者的旁观共同构成了三角关系，提供了不同层面的意义，"排除了所有将线型、系统化的思维模式强加于人的企图"（327 页），有利于克服

---

① 关于后现代史学、后现代史学理论与后现代主义史学理论、后结构主义史学理论的区分，参见陈启能、何兆武主编：《当代西方史学理论》，上海：上海社会科学院出版社，2003 年，第 37 页。

② 埃娃·多曼斯卡编，彭刚译：《邂逅：后现代主义之后的历史哲学》，北京：北京大学出版社，2007 年。以下若无特别说明，均引自该书。

历史哲学文体的缺陷。第二,明显的叙事风格。经由作者的提问,回答时往往不由自主地进入一种叙事模式。回答的内容共同编织成一张叙事之网,让读者仿佛聆听到学者们娓娓道来的个人治学的趣味故事。透过这两个特征,也可窥见编者本人所具有的后现代倾向。

该书正文部分由10位学者以及作者本人的自我访谈构成,访谈主要围绕三个问题,即历史解释的客观性、历史文本和语言、历史审美。这三方面都与历史叙事认识中的真理以及历史学的学科属性相关。对于这三个主题,访谈对象的回答迥然不同。大致说来,可以归为三类:一类是以海登·怀特为代表,包括凯尔纳、阿瑟·丹图、安克斯密特和埃娃·多曼斯卡等,他们认为,历史解释不可能是客观的,倡导历史叙事在当代历史书写中的重要价值,重视语言与修辞的功能,强调审美意识在历史认识中的突出地位,大致可以视为后现代主义史学的拥护者,可简称为"后现代派";另一类是以伊格尔斯为代表,包括吕森、托波尔斯基等,他们坚持历史认识的客观性原则,批判怀特等人的激进的历史观和科学观,反对历史虚无主义倾向,积极捍卫历史学的学科特性,对后现代主义史学有所保留,属于"现代派"史学家;由于列昂奈尔·戈斯曼以及斯蒂芬·巴恩和彼得·伯克偏重于文学或文化批判,其关注与本文探讨的主题无直接关系,所以本文不予讨论。在这本访谈文集中,我们可以看到现代派史学家与后现代派史学家围绕历史哲学问题展开的激烈争锋。① 简单地看,这场争论仍然是围绕历史学是科学还是艺术这一话题展开的,但是,这次的争论在继承了传统的论题,如历史解释是否具有客观性的同时,还带有一些新的特征,即更偏向于语言学层面和审美层面。

---

① 本文所用现代派史学家和后现代派史学家是出于认识上的方便。实际上,严格说来,他们的观点并非完全一致,甚至他们本人还否认过自己是后现代主义者,现代派史学内部差别也存在,例如有所谓的思辨历史哲学与分析的历史哲学的区分。但文中所引《邂逅》一书中很少提及分析的历史哲学家,故以倾向于拥护"历史实在"的伊格尔斯等人作为"现代派"史家的代表。

一、关于历史解释是否具有客观性问题

它涉及两个方面,第一,是否承认历史存在。第二,如何看待历史解释中的想象。

第一,历史存在问题。历史存在属于历史的本体论问题。后现代史学的重要代表人物之一海登·怀特,不承认有作为历史事实的“过去”的存在。不存在作为具有解释性的整体意义上的历史事实(historical fact),因此也就无所谓对历史事件的客观解释。怀特认为,通常说的“历史事实”涉及的是真假问题(true 或者 false),它包含了作者的一种判断,即认为它为真或为假。当提到“事实是……”或“事实上”的时候,这只能是言说者的主观认识,在其他的言说者看来,未必如此。因此,关于历史事实的存在的讨论只有放在语言的范围内才有意义。如果一定要找出某种历史存在,它只能是作为单个的历史事件(historical accident),它涉及的是实在还是虚构的问题(real 或者 fictional)。但是,单个的历史事件在历史解释中毫无用处,因为历史研究就是要说明许多事件之间的复杂关系,孤单的一个事件显然无法履行这种认识功能。比如,1789 年 7 月 14 日在巴黎是否真的发生了一场革命,因为它完全是由许多单个事件,比如公民集会、围攻巴士底狱、释放犯人等构成的。但是,当使用“革命”一词时已经包含了对这些历史行为的“解释”,而这种解释需要以一定的方式来连接相关的一系列事件。不同的解释者往往会选择不同的连接方式来加以解释,这种连接方式代表了一定的主观倾向性。由于过去不复存在,历史事件不可重复,无法用经验的方法研究(20 页),只能依靠历史解释,而且对历史事件的解释本身因其无法证明而无所谓高下之分。因而,说一种解释是事实,另一种解释不是事实,这种说法本身就不可靠。

汉斯·凯尔纳从受众的多样性的角度证明历史解释不可能具有客观性。真理(客观的历史解释)是对于普遍的受众而言,是合理的或者有说服

力的东西。影响受众存在的因素包括国家、时代、地域等，所以他怀疑普遍的受众的存在。比如，同样是1789年的事件，有人认为它是一场暴动，也有人认为它是一场叛乱。但他也补充说，关注真理在不同受众、国家、时代之间如何得以确证应成为历史理论研究中的重要问题。

针对后现代派否定实在的观点，伊格尔斯坚持认为“存在着一个过去”，尽管“这个过去异常复杂暧昧，充满矛盾冲突”。在这一点上，伊格尔斯认为，怀特、安克斯密特都把实在当成了康德的不可捉摸的“物自体”而加以否定。伊格尔斯承认，怀特很正确地看到，关于事实的叙述中常常包含了一些意识形态的因素，但是并不是所有的叙述都是同等地武断（122页）。历史现象虽然不再重现，但是它留下的遗迹或影响还在。面对共同的遗迹，人们依靠常理和逻辑推演，可以得出近似的结论，这种结论证明了过去确曾发生过某个事件，或者存在某个人物。这种事实不可否定。“我承认在一定程度上知识与权力纠缠在一起，可是我还是看到了客观性的成分。我们永远也无法按其本来面目重建真实，但我们可以趋近它。”（126页）当然，伊格尔斯也不像19世纪的德罗伊森或者兰克那样，幼稚地认为一旦掌握丰富的史料，即可以作出不偏不倚的纯粹客观的解释。

第二，历史想象。在历史想象问题上更是突出了双方的对立。怀特认为，作为历史中“真实”所指的对象，始终是某种被想象出来的东西。历史只不过充当研究过去的假设模型而已。再者，一切形式的历史编撰都包含有叙事的成分，而叙事之中离不开作者的虚构（36页）。即使是在纯粹的编年体性质的历史编撰中也不例外。即使使用一个简单的连词，甚至一个标点符号，都可能表达出作者的某种态度。例如，他曾经援引《圣加尔年代记》中的一份记录中的一条“1065年亨利皇帝去世了；然后他的儿子亨利继位”。其中“然后”一词把两件事情连接起来。表面上作者未曾显示出对于人类道德和法律制度的关心。但是，作者想当然地接受一种法则（即家族继承法）和一种观念（即把它当成是一种正当地支配着权威从一代过渡到下一代的原则）。正是这种法则和观念使得这两个事件发生了联系，由此构成了一个包括开头和结尾的简短的叙事。这种观念往往是不易为读者所觉察的。即使是历史研究者本人有时也未必认识到他进行解释所依赖的前提假设,或者隐含的假设。“历史学家是在他们很少让自己明确意识到的缄默的知识(tacit knowledge)的基础上来工作的。”(49 页)而怀特认为,必须揭示出这些支配着历史研究者的暗含的原则,这也是对于历史研究的反思。

伊格尔斯认为,历史想象,或者历史虚构,包括隐喻的使用,往往并非纯然就是虚构,它是“在试图对实在做出解释”,是“一种把握实在的努力”。另外,历史想象本身不是可以否定历史真理的理由。托波尔斯基指出,历史中的想象不是去虚构单个的事实,例如不能凭空地杜撰某一时刻在某个地方发生了某种事件,它必须是基于对于一系列事件的关联上的合理假设。而且它追求的是经验基础上的“真”,这不同于文学中所追求的“类型学上”的“真”,后者只要是与情境、事件、人物相关的即可(157 页)。对于这种强调想象的叙事主义史学,吕森也给出了明确的批评,认为它“忽视了方法上的合理性和真理标准”。他警告了可能导致的危险:“可能会丧失掉我们对于历史研究作为一门学科在文化生活、主要是在政治生活中所发挥的传统功用的了解。这一功用曾经被称之为‘批判’。”(168 页)托波尔斯基明确指出,真理概念不仅适用于单个历史事实的陈述,而且也适用于叙事实体,即作为整体的历史故事(150 页)。

由此可以看出,双方都承认过去的复杂性,都承认历史想象侵入到历史叙事中的不可避免性。海登·怀特关于事件和事实的区分表面上看颇有道理,但是如果依照他的认识逻辑,单个的历史“事件”本身也可以无限细分成无数个更小的“事件”,那么,他所承认的“事件”本身也是不存在的。这种分类法正是怀特极端相对主义的一种表现。再者,历史中的想象往往必须遵循一定的逻辑,尤其是因果关系的逻辑,而文学想象似乎可以不受此方面的严格限制。伊格尔斯和托波尔斯基等人似乎没有将这一点提到应有的高度上。而怀特在根本上是拒斥因果关系的。当然,关于因果关系的严密性在科学哲学中仍然有很多争论，但无论如何，人类的认识本身是离不开因果推论的方式的。所以，历史解释是否具有客观性的问题，或历史认识是否存在真理，关键在于是否接受因果关系这种认识法则。

二、关于历史文本和隐喻问题

20 世纪后期，语言学理论经由巴尔特到德里达、利奥塔在文学理论中发展起来。80 年代后，关于历史书写语言的讨论明显增多，以至于开始讨论历史哲学从思辨的历史哲学向分析的历史哲学转型之后，出现新的转折，即历史哲学的语言学转型问题。这主要集中在文本问题和隐喻问题上。

第一，文本问题。文本的观念是后现代主义的产物。它主张超出作者本人的写作意图去看待文本本身中包含的显在和潜在的意图。上述双方都主张细心对待文本中的潜在含义，警惕并反对意识形态侵入到文本中。但在一些具体方面还存在一些差异。

极端的文本论者，如福柯等认为作者的意图不可把握，只剩下文本可以分析，提出了作者已死的观点。怀特虽然不持此论，但是，他赞同巴尔特的观点，坚持文本意图与作者意图是分离的。原因在于文本中的很多内容是作者写作时未曾意识到的，是作者的潜在的观念使然。因此，透过文本，挖掘其潜在的深层结构，可以看到更多的隐晦的内容。换句话说，可以把握到作者更丰富的意图。这就要求对文本进行形式分析，“重视文本的谋篇布局，不仅是言其所行，还有其真正意图”（22～23 页）。这种分析只能采用整体的分析法，他提出了文本的情节编制模式、论证模式、意识形态蕴涵模式以及比喻类型共四类结构形式，每类模式又包含四种具体形式，各种文本实际上就是对于这 64 种形式的应用。① 当然，上述不同形式之间的

---

① Hayden White, *Metahistory: The Historical Imagination in Nineteenth - Century Europe*, Baltimore, 1973, p.29.

“亲和关系”一定程度上限制了它们之间的任意组合。但是,“这不是追求整本书的真值”,在怀特看来,那是不可能的(29 页)。

伊格尔斯赞同怀特在揭示作为叙事的历史被理解为文本的必要性,而且承认文本的复杂性,并且任何文本都不是一以贯之而是充满矛盾的。但他坚持认为,处理文本必须有一个合理性标准,如果失去了这样的标准,历史学就可能被工具化。过去的历史进程中,历史神话在许多情况下被用于具有极大破坏性的政治目的,身为历史学家,必须为反对历史学的工具化而战斗。

从上面的争论中可以看出,怀特更多强调的是文本的形式本身的认识价值,这种解释带有相当的开放性,从历史研究逐渐走向跨学科的融合和多元化的趋势看,这种解释具有必然性。当然,它也具有一定的牵强性,其中的多数模式,如情节模式、论证模式和比喻模式,更多地在职业化的史学家关怀之外,但这种观察视角的转换,如果不至于抹杀文本本身的认识功能,倒不失为一种有用的方法。伊格尔斯更多地强调合理解读文本的现实必要性以及错误解读带来的实际后果的危害性,因此,具有更多的道义色彩,而这种对于历史学家道义职责的强调显然是他本人命途多舛的经历的价值取向的升华。由于伊格尔斯未能明确地指出合理性标准取自何方,或者如何去建立这种合理标准,所以在批驳怀特时就显得有些乏力。我们认为,历史认识的客观标准一方面来源于科学的历史观的指导,另一方面依靠历史认识实践的检验。限于篇幅,就不再展开讨论。

第二,历史书写的隐喻问题。后现代的历史哲学家论证说,在阐释历史事件的过程中,历史学家必定会使用隐喻,因而他们的阐释不可能是对实际所发生的事件的真实陈述。

在怀特看来,历史书写的形式不仅仅是形式,它同时是书写内容本身。赖以表现作为“真理”的内容的语言形式也具有“真理”的内容(注意,怀特的真理概念始终是指某种被想象出来的东西)。受元语言学①观念和维科的历史诗学的影响,怀特认为,修辞学可以作为话语科学的基础。为此他尝试用修辞学的叙事写作逻辑取代传统的三段论式的内容逻辑,因为传统的逻辑基于不完备的因果关系解释之上,虽然修辞学的逻辑也很模糊,但是它提供了“即兴话语”的理论(24页)。“即兴话语”在此指的是能够唤起读者的联想,通过整体与部分关系的转换(转义),可以把陌生的现象纳入到读者熟悉的范围之内,由此成为一种有效的认识手段。怀特在《元史学》中建构一套包括隐喻、提喻、转喻和讽喻的比喻理论,并认为这四种比喻构成了所有的历史文本的深层结构形式。它预先决定了历史学家利用史料的方式,并且预示了历史叙事的情节编织、论证和意识形态的层面。就元语言的特性而言,一切比喻都是隐喻,而且一切历史书写都具有隐喻特征。② 由于历史学没有类似于科学中所用的术语,它只能采用日常生活语言,而且历史语言是通过隐喻的方式运作的。从这种意义上说,所有致力于再现历史事件和事实的叙事话语都具有一种先在的比喻性质。因此,这种深层的转义结构决定了历史理解的诗学性质,而不是科学性质,即历史意识具有一种不可还原的想象纬度。怀特就这样从语言学上证明了历史学不是科学。

安克斯密特和凯尔纳同样强调了隐喻在历史认识中的重要作用。凯尔纳用带有隐喻的句子表达了对于语言的看法。“语言不是帮助我们直视事物的望远镜,而其更像是拼凑碎片、在不同时间呈现给我们不同事物的万花筒——那是一种总是不断变动的图景。”(56页)凯尔纳断言,对特殊历史事实的描述都是讽喻的,因而不能够真实地再现实在。即使在以严格

① 元语言(又称第二级语言 Second-order language 或符号语言)相对于对象语言(又称第一级语言 First-order language)而言,指被某种语言或符号集合所描写和分析的一种语言。在对象语言中,词表示或指称事物;在元语言中,词用来解释本语言或另一语言中其他的词。

② Hayden White, Metahistory: *The Historical Imagination in Nineteenth - Century Europe*, p.29.

客观性著称的年鉴学派的著作中,讽喻性术语也俯拾皆是。比如,“长时段”“事态”等这些年鉴学派的关键词都具有讽喻性。他甚至得出结论说,历史学从头至尾都是讽喻。安克斯密特认为,隐喻远不只是一种可有可无的语言装饰,也不仅仅是一种诗意地表达字面意思的尝试。隐喻具有把我们有关世界的知识综合起来的功能。“隐喻一旦被废弃,我们的历史意识所赋予世界的那种连贯性以及我们在实在中辨识同一性的能力也会随之消失。”①他充分肯定怀特的四种比喻,并且添加了一种新的形式——吊诡。在《叙事的逻辑》一书中,安克斯密特还证明了关于过去的叙述性解释的隐喻特征,即“隐喻陈述和叙述之间有类似性”。“隐喻陈述和叙述都规定着一种‘观点’,我们用它来看实在”。他认为对过去的隐喻阐释无所谓真假,因为它“不是描述而是建议(proposals)”,而“建议……”从本质上来看,不可能具有经验的真实性或虚假性。②

针对上述后现代历史哲学家强调比喻的做法,伊格尔斯和吕森毫不示弱地指出,语言学的分析只是一种重要的辅助工具,不应该将它的作用夸大到极端。在伊格尔斯看来,在晚近的政治史、社会史和文化史的研究中,语言学的分析已经证明了它的辅助工具的作用,但是,很少有人接受福柯的“现实并不存在、唯有语言才存在的”极端立场,而是更愿意认同“语言学的分歧建构了社会,社会的分歧也建构了语言”的提法。至于历史学家采用的是日常语言,鲜有专门术语,这一点双方没有分歧。但是,与怀特相反,伊格尔斯认为,这不是否定历史学为科学的理由,因为“历史学归根到底要与意义和对意义的解释打交道”(124 页)。使用日常语言倒是历史学的强项之一,无论是科学还是社会科学中,使用专业术语倒是强化了言说者的权威。伊格尔斯揭示了怀特模仿自然科学家、为历史学引入一套专业

① F.R.Ankersmit, *Narrative Logic: A Semantic Analysis of the Historian's Language*, The Hague, 1983, p.212.

② F.R.Ankersmit, *Narrative Logic: A Semantic Analysis of the Historian's Language*, p.249.

语言企图所表现出的科学观的矛盾性。吕森认可《元史学》是“语言学程式”的巨著,但是同时指出他在处理语言学规律方面误入歧途。就历史叙事而言,较之于对比喻理论的解释,给出关于“历史性”的解释更为重要。纵然历史学与其他叙事性文学有着共同的比喻,但历史学的“历史性”也需要给予更明确的阐释。研究史学理论,不能像怀特处理起来那样,将历史性本身置于边缘的位置,或者根据历史学与其他叙事性文学有着共同的比喻特征,就把历史学当成文学看待。

探讨历史书写中的隐喻问题具有重要意义。根据现代西方语言哲学的观点,隐喻不仅直接涉及语言的运用,而且隐喻被看作构成了我们说话的一个基本条件。具体到历史学,可以说是进行历史解释的一个基本条件。在以往的历史学和历史哲学作品中,关于隐喻的例子不胜枚举,如马克思关于农民是“马铃薯”、印度在不列颠统治下获得的发展是“用人头做酒杯饮下的进步的琼浆”、经济“基础”和上层“建筑”的隐喻,等等。但是,我们还是要指出,怀特的比喻理论必须结合历史认识中的其他维度才有意义。凯尔纳有关历史学的讽喻性的断言是片面的。就历史书写的实践而言,大部分历史描述都是在用一种直白的、非讽喻的方式描述历史证据和事件。有些字面描述,比如壶“嘴”、手“心”等,但是,经过反复的使用,这类讽喻因为其无法引发人的联想而已经失去了隐喻的力量。安克斯密特关于隐喻无所谓真假的断言和他否定历史实在的历史本体论是一致的。我们坚持唯物史观的实在论,认为,只要隐喻的话题与喻源的相关特征相类似,就可以断言隐喻具有真实性。理解过去的视角固然是多样的,但是历史观点的多元性并不必然否定这些观点的真实性。在一个更高层次上,我们可以发现,即使是互相对立的观点仍然具有为“真”的统一性。

三、历史审美意识问题

历史审美在“现代派”史学的历史研究中处于从属地位,而且传统的历史审美观念更多地集中在文词或者说遣词造句等表达方式上，而后现代历史哲学家要突破这一点，将它渗透到历史研究的内容，甚至扩展到整体中。

怀特在替自己做非后现代主义辩解时指出，“我的历史观与源自浪漫主义的崇高美学有着多得多的相同之处”(31页)。他在《元史学》中建构的情节编制模式，就是从审美的维度来看待历史学和历史哲学著作。受弗莱的启发(当然他承认可以追溯到斯宾格勒和维科)，他给出了四种模式：悲剧、喜剧、浪漫剧和反讽剧。如果从康德的哲学范畴角度上看，怀特建构的论证模式对应于历史学之“真”，意识形态模式对应于历史学之“善”，显然，情节编制模式是要展现历史学之“美”的一面。对于同样的历史事件，可以把它们预构成悲剧、喜剧模式，也可以把它编织成浪漫剧或者讽刺剧。当然，历史审美不仅体现在结构预构上，上面提到的隐喻的使用也是一种审美意识的表现。因此，就历史文本中预构的实质而言，与文学预构没有什么两样。有学者指出，海登·怀特开启了所谓的“历史的审美化”的进程。

凯尔纳强调了把崇高转化为优美的必要性。康德曾经论述的崇高与优美这两种审美类型，在西方过去的两百多年的文化中不断地被重复，在弗洛伊德的理论里就表现为意识和无意识的概念。当前，“现代和后现代也落入了这个窠臼”，历史领域也不例外。鉴于崇高是无法表现的，无法体验的，也为了避免现代性带来的崇高——把一切都美化，必须把崇高优美化，这就要求，在历史叙事中需要“创造意义并炮制出某种正在发生的叙事情节”(54页)。阿瑟·丹图也认为现代主义“在宽泛意义上是审美的”。他从美学与科学无法分离的前提出发来看待历史审美。如果借口追求“科学的历史学”而将审美方面的因素排除在历史学之外，那么必将人类的兴趣也排除掉(209页)。因为历史文本的全部解释结构中都蕴涵着作者对于被解释项的兴趣，取消了兴趣，如此一来，也就取消了结构。也就是说，离开兴趣或者审美，也就搭建不起来任何历史解释的结构。进而言之，离开审美，历史解释是无法进行的。

上述后现代论者都以不同的方式强调了历史审美在历史研究中的显赫地位，对此，伊格尔斯的回应方式还是基于原来的史学立场，即书写形式只是历史书写的外在表现，它是为书写内容服务的，它对于书写内容不具有决定意义，因此，历史审美只能停留在辞藻上。吕森承认："最近十到二十年中，历史思维开始超出纯粹的认知层面，接近审美层次，历史研究中关于语言、诗学和修辞的讨论明显增多。"（189 页）但是，审美维度只是历史认识体系三个维度之一。除了审美之外，还有认知的、政治的维度。以往史学理论只涉及认知的维度，漠视了审美维度，而怀特矫枉过正，过于强调了历史研究中的审美维度，淡化了认知维度的重要作用。过于扩大历史学的审美意识必然会侵害历史学的其他两项功能，必然带来历史审美化，导致历史的去政治化和非理性化。吕森用德国自身的历史说明历史的认知功能的重要性。最明显的例子当属德国纳粹现象问题，如果仅仅重视审美，那么一些反历史的因素都可以堂而皇之地粉墨登场，用审美的因素来遮蔽其政治意图和非理性的层面。这种批判也指向安克斯密特的观点。吕森认为，安克斯密特赋予审美性以高于认识论的特权。如果像安克斯密特所倡导的那样，历史研究中单纯重视经验，就无法透彻把握经验本身，无法实现其认知功能。"单单审美、政治或认知都无法成就历史中的意义，只有对全部这三者的综合才能做到这一点。"（194 页）所以，历史认识只能是三者的综合。

从吕森的观点来看，现代派的历史学家是批判地接受了后现代的历史审美观念。吕森已经开始把审美作为独立的维度纳入到历史认识中来，体现了他对于历史审美重要性的足够重视。他似乎强调的是，历史审美与历史认知以及政治维度具有同等程度的重要性。依照吕森的看法，像丹图那样，把审美等同于兴趣无疑是有所夸大，而像凯尔纳那样，刻意炮制具有审美意识的叙事情节更是走过了头。美学作为人类知识中的一门重要的学科，本身包含有丰富的认识价值。今后如果确实存在"美学化"的情况，倒不失为一个拓展历史研究范围、提升历史研究水准的契机。当然，在此之前，必须对历史审美内涵本身有更多的了解，应该说，历史审美研究仍然处于探索阶段。

总之，后现代历史哲学在本体论上，否定历史存在，否定历史陈述的真实性，进而从认识论上否定语言和文本的实在性，从而否定历史认识的客观性。基于此，让历史的认知功能退场，转而强调历史的审美情趣。但是，后现代历史哲学包含着一些无法克服的矛盾，这些矛盾往往成为它自我消解的工具。例如，因为否定语言和文本的实在性，后现代历史哲学自然无法传达出明确的意义。而没有明确的意义，显然，受众也不可能去接受它。现在人们之所以能够一定程度上理解后现代史学，是因为把它放置在现代史学的宏观背景下。也就是说，后现代史学本身离不开现代史学提供的场景。当然，这只是后现代史学中极端的一面，后现代历史哲学也有它不那么激进的一面，例如废除包括欧洲中心论、种族优越论、男子中心主义等各种形式的中心论，消除话语霸权、强调平等对话，去除元叙事强调多视角的理解等，这些正是现代派史学发展至今所深入反思的内容。

（原载《史学理论研究》，2009 年第 1 期）

后 记

收入本书的论文，内容一仍发表或收入论文集时的原貌，仅对原文作校订和刊误，同时，按照黄山书社的书稿编辑要求统一了论文的格式和注释。

校订和刊误主要包括：1.对原文中遗漏的个别字词和引文注释等作了补充。2.对原文中的错别字、漏字、衍字、脱字等加以订正和补充。3.对文中表述明显不当之处作了修正。

格式和注释的修改主要包括：1.所引文献在每篇论文中首次引用时，注明全部的相关信息；第二次引用时，出版地、出版社、出版时间等则省略。2.原载各刊物和收入论文集中的论文是按照原刊物和论文集的要求作注释的，既有页下注，也有文尾注。这次编辑出版时，统一改为页下注。3.由于本论文集有诸多作者，他们在引用同一文献时，有时会使用不同出版社的版本或同一出版社的不同版本。这次编辑未作修订，仍用论文发表时引用的版本，只是按照出版社的编辑要求统一了注释的格式。

上海财经大学人文学院院长张雄教授十分重视历史系的发展和历史学科的建设，用学院经费资助本书的出版，在此深表谢意！黄山书社副总编辑汤吟菲对本书的出版给予支持，亦表谢忱！各位作者在书稿的编纂和校订上花费了大量时间和精力，黄山书社编辑向焱、金红为书稿的编校做了大量工作，在此一并表示衷心感谢！

徐国利

2016年2月2日